Küster

Obsession der Erinnerung

Editionen der Iberoamericana
Reihe III
Monographien und Aufsätze

Herausgegeben von Walther L. Bernecker, Frauke Gewecke,
Jürgen M. Meisel, Klaus Meyer-Minnemann
Band 20

Lutz Küster

Obsession der Erinnerung

Das literarische Werk Jorge Semprúns

Vervuert Verlag · Frankfurt am Main

1989

CIP-Titelaufnahme der Deutschen Bibliothek

Küster, Lutz:
Obsession der Erinnerung: d. literar. Werk Jorge Semprúns/
Lutz Küster. - Frankfurt (Main) : Vervuert, 1989
Zugl.: Hamburg, Univ., Diss., 1988 u.d.T.:
Küster, Lutz: Lebens-und Zeitgeschichte im literarischen Werk Jorge Semprúns
ISBN 3-89354-410-0

Printed in West-Germany

INHALT

VORBEMERKUNG

Mit Jorge Semprún[1] widmet sich die vorliegende Arbeit einem Autor, dessen Lebensgeschichte in besonders enger Weise mit der Zeitgeschichte verknüpft ist: Flucht aus dem Bürgerkriegsspanien, Exil in Frankreich, Résistance, Deportation ins KZ Buchenwald, aktive Mitgliedschaft in der spanischen KP, Leitung der illegalen kommunistischen Opposition in Madrid, Ausschluß aus der Partei, Beginn einer Karriere als Romancier, Drehbuchautor, Publizist und seit Juli 1988 Übernahme des Kulturressorts in der Regierung F. González – so lesen sich die wichtigsten Stationen seiner Vita. Aus diesem reichen Erfahrungsschatz schöpft Semprún die Themen seines literarischen Schaffens, das infolgedessen ganz von der Vergangenheit, von den oft bedrückenden Inhalten eines individuellen und kollektiven Gedächtnisses lebt. Innerhalb einer auch stilistisch nur geringen Variationsbreite läßt vor allem ein Wandel in den politischen Einstellungen sowie in der psychischen Verarbeitung des eigenen Erlebens Entwicklungslinien in Semprúns Werk erkennen. Diesen doppelten Prozeß in seinen literarischen Manifestationen aufzuzeigen, ist ein Hauptanliegen der in Einzelinterpretationen gegliederten monographischen Studie.

Ihr wird in einem Grundlagenteil ein Panorama der politischen Geschichte und der kulturellen, insbesondere literarischen Produktionen des spanischen Bürgerkriegsexils vorangestellt. Zum einen soll vor diesem Hintergrund eine literarische Einordnung Semprúns vorgenommen werden, zum anderen bilden die hier enthaltenen Informationen aber auch die Basis zu einem vertieften Verständnis der von Semprún behandelten Sujets.

Zum Oeuvre des Autors wird die Gesamtheit seiner Buchveröffentlichungen gezählt. Neben den Erzählwerken werden somit auch die literarischen Vorlagen für Alain Resnais' Filme *La guerre est finie* und *Stavisky* ... berücksichtigt, da diese sich im Gegensatz zu den anderen von Semprún verfaßten Drehbüchern mit ihrem Erscheinen auf dem Buchmarkt zugleich an ein Leserpublikum wenden.

Die folgenden Untersuchung geht auf eine 1985 in Hamburg fertiggestellte

1 Der Autor schreibt seinen Namen in Frankreich ohne, in Spanien mit Akzent, in Deutschland sind beide Schreibweisen gebräuchlich. Entsprechend der weiter unten begründeten Zuordnung Semprúns zur spanischen Exilliteratur soll hier der spanischen Orthographie der Vorzug gegeben werden.

Dissertation zurück.[2] Um sie über die engen Zirkel der universitären Fachwelt hinaus einer breiteren literaturinteressierten Leserschaft zugänglich zu machen, wurden die französischen und spanischen Textzitate durch die betreffenden Passagen der deutschen Ausgabe ergänzt. Wo eine solche nicht vorliegt – dies ist bei *L'évanouissement*, den genannten Filmvorlagen und (z.Z. noch) bei *Netchaïev est de retour* der Fall – habe ich selbst eine Übersetzung angefertigt. Letztlich finden die beiden neuesten Werke Sempruns in einem Nachtrag Eingang in die Studie.

Hamburg, im September 1988

2 Meinem Betreuer, Herrn Prof. Dr. D. Schlumbohm, sei an dieser Stelle noch einmal herzlich gedankt.

GRUNDLAGENTEIL

1.
Kurzbiographie Semprúns

Jorge Semprún wurde am 10. Dezember 1923 in Madrid geboren.[1] Er entstammt einem großbürgerlichen, katholischen Elternhaus, das sich allen Anfeindungen seines Milieus zum Trotz aktiv für die Republik und durchgreifende soziale Reformen einsetzte – seine Mutter, Susana Maura, war eine Schwester von Miguel Maura, dem Mitbegründer und ersten Innenminister der Republik, der Vater, José María Semprún Gurrea, ein angesehener links-liberaler Rechtsprofessor. Bei Ausbruch des Bürgerkriegs 1936 ging die Familie über die französische Grenze ins Exil. Zunächst ließ sie sich in Den Haag nieder, wo dem Vater noch während der Flucht das Amt des Botschafters der Republik übertragen worden war, bevor sie 1939 nach Paris zog.

Der Bürgerkrieg stellt im Leben Jorge Semprúns nicht nur insofern einen tiefgreifenden Einschnitt dar, als er für ihn die geographische und sprachliche Entwurzelung des Exils zur Folge hatte, er weckte in ihm zugleich eine moralisch-politische Entrüstung, die bereits den Anstoß für sein späteres gesellschaftliches Engagement lieferte. In der französischen Hauptstadt legte der junge Semprún das Abitur ab, begann ein Philosophiestudium und trat 1941 der KP[2] bei. Wenig später schloß er sich einer Maquis-Gruppe der Résistance an, 1943 wurde er von der Gestapo verhaftet, verhört, gefoltert und ins KZ Buchenwald deportiert. Dort beteiligte er sich bis zur Befreiung 1945 am lagerinternen Widerstand. Ohne schwerwiegende gesundheitliche Schäden behalten zu haben, kehrte er ins Pariser Exil zurück.

Nach einer Übersetzertätigkeit bei der UNESCO trat Semprún 1953 als hauptamtlicher Funktionär in die Dienste der KP Spaniens, in der er bald zu den höchsten Führungsgremien aufstieg. In geheimer Mission reiste er oft nach Madrid, um dort am Aufbau einer klandestinen Parteiorganisation mitzuwirken. Unter wechselnden Decknamen lebte er so mehrere Jahre vorwiegend in der Illegalität.

Aufgrund fundamentaler Divergenzen über Fragen der internen Struktur

---

1 Angaben zur eigenen Biographie machte Semprún vor allem in folgenden Interviews: Cotta, M. u.a., *L'Express va plus loin avec Jorge Semprun*, in: *L'Express*, 8.12.1969, S. 72-79; Roig, M., *Jorge Semprún en un vaivén*, in: *Triunfo*, 570 (1.9.1973), S. 32-35; Rodríguez Pujol, T., *»Yo era peligroso«, Jorge Semprún cuenta su vida*, in: *Cuadernos para el diálogo*, 9.4.1977, S. 28f.; Montero, R., *Jorge Semprún. »No sé realmente quién soy«*, in: *El País Semanal*, 29 (30.10.1977), S. 4-9; *Ein Leben im doppelten Exil. Interview mit Jorge Semprún*, in: *die tageszeitung*, 14.4.1984, S. 10.

2 Ob es sich hierbei um den PCF oder den PCE handelt, geht aus Semprúns Angaben nicht hervor.

und der Strategie des PCE wurde er 1964 gemeinsam mit Fernando Claudín aus der Partei ausgeschlossen.

Nahezu gleichzeitig begann Sempruns literarische Laufbahn. Der Erfolg seines ersten Romans *Le grand voyage*, 1963, (*Die große Reise*) ermutigte ihn, sich nach dem Ende seiner politischen Tätigkeit ausschließlich der Literatur, dem Film und der Publizistik zu widmen. Nach dem Tode Francos und dem Beginn der Demokratisierung in Spanien kehrte er zunächst nicht in seine alte Heimat zurück; mit einer Französin verheiratet, lebte er bis zu seiner Ernennung zum (parteilosen) spanischen Kulturminister Mitte 1988 in Paris.

Da die politische und kulturelle Situation des spanischen Exils sich prägend in Sempruns Werk niederschlägt, sei ihr im folgenden eine überblicksartige Darstellung gewidmet.

2. Das spanische Bürgerkriegsexil: Exodus, Asyl und Adaptation

Schon in früheren Jahrhunderten, vor allem im Zuge der Restauration und der Karlistenkriege, waren Spanier gezwungen, aufgrund politischer Ereignisse ihr Land zu verlassen und im Exil zu leben.[3] Nie zuvor jedoch hatte eine politische Emigration[4] so große Ausmaße angenommen wie zur Zeit des Bürgerkrieges. Ungefähr eine halbe Million Spanier floh unter zum Teil dramatischen Bedingungen vor den Truppen der nationalistischen Rebellen, so insbesondere nach dem Fall von Bilbao im Juni 1937 und im Verlauf der Invasion Kataloniens ab März 1938, um im benachbarten Frankreich Schutz zu suchen.[5] Es waren vor allem Soldaten der republikanischen Armee mit

3 Vgl. hierzu insbesondere Marañón, G. *Españoles fuera de España*, Buenos Aires 1947; Bautista Climent, J., *España en el exilio*, in: *Cuadernos Americanos*, Bd. 125 (Jan./Febr. 1963), S. 91-108 und Lloréns, V., *Emigraciones en la España moderna*, in: Abellán, J.L. (Hrg.), *El exilio español de 1939*, Madrid 1976, Bd. 1, S. 25-93.

4 Der Begriff *Emigration* wird hier übergreifend für die wirtschaftliche und politische Auswanderung verwandt, wohingegen der Terminus *Exil* nur im Fall politisch motivierter Emigration zur Anwendung kommt.

5 Zum Ausmaß und Verlauf der republikanischen Emigration seien vor allem folgende Studien erwähnt: Lloréns, V., *La emigración republicana de 1939*, in: Abellán, J.L. (Hrg.), *El exilio español de 1939*, a.a.O., Bd. 1, S. 95-200; Rubio, J., *La emigración de la Guerra civil de 1936-1939*, 3 Bde., Madrid 1977; ders., *La emigración española a Francia*, Esplugues de Llobregat 1974, S. 190-274; Artis-Gener, A., *La diáspora republicana*, Barcelona 1975; Fernández, A., *Emigración republicana española (1939-*

ihren Familien, Funktionsträger der Linksparteien, der Gewerkschaften und der republikanischen Regierung, aber auch eine beachtliche Zahl von Intellektuellen und Kulturschaffenden – nach G. Torrente Ballester 90 Prozent der spanischen »Intelligenzija« –, die das Land verließen.[6]

Der Empfang, den Frankreich den Flüchtlingen bereitete, entsprach in den seltensten Fällen deren Erwartungen; der weitaus größte Teil von ihnen wurde in die provisorisch eingerichteten Internierungslager von Argelès, Saint Cyprien, Le Vernet etc. eingewiesen, wo unter unzureichenden hygienischen Bedingungen und bei mangelhafter Nahrung Tausende starben.[7] Die französische Öffentlichkeit reagierte vielfach mit einer Mischung aus kleinbürgerlich-chauvinistischem Fremdenhaß und politisch motiviertem Mißtrauen auf die Ankunft der »rouges espagnols«, die, zumeist mittellos, auf die finanzielle Unterstützung des französischen Staates angewiesen waren. Der Zusammenbruch der spanischen Republik fiel bekanntlich in eine Phase bedrohlich sich zuspitzender militärischer Spannungen in Europa, die zur Folge hatten, daß Frankreich sich mehr um das eigene Wohl als um das der spanischen Emigranten sorgte. Deren Situation verschärfte sich dementsprechend mit Ausbruch des II. Weltkrieges. Aus eigenem Willen oder lediglich um der Zwangsrekrutierung in die verhaßten Arbeitskompanien zu entgehen, trat ein Großteil der Flüchtlinge in die Ränge der französischen Armee ein.[8] Nach der Niederlage Frankreichs und insbesondere nach der Besetzung der Süd-Zone wurden Tausende von spanischen Exilanten in deutsche Konzentrationslager, hauptsächlich nach Mauthausen, Auschwitz und Buchenwald, verschleppt; viele ließen dort Leben oder Gesundheit.[9] Bedeutsam ist fernerhin die Zahl derer, die sich dem bewaffneten Widerstandskampf der französischen Résistance anschlossen. Sie bildeten dort teilweise eigene Kampfver-

1945), Madrid 1972; Palencia, I. de, *Smouldering Freedom. The Story of the Spanish Republicans in Exile*, London 1946; Stein, L., *Beyond Death and Exile. The Spanish Republicans in France, 1939-1955*, Cambridge, Massachusetts und London, England 1979; Pike, D.W., *¡Vae victis! Los republicanos españoles refugiados en Francia (1939-1944)*, Paris 1969; Bravo-Tellado, A.A., *El peso de la derrota, 1939-1944. La tragedia de medio millón de españoles en el exilio*, Madrid 1974 und Martín, C., *Exodo de los republicanos españoles*, Mexiko 1972.

6 Vgl. Torrente Ballester, G., *Presencia en América de la España fugitiva*, in: *Tajo*, Madrid 3.8.1940, S. 5; vgl. ebenfalls Díaz, E., *Pensamiento español 1939-1973*, Madrid 1974, S. 15-22.

7 Guy Hermet spricht von 4.700 Toten beziehungsweise Verschollenen; vgl. ders., *Les Espagnols en France. Immigration et culture*, Paris 1967, S. 28. Nahezu als Ironie der Geschichte ist es zu sehen, daß ein Teil der Flüchtlingslager später den deutschen Besatzern dazu diente, politische Gegner, unter ihnen vor allem auch in Frankreich ansässige deutsche Emigranten, zu internieren; vgl. hierzu Badía, G. u.a., *Les barbelés de l'exil. Etudes sur l'émigration allemande et autrichienne*, Grenoble 1979.

8 Vgl. Hermet, G., a.a.O., S. 28.

9 Hermet nennt die Zahl von 12.000 spanischen Flüchtlingen, die in deutschen KZs starben; vgl. Hermet, G., a.a.O. Vgl. auch Montsény, F., *El éxodo. Pasión y muerte de españoles en el exilio*, Barcelona 1977, S. 37-70; Alfaya, J., *Españoles en los campos de concentración*, in: Abellán, J.L., a.a.O., Bd. 2, S. 89-119; Roig, M., *Els catalans als camps nazis*, Barcelona 1977 sowie Vilanova, A., *Los olvidados. Los exilados españoles en la segunda guerra mundial*, Paris 1969.

bände, die aufgrund ihrer Bürgerkriegserfahrung zu den schlagkräftigsten Maquis-Gruppen zählten.[10]

Nach Ende des II. Weltkriegs war die Zahl der Exilspanier in Frankreich auf ca. 200.000 zusammengeschrumpft.[11] Vielen, vor allem den finanziell Bessergestellten, unter ihnen einem Großteil der Intellektuellen, Künstler und Literaten, war in der Zwischenzeit die Übersiedlung nach Lateinamerika gelungen. Unterstützt durch Flüchtlingsorganisationen wie den SERE (Servicio de Emigración para Republicanos Españoles) und die JARE (Junta de Auxilio a los Republicanos Españoles), die das in den Händen der Republik verbliebene Gold der spanischen Nationalbank zur Finanzierung von Übersiedlungsaktionen verwendeten, ließen sie sich vor allem in Mexiko, Argentinien und Venezuela nieder.[12] Ein besonders bereitwilliger Empfang wurde den Emigranten seitens der mexikanischen Regierung zuteil, die unter Präsident Cárdenas mehrfach die Bereitschaft zur Aufnahme von Flüchtlingen bekundet hatte.

Weit weniger als Massenphänomen stellt sich der Zuzug spanischer Exilanten in anderen bedeutenden Aufnahmeländer wie den USA, England, der UdSSR und den Staaten Nordafrikas dar. Während Nordamerika und Großbritannien in erster Linie die spanische Akademikerschaft aufgrund der ihr dort offenstehenden Arbeitsmöglichkeiten anzogen, waren es nahezu ausschließlich Mitglieder der Kommunistischen Partei Spaniens (PCE), die Zuflucht in der Sowjetunion suchten.[13]

Im Gegensatz zur intellektuellen und politischen Elite sowie der bürgerlich-wohlhabenden Schicht der »España peregrina« (wörtlich: »Pilgerspanien« – nach der Bezeichnung von José Bergamín)[14], war die Arbeiterschaft zum

---

10 Vgl. hierzu Fernández, A., *La España de los maquis*, Paris 1967; Vilanova, A., a.a.O.; Angel, M., *Los guerrilleros españoles en Francia*, Havanna 1971; Pons Prades, E., *Los derrotados en el exilio*, Barcelona 1977, S. 235-329 und Bravo-Tellado, A., a.a.O., S. 115-180. Nach Angaben von M. Tuñón de Lara waren es insgesamt 50.000 Exilspanier, die an der Seite Frankreichs kämpften; vgl. ders., zitiert in: Guzmán, E. de, *El exilio español*, in: *Triunfo*, 732 (6.2.1977), S. 34-38, hier S. 38.

11 Vgl. Tabori, P., *The Anatomy of Exile, a Semantic and Historical Study*, London 1972, S. 204 und Pike, D.W., a.a.O., S. 57f.

12 Beide Hilfsorganisationen rivalisierten miteinander. Der SERE wurde vom letzten Premierminister der Republik, Juan Negrín, aus dem Londoner Exil verwaltet und unterstützt, die JARE hingegen von dem sozialistischen Führer und Opponenten der kommunistenfreundlichen Politik Negríns, Indalecio Prieto, der seinerseits in Mexiko residierte. Vgl. u.a. Fagen, P., *Transterrados y ciudadanos. Los republicanos españoles en México*, Mexiko 1975 (Erstausgabe: *Exiles and Citizens. Spanish republicans in Mexico*, University of Texas 1973), S. 37-41, 99-103.

13 Vgl. Lloréns, V., *La emigración republicana*, a.a.O.; Malagón, J., *La »España peregrina en los Estados Unidos de América*, in: *Diálogos*, Bd. 16, Nr. 95/96, Mexiko 1980, S. 32-38 sowie Comín Colomer, E., a.a.O., S. 207-230.

14 Vgl. Bergamín, J., *De una España peregrina*, Madrid 1972. Zu den spanischen Intellektuellen in der Emigration vgl. Garosci, A., *Gli intellettuali e la guerra di Spagna*, Turin 1959 und Durán, M., *Notas sobre la emigración de los intelectuales*, in: *Ciencias e investigación*, Bd. 27 (4) (1971), S. 133.

überwiegenden Teil gezwungen, in Frankreich zu bleiben. Dort regruppierten sich auch die politischen Parteien der republikanischen Linken, gaben ihre eigenen Zeitschriften heraus[15], versuchten, vom Exil aus politischen Einfluß auf die Ereignisse in Spanien zu nehmen, und bereiteten sich auf die, wie alle hofften, baldige und siegreiche Rückkehr ins Vaterland vor. Die Bedeutung Frankreichs als politisches Zentrum des Exils wird unterstrichen durch die Tatsache, daß die spanische Exilregierung unter der Führung des ehemaligen Präsidenten der Cortes, Diego Martínez Barrio, sich 1946 in Paris ansiedelte.[16]

Ebenfalls von Frankreich aus organisierten sich in den letzten Monaten des Weltkrieges kommunistische Guerilla-Verbände, die über die Pyrenäen nach Spanien eindrangen und versuchten, dort den bewaffneten Kampf gegen das Franco-Regime erneut zu entfachen. Das schnelle Scheitern dieser Initiative wie auch aller diplomatischen Bestrebungen, durch internationalen Druck die Rechts-Allianz unter Franco zu stürzen und die Republik wiedereinzusetzen, machte zumindest Außenstehenden deutlich, daß die spanischen Flüchtlinge sich auf ein langes Exil einrichten mußten; die Betroffenen selbst mochten dieser bitteren Wahrheit zumeist allerdings nicht ins Auge blicken.

Die grundlegenden Probleme, mit denen sich die Exilanten des Bürgerkriegs konfrontiert sahen, lassen sich wie folgt zusammenfassen: Getrenntsein von der Heimat und nahen Angehörigen, Trauer über die Niederlage der Republik bzw. der Revolution, oft auch über den Verlust eines bestimmten sozialen Status, ferner die Schwierigkeit, sich in einer neuen Umgebung, einer fremden Kultur, vielfach zugleich einer fremden Sprache zurechtfinden zu müssen und die Ungewißheit über die Dauer des Exils. Die Art und Weise, in der der einzelne Emigrant sich auf die veränderte Situation einzustellen in der Lage war, hing von so unterschiedlichen Faktoren ab wie den Rahmenbedingungen des Gastlandes, dem Alter, der Schichtzugehörigkeit und dem Politisierungsgrad des Flüchtlings sowie der zeitlichen Distanz zu den Ereignissen, die seine Flucht motivierten. Generell gehen Historiker und Betroffene in der Einschätzung konform, daß diejenigen, die nach Lateinamerika auswanderten, die vergleichsweise günstigsten Adaptationsbedingungen vorfanden. Diesem Umstand trägt ein Neologismus Rechnung, der sich schnell in den Emigran-

15 Zu den bedeutendsten parteipolitischen Zeitschriften, die in Frankreich herausgegeben wurden, zählen *Mundo Obrero* (PCE), *El Socialista* (PSOE) und *Solidaridad Obrera* (CNT/FAI).

16 Zur politischen Opposition im Exil vgl. insbesondere Valle, J.M. del, *Las instituciones de la República española en el exilio*, Paris 1976; Fagen, P., a.a.O., S. 99-135; Tusell, X., *La oposición democrática al franquismo 1939-1962*, Barcelona 1977; ders., *La España del siglo XX*, Barcelona 1975, S. 387-390 und 415-420; Alba, V., *La oposición de los supervivientes (1939-1977)*, in: *Tiempo de historia*, 32 (1977), S. 4-15 sowie Rubio, J., *Los reconocimientos diplomáticos del gobierno de la República Española en el exilio*, in: *Revista de política internacional*, 149 (1977), S. 77-87.

tenkreisen einbürgerte und die nach Iberoamerika emigrierten Spanier als *trasterrados* oder *transterrados* bezeichnete, während der ursprüngliche Begriff für den Exilanten, *desterrado*, nur auf diejenigen angewandt wurde, die nicht allein ihr Vaterland, sondern auch die Muttersprache als vorrangiges Kommunikationsmittel aufgeben mußten.[17]

Mehr noch als diese äußeren Faktoren erwies sich allerdings das Lebensalter der Flüchtlinge als ausschlaggebend für die Art, wie der einzelne auf den Heimatverlust reagierte. In Anlehnung an Fagen kann hier zwischen drei Exilgenerationen differenziert werden: der älteren Generation, die sich zu Beginn des Bürgerkriegs bereits eine Existenz aufgebaut hatte und zumeist aktiv an den Auseinandersetzungen teilnahm, der zweiten, welche den Krieg im jugendlichen Alter nur passiv miterlebte und ihren Eltern in die Emigration folgte, und letztlich der Generation von Emigrantenkindern, die zum Zeitpunkt der Flucht noch im Kleinkindalter waren oder erst später geboren wurden und somit keine eigene Erinnnerung an Spanien besaßen bzw. besitzen.[18]

Die im Exil aufgewachsenen Flüchtlingskinder paßten sich verständlicherweise am besten an die veränderte Umgebung an, fanden neue soziale Bindungen im Kreis der einheimischen Altersgenossen und nahmen zumeist die Nationalität des Asyllandes an. Dennoch bewahrten sie in der Regel einen gewissen Stolz, spanischer Abstammung zu sein, was als Ausdruck eines zumindest zwiespältigen Verhältnisses zur neuen »Heimat« gewertet werden muß. Anders verhält es sich dagegen mit den Vertretern der mittleren Generation, die sich selbst zum Teil als *hombres fronterizos* und als *generación desorientada* bezeichnet. Ohne gültigen Bezugspunkt, bleiben sie in der Mehrzahl Wanderer zwischen zwei Welten, können nicht, wie die jüngere Generation, eine definitive Schwerpunktsetzung bezüglich ihrer nationalen

---

17 Der Opposition beider Begriffe liegt die Auffassung zugrunde, daß Spanien und Lateinamerika eine sprachliche und kulturelle Einheit bilden. Innerhalb der spanisch-geprägten Welt könne es daher keine wirkliche Entwurzelung, kein *destierro* geben. Die Wortneuschöpfung des *transterrado* geht offensichtlich auf den exil-spanischen Philosophen José Gaos zurück; vgl. ders., *La adaptación de un español a una sociedad hispanoamericana*, in: *Revista de Occidente*, 38 (Mai 1966), S. 168-178 sowie Marichal, J., *El nuevo pensamiento político español*, Mexiko 1974, S. 65-77 (Erstausgabe 1966). Zum Beitrag der Exilspanier zu der Kultur des bedeutendsten Asyllandes, Mexiko, vgl. außer Fagen, P., a.a.O., insbesondere. *El exilio español en México 1939-1982*, herausgegeben von den Verlagshäusern Salvat und Fondo de Cultura Económica, Mexiko 1982, Instituto Nacional de Antropología e Historia: *Palabras del exilio. Contribución a la historia de los refugiados españoles en México*, Mexiko 1980; Malagón Barceló, J., *El exiliado político español en México (1939-1977)*, in: *Arbor*, 409, Bd. 105 (Madrid 1980), S. 25-36; León-Portilla, A.H. de, *España desde México. Vida y testimonio de transterrados*, Mexiko 1978; Fresco, M., *La emigración republicana española: una victoria para México*, Mexiko 1950.

18 Vgl. Fagen, P., a.a.O., S. 161-166; vgl. hierzu wie auch zu den folgenden Ausführungen ebenfalls Durán, M., *La generación del 36 vista desde el exilio*, in: *Cuadernos Americanos*, 148 (Sept./Okt. 1966), S. 222-236, hier die Seiten 224f.; Lloréns, V., *Entre España y América*, in: ders., *Literatura historia, política*, Madrid 1967, S. 223-236, hier S. 231-236; Rubio, J., *La emigración ...*, a.a.O., S. 784-790 und Abellán, J.L., *El exilio español de 1939*, in: *Triunfo*, 844 (31.3.1979), S. 48f.

Identität treffen. Sowohl vom Alter als auch von der Haltung her gehört Semprún zu dieser Personengruppe.

Die erste Generation bildete naturgemäß besonders in den ersten beiden Jahrzehnten den zahlenmäßig bedeutendsten und kulturell bestimmenden Teil der »España peregrina«. Sie hielt generell an ihren traditionellen Denk- und Verhaltensweisen fest und fand Trost in dem Bewußtsein, ihren Idealen treu geblieben zu sein sowie ihren Beitrag im Kampf für die Republik geleistet zu haben. Mit zunehmender Dauer des Exils stellte sich vor allem in diesem Personenkreis ein teilweise überheblicher Nationalismus ein, der oft zu feindlichen Reaktionen gegenüber dem Gastland und seinen Einwohnern führte.[19] Beides, die Betonung der nationalen Besonderheit und die Negativreaktion auf die neue Umgebung, war Ausdruck einer Weigerung, sich mit der Situation des Exils auch nur vorübergehend abzufinden. Von einer Adaptation kann bei dieser Generation in der Regel folglich keine Rede sein, ihr wesentlicher Bezugspunkt blieb einzig und allein Spanien. *Ihr* Spanien war indes jenes Land, das sie gegen Ende des Bürgerkriegs verließen. Abgeschnitten von der Möglichkeit, auf die neuere politische Entwicklung ihrer Heimat unmittelbar Einfluß zu nehmen, zeigten die meisten von ihnen keinerlei Interesse daran, sich über die veränderten und stets sich verändernden Bedingungen im frankistischen Staat zu informieren. In einer Art selektiver Wahrnehmung sonderten sie alle für sie ungünstigen Meldungen und Berichte aus und nahmen nur das wahr, was sie auch wahrhaben wollten. Für sie war die Zeit im Jahre 1939 stehengeblieben. Manuel Durán bemerkt dazu sehr anschaulich:

> Nuestro reloj interno se había detenido, como ocurre con los relojes de las ciudades bombardeadas o asoladas por terremotos, en la hora fatal de la guerra civil; éramos incapaces de sentir plenamente el presente o de hacer planes para el futuro ...[20]

So lebte besonders der ältere, am wenigsten adaptationsbereite und -fähige Emigrant vorrangig in der Erinnerung. Daß sein Bild von der Heimat sich hierbei verklärte, kann nicht verwundern, wenn man sich vor Augen führt, welch persönlichkeitsstabilisierende Funktion einem positiven Spanienbild zukam. Das Vaterland hörte im Laufe der Zeit zunehmend auf, einer bestimmten geographischen und politischen Realität zu entsprechen, um sich in eine Art irdisches Paradies zu verwandeln, auf das sich alle Wünsche kon-

19 Vgl. Rubio, J., *El desarraigo en las emigraciones políticas: el caso del exilio de la guerra civil española de 1936-1939*, in: *Revista internacional de sociología*, Bd. 35 (21), 1977, S. 113-138, hier S. 116.

20 Durán, M., a.a.O., S. 225: »Wie die Uhren bombardierter oder von Erdbeben verwüsteter Städte war unsere innere Uhr in der verhängnisvollen Stunde des Bürgerkriegs stehengeblieben; wir waren unfähig, gänzlich die Gegenwart zu erfassen oder Pläne für die Zukunft zu machen ...« (Übers. d. Verf.).

zentrierten.[21] Eine solche Haltung führte die Exilanten zwangsläufig zu einer wachsenden Isolierung sowohl gegenüber dem jeweiligen Gastland als auch gegenüber der sich wandelnden Heimat. Dieser Prozeß wurde, wie unter anderem Rubio ausführt, von den Betroffenen selbst zumeist nicht einmal bemerkt:

> Conforme van pasando los años esa parcela de España en tierra extranjera que forman los exiliados se va convirtiendo en una auténtica isla – o si se prefiere en un archipiélago – en la que la dimensión de insularidad, de aislamiento, de distanciamiento, se va haciendo predominante ... Los exiliados, además, no suelen tener conciencia de este proceso desvinculador, pues viviendo en un mundo cerrado en ellos mismos ... no tienen unos ejes de referencia, unos asideros que les permitan percibir el progresivo movimiento de translación y distanciamiento de su patria.[22]

Man muß nicht mit Marra-López der Auffassung sein, daß der Spanier wesensmäßig in besonderer Weise der Heimat verbunden sei[23], um zu verstehen, daß die spanischen Exilanten Kontakt vorrangig untereinander pflegten. Denn in ihren Schicksalsgenossen suchten sie im allgemeinen das, was ihnen am meisten fehlte: Spanien.[24] Dies Gruppenverhalten führte nicht selten zur Bildung regelrechter Kolonien von Spaniern im Ausland; am Beispiel der mexikanischen Metropole spricht Vicente Lloréns gar von der Entstehung einer »España en miniatura«[25] Was die spanischen Emigranten zur Betonung ihrer Eigenständigkeit und damit zu geringer Adaptationsbereitschaft veranlaßte, war zudem die Überzeugung, daß das Exil nur von relativ kurzer Dauer sein würde. Wie sehr das Bewußtsein, in einem Provisorium zu leben, als typische, nicht auf eine historische Epoche begrenzte Grundhaltung von Exilanten generell angesehen werden kann, legt unter anderem ein viel zitierter Ausspruch von Francisco Javier Istúriz nahe: Nach der Rückkehr aus der Emigration behauptete dieser spanische Staatsmann des 19. Jahrhunderts, es sei ein Irrtum zu glauben, er habe zehn Jahre im englischen Exil verbracht, in Wirklichkeit

21 Vgl. Lloréns, V., El retorno del desterrado, in: Cuadernos Americanos, 40 (Juli/August 1948), S. 215-233, hier S. 229.

22 Rubio, J., *La emigración* ..., a.a.O., S. 766f.: »Im Verlauf der Jahre wird allmählich diese Parzelle Spaniens auf fremder Erde, welche die Exilanten darstellen, zu einer wahren Insel – oder vielleicht besser zu einer Inselgruppe – in welcher Abgeschiedenheit, Isolation und Entfremdung schließlich vorherrschen ... Die Exilanten sind sich zudem in der Regel dieses Loslösungsprozesses nicht bewußt, denn da sie in einer in sich abgeschlossenen Welt leben, ... verfügen sie über keine Vergleichsmaßstäbe und Fixpunkte, die es ihnen erlaubten, die zunehmende Entfernung und Entfremdung von ihrer Heimat wahrzunehmen.« (Übers. d. Verf.).

23 Vgl. Marra-López, J.R., *Narrativa española fuera de España*, Madrid 1963, S. 52.

24 Vgl. Luzuriaga, J., *Sobre el exilio (1936-1964)*, in: *Revista de Occidente*, 12 (März 1964), S. 345-348, hier S. 348.

25 Vgl. Lloréns, V., *Entre España y América*, a.a.O., S. 233.

seien es nur acht Tage gewesen, da er jede Woche mit einer Revolution in Madrid gerechnet habe und mit gepackten Koffern stets abreisebereit gewesen sei.[26]

Auch für die Emigranten des republikanischen Exils bildete die Rückkehr ins Vaterland in der Regel den eigentlichen Lebenssinn – ein Lebenssinn, der ständig von der Gefahr des Todes im Exil bedroht war, welcher wiederum nur als unnatürlich und als definitive Niederlage erlebt werden konnte. Das Leben in der Emigration erschien den meisten lediglich als *Scheinexistenz*, eine Heimkehr nach Spanien war in ihrer Vorstellung daher gleichbedeutend mit dem Wiederbeginn eines *wahren Lebens*.[27] Diese Perspektive war gerade für die politisch engagiertesten unter ihnen allerdings unweigerlich an die Bedingung eines politischen Wandels in der Heimat geknüpft. Zum einen hätte sie im frankistischen Staat in vielen Fällen die Hinrichtung oder eine Gefängnisstrafe erwartet, zum anderen waren sie aber auch von einem hartnäckigen Revanchedenken beseelt. Sie sahen sich als Vertreter des authentischen Spanien, als rechtmäßige Repräsentanten des Volkswillens; eine Verständigung mit der anderen Seite hätte folglich Verrat an den eigenen Ideen bedeutet. Diese scharfe Zweiteilung in Freund und Feind des Vaterlandes, die ihren Ursprung in der Vorstellung der »dos Españas«, der *zwei Spanien*, hat und von frankistischer Seite mit mindestens der gleichen Härte und Unnachgiebigkeit vorgenommen wurde, kennzeichnet bekanntlich das politische Leben Spaniens nicht erst seit Zeiten der Republik.[28]

Dennoch kam es dazu, daß ein nicht geringer Teil der Emigranten vorzeitig nach Spanien zurückkehrte und damit indirekt das Scheitern seiner politisch motivierten Auswanderung wie auch seiner Adaptation an das Gastland eingestand. In der ersten Phase, die in Anlehnung an Rubios Einteilung[29] zwischen 1939 und 1944 zu datieren ist, waren es die am wenigsten politisierten Teile der Emigration, die sich wieder in das spanische Alltagsleben integrierten. Der Weg dorthin führte zum Teil durch die frankistischen Gefängnisse, es war die Rückkehr der sich besiegt Gebenden. Auch in der Epoche zwischen 1944 und 1954 gab es praktisch keinen politisch engagierten Emigranten, der die Heimreise antrat, zu deutlich und zu groß war die Hoffnung auf eine be-

26 Vgl. Castro, A., *Emigrados*, in: *Cuadernos del Congreso por la Libertad de la Cultura*, 17 (März/April 1956), S. 5-14, hier S. 12; vgl. ebenfalls Marra-López, J.R., a.a.O., S. 62 sowie Rubio, J., *La emigración* ..., a.a.O., S. 777, Anm. 91.

27 Vgl. Rubio, J., *La emigración* ..., a.a.O., S. 751 und Lloréns, V., *El retorno del desterrado*, a.a.O., S. 217.

28 Vgl. hierzu die umfassende Studie von García Escudero, J.M., *Historia política de las dos Españas*, 4 Bde., Madrid, 1976.

29 Vgl. Rubio, J., *La emigración* ..., a.a.O., S. 753f. Zu den folgenden Ausführungen vgl. ebenda, S. 754-765.

vorstehende Wiedererrichtung der Republik. Die wenigen unter ihnen, die dennoch nicht auf den Sturz Francos warteten, wurden von den anderen Exilanten vielfach des Hochverrats bezichtigt und verloren unter ihren ehemaligen Freunden oft jegliches Ansehen. So erging es unter anderem Ortega y Gasset, der gegen Ende des Weltkriegs nach Spanien heimkehrte. Die 1954 eingeleitete Repatriierungspolitik der Franco-Regierung stellte die Flüchtlinge vor eine doppelte Schwierigkeit: Zum einen hatten viele sich inzwischen eine wirtschaftlich angenehme Situation verschafft, die sie nicht aufgeben mochten, wobei der Verweis auf das Fortbestehen des frankistischen Systems oft nur noch als Ausrede diente, zum anderen hatte sich Spanien in der Zwischenzeit derart verändert, daß den Emigranten die Wiedereingliederung in die Heimat in der Regel nicht mehr gelang. Um der Gefahr eines zweiten Exils, das heißt der Situation des Fremden im eigenen Land, zu entgehen, wählten manche von ihnen eine Zwischenlösung, die darin bestand, für kurze Zeit nach Spanien zu reisen, ohne sich dort allerdings definitiv niederzulassen. Daher nahmen auch nur wenige das Inkrafttreten der Verjährung für alle Vorgänge aus der Zeit des Bürgerkriegs im Jahre 1969 zum Anlaß, ihr Exil zu beenden. Eine Rückkehrwelle größeren Ausmaßes setzte allerdings nach dem Tode Francos 1975 ein. Von der Presse mit viel Aufmerksamkeit verfolgt, trafen einige sehr renommierte Exilanten in Spanien ein, wie zum Beispiel Rafael Alberti, María Casares, Santiago Carrillo, die »Pasionaria«, Abad de Santillán und Josep Taradellas, um nur einige zu nennen.[30] Es blieb zwar noch eine große Zahl von Bürgerkriegs-Flüchtlingen im Ausland, doch handelte es sich hierbei zumeist um solche, die, sei es aus Altersgründen, sei es aufgrund ihrer Entfremdung von Spanien, die Perspektive einer Rückkehr gänzlich aufgegeben hatten.[31]

3.
Die kulturelle Eigenständigkeit des Exils

Was über die Adaptationsbereitschaft und -fähigkeit der spanischen Flüchtlinge im allgemeinen gesagt wurde, trifft auf die Intellektuellen unter ihnen

30 Dies Ereignis ist von Rubio noch nicht berücksichtigt worden; vgl. hierzu den Artikel *Tödliche Wunde*, in: *Der Spiegel*, 14.3.1977, S. 158ff.

31 Zu den Problemen einer Rückkehr nach ca. vierzigjährigem Exil vgl. Custodio, A., *El regreso a España del refugiado político. Ensayo histórico y crítico de una añoranza*, in: *Cuadernos Americanos*, 39 (1979), S. 76-84.

im besonderen ebenfalls zu. Auch in diesem Kontext erweisen sich die Kriterien des Lebensalters der Emigranten und der Bedingungen des jeweiligen Gastlandes als von entscheidender Bedeutung. In den ersten Jahrzehnten waren es verständlicherweise die Sichtweisen der älteren Generation, die sich in den kulturellen Manifestationen der »España peregrina« niederschlugen. Sowohl in Iberoamerika als auch in Frankreich läßt sich dabei ein auffallend starkes Bemühen um kulturelle Autonomie beobachten, was den Wunsch der Exilanten deutlich macht, die Beziehung zum Vaterland, zu seinem geistig-kulturellen wie auch politisch-historischen Erbe wachzuhalten, der physischen nicht auch eine geistige Entwurzelung folgen zu lassen.[32] Insbesondere in Lateinamerika und hier vor allem in Mexiko gründeten die Bürgerkriegsflüchtlinge schon bald nach ihrer Übersiedlung eigene Zeitschriften und Verlage. Aus der Vielzahl der Publikationen sollen an dieser Stelle nur als bedeutendste *Cuadernos Americanos*, *La España peregrina*, *Las Españas* (alle in Mexika erschienen) sowie als wichtigste Verlagshäuser *Editorial Séneca*, *Fondo de Cultura Económica* (beide Mexiko) und *Losada* (Buenos Aires) erwähnt werden. Ein Experiment besonderer Art stellte die kurzlebige, in Mexiko herausgegebene Zeitschrift *Romance* dar, die gemeinsam von linksgerichteten spanischen und lateinamerikanischen Literaten gegründet wurde und Ausdruck eines Strebens nach kulturell-politischer Einheit von Vertretern der spanischen Republik und demokratischen Kräfte Lateinamerikas war.[33] Wenn diese Zusammenarbeit von einheimischen und exilspanischen Intellektuellen auch einen Einzelfall bildete, so ist doch unverkennbar, daß bei aller kulturellen Eigenständigkeit der *trasterrados* die von ihnen verlegten Zeitschriften und Bücher nicht ausschließlich an den Kreis der Emigranten, sondern immer auch an das Publikum des hispanoamerikanischen Gastlandes gerichtet waren. Dieses Publikum nahm die neuen Impulse in der Regel dankbar auf und verwertete sie, V. Lloréns zufolge, zu einem regelrechten kulturellen Aufschwung.[34]

Anders verhält es sich in diesem Punkt mit den in Frankreich ansässigen Exilanten. Zwar formierten sich auch dort – besonders in Paris und Toulouse – schnell eigene Zirkel, die an Geschlossenheit und Autonomie denen jenseits des Atlantiks in nichts nachstanden. Doch ist zwischen ihnen und der französischen Kultur zunächst kein vergleichbarer Austausch zu beobachten.

32 Vgl. Rubio, J., *El desarraigo* ..., a.a.O., S. 117.

33 Vgl. insbesondere die Studie von Andújar, M., *Las revistas culturales y literarias del exilio en Hispanoamérica*, in: Abellán, J.L. (Hrg.), *El exilio* ..., a.a.O., Bd. 3, S. 21-92.

34 Vgl. Lloréns, V., *Entre España y América*, a.a.O., S. 227 sowie Alatorre, A., *Literatura de la emigración republicana española en México*, in: *Comparative Literature. 2. Congress of the International Comparative Literature Association 1958*, Bd. 2, Chapel Hill 1959, S. 606-614, insbesondere S. 611.

Gründe hierfür liegen natürlich in den sprachlichen Barrieren, aber auch in der Tatsache, daß die französische Kultur sich traditionell gegenüber der spanischen als dominant empfindet und von daher wenig Bereitschaft zur Aufnahme kultureller Impulse von Vertretern ihres südlichen Nachbarlandes aufbrachte. Hinzu kommt, daß, wie oben erwähnt, die spanische Kolonie in Frankreich mehr von Politikern und Arbeitern als von Kulturschaffenden geprägt war. Dennoch entstanden auch auf französischem Boden relativ schnell neben den publizistischen Organen der diversen politischen Gruppierungen des Exils kulturell ausgerichtete Zeitschriften, wie vor allem *Cuadernos*, *Boletín de la UIE en Francia* (UIE = Unión de Intelectuales Españoles), *Independencia*, *Iberia* etc.[35]

Zwei Themenbereiche stehen in den Publikationen der Emigration immer wieder im Vordergrund: die politische bzw. Geistes- und Kulturgeschichte Spaniens einerseits und die Situation des Exils andererseits. Die Entwicklung der »España peregrina« von einer unnachgiebigen Frontstellung gegenüber dem frankistischen Staat und seiner Kultur hin zu einer schrittweisen Annäherung, wie sie oben beschrieben wurde, fand in einer Vielzahl von Beiträgen ihren Niederschlag. Ebenso wie im politischen Bereich fühlten sich die Emigranten auf dem kulturellen Sektor zunächst unbestritten als die einzig legitimen Vertreter Spaniens. In der Tat blieben ja nur sehr wenige Intellektuelle nach 1939 im Lande. Zu ihnen gehörten zwar so renommierte Persönlichkeiten wie unter anderem Jacinto Benavente, Gregorio Marañón, Eugenio D'Ors, Manuel Machado, Vicente Aleixandre und Dámaso Alonso, doch reichte ihre Zahl nicht aus, den Eindruck eines kulturellen Aderlasses zu verhindern.[36] Daß Spanien in den ersten Nachkriegsjahren in kultureller Hinsicht einer Wüste glich, wurde selbst von frankistischer Seite nicht bestritten. In seinem 1940 veröffentlichten Artikel mit dem Titel *Presencia en América de la España fugitiva* schrieb Gonzalo Torrente Ballester zum Beispiel:

> Por esos mundos de Dios, desgarrada y amarga, anda la España peregrina, con todas las maldiciones del destierro sobre su cabeza. Dios les quitó a sus hombros el sosiego, como a casta maldita, pero no la inteligencia, que conservan más despierta y sensible por el dolor. ... La labor de la España peregrina puede ser, hay que proclamarlo crudamente, muy apreciable. La nuestra, hasta ahora, es casi nula. ¿A cuál de las dos Españas seguirán los mozos estudiosos del otro lado del Atlántico? Es necesario recobrar nuestra conciencia y vivir alerta, como se nos ordena por Falange. Nuestras

35 Vgl. Risco, A., *Las revistas culturales y literarias de los exiliados españoles en Francia*, in: Abellán, J.L. (Hrg.), *El exilio* ..., a.a.O., Bd. 3, S. 93-150.

36 Vgl. hierzu vor allem Díaz, E., a.a.O.

armas son armas de su cultura, y antes que usarlas hay que tenerlas para disponer de ellas. Culturalmente, los españoles de acá estamos desarmados.[37]

Mit dieser Äußerung gestand Torrente Ballester folglich nicht nur die desolate Situation auf dem Kultursektor ein, er richtete zugleich eine Kampfansage an die Intellektuellen in der Emigration, rief dazu auf, ihnen die geistige Vormachtstellung streitig zu machen. Deutlich wird hieran, daß nicht nur die Verlierer des Bürgerkrieges schmerzhafte Wunden behielten, ähnlich wie diese waren auch die Sieger einem Revanchedenken verhaftet.

Erste Ansätze von seiten der Intellektuellen im Exil, die unbeugsame Feindschaft gegenüber Franco-Spanien zu überdenken, fanden sich bereits 1947 in einem Artikel der Exil-Zeitschrift *Las Españas* zum Ausdruck gebracht, stießen aber noch auf generelle Ablehnung und Unverständnis. Neun Jahr später, in dem Leitartikel der Juli-Nummer von 1956, ließ dasselbe Organ die ursprüngliche Position neu zu Worte kommen, indem es die Spanier dazu aufforderte, »die Schützengräben zu verlassen«.[38] Ohne ihre antifrankistische Position aufzugeben, machte die Zeitschrift sich zum Fürsprecher der realistischen Einschätzung, daß der Krieg unwiederbringlich verloren sei und jede Oppositionspolitik dem Rechnung zu tragen hätte. In einem in derselben Nummer gekürzt wiedergegebenen Vortrag unterstrich Daniel Tapia, man habe lange genug am Sarg der Republik gestanden, es sei nunmehr an der Zeit, ihn der Erde zu übergeben. Um Mißverständnisse zu vermeiden, fügte er hinzu, einen Toten begraben heiße nicht, ihm die Ehrerbietung zu verweigern, sondern lediglich, die Realität seines Todes anzuerkennen.[39] Tapias Haltung, die in Emigrantenkreisen heftig diskutiert wurde, bedeutete dabei keineswegs einen Abschied von jeglicher Hoffnung. Vielmehr lag ihm daran, neue Handlungsperspektiven zu eröffnen, die bis dahin noch zu oft durch nostalgischen Rückblick versperrt worden seien.

In der hier angesprochenen Frage manifestierten sich einmal mehr die bereits aufgezeigten Generationsgegensätze. Die Intellektuellen der ersten Exil-

37 Torrente Ballester, G., a.a.O.: »Durch Gottes weite Welt wandert, innerlich zerrissen und verbittert, die 'España peregrina' mit allen Flüchen des Exils auf dem Haupt. Gott nahm ihnen wie einer verwünschten Rasse den Frieden, aber nicht die Intelligenz, die ihr Schmerz noch wacher und empfindsamer gemacht hat. ... Das Schaffen der 'España peregrina' kann, das muß man ungeschminkt so sagen, sehr beachtlich sein. Das unsere ist bis jetzt fast gleich null. Welchem der beiden Spanien werden die jungen Studierenden jenseits des Atlantiks folgen? Wir müssen wieder zur Besinnung kommen und auf der Hut sein, wie die Falange es uns gebietet. Unsere Waffen sind Waffen der Kultur und um sie ergreifen zu können, müssen wir sie zunächst erwerben. In kultureller Hinsicht sind wir Spanier von hüben unbewaffnet.« (Übers. d. Verf.).

38 Vgl. Zitat und Darstellung in: Fagen, P., a.a.O., S. 159f.

39 Vgl. Tapia, D., *La generación del 29 y los heterodoxos en el exilio*, Rede in Auszügen wiedergegeben in: *Las Españas*, Juli 1956, S. 42.

Generation orientierten sich in der Regel an einem illustren und exilerfahrenen Vertreter der spanischen Geistestradition, an Unamuno. Viele von ihnen nahmen sich nicht nur dessen einwandfreie moralisch-ethische Haltung in der Auseinandersetzung mit der Diktatur Primo de Riveras zum Vorbild, sondern auch dessen im Exil praktizierte passive Rückschau auf das verlorene Vaterland. Wie Marra-López anmerkt, fanden sie so die eigenen Vergangenheitsbewältigung und den daraus resultierenden Handlungsverzicht durch die Autorität Unamunos gerechtfertigt.[40] Zu einer flexiblen, zukunftsgerichteten Haltung konnten und wollten sie im allgemeinen daher nicht mehr gelangen. Der Versuch des liberal-konservativen Kritikers José Luis Aranguren, der sich mit dem Franco-Regime arrangiert hatte, Brücken zwischen den Intellektuellen der Emigration und denen des *Innern* zu schlagen, mußte dementsprechend auf ihren hartnäckigen Widerstand stoßen.[41] Einwände gegen eine solch starre Position wurden hingegen vornehmlich von den jüngeren Kräften des Exils geltend gemacht. Bereits 1947 kritisierte der damals erste 23-jährige Jorge Semprún die an seinen Landsleuten in der Emigration beobachtete nostalgische Verklärung der Vergangenheit und die mangelnde Bereitschaft, sich den Problemen von Gegenwart und Zukunft zu stellen. In der Zeitschrift *Independencia* schrieb er:

> El tiempo pasado no está petrificado, continúa fluyendo; petrificados están, quizá, algunos entre nosotros, pero el tiempo no.[42]

In demselben Artikel antwortete Semprún auf die von einem Bürgerkriegsflüchtling in Mexiko geäußerte Befürchtung, auf Dauer könne sich eine eigenständige spanische Kultur in der Emigration nicht behaupten. Der resignativen Einschätzung der Möglichkeiten des Exils setzte Semprún eine kämpferische Haltung entgegen. Er machte darauf aufmerksam, daß der politisch motivierten Emigration auf politischem Wege auch ein Ende zu bereiten sei, und rief die Intellektuellen im Exil zu einem aktiven Engagement auf; ihrer aller Ziel müsse eine, wie er formulierte, »Reconquista« der spanischen Kultur sein.

Dieser Grundkonzeption entsprach die 1961 in Paris erfolgte Gründung des Exilverlages *Ruedo ibérico*, der anders als die in Lateinamerika von Exilspa-

---

40 Vgl. Marra-López, J.R., a.a.O., S. 71-78.

41 Vgl Aranguren, J.L., *La evolución espiritual de los intelectuales españoles en la emigración*, in: ders., *Crítica y meditación*, Madrid 1957, S. 165-216, zuerst veröffentlicht in den *Cuadernos hispanoamericanos* im Jahre 1953. Auf diesen Artikel antwortete eine Gruppe von spanischen Intellektuellen im Exil: Cimorra, C. u.a., *Respuesta de intelectuales españoles en la emigración a José Luis Aranguren*, in: *Cuadernos Americanos*, Juli/August 1954, S. 79-85. Vgl. hierzu ebenfalls Rubio, J., *La emigración* ..., a.a.O., S. 766-776.

42 Semprún, J. zitiert in Risco, A., a.a.O., S. 143: »Die vergangene Zeit ist nicht versteinert, sie fließt nach wie vor; versteinert sind vielleicht einige von uns, die Zeit jedoch nicht.« (Übers. d. Verf.).

niern gegründeten Verlagshäuser sich nicht die Bewahrung nationalen Kulturgutes zur Aufgabe machte, sondern durch die Publikation politischer, historischer und kulturkritischer Schriften direkt auf das Heimatland einzuwirken suchte.[43]

Sein Einfluß in Spanien selbst war bald recht groß, wenn auch nicht unmittelbar in Zahlen faßbar, da ein nicht genau zu beziffernder Teil der Verlagsproduktion illegal nach Spanien eingeführt und dort vielfach *unter dem Mantel* weitergereicht wurde. Maßgeblich beteiligt an der Gründung und der Arbeit dieses Verlages waren vor allem Vertreter der zweiten Exilgeneration sowie ein ihnen ungefähr gleichaltriger Personenkreis, der zumeist erst in den fünfziger Jahren dem frankistischen Staat den Rücken gekehrt hatte: sei es, um sich vor politischer Verfolgung zu schützen, sei es, um sich der bedrückenden kulturellen Landschaft und der Zensur zu entziehen. Im engeren Sinne sind diese Spanien-Flüchtlinge nicht mehr dem Bürgerkriegs-Exil zuzurechnen.[44] Sie verschmolzen auch nicht völlig mit der Gruppe der Exilanten von 1939; im Gegensatz zu diesen schlossen sie sich zum Beispiel in der Regel nicht den traditionellen Linksparteien an. Dies erklärt zumindest teilweise die parteipolitische Neutralität von *Ruedo ibérico*, dessen Direktor, José Martínez, erst 1948 Spanien verlassen hatte. Größere Verbreitung noch als die Bücher des Verlagshauses erreichte die 1965 von Martínez und den soeben aus dem PCE ausgeschlossenen Fernando Claudín und Jorge Semprún gemeinsam ins Leben gerufene Zeitschrift *Cuadernos de Ruedo ibérico*.[45]

Ebenfalls in Paris entstand 1971 die vergleichsweise stärker kulturell und literarisch orientierte Zeitschrift *Libre* als gemeinsames Projekt lateinamerikanischer und spanischer Emigranten in Frankreich. Aufgrund politischer Differenzen, die ihre Wurzel in unterschiedlichen Einschätzungen der kubanischen Revolution hatten, brach das Redaktionskollektiv allerdings bereits nach der vierten Nummer auseinander.[46] Unverkennbar bleibt jedoch, daß beide spanischsprachigen Emigrantenkreise in Paris auf vergleichbare exilspezifische Lebens- und Arbeitsbedingungen ähnlich reagierten. Dies geht

---

43 Vgl. hierzu González-Calero, A., *La contrahistoria del franquismo* (Interview mit José Martínez), in: *Triunfo*, 792 (1.4.1978), S. 26ff. sowie Ruedo ibérico, in: *Partisans*, 34/35, *»Espagne 1967«* (Dez. 1966/Jan. 1967), S. 161.

44 J.L. Abellán differenziert hier zwischen dem republikanischen und dem antifrankistischen Exil, Kohut zwischen »exilio político« und »exilio cultural«; vgl. Abellán, J.L., *Presentación general*, in: ders. (Hrg.), *El exilio* ..., a.a.O., Bd. 1, S. 11-24, hier S. 14 bzw. Kohut, K., *Escribir en Paris*, Frankfurt/M. 1983, s. 13f.

45 Jorge Semprún gibt an, daß etwa die Hälfte der sich auf 3.000 bis 4.000 Exemplare belaufenden Ausgabe illegal nach Spanien gelangte; vgl. ders. in: Kohut, K., a.a.O., S. 162.

46 Vgl. dazu J. Goytisolo und J. Semprún in: Kohut, K., a.a.O., S. 83f. bzw. 162ff. sowie Goytisolo, J., *El gato negro que atravesó nuestras oficinas de la rue de Bièvre*, in: *Quimera*, 29 (März 1982), S. 12-25 und Risco, A., a.a.O.

unter anderem aus Äußerungen Julio Cortázars von 1979 hervor, in denen er, ähnlich wie J. Semprún und D. Tapia in den vierziger und fünfziger Jahren, eine resignativ-nostalgische Vergangenheitsfixierung bei seinen Landsleuten im Exil beobachtete und kritisierte.[47]

Generationsmäßige Unterschiede, wie hier an Beispielen aus dem Bereich der Publizistik aufgezeigt, sind für die literarische Produktion des Exils von besonderer Bedeutung. Dieser für das Verständnis von Semprúns schriftstellerischem Schaffen wesentliche Bereich soll im folgenden näher untersucht werden. Anknüpfend an die oben unter gesellschafts- bzw. kulturgeschichtlichen Gesichtspunkten gemachten Ausführungen werde ich einen Überblick über die spezifischen Charakteristika der Exilwerke geben. Ich stütze mich dabei auf einige summarische Abhandlungen, die zu diesem bislang wenig erschöpfend behandelten Komplex erschienen sind, sowie auf Ergebnisse eigener Forschungsarbeit.

4.
Die Literatur des Exils

Nur ein geringer Teil der Dichter und Schriftsteller, die Mitte der dreißiger Jahre in Spanien Rang und Namen hatten, blieb nach Beendigung der Kämpfe im Land. In Anlehnung an die Generationeneinteilung von Fagen[48] soll auch hier unterschieden werden zwischen der Generation derer, die den Bürgerkrieg bereits als Erwachsene miterlebt und zum Teil zu diesem Zeitpunkt schon literarischen Ruhm erlangt hatten oder in den Folgejahren eine schriftstellerische Laufbahn begannen, und der Generation, die sich während der Flucht noch im Kindes- oder Jugendalter befand.[49] Aus der dritten Generation

---

47 Vgl. Cortázar, J., *Pour une idée différente de l'exil*, in: *Magazine littéraire*, 151/152 (Sept. 1979), S. 59ff.; ders., *Amérique latine: exile et littérature*, in: *Centre Culturel International de Cérisy-la-Salle: Littérature latino-américaine d'aujourd'hui*, Paris 1980, S. 113-123 sowie ders. in Kohut, K., a.a.O., S. 193-232. Vgl. ebenfalls die psychologische Studie zum lateinamerikanischen Exil in Frankreich von Vázquez, A., *Algunos problemas sicológicos de la situación de exilio*, in: *Casa de las Américas*, 19 (März/April 1980), S. 137-143.

48 Vgl. S. 15.

49 Obwohl die erste Generation ein altersmäßig sehr viel größeres Spektrum erfaßt als die zweite, soll an dieser Einteilung festgehalten werden: Denn für die persönliche und literarische Verarbeitung des Exils ist vorrangig von Bedeutung, ob dies Ereignis bei vollendeter bzw. fortgeschrittener Persönlichkeitsentwicklung oder noch in einer Zeit des Wandels und der Ausformung persönlicher Identität eintrat.

der im Exil geborenen oder aufgewachsenen Emigrantenkinder ist (noch?) kein namhafter Literat hervorgegangen.

Zur ersten Generation zählen unter anderen die Dichter Rafael Alberti, Antonio Machado (der jedoch unmittelbar nach Verlassen des Landes 1939 in Collioure starb), León Felipe, Luis Cernuda, Pedro Garfias, Juan José Domenchina, Juan Rejano, Pedro Salinas, Emilio Prados, Manuel Altolaguirre, bedingt auch der bereits 1936 nach Nordamerika übergesiedelte Juan Ramón Jiménez und die Prosaschriftsteller Ramón José Sender, Francisco Ayala, Benjamín Jarnés, Manuel D. Benavides, Corpus Barga, Salvador de Madariaga, José Bergamín, Jacinto Casona, Rosa Chacel, Paulino Masip, Esteban Salazar Chapela sowie die erst im Exil bekannt gewordenen Max Aub, Arturo Barea, Manuel Andújar, Segundo Serrano Poncela, José Ramón Arana, Virgilio Botella Pastor, Simón Otaola, Agustí Bartra, Mercè Rodoreda, José Corrales Egea und Jesús Izcaray.

Zur zweiten Generation gehören vor allem Jorge und Carlos Semprún, Michel del Castillo (Miguel), José Luis de Vilallonga, Adélaïde Blasquez (Adelaida Blásquez), Tomás Segovia, Roberto Ruiz und Manuel Lamana.[50]

Zum großen Teil ungefähr altersgleich mit der zweiten Gruppe ist der Kreis der Literaten, die erst erhebliche Zeit nach Ende des Bürgerkriegs, zumeist in den fünfziger Jahren, Spanien verließen, weil die dort herrschende Zensur und das wenig kulturfreundliche politische Klima ihnen keine Entfaltungsmöglichkeiten boten. Unter ihnen wären insbesondere Fernando Arrabal, Juan Goytisolo, Agustín Gómez Arcos, Xavier Domingo (Javier) und Miguel Ullán zu nennen.[51]

---

50 Die Zuordnung Michel del Castillos zu dieser Gruppe mag fragwürdig erscheinen: 1933 wurde er in Madrid geboren; sein französischer Vater verließ Spanien schon vor dem Beginn des Bürgerkriegs und ließ ihn mit der Mutter zurück, die aufgrund ihrer politischen Aktivitäten im Jahre 1939 mit ihrem Sohn nach Deutschland floh. Dieser erlebte erst in Frankreich, dann in Deutschland verschiedene Lagerzuweisungen und wurde nach dem Weltkrieg nach Spanien zurückgeschickt. Dort steckte man ihn, den Sohn einer *Roten*, in ein Gefängnis für Minderjährige, aus dem er 1949 fliehen konnte. Nach diversen Gelegenheitsarbeiten gelang ihm 1953 die Flucht nach Frankreich, wo er bald das Abitur ablegte und ein Studium begann. Owohl er somit erst weit nach Ende des Bürgerkriegs Spanien definitiv verließ, wird er hier als später Flüchtling des republikanischen Exils betrachtet: Zum einen bildet der Bürgerkrieg die unmittelbare Ursache seiner Flucht, zum anderen erweist sich das erste, im Kindesalter erlebte Exil für seine Persönlichkeitsentwicklung sowie für sein literarisches Schaffen als ebenso prägend wie bei den anderen Schriftstellern dieser Gruppe.
Analoges gilt für Manuel Lamana: Siebzehnjährig floh er gegen Ende des Bürgerkriegs nach Frankreich, 1941 vor den deutschen Truppen zurück in seine Heimat und 1948 im Anschluß an Vorfälle seiner Studienzeit in Spanien wiederum nach Frankreich. Von dort emigrierte er nach England und später nach Argentinien. Die in frühem Lebensalter erfahrene Vertreibung schlägt sich in seinem schriftstellerischen Werk in so entscheidendem Maß nieder, daß auch er in diesem Zusammenhang genannt werden soll.

51 Vertreter der katalanischen, baskischen und galizischen Literatur im Exil werden hier nicht getrennt berücksichtigt, vgl. dazu Manent, A., *Literatura catalana a l'exili*, Barcelona 1976; Pàmies, T., *Los que se fueron*, Barcelona 1976; Riera Llorca, V., Manent, A., *Literatura catalana en el exilio*, in: Abellán, J.L. (Hrg.), *El exilio español de 1939*, Madrid 1977, Bd. 6, S. 157-215; Ugalde, M. de, *El exilio en la*

Dem bereits im Anfangskapitel dargestellten Trend entsprechend, ließen sich die Schriftsteller der ersten Generation vorrangig in Lateinamerika nieder, während die Literaten der zweiten Generation nahezu ausschließlich in Frankreich ansässig waren beziehungsweise sind. Dies mag als biographischer Zufall angesehen werden, andererseits dürfte unbestritten sein, daß gerade Frankreich durch sein besonders reges literarisches Leben der Entfaltung schriftstellerischen Talents entgegenkommt. Daß sich die spanischen Emigranten des sogenannten *kulturellen Exils* vor allem in Paris ansiedeln, ist jedenfalls der besonderen kulturellen Anziehungskraft der französischen Metropole zuzuschreiben.[52]

Der Versuch, die beachtliche Zahl der emigrierten Schriftsteller nach bestimmten Kriterien zu klassifizieren, sie literarischen Generationen oder Strömungen zuzuordnen, stößt auf die Schwierigkeit, daß sie keineswegs eine homogene Gruppe, sondern einen Kreis von Persönlichkeiten sehr unterschiedlichen Alters, unterschiedlicher politischer Überzeugung und künstlerischer Ausrichtung bilden. Der Begriff *Exilliteratur* impliziert bereits, daß als distinktives Merkmal dieses literarischen Phänomens die Abhängigkeit von einer politischen bzw. zeitgeschichtlichen Bedingung zu sehen ist. Es wäre daher müßig, hier innerliterarische Gemeinsamkeiten und Divergenzen herausarbeiten zu wollen, dies würde zur Klärung der exilspezifischen Charakteristika der in der Emigration entstandenen literarischen Produktion kaum beitragen.[53]

Rafael Conte faßt diesen Sachverhalt treffend in die Worte:

> Evidentemente, esta relación (die der Exilliteraten untereinander) existe, pues la obra de estos escritores surge de un contexto similar, sobre todo en sus dimensiones negativas, críticas: son hombres desarraigados, desterrados de su tierra. Pero esta relación que nos ayuda a comprenderlos, no caracteriza en última instancia sus procedimientos artísticos, donde cada cual ha seguido un camino distinto. No hay, pues, grupo literario, sino un fenómeno político que afecta a un considerable número de escritores de

literatura vasca, in: Abellán, J.L. (Hrg.), a.a.O, S. 217-283; Martínez López, R., *Literatura gallega en el exilio*, in: ebenda, S. 285-323.

52 Dem Untersuchungskriterium des Lebensalters folgend, sollen hier beide Personenkreise, die ab 1920 geborenen Vertreter des republikanischen und diejenigen des *kulturellen* oder *antifrankistischen Exils*, zur Gruppe der zweiten Exilgeneration zusammengefaßt werden.

53 Die hier vorgenommene Gewichtung des außerliterarischen Einflusses auf die Genese literarischer Werke bedingt zudem, daß Bücher des sogenannten »inneren Exils« nicht berücksichtigt werden können, da ihre Entstehungsbedingungen von denen der im Ausland verfaßten Werke erheblich abweichen. Inwieweit der Begriff des »inneren Exils« seine Berechtigung hat, ist ohnehin umstritten; vgl. hierzu Ferres, A., Ortega, J., *Literatura española del último exilio*, New York 1975, S. 8 und Ilie, P., *Literatura y exilio interior*, Barcelona 1981, hier insbesondere S. 7-13.

una manera similar, pero siendo siempre escritores absolutamente dispares entre sí.[54]

Geht man der Frage nach, welche besonderen Bedingungen die literarische Aktivität in den ersten Jahren der Emigration bestimmten, so stößt man in erster Linie auf die Kategorie des Mangels. Und in der Tat erlebten die Schriftsteller der ersten Generation fast nur die negativen Seiten ihrer Situation. Ihnen fehlte der tägliche Kontakt mit der spanischen Wirklichkeit, die ihnen bisher den Stoff für ihr Schaffen gegeben hatte; ihnen fehlte vielfach der ständige Austausch mit der Sprache, die zugleich Werkzeug und Materie ihrer künstlerischen Arbeit ist; ihnen fehlte die Möglichkeit, ihr angestammtes Publikum zu erreichen und in Dialog mit ihm zu treten – kurzum: Ihnen fehlten, wie Segundo Serrano Poncela es treffend ausdrückte, »jugos para la pluma« (Säfte für die Feder).[55]

Eine positive Seite hatte das Losgelöstsein vom Vaterland und seinem politischen Panorama jedoch allemal: Zumindest im Vergleich zu den in Spanien verbliebenen Literaten verfügten die Exilschriftsteller über völlige Freiheit der Meinungsäußerung und des künstlerischen Ausdrucks. Manuel Durán bezeichnete dies in seinem 1966 erschienen Aufsatz gar als »geheime Waffe«:

> Porque los emigrados teníamos un arma secreta. Todo nos fallaba, menos la conciencia de poder escribir lo que nos diera la gana. Ningún tema nos estaba prohibido. Publicar era ya otra cosa, y a veces los libros han tenido que esperar.[56]

Letztere Einschränkung verweist zu Recht wiederum auf den Mangel. Denn obwohl die spanischen Emigranten ja viele eigene Verlage und Zeitschriften gründeten, verfügten sie doch nicht über die Mittel, alles, was publikationswert gewesen wäre, auch wirklich zu veröffentlichen.[57] Darüber hin-

54 Conte, R., *Narraciones de la España desterrada*, Barcelona 1970, S. 13f.: »Ganz offensichtlich existiert diese Beziehung (das heißt der Exilliteraten untereinander), denn das Werk dieser Schriftsteller entsteht aus einem, vor allem in seinen negativen, kritischen Dimensionen vergleichbaren Kontext: Es sind entwurzelte, ihres Landes beraubte Menschen. Aber diese Beziehung, die uns hilft, sie zu verstehen, kennzeichnet nicht letztlich ihre künstlerischen Verfahren, bei denen jeder einzelne einen unterschiedlichen Weg verfolgt hat. So gibt es also keine literarische Gruppe, wohl aber ein politisches Phänomen, das eine beträchtliche Anzahl von Schriftstellern in ähnlicher Weise berührt, was aber nichts daran ändert, daß sie voneinander völlig verschiedene Schriftsteller bleiben.« (Übers. d. Verf.).

55 Serrano Poncela, S., *La novela española contemporánea, in: La Torre (Puerto Rico)*, 2 (April/Juni 1953), S. 117, zitiert nach: Marra-Lopéz, J.R., *Narrativa española fuera de España (1939-1961)*, Madrid 1963, S. 91.

56 Durán, M., *La generacion del 36 vista desde el exilio*, in: *Cuadernos Americanos*, 148 (Sept./Okt. 1966), S. 225: »Denn wir Emigranten hatten eine geheime Waffe. Alles war uns versagt, nur das Bewußtsein nicht, schreiben zu können, wozu wir Lust hatten. Kein Thema war uns verboten. Publizieren war schon etwas anderes, und manchmal mußten die Bücher warten.« (Übers. d. Verf.); vgl. auch Carrasquer, F., *El exilio de la literatura y la literatura del exilio*, in: *Camp de l'Arpa*, 42 (1977), S. 7-12.

57 Antonio Risco vermutet daher, daß »in den Schubladen« der Verlage sicherlich eine Vielzahl von

aus ist selbst bei erfolgter Drucklegung nicht klar einzuschätzen, welches Publikum die Bücher effektiv erreichten, zumal der spanische Buchmarkt zumindest in den ersten zehn Jahren den Exilpublikationen völlig verschlossen war. Auf die Frage, für wen sie letztlich schrieben, konnte Francisco Ayala daher nur entgegnen:

> Para todos y para nadie, sería la respuesta. Nuestras palabras van al viento: confiemos en que algunas de ellas no se pierdan.[58]

Am deutlichsten litt das Theater unter den Bedingungen des Exils, was nicht verwundern kann, wenn man sich vor Augen führt, daß diese literarische Gattung in besonderer Weise vom Kontakt mit dem Publikum lebt, ihr Publikum jedoch nicht erreichen konnte. Während sich in Spanien die Sprache zudem ständig erneuerte und veränderte, neigten die Exilschriftsteller im Laufe der Zeit zunehmen zu Archaismen. Der im Exil lebende Juan Ramón Jiménez äußerte zum Beispiel den Eindruck, daß seine sprachliche Entwicklung mit dem Verlust der Heimat zum Stillstand gekommen sei, ähnlich wie dies bei den im 15. Jahrhundert nach Nordafrika ausgewanderten sefardischen Juden der Fall gewesen sei.[59]

Ebenso wie die auffällige Koloniebildung der spanischen Flüchtlinge in den Zentren der Emigration als Ausdruck eines Wunsches nach Bewahrung des geistig-kulturellen Erbes und somit der eigenen nationalen und persönlichen Identität gedeutet werden konnte, muß die literarische Aktivität im Exil als Versuch angesehen werden, die Erinnerung an Spanien wachzuhalten und damit der drohenden Entfremdung von der Heimat entgegenzuwirken.[60] Die Wünsche und Hoffnungen der spanischen Emigranten richteten sich bekanntlich vor allem zurück nach Spanien. Die einzige Möglichkeit, diese Sehnsucht zu stillen, lag zunächst in der geistigen Beschäftigung mit dem Vaterland –

interessanten Werken ruhe, die bislang noch nie das Licht der Öffentlichkeit gesehen hat; vgl. ders., *Crónica de la emigración en las revistas*, in: Abellán, J.L. (Hrg.), *El exilio español de 1939*, a.a.O., Bd. 3, S. 148.

58 Ayala, F., *Para quién escribimos nosotros*, in: *Cuadernos Americanos*, 43 (Jan./Febr. 1949), S. 49: »Für alle und für niemanden, wäre die Antwort. Wir sprechen unsere Worte in den Wind: Vertrauen wir darauf, daß einige von ihnen nicht verlorengehen.« (Übers. d. Verf.). Vgl. auch ebenda, S. 56ff. sowie Alvarez Palacios, F., *Novela y cultura de posguerra*, Madrid 1975, S. 101.

59 Lloréns Castillo, V., *El desterrado y su lengua*, in: ders., *Literatura, historia, política*, Madrid 1967, S. 31-43, hier insbesondere S. 36f. Lloréns zitiert J.R. Jiménez dort wie folgt: »Hoy desterrado y deslenguado, creo que ningún español de los que conozco fuera de España habla en español, español, el español que yo voy perdiendo« (Heute der Erde und der Sprache beraubt, glaube ich, daß keiner der Spanier außer Landes, den ich kenne, wirklich Spanisch spricht, das Spanisch, das ich langsam verliere.). – Auch Alvarez Palacios vermerkt, daß die emigrierten Literaten mit der Zeit zu sprachlichen Archaismen neigten; vgl. ders., a.a.O., S. 98f.

60 A. Risco schreibt hierzu dementsprechend: »Die Bücher erscheinen in erster Linie als ein Mittel, die eigene kulturelle Identität aufrechtzuerhalten, als ein Fixpunkt, an den man sich klammern kann.« Vgl. ders., a.a.O., S. 145 (Übers. d. Verf.).

und wie wäre dies auf intensivere Weise möglich als im Akt des Schreibens? »La única manera de estar en España es escribir sobre ella«, konstatiert dementsprechend Marra-López.[61] Das Thema Spanien wird so zu einer bestimmenden Grundkonstante im Werk der Exilliteraten, sei es in Form nostalgischer Rückschau und sehnsüchtiger Evokation spanischer Landschaften oder in Form kritischer Auseinandersetzung mit der spanischen Geschichte und hier insbesondere mit dem Bürgerkrieg. Der traumatische Charakter der Vertreibung macht verständlich, warum die Schriftsteller im Exil generell sich immer wieder sowohl mit der individuellen als auch mit der kollektiven Vergangenheit befaßten, eine Erklärung für die private und nationale Katastrophe suchten.[62] Beide Motive, das des Wachhaltens der nationalen Identität in der Erinnerung an die verlorene Heimat und das der psychischen Bewältigung der Entwurzelung und damit der persönlichen und politischen Niederlage, verleihen der literarischen Produktion des Exils somit ihr spezifisches Erscheinungsbild, das R. Conte wie folgt charakterisiert:

> La gran mayoría de los libros de estos artistas comportan una larga, patética y estremecedora visión de los problemas españoles, de la historia pasada de su patria, una prolongada meditación sobre la dialéctica política hispana, y una confesión personal, muchas veces autobiográfica, de las experiencias vividas por ellos: el primer tercio de este siglo XX, los años finales de la Monarquía, la Dictadura, la República y la Guerra Civil. Y también en muchos de estos casos, el fenómeno del exilio, descrito con los acentos más diversos, pues la fragmentación impide cualquier sistematización.[63]

---

61 Marra-López, J.R., a.a.O., S. 125: »Die einzige Art, in Spanien zu sein, besteht darin, über es zu schreiben.« (Übers. d. Verf.).

62 Vgl. hierzu insbesondere Martínez, C., *Crónica de una emigración: la de los republicanos españoles en 1939*, Mexiko 1959, S. 251-265 sowie Malagón, J., *Los historiadores y la historia en el exilio*, in: Abellán, J.L. (Hrg.), a.a.O., Bd. 5, S. 339-353.

63 Conte, R., *Narraciones ...*, a.a.O., S. 15: »Die weitaus meisten dieser Künstler vermitteln eine breit angelegte pathetische, erschütternde Sicht der spanischen Probleme, der Geschichte ihres Vaterlandes, eine anhaltende Reflexion über die politische Dialektik Spaniens und eine persönliche, vielfach autobiographische Schilderung der von ihnen erlebten Ereignisse: das erste Drittel dieses 20. Jahrhunderts, die letzten Jahre der Monarchie, die Diktatur, die Republik, der Bürgerkrieg. Und auch, in vielen der genannten Fällen, das Phänomen des Exils, welches sie in sehr unterschiedlicher Akzentuierung beschrieben haben, denn aufgrund der geographisch breiten Streuung ist jegliche Systematisierung unmöglich.« (Übers. d. Verf.). Zu den vorherrschenden Tendenzen des literarischen Exils vgl. des weiteren Sanz Villanueva, S., *La narrativa en el exilio*, in: Abellán, J.L. (Hrg.), a.a.O., Bd. 4, S. 109-182, vor allem S. 117; Nora, E.G. de, *Novela española contemporánea*, Bd. 2, Madrid 1962, S. 273; Alvarez Palacios, F., a.a.O., S. 101f.; Conte, R., *La novela ...*, a.a.O., S. 28; Martínez, C., a.a.O., S. 209; Marra-López, J.R., a.a.O., S. 93-130; Durán, M., a.a.O., S. 225; Garosci, A., *Gli intellettuali e la guerra di Spagna*, Turin 1959, S. 23; Pérez Minik, D., *Novelistas españoles de los siglos XIX y XX*, Madrid 1957, S. 298-313; Domingo, J., *La novela española del siglo XX*, Bd. 2, Barcelona 1973, S. 69-91 sowie Andújar, M., *Narrativa del exilio español y literatura latinoamericana: recuerdos y textos*, in: *Cuadernos hispanoamericanos*, 295 (1975), S. 63-86.

Somit entspricht die Exilliteratur dem Anspruch, den María Zambrano an sich und die Gesamtheit der spanischen Emigranten erhebt. Ihrer Meinung nach besteht die wesensmäßige Bestimmung des Exilanten, der, abgeschnitten von der Gegenwart seines Vaterlandes, nur noch dessen Vergangenheit verkörpert, darin, diese Vergangenheit durch die lebendige Erinnerung in das gegenwärtige Bewußtsein zu heben:

> Tal nos parece, por instantes, que hayamos sido lanzados de España para que seamos su conciencia; para que derramados por el mundo hayamos de ir respondiendo de ella, por ella ... Somos memoria. Memoria que rescata.[64]

Die hier geäußerte Geisteshaltung läßt sich als ein im wörtlichen Sinne *konservatives*, die Vergangenheit bewahrendes Denken definieren, in welchem die Zukunft keinen Ort findet. Ihr entspricht auf der formalen Ebene ein Verzicht auf sprachlich-stilistische Experimente – ein Charakteristikum, das Conte im Schaffen der meisten Exilanten beobachtet:

> ... en la mayoría de los casos estos artistas tuvieron que efectuar una labor de auténtica »conservación« de la realidad perdida, conservación del idioma – y de ahí la escasez de experimentos o de excesos vanguardistas, y la fidelidad hacia las fórmulas expresivas tradicionales – y conservación temática, y de ahí también la abundancia de los temas del pasado, de la meditación sobre lo ya sucedido, la obsesión por la España perdida ...[65]

Daß im Exil eine quantitativ sehr bedeutsame Produktion entstand, läßt sich wiederum unter anderem darauf zurückführen, daß der Sprache eine eminent identitätsbildende beziehungsweise -bewahrende Funktion zukommt. Da das Schreiben zudem naturgemäß eine einsame Beschäftigung ist, kam es fernerhin auch dem Bedürfnis der Emigranten nach Abkapselung von der neuen Umwelt entgegen. Beide Motive bedingten und verstärkten einander wechselseitig, die Sprache wurde zur eigentlichen Heimat und damit zum höchsten Gut, die literarische Arbeit zu einer psychischen Notwendigkeit.[66]

---

64 Zambrano, M., *Carta sobre el exilio*, in: *Cuadernos del Congreso por la Libertad de la Cultura*, 49 (Juni 1961), S. 69: »So haben wir gelegentlich den Eindruck, daß wir aus Spanien vertrieben wurden, um sein Gewissen zu sein, damit wir, über den Globus verstreut, für es, an seiner statt Verantwortung trügen. ... Wir sind Erinnerung. Erinnerung, die erlöst.« (Übers. d. Verf.).

65 Conte, R., *Narraciones* ..., a.a.O., S. 18: »... in den meisten Fällen hatten diese Künstler eine Arbeit wahrer 'Konservierung', der Bewahrung der verlorenen Wirklichkeit zu leisten, Bewahrung der Sprache – und von daher die Seltenheit von Experimenten oder avantgardistischen Exzessen, die Treue gegenüber traditionellen Ausdrucksmustern – wie auch Bewahrung in thematischer Hinsicht, und von daher ebenso das Übergewicht der Vergangenheitsthemen, der Reflexion über das schon Gewesene, die obsessionelle Hinwendung zum verlorenen Spanien ...« (Übers. d. Verf.).

66 Vicente Lloréns schreibt hierzu: »En la mayoría de los casos, el desterrado, ante el mundo extraño que le rodea, tiende a aislarse, y ese aislamiento no contribuye sino a aumentar su devoción por el propio

Das durch Verlustangst geprägte Klammern an Themen und Sprache des Vaterlandes war mit der Zeit ähnlichen Veränderungen unterworfen, wie sie bereits für die Ebene des alltäglichen Lebens beschrieben wurden: Ebenso wie dort eine zunehmende Resignation festgestellt werden konnte, zeigt sich hier eine Abschwächung der Vergangenheitsfixierung, die mit der Thematisierung jener Schwierigkeiten einhergeht, die einer hypothetischen Rückkehr nach Spanien im Wege standen.[67] Die Schriftsteller der ersten Exil-Generation fügten sich allmählich in ihr Schicksal und nahmen in ihren Werken eher in ironischer Weise Bezug auf die Tendenz zu Abstraktion und symbolistischer Darstellung.[68]

Was in synchronischer Gegenüberstellung die Verbindung der beiden Exil-Generationen ausmacht, sind der vergleichbare Lebenszusammenhang und, daraus resultierend, ähnliche literarische Produktionsbedingungen: Abgeschnitten vom ungehinderten Zugang zum spanischen Lesepublikum sowie vom ständigen Kontakt mit der Muttersprache und dem Vaterland, stellte sich ihr Bezug zu Spanien vorrangig durch die Erinnerung und durch den Kontakt zu anderen Emigranten her. Im diachronischen Kontrast gegenüber den ersten Jahren der Nachkriegs-Ära müssen für die Zeit ab Mitte der fünfziger Jahre jedoch die bereits genannten Veränderungen beachtet werden: Aufgrund der Amnestie-Verordnungen waren die Emigranten weit weniger von politischer Verfolgung bedroht, konnten daher in der Regel ohne Gefahr als Touristen ihre Heimat besuchen;[69] mit der Lockerung der Zensur wurde ferner die Publikation ihrer Werke in Spanien zunehmend möglich, Mitte der sechziger Jahre setzte sogar ein »boom« der Exilliteratur ein.[70]

In den späteren Jahren sind es zudem die Schriftsteller der zweiten Generation, die mit anders akzentuierten Darstellungen zu vergleichbaren Themen das Erscheinungsbild der spanischen Literatur in der Emigration prägen. Zwar

---

idioma, al cual se aferra con más tesón que nunca. Y si mucho ha perdido, la lengua es casi el único bien que le queda, quizás el más precioso de todos, y el que nadie le puede arrebatar.« (»In den meisten Fällen neigt der Exilant angesichts der ihn umgebenden fremden Welt dazu, sich zu isolieren, und diese Isolation trägt nur dazu bei, seine Verehrung für die eigene Sprache, an die er sich mit größerer Beharrlichkeit denn je klammert, zu steigern. Und da er viel verloren hat, ist die Sprache fast das einzige Gut, das ihm bleibt, welches ihm zudem niemand entreißen kann.«) – Ders., a.a.O., S. 34 (Übers. d. Verf.).

67 So z.B. in dem Roman *Semana de pasión* von José Corrales Egea (Barcelona 1976), in der Erzählung *El regreso* von Francisco Ayala (in: ders., *La cabeza del cordero*, Buenos Aires 1949, S. 91-145) sowie in dem Theaterstück *Tránsito* von Max Aub (in: ders., *Obras en un acto I*, Mexiko 1960). Vgl. hierzu Marra-López, J.R., a.a.O., S. 129; Albornoz, A. de, *Poesía de la España peregrina: Crónica incompleta*, in: Abellán, J.L. (Hrg.), a.a.O., Bd. 4, S. 11-108, hier S. 58 und Brandenberger, E., *Zur spanischen Exilliteratur*, in: dies. (Hrg.), *Narradores españoles fuera de España*, Ebenhausen 1971, S. 124.

68 Vgl. Marra-López, J.R., a.a.O., S. 115 und 121.

69 Vgl. S. 8.

70 Dieser »boom« entstand allerdings nicht allein aus dem literarischen und politischen Interesse der Öffentlichkeit, er war zugleich eine marktstrategische Operation der Verlage. Darauf verweist insbesondere Alvarez Palacios; vgl. ders., a.a.O., S. 110f.

offenbaren auch sie eine deutliche Hinwendung zur verlorenen Heimat, doch ist diese in erheblich geringerem Maße als bei der älteren Generation von Nostalgie geprägt. Vielmehr besitzt insbesondere der Bürgerkrieg für sie den Charakter eines Kindheitstraumas. Dies einschneidende Erlebnis sowie die Erfahrung des Exils verleihen ihrem literarischen Schaffen trotz aller sonstigen Unterschiede gemeinsame Züge. Das thematische Panorama ihrer Werke ist gekennzeichnet von einem starken Interesse an den historisch-politischen Problemen Spaniens, an den spezifischen Lebensbedingungen des Exils und am eigenen privaten beziehungsweise politischen Werdegang. Verständlicherweise ist der autobiographische Charakter in den Arbeiten dieses Literatenkreises besonders deutlich ausgeprägt. Denn die in einem entscheidenden Moment gestörte Identitätsbildung dieser Generation legt den Schluß nahe, daß ihr schriftstellerisches Interesse an der eigenen Entwicklung dem Wunsch entspringt, sich schreibend von einem Trauma zu befreien oder zu einem vollständigeren Bild der eigenen Identität zu gelangen.

Neben dem Werk Jorge Sempruns seien hier noch weitere Beispiele genannt: So reflektiert Jorges Bruder Carlos Semprún Maura in seinem Roman *L'an prochain à Madrid* seine Erfahrungen im antifrankistischen Kampf des Exils, sein persönliches Schicksal sowie das der Eltern und Brüder; offen autobiographisch, jedoch stärker essayistisch ausgerichtet ist zudem sein Buch *Franco est mort dans son lit*; das Erstlingswerk Michel del Castillos thematisiert die eigenen Kindheitserlebnisse in einem deutschen Konzentrationslager; die Romane *Los inocentes* und *Otros hombres* von Manuel Lamana haben die Erfahrungen des Autors im Bürgerkrieg und in der Emigration zum Hintergrund; Adélaïde Blasquez verarbeitet in ihren Romanen *Que l'amour d'un grand dieu ...* und *Les ténèbres du dehors* das eigene Schicksal der Flucht und des Exils zu einer deutlich autobiographisch geprägten Handlung etc.[71]

Demgegenüber sind die autobiographischen Elemente im Werk der kulturellen Exilanten der fünfziger und sechziger Jahre weniger bestimmend, versteckter, aber im Vergleich zu den Schriftstellern des *Innern* doch auffällig: Fernando Arrabals Romane *Baal Babylone* (die Vorlage seines bekannte Films *Viva la muerte*), *L'entrerrement de la sardine* und sein Theaterstück *Fando et Lis* sind eindeutig vom eigenen Lebenszusammenhang gekennzeichnet; Juan Goytisolo stellt in *Señas de identidad* das aus eigener Erfahrung vertraute Milieu spanischer Emigranten in Paris dar, stattet zudem den Protagonisten mit unverkennbar autobiographischen Zügen aus; Xavier Domingos

71 Zu den Werken Carlos Sempruns vgl. Hauptteil, Anm. 424; Castillo, M. del, *Tanguy*, Paris 1957; Lamana, M., *Los inocentes*, Buenos Aires 1956; ders., *Otros hombres*, Buenos Aires 1959; Blasquez, A., *Que l'amour d'un grand dieu ...*, Paris 1968; dies., *Les ténèbres du dehors*, Paris 1981.

Roman *Villa Milo* hat ebenfalls eigenes Erleben zum Ausgangspunkt usw.[72]

Das oben erwähnte Interesse an Spanien, seiner Geschichte und seinen politischen Gegensätzen manifestiert sich in einer Vielzahl von gesellschafts- und kulturkritischen Schriften[73]; es kommt darüber hinaus aber auch im überwiegenden Teil des fiktionalen Werks sehr deutlich zum Vorschein. Hierbei läßt sich ein Unterschied zwischen den beiden Gruppen innerhalb der zweiten Exilgeneration ausmachen: Während das Spanienbild der in frühem Lebensalter emigrierten Schriftsteller, bedingt durch positive Kindheitseindrücke, zumeist eher eine Tendenz zur Verklärung aufweist, ist beim Kreis der Literaten des *kulturellen Exils* in stärkerem Maß ein Abkehr und bewußte Distanzierung zu beobachten. Herausragendes Beispiel ist hier Juan Goytisolo: In radikaler Weise attackiert er die seiner Ansicht nach fortbestehenden Traditionen der »España sagrada« (des Heiligen Spaniens), opponiert gegen die Einheit von kirchlicher Orthodoxie und anti-liberalem Patriotismus und versucht schließlich sogar, in der formal-stilistischen Gestaltung seiner Werke die spanische Sprache als Trägerin der staatstragenden Ideologie zu zerstören.[74]

Generell weisen die in Frankreich ansässigen Literatren der jüngeren Altersgruppe eine Tendenz zu modernen literarischen Ausdrucksformen auf – Sempruns Werk ist ein Beispiel hierfür. Dieser Umstand findet seinen Grund zum einen in der Tatsache, daß ihnen das »konservative« Interesse der Älteren fehlt, zum anderen schlägt sich hier aber auch der Kontakt mit den besonders in Paris intensiv diskutierten avantgardistischen Strömungen wie z.B. dem *nouveau roman* und den Theorien der modernen Linguistik nieder.

In diesem Punkt läßt sich zudem eine Parallele zur literarischen Entwicklung in Spanien aufzeigen, wo eine neue Schriftsteller-Generation, beeinflußt

72 Arrabal, F., *Baal Babylone*, Paris 1959; ders., *L'enterrement de la sardine*, Paris 1961; ders., Fando et Lis, in: ders., *Théâtre I*, Paris 1958; Goytisolo, J., *Señas de identidad*, Mexiko 1966; Domingo, X., *Villa Milo*, Paris 1961.

73 Vgl. u.a. die politischen Schriften Carlos Sempruns sowie Castillo, M. del, *Le sortilège espagnol*, Paris 1977; Goytisolo, J., *El furgón de cola*, Paris 1967; ders., *Disidencias*, Barcelona 1978; Arrabal, F., *Lettre au général Franco*, Paris 1971; ders., *Lettre aux militants communistes espagnols: songe et mensonge de l'eurocommunisme*, Paris 1978; Domingo, X., *El dinero del Opus es nuestro*, Paris 1971; ders., *Erótica Hispana*, Paris 1972; ders., *De Carrero Blanco a Eva Forest*, Paris 1975; ders., *El cetro y la bomba*, Toulouse 1975.

74 Vgl. hierzu Kohut, K., *Juan Goytisolo frente a la madre España: del exilio voluntario a la traición radical*, in: *Teorías Semiológicas Aplicadas a Textos Españoles, Actas del I Symposium Internacional del Departamento de Español de la Universidad de Groningen 21, 22 y 23 de Mayo de 1979*, S. 46-66; Castellet, J.M., *Literatura, ideología y política*, Barcelona 1976, S. 82-95; Levine, L.G., *Juan Goytisolo: La destrucción creadora*, Mexiko 1976; Curutchet, J.C., *A partir de L. Martín Santos*, Montevideo 1973, S. 82-129; Ortega, J., *Juan Goytisolo. Alienación y agresión en »Senas de identidad« y »Reivindicación« del Conde Don Julián*, New York 1972 sowie das Interview mit Emir Rodríguez Monegal; ders., *Juan Goytisolo: »Destrucción de la España sagrada«*, in: *Mundo nuevo*, 12 (Juni 1967), S. 44-60.

durch den nordamerikanischen Roman eines Dos Passos oder Faulkner und von der literarischen Szene der französischen Metropole sich von traditionellen Erzählweisen löst. Zu ihr zählen unter anderen Rafael Sánchez Ferlosio, Ignacio Aldecoa, Jesús Fernández Santos, Ana María Matute sowie der frühe Juan Goytisolo. Sie werden schnell mit dem Etikett »generación del medio siglo« bedacht, da ihre Erstlingswerke in den fünfziger Jahren erscheinen. Was ihre Gemeinsamkeit ausmacht, ist wiederum ein biographischer beziehungsweise zeitgeschichtlicher Faktor: Obwohl sie nicht aktiv an dem Bürgerkrieg teilgenommen haben, bestimmen dessen Auswirkungen in entscheidendem Maße ihr Leben und prägen ihr schriftstellerisches Werk.[75]

Demgegenüber zeichnet sich die literarische Produktion der zweiten Schriftsteller-Generation im Exil nicht nur durch die genannten thematischen Differenzen, sondern auch durch die Tatsache aus, daß sie im wesentlichen an das Publikum des Gastlandes, insbesondere also Frankreichs, gerichtet ist. Ein Großteil der Exilliteraten – neben Jorge und Carlos Semprún sind hier vor allem die bereits erwähnten Michel del Castillo, Agustín Gómez-Arcos, Adélaïde Blasquez, José-Luis de Vilallonga und bedingt auch Fernando Arrabal zu nennen – hat daher die spanische zugunsten der französischen Sprache als künsterlisches Ausdrucksmittel aufgegeben.[76]

Die Literaturkritik sieht sich durch diesen Literatenkreis vielfach vor ein Problem gestellt, das sie selten auf befriedigende Art lösen kann. Denn die spezifisch spanische Thematik weist diese Gruppe eher der spanischen, der französischsprachige Ausdruck eher der französischen Nationalliteratur zu. So kommt J. Domingo beispielsweise zu dem Schluß, daß Autoren wie Vilallonga, Castillo, Semprún und Arrabal aufgrund ihrer Loslösung von der spanischen Muttersprache bereits für die spanische Literatur »verloren« seien, und Pérez Minik wirft ihnen Entfremdung von spanischem Denken vor.[77]

---

75 Ana María Matute schreibt in ihrem Aufsatz *A wounded generation* (in: *The Nation*, New York (Nov. 1965), S. 422f.): »Between asceptic indifference and bought critics who labeled as Existentialist all they did not understand or approve we turned our eyes back to war. And this is easily explained since we watched it with ignorant, open eyes as it penetrated us; it finally became a way of seeing, vision itself.« Vgl. hierzu ebenfalls Villanueva, D., *»El Jarama«, de Sánchez Ferlosio. Su estructura y significado*, Santiago de Compostela 1973, S. 27f.

76 Arrabal publiziert zwar in französischer Sprache, verfaßte seine Werke bislang allerdings zunächst in Spanisch und erstellte erst danach in Zusammenarbeit mit seiner französischen Frau eine französische Version; vgl. Arrabal, in: Kohut, K., *Escribir* ..., a.a.O., S. 47f. Sein neuestes Werk *La vierge rouge* (Paris 1986) schrieb er laut Verlagsangaben hingegen erstmalig unmittelbar in Französisch. Besondere Beachtung verdient in diesem Zusammenhang Agustín Gómez-Arcos: Er war anfänglich als spanischsprachiger Bühnenautor in Erscheinung getreten und wechselte nach seiner Übersiedlung in die französische Metropole auf Betreiben seines Verlages nicht nur die Sprache, sondern ebenfalls die Literaturgattung. Obwohl nicht zweisprachig aufgewachsen, gelang es ihm, mit seinen direkt in Französisch verfaßten Romanen einen beachtlichen literarischen und kommerziellen Erfolg zu erzielen; vgl. Gómez-Arcos, in: ebenda, S. 131ff.

77 Vgl. Domingo, J., a.a.O., S. 8 sowie Pérez Minik, a.a.O., S. 381.

Eine Zuteilung zu der einen oder anderen Nationalliteratur ist allerdings weder nötig noch sinnvoll. Die Werke der spanischen Schriftsteller in der Emigration bilden vielmehr ein eigenständiges literarisches Phänomen, das seine Besonderheit durch eine spezifische zeit- und lebensgeschichtliche Bedingtheit erlangt und sich mit den herkömmlichen Kategorien der Nationalliteraturen nicht angemessen erfassen läßt.

Aus dem bisher Gesagten wird bereits deutlich, welchen Ort Semprún innerhalb dieses Panoramas findet. Seine Zugehörigkeit zur zweiten Exilgeneration wird einerseits durch sein Alter, darüber hinaus aber auch durch sein künstlerisches Schaffen belegt: Auf die Wahl der französischen Sprache als literarisches Ausdrucksmittel und die Tendenz zu sprachlich-stilistischer Innovation sei hier lediglich stichwortartig verwiesen. Die Besonderheit des Semprúnschen Oeuvre wiederum liegt vor allem in der Bedeutung, die der Auseinandersetzung mit dem Kommunismus und speziell mit der Kommunistischen Partei Spaniens in seinem literarischen Schaffen zukommt. Als Grundlage zum Verständnis seiner Werke sei daher im folgenden die Entwicklung des PCE in den Jahren nach dem Bürgerkrieg in groben Zügen skizziert.

5.
Der PCE als Teil der antifrankistischen Opposition

Mit dem Sieg Francos endete erwartungsgemäß für die KP Spaniens ebenso wie für alle anderen Linksparteien der Republik die Zeit legaler Existenz. Zwar befanden sich 1939 noch viele Kommunisten im Lande, doch sorgte die einsetzende brutale Repression der neuen Machthaber mit ca. 200.000 Exekutionen und einer etwa doppelt so hohen Zahl von Verhaftungen dafür, daß eine illegale Parteiarbeit zunächst nur in sehr bescheidenem Umfang organisiert werden konnte.[78]

78 Vgl. Preston, P., *The Anti-Francoist Opposition: The Long March to Unity*, in: ders. (Hrg.), *Spain in Crisis. The Evolution and Decline of the Franco Regime*, New York 1976, S. 125-156, insbesondere S. 133. Die Jahre von 1939 bis 1945/46 werden vielfach für die Opposition als die »verlorenen Jahre« bezeichnet; vgl. Ruiz Ayúcar, A., *El Partido Comunista: 27 años de clandestinidad*, Madrid 1976, S. 95-150; vgl. ebenfalls zu diesem Zeitraum Alba, V., *La oposición* ..., a.a.O., S. 69-103; ders., *El Partido Comunista en España*, Barcelona 1979, S. 270f. und Fuentes, E., *La oposición antifranquista de 1939 a 1955*, in: *Horizonte español 1966*, Paris 1966, Bd. 2, S. 1-28.

Die politische Opposition im Exil blieb anfangs gleichfalls ohne nennenswertes politisches Gewicht. Schon in den letzten Jahren der Republik waren Gegensätze und Streitigkeiten zwischen den verschiedenen Gruppierungen der Linken unübersehbar gewesen. Angesichts der Niederlage brachen sie jedoch in noch größerem Maße auf. Im Zentrum der Dispute stand der PCE, dem Moskau-Hörigkeit und Übernahme stalinistischer Methoden zur eigenen Machtentfaltung angelastet wurden. Im nichtkommunistischen Lager wiederum, insbesondere unter den Sozialisten des PSOE, führten divergierende Haltungen in der Frage der Zusammenarbeit mit den Kommunisten ebenfalls zu Konflikten und Polarisierungen: Eine Fraktion um den letzten Premierminister der Republik, Juan Negrín, setzte sich für eine Kooperation ein, während eine andere, um den Parteiführer Indalecio Prieto, einer strikten Abgrenzung das Wort redete.[79] Selbst innerhalb des PCE war der Einfluß Moskaus auf die Politik der Partei nicht unumstritten. Im Gegensatz zu den Spitzenfunktionären des Exils, welche an ihrer Treue zum Kreml festhielten, traten Genossen aus dem *Innern* für eine größere Unabhängigkeit ein. Sie sagten sich sogar von der Führung in der Emigration los. Ihr wichtigster Vertreter, Heriberto Quiñones, wurde daher von dem Zentralkomitee (ZK) der spanischen KP öffentlich als Verräter gebrandmarkt; 1942 wurde er von der frankistischen Geheimpolizei verhaftet, zum Tode verurteilt und hingerichtet.[80] Ähnliche Fälle traten in den Folgejahren auf. Paul Preston schreibt hierzu:

> Nevertheless (das heißt trotz der Exekution Quiñones') the Central Committee continued to denounce the crime of *Quiñonismo*, i.e. ignoring the Russian-based leadership. Similar clashes continued. In 1945, the PCE had Gabriel León Trilla executed. In 1947, the then leader in the interrior, Jesús Monzón, was denounced for Titoism which, like *Quiñonismo*, simply meant too much independence.[81]

Nicht zuletzt aufgrund all dieser parteiinternen Querelen verlor der PCE innerhalb der Opposition des Exils erheblich an Ansehen und geriet in eine dauerhafte Isolierung.

Ebenso wie alle anderen anti-frankistischen Kräfte und Gruppierungen setzten die spanischen Kommunisten während des Weltkrieges große Hoffnungen in einen Sieg der Alliierten, der – wie sie mit Sicherheit annahmen – unweigerlich den Sturz des Franco-Regimes zur Folge haben würde. Noch zur

---

79 Vgl. Preston, P., a.a.O, S. 129-137 sowie Tusell, X., *La oposición* ..., a.a.O., S. 63-71 und S. 120-152; Fernández, A., *La formaciones políticas en el exilio*, in: Abellán, J.L. (Hrg.), *El exilio* ..., a.a.O., Bd. 2, S. 121-177; Giral, F., *Gobierno y partidos republicanos (1939-1976)*, in: ebenda, S. 179-225 sowie Marichal, J., *Las fases políticas del exilio (1939-1975)*, in: ebenda, S. 227-236.

80 Vgl. Ruiz Ayúcar, A., a.a.O., S. 111-127 und Alba, V., *El Partido Comunista en España*, a.a.O., S. 271.

81 Preston, P., a.a.O., S. 131.

Zeit des Hitler-Stalin-Paktes beteiligten sich daher viele PCE-Mitglieder an der französischen Résistance. Nach der Befreiung Frankreichs führte ein großer Teil von ihnen den bewaffneten Untergrund-Kampf in Spanien fort. Sie schlossen sich den im wesentlichen kommunistisch orientierten Guerilla-Einheiten an, die, wie weiter oben kurz erwähnt, schon bald nach Ende des Bürgerkriegs über die Pyrenäen in spanisches Territorium eingedrungen waren. Doch selbst als die Zahl ihrer Kämpfer 1944/45 anwuchs, fanden diese Freischärler nur wenig Unterstützung bei der kriegsmüden Bevölkerung und wurden langsam aufgerieben. Erst 1950 zog der PCE die Konsequenzen aus dieser Niederlage und löste die verbliebenen Verbände auf.[82] Im gleichen Jahr sah sich die Partei nach einem offiziellen Verbot seitens der französischen Regierung gezwungen, auch in Frankreich in den Untergrund zu gehen und den Sitz ihrer Führung nach Prag zu verlegen.[83]

In der Zwischenzeit hatten sich auch die Hoffnungen auf eine durch diplomatischen Druck erzwungene Absetzung Francos zerschlagen. Vor dem Hintergrund des Kalten Krieges sahen die Westmächte, insbesondere die USA, Franco-Spanien zunehmend als potentiellen Verbündeten gegen den Kommunismus an und rückten von ihrer feindlichen Haltung ab. 1950 annullierte die UNO ihre 1946 beschlossene Verurteilung der spanischen Diktatur und öffnete dieser damit Zugang zu internationaler Anerkennung, was wiederum deren innenpolitischer Stabilität zugute kam.[84] Dennoch war die Führung des PCE von einem baldigen Sturz Francos überzeugt. Sie stützte sich dabei auf die Tatsache, daß sich die soziale Lage der Arbeiter zu Beginn der fünfziger Jahre infolge wirtschaftlicher Umstrukturierungen verschlechterte, was zu vereinzelten ökonomischen Streiks führte. In der Annahme, daß in der spanischen Bevölkerung ein breiter Konsens zugunsten eines politischen Wechsels bestehe und daß es ausreiche, alle anti-frankistischen Kräfte zu sammeln, um das verhaßte Regime zu stürzen, propagierte der PCE auf Initiative vor allem Santiago Carrillos eine Politik der *Nationalen Union* und wenig später der *Nationalen Versöhnung*. Diese neue Strategie stellte den Versuch dar, über die Grenzen des Bürgerkriegs hinweg zu einer weitumfassenden Allianz zu gelangen. Um sich dem bürgerlichen Lager als Partner zu empfehlen, fand die KP zu gemäßigteren Positionen, konnte letztlich jedoch ihr Isolation nicht überwinden. Ein für 1958 ausgerufener nationaler Protesttag schlug ebenso fehl wie ein für den 19. Juni 1959 organisierter landesweiter Streik, genannt *Huelga Nacional Pacífica* (HNP – Friedlicher Nationalstreik).[85]

---

82 Vgl. insbesondere Ruiz Ayúcar, A., a.a.O., S. 151-275.

83 Vgl. Alba, V., *El Partido Communista en España*, a.a.O., S. 281.

84 Vgl. Marichal, J., *Las fases ...*, a.a.O., S. 232 sowie Giral, F., a.a.O.

85 Vgl. hierzu Preston, P., a.a.O., S. 137-140; Alba, V., *El Partido Comunista en España*, a.a.O., S. 301-

Die in Kopie stalinistischer Machtpolitik betriebenen parteiinternen »Säuberungen«, die sich gegen vermeintliche Tito-Anhänger und andere »Abweichler« richteten, fanden Mitte der fünfziger Jahre ein Ende. Im Gefolge der Entstalinisierungskampagne in der UdSSR kam es auch in der spanischen KP zu Veränderungen: Die 1942 anstelle des im Moskauer Exil verstorbenen Generalsekretärs José Díaz an die Spitze gelangte Dolores Ibárruri, die »Pasionaria«, wurde 1960 von dem jüngeren Santiago Carrillo abgelöst. Dieser hatte zuvor den im PCE manifesten Personenkult heftig attackiert. Für die »Pasionaria« schuf man eigens den Ehrenposten einer Parteipräsidentin. Ein Weg zu mehr innerparteilicher Demokratie wurde hingegen nicht gefunden.[86] Besonders die in Spanien langsam aufgebaute illegale Parteiorganisation sah sich daher im wesentlichen von den Ordern der Exilführung abhängig und blieb ohne nennenswerten Einfluß auf die Politik der Partei. Schütze erläutert hierzu:

> Die Parteien (das heißt der PCE und der PSOE) verhinderten durch den ihnen eigenen Zentralismus, durch die ins einzelne gehenden Direktiven, durch die Monopolisierung der politischen Entscheidungsgewalt – und das alles unter dem Aspekt, daß sie von der Basis wirklich getrennt funktionierten –, daß sich die spontan auf die neue Situation einstellen und in der täglichen Auseinandersetzung mit der Repression adäquate Formen des Widerstands entwickeln konnten.[87]

Die einseitige Kommunikation zwischen der Exil-Führung der KP und ihrer vorwiegend zum Ausführungsorgan degradierten Basis im *Innern* stand weitergehend der Ausarbeitung einer den aktuellen Bedingungen Spaniens angepaßten Strategie im Wege. Dieser Umstand führte 1964 zu einer Krise im Exekutiv-Komitee (EK) des PCE. Fernando Claudín, der frühere Theoretiker der Partei, und Jorge Semprún, alias Federico Sánchez, vertraten die Auffassung, daß ein Sturz Francos auf absehbare Zeit nicht durch einen Generalstreik herbeizuführen sei, da das Regime durch Öffnung der Binnenmärkte und verstärkte Anreize zu Auslandsinvestitionen eine wirtschaftliche Expansion in die Wege geleitet hatte, die ihm in der Bevölkerung cine tragfähige

305; Ruiz Ayúcar, A., a.a.O., S. 305-308; Chao, R., *Después de Franco, España*, Madrid 1976, S. 258ff.; Ramírez, L., *Nuestros primeros veinticinco años*, Paris 1964, S. 169-172; Schütze, B., *Rekonstruktion der Freiheit. Die politischen Oppositionsbewegungen in Spanien*, Frankfurt/M. 1969, S. 20-39; Fernández de Castro, I., *De las Cortes de Cádiz al Plan de Desarrollo 1808-1966*, Paris 1968, S. 269-286; Semprún, J., *La oposición política en España: 1956-1966*, in: *Horizonte español 1966*, a.a.O., Bd. 2, S. 30-55; Gallo, M., *Histoire de l'Espagne franquiste*, Paris 1969, S. 307-318; Hermet, G., *Les communistes en Espagne*, Paris 1971, S. 67-73.

86 Vgl. Alba, V., *El Partido Comunista en España*, a.a.O., S. 305-308 und Semprún, J., *La oposición ...*, a.a.O.

87 Schütze, B., a.a.O., S. 34.

Unterstützung gewährleistete. Daher seien neue Kampfformen zu entwickeln, über die des weiteren nicht aus dem Exil, sondern nur von den unmittelbar betroffenen Kräften des *Innern* entschieden werden dürfe. Ferner setzten sich die beiden Kritiker für eine gründliche Aufarbeitung der stalinistischen Vergangenheit der KP und für mehr innerparteiliche Demokratie ein. Ihr Ausschluß ging auf den entschiedenen Widerstand Carrillos und seiner Anhänger zurück, die Jahre später jedoch die Positionen der *Dissidenten* zu den eigenen machten.[88]

Nach der Invasion der CSSR durch Truppen des Warschauer Pakts 1968 distanzierte sich die PCE auf Betreiben Carrillos von Moskau und entwickelte gemeinsam mit der französischen und vor allem der italienischen KP eine eurokommunistische Linie.[89] 1975 versuchte die Partei erneut, mit der *Junta Democrática* in ein breites Bündnis demokratischer Kräfte einzutreten, um sich Einfluß für die nach-frankistische Periode zu sichern. Die Bedeutung dieser Allianz blieb allerdings hinter den selbstgesteckten Erwartungen zurück. Seit 1977 ist der PCE in Spanien wieder als legale Partei zugelassen.[90]

Eine Abkehr von orthodoxen Positionen, wie sie von verschiedenen KPs ansatzweise praktiziert wird, läßt sich bekanntlich in den letzten Jahren innerhalb der westeuropäischen Linken insgesamt beobachten. Sempruns Oeuvre ist Ausdruck und in bescheidenem Maße zugleich Motor dieses kollektiven Bewußtwerdungsprozesses. Seine literarischen Werke spiegeln dabei die einzelnen Phasen der eigenen Entwicklung sehr deutlich wider.

---

88 Vgl. Alba, V., *El Partido Comunista en España*, a.a.O., S. 313-316; Chao, R., a.a.O., S. 260-263; Ruiz Ayúcar, A., a.a.O., S. 330 und 339; Fernández de Castro, I., a.a.O., S. 345-395; Gallo, M., a.a.O., S. 386ff.; Hermet, G., *Les communistes en Espagne*, a.a.O., S. 81ff.; Carr, R./Fusi, J.P., *España, de la dictadura a la democracia*, Barcelona 1979, S. 216ff.; Semprún, J., *La oposición* ..., a.a.O.; Carrillo, S., *Después de Franco, ¿qué?*, Paris 1965, S. 155-169; Claudín, F., *Dos concepciones de »la vía española al socialismo«*, in: *Horizonte español 1966*, Paris 1966, Bd. 2, S. 59-100; ders., *Documentos de una divergencia comunista. Los textos del debate que provocó la exclusión de Claudín y Jorge Semprún del PCE*, Barcelona 1978 sowie ders., *Las razones de una divergencia*, in: *El viejo topo*, 17 (Febr. 1980), S. 28-32.

89 Vgl. hierzu Tusell, X., *Eurocomunismo en España*, Madrid 1979; Claudín, F., *La crisis del Partido Comunista de España*, in: *Cuadernos de Ruedo ibérico*, 26/27 (Aug. 1970), S. 51-82; Ruiz Ayúcar, A., a.a.O., S. 428-437; Vilar, S., *Crisis y nueva política de la izquierda española*, Barcelona 1979, S. 59-62 und 127-131; Jong, R. de u.a., *Santiago Carrillo: Vom Stalinisten zum Eurokommunisten?*, Berlin 1977; Haubrich, W., *Die Kommunistische Partei Spaniens*, in: Timmermann, H. (Hrg.), *Eurokommunismus*, Frankfurt/M. 1978, S. 123-153 sowie ders. und Moser, C.R., *Francos Erben auf dem Weg in die Gegenwart*, Köln 1976, S. 137-140. Vgl. ebenfalls Sempruns Artikel *Del frentismo al »eurocomunismo«* in: *El viejo topo*, 22 (Juli 1978), S. 37ff.

90 Vgl. Alba, V., *El Partido Comunista en España*, a.a.O., S. 336-364 sowie Ruiz Ayúcar, A., a.a.O., S. 437-452.

HAUPTTEIL:

DAS LITERARISCHE WERK JORGE SEMPRUNS

1.
Le grand voyage (Die große Reise)

Die Arbeit an seinem Erstlingswerk beginnt Semprún, eigenen Angaben zufolge, im Jahre 1959, als er sich im Auftrag der illegalen Kommunistischen Partei Spaniens in Madrid befindet und aufgrund drohender Verhaftung einige Tage lang seine Geheimunterkunft nicht verlassen darf. In der Immobilität des Wartens taucht die Erinnerung an seine Deportation ins deutsche Konzentrationslager auf, die literarisch darzustellen schon seit geraumer Zeit sein Wunsch war.[1]

In den Mittelpunkt seines autobiographischen Romans stellt Semprún den mehrere Tage und Nächte dauernden Gefangenentransport in einem überfüllten Viehwaggon nach Buchenwald. Er bedient sich hierzu einer narrativen Technik, welche die Chronologie der erlebten Wirklichkeit durchbricht; Begebenheiten, die vor der Fahrt angesiedelt sind, fließen ebenso in die Darstellung ein wie die Erlebnisse der Befreiung und Rückkehr nach Frankreich. Die Leiden der Verfolgung erscheinen so im Licht des späteren Sieges über den Faschismus. Der Ton der Erzählung ist daher keineswegs von Pessimismus gekennzeichnet, zumal Semprún es versteht, das individuelle und kollektive Schicksal stets auf seine geschichtliche Bedingtheit und damit auch Veränderbarkeit hin zu reflektieren. Auf diese Weise gelingt es ihm, der doppelten Gefahr zu entgehen, der Konzentrationslager-Literatur ausgesetzt ist: entweder in extrem subjektivistische Darstellung zu verfallen, die über den Schrecken und das Entsetzen nicht hinausweist, oder sich eines übertriebenen objektivistisch-dokumentarischen Stils zu bedienen, der dann die wertende Stellungnahme des menschlich Betroffenen vermissen läßt.[2] In diesem Zusammenhang ist auch die Tatsache zu sehen, daß Semprún sein Werk nicht als

---

1 Vgl. *Le grand voyage*, 1963 (im folgenden GV und Seitenzahl), S. 26 bzw. *Die große Reise* (im folgenden GR und Seitenzahl), S. 23 sowie Semprúns Äußerungen in: Braucourt, G., *Le temps et la mémoire, Entretien avec Jorge Semprun*, in: *Les Nouvelles littéraires*, 2422 (25.2.1974), S. 4.

2 Vgl zu dieser Problematik Haft, C., *The Theme of Nazi Concentration Camps in French Literature*, The Hague/Paris 1972; King, J.H., *Jorge Semprun's long journey*, in: *Australian Journal of French Studies*, 1972, S. 223-235, hier S. 229 sowie Egri, P., *Survie et réinterprétation de la forme proustienne, Proust-Déry-Semprun*, Debrecen 1969, hier S. 150.

Erfahrungsbericht, sondern als Roman ausweist.[3] Ich-Erzähler und Autor sind folglich nicht identisch, was impliziert, daß, in der Terminologie Philippe Lejeunes[4], kein autobiographischer Pakt vorliegt. Wohl aber fungiert der Ich-Erzähler, der innerhalb der Handlung von den französischen Romanfiguren Gérard und von den spanischen Manuel genannt wird, als Spiegel des Autors: Er ist unverkennbar eine Verkörperung Semprúns, beider Biographien stimmen völlig überein. Die Aussagen, die im folgenden zu dem Bild gemacht werden, welches der Erzähler von sich im Werk zeichnet, sind daher indirekt auf den Autor selbst zu übertragen. Indem dieser jedoch ein *alter ego* an seiner Statt berichten läßt und punktuell fiktionale Elemente in die Handlung erwebt[5], nimmt er Distanz zum Erzählten ein, kann, zumindest partiell, von seiner psychischen Involviertheit abstrahieren und das Exemplarische seiner Erfahrungen besser herausarbeiten. Seine Darstellung erhält so über weite Strecken den Charakter eines zeitgeschichtlichen Zeugnisses. Die Literarisierung des Stoffes steht dem Referenzcharakter des Werks daher nicht entgegen, sie dient – wie später näher beleuchtet werden soll – vielmehr dazu, dem Leser die geschichtliche Wirklichkeit nahezubringen.

Der ständige Wechsel der Zeitebenen, der Wechsel von Narration und Reflexion, von auktorialer Darbietungsform, innerem Monolog, erlebter und memorierter direkter Rede läßt eine sehr komplexe Werkstruktur entstehen. Der Leser benötigt darum ein hohes Maß an geistiger Beweglichkeit, um sich in der Denk- und Erfahrungswelt des Erzählers beziehungsweise Autors zurechtzufinden. Der zeitliche Rahmen der evozierten Erlebnisse ist weit gespannt, er reicht vom Beginn des spanischen Bürgerkriegs über die Periode des Exils in Holland und Frankreich, der Résistance, der Inhaftierung in Deutschland, der Befreiung bis hin zum antifrankistischen Untergrundkampf im Spanien der fünfziger Jahre.

---

3 Anders als die Taschenbuchausgabe (Gallimard-Collection Folio) trägt die Originalausgabe (Gallimard-Collection Blanche) die Bezeichnung *Roman.*

4 Vgl. Lejeune, Ph., *Le pacte autobiographique*, Paris 1975, S. 13-46, insbesondere S. 24-27.

5 So ist eine Person des dargestellten Geschehens, der »Junge aus Semur«, wie Semprún später zu erkennen gibt, von ihm frei erfunden; vgl. hierzu *Quel beau dimanche!*, 1980 (im folgenden BD und Seitenzahl), S. 96. Als Gesprächspartner seines autobiographischen Protagonisten dient ihm diese Figur dazu, die von keinerlei Handlungsdramatik geprägte Schilderung der Reise zu beleben.
An dieser Stelle sei hervorgehoben, daß ich zwischen den Termini *fiktional* und *fiktiv* folgende Unterscheidung vornehme: Ersteren verwende ich im umfassenden Sinn als Adjektiv von »Roman«, letzteren restriktiv in der Bedeutung von »nicht referentialisierbar«. Als *fiktionale Figur* bezeichne ich somit jegliche Romanfigur, unabhängig davon, ob sie frei erfunden ist oder auf einen realen Menschen »aus Fleisch und Blut« verweist, eine *fiktive Figur* hingegen findet kein Pendant in der außerliterarischen Wirklichkeit.

Lebensgeschichte als politischer Werdegang

Wie die obige Skizze des Handlungsrahmens bereits andeutet, erscheinen in *Le grand voyage* die Politik und das spanische Vaterland für den Erzähler respektive den Autor mit einem besonderen Gewicht behaftet.[6] Wie eng beide Aspekte miteinander verknüpft sind, geht besonders aus den Erinnerungen an den spanischen Bürgerkrieg hervor. So verweist einerseits die sehr emotionsgeladene Schilderung, mit der der Erzähler jene Verwirrung und wütende Verzweiflung nachzeichnet, die ihn ergreift, als er in noch jugendlichem Alter seiner Heimat entwurzelt wird, auf die Intensität seinr nationalen Bindung damals wie auch im Moment des Schreibens. Gleichzeitig zeichnet sich in diesem Erlebnis aber auch schon der Beginn eines politischen Engagements ab, das ihn beziehungsweise den Autor in der Folgezeit so entscheidend prägen wird. Den Tag evozierend, an dem er im Baskenland den Ausbruch des Bürgerkriegs erlebte, schildert der Erzähler:

> (Des hommes, à l'entrée du pont, dressaient une barricade de sacs de sable ..., s'écarter d'eux, les laisser derrièrre cette barricade inutile, face aux blindés de Gambara, c'était trancher les liens les plus essentiels, c'était s'engager sur la route de l'exil, on aurait voulu grandir de quelques années, tout à coup, pour rester avec eux, on s'est promis, confusément, dans un terrible désespoir enfantin, de combler ce retard, de rattraper ce temps perdu, de quelque façon que ce fût: mais on s'éloignait déjà, ... voilà, on était partis, il faudrait attendre des années, une longue nuit d'années trouées d'incendies, de coups de feu, avant de prendre sa place, de pouvoir tenir sa place, à côté d'autres hommes, les mêmes hommes, derrière d'autres barricades, les mêmes barricades, le même combat non encore terminé.)[7]

Auffällig ist, daß Sempruns Darstellung lediglich in diesen beiden Bereichen eine starke emotionale Beteiligung spüren läßt, daß hingegen der ge-

---

6 Vgl. hierzu Villelaur, A., *Un romancier espagnol de langue française*, in: *Les Lettres françaises*, 6.6.1963, S. 2.

7 GV 201f.; *Die große Reise* (im folgenden GR und Seitenzahl), S. 207f.: »(Am Zugang zur Brücke waren Männer dabei, aus Sandsäcken eine Sperre zu errichten, ... sie hinter ihrer nutzlosen Barrikade gegen die Panzer Gambaras zurückzulassen, hieß, die wichtigsten Bande zu zerreißen und den Weg ins Exil zu beschreiten; man wünschte, mit einem Schlag ein paar Jahre älter zu sein, um bei ihnen bleiben zu können, man nahm sich in schrecklicher kindlicher Verzweiflung verworren vor, diese Verspätung auf irgendeine Weise wiedergutzumachen, diese verlorene Zeit wieder einzuholen; aber schon ging man davon, wurde fortgerissen von der nächtlichen Flut der Menge, deren rauhe Bastschuhe auf dem Asphalt der Uferstraße über dem Meer und dem Plätschern der Brandung dahinglitten; man ging davon, war schon weg und mußte nun jahrelang warten, eine lange Nacht von Jahren, in denen Brände aufloderten und Schüsse peitschten, ehe man neben anderen Menschen und doch denselben, hinter anderen Barrikaden und doch denselben, in denselben, immer noch unausgefochtenen Krieg eingreifen und seinen Mann stehen konnte.)«

samte für den Werdegang eines jeden Menschen wichtige Komplex der psychischen Entwicklung ausgespart bleibt. Nur der politisch-gesellschaftliche Erlebnisbereich scheint somit für ihn beziehungsweise den Erzähler von Bedeutung zu sein. Diese Haltung konvergiert mit jener, die der Erzähler als für seine Jugendjahre charakteristisch beschreibt: Schon damals habe er nie an sein privates Glück gedacht, sondern nur an seine politischen Verpflichtungen und an die Befriedigung, die er aus deren Erfüllung habe beziehen können.[8]

Bemerkenswerterweise hat die Politik für den Erzähler während der Deportation ebenso wie zwanzig Jahre danach nicht nur den gleichen Stellenwert, auch hinsichtlich der inhaltlichen Positionen sind keine Differenzen zwischen beiden Zeitebenen festzustellen. Als Beispiel sei die Schilderung eines Vorkommnisses während der Fahrt genannt: Bei einem Halt auf dem Bahnhof von Trier wirft ein deutscher Junge haßerfüllt einen Stein an die Fensteröffnung des Waggons. Wütend beschimpft ein Mithäftling, der »Junge aus Semur«, das Kind als »boche«, sieht in dessen nationaler Herkunft eine ausreichende Erklärung für dies schockierende Verhalten. Manuel dagegen gibt sich im Gespräch mit seinem Leidensgenossen nicht mit einer dermaßen einfachen Begründung zufrieden, ohne ihm jedoch seine Gedanken näher zu erläutern. Dem Leser des Buches gegenüber tut der Erzähler dies indes sehr wohl, er erklärt, warum ein solch vereinfachendes Vokabular den Blick auf den Kern des Problems versperren müsse. Der nationalistischen Sichtweise des »Jungen aus Semur« stellt er eine historisch-soziologische entgegen, die von einer Veränderbarkeit der politischen Realität ausgeht:

> Si ce sont des boches ils seront boches, à tout jamais. Ce n'est plus une donnée sociale comme d'être allemands et nazis. C'est une réalité qui flotte au-dessus de l'histoire, contre laquelle on ne peut rien. Détruire l'armée allemande ne servirait de rien, les survivants seraient des boches, toujours. ... Ce sont des Allemands, et souvent des nazis. Leur être allemand et trop souvent nazi fait partie d'une structure historique donnée et c'est la pratique humaine qui résout ces questions-là.
> Mais je ne dis rien au gars de Semur, je n'ai pas envie de discuter.[9]

---

8 Vgl. GV 149; GR 152f.

9 GV 39f.; GR 38: »Sind sie Boches, so bleiben sie Boches, ein für allemal. Das ist dann nicht mehr etwas sozial Gegebenes, wie etwa, daß sie Deutsche und Nazis sind. Sondern es ist eine Wirklichkeit, die vor aller geschichtlichen Tatsächlichkeit liegt und gegen die man machtlos ist. Es wäre umsonst, die deutsche Armee zu vernichten, die Überlebenden wären immer noch Boches. Nichts bliebe mehr übrig, als sich ins Bett zu legen und auf bessere Zeiten zu warten. Aber es sind ja keine Boches. Es sind Deutsche und oft Nazis. Zur Zeit sogar ein wenig allzuoft. Ihr deutsches und allzuoft nazistisches Sein ist ein Teil einer gegebenen geschichtlichen Struktur, und nur die Verständigung unter den Menschen kann diese Fragen lösen.
Aber davon sage ich nichts zu dem Jungen aus Semur. Mir ist nicht nach Diskutieren zumute.«

Erzählendes und erlebendes Ich verschmelzen hier zu einer Einheit, beide kennzeichnet dieselbe Sichtweise. Es wäre müßig, darüber spekulieren zu wollen, ob die Kontinuität der politischen Anschauungen auch im Detail dem Werdegang des Autors entspricht oder ob dieser vielmehr sein aktuelles Bewußtsein in das seines Erzählers und dessen erlebendes Ich hineinprojiziert. Wichtig für das Verständnis des Werkes ist vielmehr die Tatsache, daß die persönliche Entwicklung als bruchlos angesehen wird.

Vermutlich um seine klandestine Identität zu schützen, vermeidet es Semprún, explizit eine Parteizugehörigkeit zu erwähnen[10], implizit gibt er seine politische Ausrichtung im Werk jedoch sehr deutlich zu erkennen. Fragmentarisch zeichnet der Erzähler seine frühe Politisierung nach: von der altersbedingt passiven, aber stark emotionalen Reaktion auf die militärische Niederschlagung der spanischen Republik bis hin zur theoretischen Auseinandersetzung mit den Schriften von Marx und Engels, zu der er erst über das Studium von Hegel, Korsch, Adler und Labriola gelangt sei.[11] Durch diese Lektüreerfahrungen sei es ihm und seinen Freunden Michel und Hans gelungen, die Eindrücke der zeitgeschichtlichen Ereignisse jener frühen vierziger Jahre in eine kohärente Weltsicht zu integrieren, die alle drei schließlich zu einer Beteiligung am bewaffneten Kampf der Résistance geführt habe. Die politische Praxis habe dabei das theoretische Studium nicht einfach verdrängt, sondern vielmehr erst zur vollen Entfaltung gebracht:

> Arrivés là (i.e. beim Studium der Texte von Marx und Engels), la pratique a repris ses droits, d'un seul coup. Nous ne nous sommes plus retrouvés rue Blainville. Nous voyagions dans les trains de nuit pour aller faire dérailler les trains de nuit. ... Nos idées étant à peu près mises au clair, elles se nourrissaient de la pratique quotidienne.[12]

Die Gründe seines Engagements im antifaschistischen Widerstand beleuchtet der Erzähler in der Wiedergabe eines Gesprächs, das er kurz nach seiner Festnahme mit einem deutschen Wachsoldaten in Auxerre geführt habe. Dieser hatte ihn nach dem Grund seiner Verhaftung gefragt, in der Absicht, die Gefangenen und ihre Motivationen besser zu verstehen. Unzufrieden mit seiner Situation, habe er, der Deutsche, doch nicht die Konsequenz

10 In einem Kommentar zur Verleihung des Formentor-Preises führt die spanische Tageszeitung ABC die politischen Aktivitäten des Autors innerhalb des PCE auf; vgl. *El comunismo y los intelectuales*, in: *ABC* (13.5.1963), S. 48.

11 Vgl. GV 31ff.; GR 29ff.

12 GV 33; GR 31: »Als wir dort angekommen waren (d.h. beim Studium der Texte von Marx und Engels, Anm. d. Verf.), brach plötzlich wieder die Wirklichkeit in unseren Kreis. Seither sind wir in der Rue Blainville nicht mehr zusammengekommen. Wir reisten in Nachtzügen und brachten Nachtzüge zum Entgleisen. ... Unsere Ideen hatten sich so ziemlich geklärt, sie erwuchsen aus der Wirklichkeit des Alltags.«

aufbringen können, sich klar von dem System zu distanzieren, das er als Soldat objektiv stützte. Dessen ehrlicher Überzeugung, den Krieg nicht gewollt zu haben und weder die Ziele noch die Methoden der Gestapo akzeptieren zu können, hält Manuel in der Diskussion entgegen, er könne eine Mitverantwortung für die faschistischen Verbrechen nur vermeiden, indem er offenen Widerstand leiste, indem er die Freiheit der Wahl bewußt auf sich nehme als Wahl der Freiheit. Einflüsse von oder zumindest Parallelen zu Sartres Freiheitsbegriff manifestieren sich, wenn Manuel/Semprún zu der Schlußfolgerung gelangt, daß er trotz seiner Gefangenschaft ein freier Mensch sei, da er die Notwendigkeit akzeptiert habe, sich für die politische Freiheit einzusetzen.[13] In radikalerer Weise als der frühe Sartre führt Semprún diese Argumentation fort, wenn er seinen Ich-Erzähler in der Konfrontation mit jenem deutschen Soldaten zu dem Schluß kommen läßt:

> Nous sommes chacun d'un côté de la grille et je n'ai jamais si bien compris pourquoi je combattais. Il fallait rendre habitable l'être de cet homme, ou plutôt, l'être des hommes comme cet homme, car pour cet homme, sûrement, c'était déjà trop tard. Il fallait rendre habitable l'être des fils de cet homme, peut-être avaient-ils l'âge de ce gamin de Trèves qui nous a jeté la pierre. Ce n'était pas plus compliqué que ça, c'est-à-dire, c'est bien la chose la plus compliquée du monde. Car il s'agit tout simplement d'instaurer la société sans classes.[14]

Der Wechsel vom Imperfekt zum Präsens im letzten Teil des Zitats macht deutlich, daß die in ihm enthaltene Aussage für den Erzähler nach wie vor programmatischen Charakter besitzt. In eindeutiger Weise gibt dieser sich damit als Marxist zu erkennen. Dabei gelingt es ihm, seine Meinung keineswegs dozierend, sondern in aller Einfachheit und Klarheit der Argumentation auszuführen. Sein Vorgehen in der Erzählweise des Romans entspricht dem in seiner Diskussion mit dem Wachsoldaten von Auxerre, dessen Frage es ihm ermöglicht, mit großer Leichtigkeit vom Besonderen zum Allgemeinen überzuleiten.[15] Häufig sind es – so wie hier oder auch im Fall des deutschen Jungen – ganz einfache Begebenheiten, die ihn dazu bewegen, deren Hinter-

---

13 Vgl. GV 47; GR 45f. sowie Sartres Aufsatz *La République du silence*, wiederabgedruckt in: ders., *Situations III*, Paris 1949, S. 11-14.

14 GV 48; GR 47: »Da stehen wir, jeder auf seiner Seite des Gitters, und nie vorher habe ich so genau gewußt, wofür ich kämpfte. Es mußte wohnlich gemacht werden, das Sein dieses Menschen oder vielmehr das Sein der anderen Menschen gleich ihm, denn für ihn selber war es sicher zu spät. Das Sein der Söhne dieses Menschen mußte wohnlich gemacht werden, vielleicht waren sie so alt wie der Junge in Trier, der den Stein nach uns geworfen hatte. So leicht war das alles, das heißt, es ist das Schwerste, was es gibt. Denn es bedeutet nicht mehr und nicht weniger als die Verwirklichung der klassenlosen Gesellschaft.«

15 Vgl. GV 44; GR 42.

gründe zu beleuchten und so zu einer weiterreichenden, allgemeinen Analyse zu gelangen. Indem er das Erzählte auf seinen historisch-politischen Begründungszusammenhang hin reflektiert und umgekehrt politische Überlegungen punktuell auch hinsichtlich ihrer Tauglichkeit zur Erkenntnis und zur gesellschaftlichen Veränderung der Wirklichkeit überprüft, offenbart er seine marxistische Sichtweise nicht allein in den im Werk zum Ausdruck gebrachten politischen Überzeugungen, sondern auch in der Art ihrer Vermittlung. Die Überzeugungskraft der Argumentation resultiert dabei aus einem Zusammenfließen von theoretischer Reflexion und gelebter Erfahrung. Dies führt Möckel zu der wertenden Feststellung:

> Es ist in der westlichen Literatur selten geworden, daß einfache Wahrheiten so deutlich ausgesprochen werden, und es ist selten, daß sie so unkonventionell, so unaufdringlich dargelegt werden. Semprun versteht es, aus bestimmten Situationen heraus zwingende Gedankenfolgen abzuleiten, den Leser zu überzeugen. Er versteht es, weil er ein guter Schriftsteller ist, aber auch, weil er, obwohl hinter Gittern, auf der richtigen Seite steht.[16]

Kritisch anzumerken bleibt jedoch, daß das Bewußtsein, »auf der richtigen Seite« zu stehen, vielfach sehr deutlich durchscheint und dabei von keinerlei Selbstkritik relativiert wird. Nicht nur Verärgerung über den als übertrieben empfundenen Nationalstolz so mancher Franzosen, sondern auch ein wenig Überheblichkeit zeigt sich zum Beispiel, wenn der Erzähler seine materialistische Denkweise der relativ einfältigen patriotischen Gesinnung des »Jungen aus Semur« gegenüberstellt:

> C'est une idée toute simple qu'il se fait des choses, avec tout le bien d'un côté et tout le mal de l'autre, pratique comme tout.[17]

Analoges gilt jedoch insofern auch für ihn, den Erzähler selbst, als dieser in *Le grand voyage* statt der Zugehörigkeit zu einer nationalen die zu einer politischen Gemeinschaft zum vorrangigen Kriterium der Beurteilung von Menschen macht. Dies wird vor allem an der Schilderung der Erlebnisse nach der Befreiung deutlich: Mit Verachtung erzählt Sempruns *alter ego* im Roman, mit welchem Hochgefühl ein Großteil seiner französischen Kameraden die Grenze zu ihrem Vaterland überschreiten und schon bald anfangen, mit ihren Erinnerungen zu prahlen wie die Veteranen früherer Kriege. Solange der antifaschistische Widerstand ihm und seinen Mitkämpfern ein gemeinsames

16 Möckel, K., *Bücher wider das Vergessen. André Schwarz-Bart und Jorge Semprun*, in: *Sinn und Form*, 18 (1966), S. 1050.

17 GV 22; GR 19: »Er hatte eine ganz einfache Vorstellung von der Sache, auf der einen Seite nur Gutes, auf der anderen nur Schlechtes, äußerst praktisch so was.«

Ziel vermittelt hatte, war ihm diese Unterschiedlichkeit der Motivationen nicht so klar zu Bewußtsein gekommen. Nun aber, wo diese Zweckgemeinschaft zerfällt und ihren Oppositionscharakter verliert, kann er sich in ihr nicht mehr aufgehoben fühlen. Zum einen ist ihm als Spanier die Rückkehr in die Heimat nach wie vor verwehrt, vor allem aber ist sein weiterreichendes politisches Ziel, die Aufrichtung einer klassenlosen Gesellschaft, noch nicht erreicht. King drückt diesen Sachverhalt sehr prägnant aus, wenn er schreibt:

> For a Spaniard, the end of the war means nothing outside the purely personal context. For an ex-resister, the liberation was to fail to bring about the hoped-for purification and renovation of society. For the revolutionary, there was no revolution. For the man who had spent two years in Buchenwald, the joy of surviving cannot long compensate the banality of reality he has survived for. Semprun, like Manuel, was all of these things.[18]

Als beglückenden Akt der Selbstfindung stellt der Erzähler daher seinen spontanen Entschluß dar, den politischen Kampf fortzuführen, sich nicht als »ancien combattant«, sondern als »futur combattant« zu definieren. Dieses Selbstbild deckt sich mit dem ursprünglich als diskriminierend empfundenen Etikett des »Rotspaniers«, das ihm seit seiner Ankunft in Bayonne im Jahre 1936 anhaftet, mit dem er sich jedoch zunehmend identifizieren kann. Ohne daß er ausdrücklich darauf hinwiese, wird in dieser Bezeichnung eine doppelte Heimatbindung transparent: Längst ist ihm beziehungsweise Semprún selbst neben dem spanischen Vaterland die revolutionäre Politik zur Heimat geworden.

Die Deportationserfahrung im Spiegel des Romans

Nun ist es die erklärte Absicht des Erzählers, über die Auswirkungen der geschichtlichen Ereignisse auf den persönlichen Werdegang hinaus Zeugnis über die von ihm miterlebte geschichtliche Wirklichkeit abzulegen.[19] Unabhängig von der literarischen Vermittlungsstruktur des Werks trägt die Darstellung der NS-Verfolgung daher unverkennbar referentiellen Charakter. Je nach dem Grad der Involviertheit des Erzählers in das dargestellte Geschehen sind hier drei unterschiedliche Ebenen zu erkennen: die einer informierenden Berichterstattung aus der Perspektive des distanzierten Beobachters, die einer wertenden Schilderung vom Standpunkt des mittelbar Betroffenen und letzt-

18 King, J.H., a.a.O., S. 231.

19 Vgl. GV 68; GR 67.

lich die einer bewußt subjektiven Vermittlung der eigenen Gedanken und Empfindungen angesichts der Leiden von Internierung und Folter.

Dem ersten Bereich zuzurechnen sind zum Beispiel Passagen, in denen, zum Teil in direkter Ansprache an den Leser, das KZ und seine Todesmaschinerie erläutert werden. Die dargestellte Grausamkeit ist hier, insbesondere im Fall der demütigenden tödlichen Qualen, die eine kleine Gruppe jüdischer Kinder bei ihrer Ankunft aus Polen erleiden mußte, so erschütternd, daß eine tendenziell objektive Schilderung genügt, um die Welt der Konzentrationslager plastisch werden zu lassen.[20]

Kennzeichnend für die zweite Ebene der Darstellung ist die positive Bewertung der Solidarität unter Antifaschisten im Lager. Eindringlich schildert der Erzähler, wie selbst die öffentliche Hinrichtung eines Kameraden im KZ die Häftlinge nicht habe einschüchtern können, vielmehr ihre Kampfbereitschaft und ihren Überlebenswillen gestärkt habe. Dem Bewußtsein, sogar im Tod nicht gänzlich allein, sondern in der Gemeinschaft der Widerstandskämpfer aufgehoben zu sein, hält er die Einsamkeit des deutschen Wachsoldaten entgegen, der subjektiv zwischen beiden Fronten gestanden habe. Vereinzelung habe auch im wesentlichen das Schicksal der Juden bestimmt, die nicht, wie sein Freund Hans, die reale Bedrohung in aktiven Widerstand einmünden ließen. Zwei Einzelschicksale erscheinen hierfür paradigmatisch: Einmal das des jungen Pariser Studenten Bloch, der in resignativer Leidensbereitschaft Aussonderung und Verfolgung aus der Überzeugung auf sich genommen habe, daß dies der göttlichen Bestimmung seiner Religionsgemeinschaft entspreche, und zum anderen das einer Frau, die zwar der physischen Vernichtung der Konzentrationslager entronnen, doch innerlich tot und gebrochen nach Frankreich zurückgekehrt sei, voller Verbitterung darüber, daß ihr nie jemand geholfen habe.[21] Mit Vehemenz vertritt der Erzähler demgegenüber das Prinzip des solidarischen Zusammenhalts in der Gefangenschaft gegenüber den gemeinschaftsschädigenden Verhaltensweisen einzelner. Eine Situation sei hier stellvertretend für viele genannt:

Häufig seien in Buchenwald, so wird berichtet, Fälle von Nahrungsmitteldiebstahl vorgekommen, die zum Teil sogar den Tod von besonders geschwächten Häftlingen zur Folge gehabt hätten. Der Erzähler legt dar, daß dies nicht nur ein Verbrechen gegen den unmittelbar Betroffenen, sondern auch gegen die Allgemeinheit dargestellt habe, da so durch die Verbreitung

20 Vgl. GV 72f., 75f., 162-166; GR 71f., 75f., 167-170. Zum Zeugnisgehalt des Werks vgl. ebenfalls Haft, C., a.a.O.

21 Vgl. GV 180 bzw. 96f.; GR 184f. bzw. 97f.

eines Klimas der Verdächtigungen und des Hasses jeder einzelne virtuell zu einem Dieb geworden sei.[22] Generalisierend kommt er zu dem Schluß:

> Dans les camps, l'homme devient cet animal capable de voler le pain d'un camarade, de le pousser vers la mort.
> Mais dans les camps l'homme devient aussi cet être invincible capable de partager jusqu'à son dernier mégot, jusqu'à son dernier morceau de pain, jusqu'à son dernier souffle, pour soutenir les camarades. C'est-à-dire, ce n'est pas dans les camps que l'homme devient cet animal invincible. ... Mais les camps sont des situations-limite, dans lesquelles se fait plus brutalement le clivage entre les hommes et les autres.[23]

Ein quantitativ größeres Gewicht als die beiden ersten erhält im Werk der dritte obengenannte Bereich. Auch ihm ist insofern der Charakter eines zeitgeschichtlichen Zeugnisses zu eigen, als in der Wiedergabe der subjektiven Wahrnehmung am Einzelfall die Schrecken der NS-Verfolgung generell sichtbar werden. Auffällig ist jedoch, daß selbst hier der Erzähler um eine sehr rationale Betrachtungsweise bemüht ist – und dies ebenso in seiner Eigenschaft als erzählendes wie als erlebendes Ich.

Innerhalb der dargestellten Wirklichkeit wird dies vor allen an Manuels Versuchen deutlich, sich gegen die Beeinträchtigung seines Willens und seines Verstandes durch die an Intensität ständig zunehmenden körperlichen und seelischen Belastungen der Reise zu wehren. Je länger er und seine Mitgefangenen in der Enge des Waggons ausharren müssen, desto mehr werden sie in einen alptraumartigen Dämmerzustand versetzt, bisweilen aufgeweckt durch den Angstschrei eines Sterbenden, der ihnen deutlich macht, daß die Wirklichkeit nicht weniger alptraumartig ist als ihre Träume, diese vielmehr erst provoziert. Die äußeren Umstände gewinnen immer mehr Macht über sie, reduzieren ihre Individualität und Ich-Stärke und schweißen sie zu einer fast willenlosen Masse zusammen – ein Prozeß, der in die todesähnliche Existenz des Lagers einmündet.[24] Gegen diese Nichtung seiner Persönlichkeit vermag Manuel indes nur dadurch anzukämpfen, daß er seinerseits einen Teil seiner selbst negiert; von Körper und Psyche abstrahierend, setzt er sich als reines

22 Vgl. GV 61f.; GR 60f.

23 GV 62; GR 61: »Im Lager wird der Mensch zu einem Tier, das fähig ist, einem Kameraden das letzte Brot wegzustehlen, das fähig ist, ihn in den Tod zu treiben.
Im Lager wird der Mensch andererseits aber auch zu jenem unbesiegbaren Wesen, das fähig ist, den letzten Zigarettenstummel, das letzte Stück Brot, den letzten Atemzug zu teilen, um seinen Kameraden zu helfen. Das heißt, nicht erst im Lager wird der Mensch zu diesem unbesiegbaren Wesen. ... Aber das Lager ist eine Grenzsituation, in der die Teilung zwischen den Menschen und den übrigen krasser zutage tritt als sonst.«
Vgl. auch Sempruns Darstellung zum Problem der Folter in GV 158f., 167-172; GR 162, 170-176.

24 Vgl. GV 34, 57, 92, 204, 234; GR 28f., 56, 92, 208, 238.

Bewußtsein und hofft, auf diese Weise seine Autonomie wahren zu können. Um dem Gefühl des Eingeschlossenseins zu entgehen, richtet er seine gesamte intellektuelle Energie darauf, sich selbst von »außen« zu betrachten.

Da in dieser Reaktion zugleich der Schlüssel zum Verständnis von Semprúns Erzählhaltung in *Le grand voyage* und seiner dort indirekt offenbarten Einstellung zur eigenen Lebensgeschichte liegt, sei dieser Punkt näher beleuchtet. Zwei verschiedene Angehensweisen beziehungsweise mentale Techniken lassen sich dabei unterscheiden.

Zunächst wäre hier Manuels Bemühen zu nennen, während der Fahrt die sinnliche Wahrnehmung auf die äußere Wirklichkeit zu heften. Das Erlebnis eines durch die Luke des Waggons auf das Moseltal geworfenen Blicks, den er »gleich einem Schwamm« bis zur totalen Identifizierung mit der betrachteten Natur aufsaugt, füllt ihn zum Beispiel völlig aus und vermittelt ihm eine stille Freude, die ihm noch bis in die folgende Nacht Kraft zum Durchhalten verleiht. Aus der Perspektive des erlebenden Ichs heißt es:

> Nous serions tous morts dans ce wagon, entassés morts debout, cent vingt dans ce wagon, qu'il y aurait cependant la vallée de la Moselle devant nos regards morts. Je ne veux pas me laisser distraire de cette certitude fondamentale. J'ouvre les yeux. Voici la vallée façonnée par un travail séculaire, les vignes étagées sur les coteaux, sous une couche mince de neige craquelée, striée de traînées brunâtres. Mon regard n'est rien sans ce paysage. Je serais aveugle sans ce paysage. Mon regard ne découvre pas ce paysage, il est mis à jour par ce paysage. C'est la lumière de ce paysage qui invente mon regard. C'est l'histoire de ce paysage, la longue histoire de la création de ce paysage par le travail des vignerons de la Moselle, qui donne à mon regard, à tout moi-même, sa consistance réelle, son épaisseur. ... J'ouvre les yeux, je ferme les yeux, ma vie n'est plus qu'un battement de paupières.[25]

Da Manuel die Natur – im Marxschen Sinne – als geschichtlich gewachsen ansieht, in der sich die jahrhundertelange Arbeit des Menschen verdinglicht, weiß er sich im Akt der Wahrnehmung und des Aufnehmens dieser Natur mit

25 GV 15 bzw. 17; GR 11 bzw. 14: »Und wenn wir alle tot wären in diesem Güterwagen, aufrecht tot aneinandergepreßt, einhundertzwanzig Mann in diesem Wagen, so läge trotzdem vor unseren toten Blicken das Moseltal. Von dieser grundlegenden Gewißheit will ich mich nicht ablenken lassen. Ich öffne die Augen. Da liegt das Tal, von jahrhundertelanger Arbeit geprägt, mit Weinbergen, die terassenförmig an den Hügel hinaufsteigen unter ihrem zerfurchten, von bräunlichen Streifen durchzogenen Schnee. Ohne diese Landschaft wäre mein Blick ein Nichts. Ich wäre blind ohne sie. Nicht mein Blick enthüllt sie mir, er entsteht vielmehr selber erst durch sie. Erst das Licht dieser Landschaft erschafft sich meinen Blick. Erst die Geschichte dieser Landschaft, wie sie langsam unter den Händen der Winzer des Moseltals entstand, verleiht meinem Blick, meinem ganzen Ich Wirklichkeit und Dichte ... Ich öffne die Augen, schließe sie, mein Leben ist nur noch ein Wimpernschlag.«
Vgl. hierzu ebenfalls GR 162 sowie *L'évanouissement* (1967, im folgenden EV und Seitenzahl), S. 97.

einem Stück Menschheitsgeschichte verbunden, ist daher nicht allein, kann aus ihrer Beständigkeit einen Sinn des eigenen Daseins ableiten, da er an der geschichtlichen Veränderung der Welt teilhat.[26]

Auch an anderer Stelle des Werks schildert der Erzähler, wie er angesichts extremer Bedrohnung durch äußere Umstände – so insbesondere unter der Folter – Stärke aus der Betrachtung von positiv besetzten Elementen eben dieser äußerlichen Welt bezieht.[27] King ist daher zuzustimmen, wenn er zu dem Schluß kommt, in Semprúns literarischer Darstellung der Lagererfahrung sei der Primat der externen Welt absolut, von dort stamme sowohl unsagbarer Schrecken als auch das Mittel, diesem zu widerstehen.[28]

Die zweite der obenerwähnten Techniken besteht nun darin, ein »außen« in sich selbst, nämlich in der eigenen Erinnerung beziehungsweise in der eigenen Vergangenheit zu entdecken. Während der ersten Nacht des Transports nach Buchenwald widmet sich Manuel literarischen Reminiszenzen: Er ist bemüht, sich Prousts *Du côté de chez Swann* ins Gedächtnis zu rufen und sucht vergeblich, in seinem Leben etwas zu finden, das der Sonate von Vinteuil oder jenem Jazzsong mit dem Titel *Some of these days* aus Sartres *La nausée* entspräche.[29] Diese Konzentration auf Gedächtnisinhalte wird vom Erzähler als »exzellente Abstraktionsübung« bezeichnet; andernorts im Roman wird hingegen deutlich, daß die Erinnerung auch eine Gefahr darstellen kann. Denn in der letzten Phase der Reise, welche zunehmend von einem an Halluzination grenzenden Gefühl des Realitätsverlusts gekennzeichnet ist[30], erlebt Manuel spontan auftauchende Erinnerungen als Bedrohung. Um dieser Einhalt zu gebieten, lenkt er seine Anstrengungen darauf, die Erinnerungen mittels seines Intellekts nach der Hierarchie ihrer Bedeutung zu ordnen, sie auf ihren Erfahrungswert hin zu untersuchen und somit die Vorrangstellung

---

26 Auf marxistische Einflüsse verweisen in diesem Zusammenhang gleichfalls King, Egri und Ancsel; vgl. King, J.H., a.a.O., S. 239; Egri, P., a.a.O., S. 159f. und Ancsel, E., *Die Wälder: Von Tolstoj bis Semprun*, in: *Annales Universitatis Scientarum Budapestinensis. Sectio philosophica et sociologica*, Bd. XIII, Budapest 1979, S. 117-125, hier S. 124f.

27 Vgl. GV GV 159: »J'ai essayé d'oublier mon corps et les douleurs de mon corps, j'ai essayé d'irréaliser mon corps et toutes les sensations bouleversées de mon corps, en regardant les roses, en laissant mon regard se remplir de roses. Juste au moment où j'y arrivais, je me suis évanoui.« (GR 162: »Ich sah mir die Rosen an und versuchte, meinen Körper und die Schmerzen meines Körpers zu vergessen, die sich überstürzenden Schmerzen meines Körpers unwirklich zu machen, indem ich mir die Rosen ansah, indem ich meinen Blick sich von den Rosen vollsaugen ließ. Und in dem Augenblick, als mir das gelang, verlor ich das Bewußtsein.«)

28 Vgl. King, J.H., a.a.O., S. 228.

29 Vgl. GR 73f. sowie Proust, M., *A la recherche du temps perdu*, Paris (Bibliothèque de la Pléiade) 1954, Bd. 1, S. 236; insbesondere Sartre, J.-P., *La nausée*, in: ders., *Oeuvres Romanesques*, Paris (Bibliothèque de la Pléiade) 1981, S. 205-210.

30 Vgl. GV 69; GR 69.

des Geistes gegenüber dem unwillkürlichen Einbruch der Vergangenheit ins gegenwärtige Bewußtsein zu behaupten:

> Mais à présent c'est encore l'heure trouble des souvenirs. Ils remontent à la gorge, ils étouffent, ils ramollissent les volontés. Je chasse les souvenirs. J'ai vingt ans, j'emmerde les souvenirs. Il y a une autre méthode, aussi. C'est de profiter de ce voyage pour faire le tri. Faire le bilan des choses qui pèseront leur poids dans ta vie, de celles qui ne pèsent rien.[31]

Durch die intellektuelle Operation der Wertung versucht Manuel, sich die Vergangenheit anzueignen, sie ihrer destruktiven Kräfte zu entkleiden. Indem er den Erinnerungen keinen Raum gewährt, unkontrolliert in sein Bewußtsein einzudringen, sie vielmehr nach verstandesmäßigen Kriterien ordnet, Bilanz zieht, kann er sich als Beobachter extrapolieren; für einige Momente *ist* er nicht mehr Erinnerung, er *hat* sie, verfügt über sie.

Beiden Reaktionsweisen ist der Versuch gemein, die psychischen Implikationen des Erlebten zu negieren, um sie so zu bezwingen. Diese Haltung läßt sich, wie oben angedeutet, auch auf der Ebene der literarischen Vermittlung finden. Symptomatisch hierfür ist, wie der Erzähler aus dem zeitlichen Abstand von mehr als fünfzehn Jahren seine Empfindungen angesichts des Eingeschlossenseins im Zug und später im Konzentrationslager charakterisiert:

> Une profonde tristesse physique m'envahit. Je suis dedans, cela fait des mois que je suis dedans, et ces autres sont dehors. ... Ce n'est pas tellement le fait de ne pas être libre d'aller où je veux ... J'étais libre d'aller dans ce train, tout à fait libre, et j'ai bien profité de cette liberté. ... C'est tout simplement une sensation physique: on est dedans. Il y a le dehors et le dedans, et je suis dedans. C'est une sensation de tristesse physique qui déferle en vous, rien d'autre.[32]

Die letzten Worte des Zitats klingen geradezu wie eine Selbstbeschwichtigung: Wenn nämlich die erwähnte Traurigkeit lediglich physischer Natur ist, dann bedarf sie keinerlei emotionaler Verarbeitung. Die hier manifeste ratio-

31 GV 30f.; GR 28f.: »Aber vorderhand ist noch die verworrene Stunde der Erinnerungen. Sie steigen auf, schnüren einem die Kehle zu, legen den Willen lahm. Ich jage sie weg. Ich bin zwanzig Jahre alt, ich kümmere mich einen Dreck um Erinnerungen. Es gibt noch einen anderen Weg. Nämlich, diese Reise dazu zu benutzen, Abrechnung zu halten. Einen Strich zu ziehen zwischen den Dingen, die in meinem Leben Gewicht haben, und denen, die wertlos sind.«

32 GV 23f.; GR 20f.: »Eine tiefe, körperlich spürbare Traurigkeit befällt mich. Ich bin drinnen, seit Monaten schon, und die da sind draußen. ... Dabei ist es nicht einmal so sehr die Tatsache, daß ich nicht frei gehen kann, wohin ich will ... Es stand mir frei, in diesen Zug zu gehen, völlig frei, und ich habe das Beste aus dieser Freiheit gemacht. ... Das also ist es nicht. Sondern ganz einfach ein körperliches Gefühl: drinnen zu sein. Es gibt ein Draußen und ein Drinnen, und ich bin darin. Ein körperlich spürbares Gefühl der Traurigkeit durchströmt einen, nicht mehr.«

nalistische Haltung deutet auf eine psychische Verdrängung hin, was angesichts des traumatischen Charakters der Deportationserlebnisse nicht verwundern kann.[33]

Auf beiden Ebenen – innerhalb der dargestellten Erfahrungswirklichkeit und in der Form ihrer Vermittlung – zeigt sich derselbe Widerspruch: Zum einen versucht der Erzähler, von sich selbst zu abstrahieren, zum anderen wendet er sich jedoch der eigenen Vergangenheit zu, was notwendigerweise eine subjektive Betrachtungsweise impliziert. Dieser Widerspruch spiegelt eine Ambivalenz wider, die aus dem gleichzeitigen Bedürfnis nach Erinnerung und Verdrängung resultiert und sich ihrerseits in der oft unklaren Trennung zwischen erzählendem und erlebendem Ich niederschlägt.

Funktion und Form der literarisch vermittelten Erinnerung

Zwar unterstreicht der Erzähler seine Autonomie im Hinblick auf die Textgestaltung, expliziert und kommentiert den Schreibakt[34], durch zweierlei Verfahren hebt er diese Distanz zum Dargestellten hingegen tendenziell wieder auf: nämlich durch den Bruch mit der chronologischen Ordnung und die Dezentrierung der Erzählperspektive.

Im wesentlichen vier Zeitebenen lassen sich im Werk unterscheiden – eine Aufteilung, die auf Egri zurückgeht[35]: Die erste umfaßt die Haupthandlung, das heißt den Gefangenentransport nach Buchenwald, die zweite die Ereignisse, die davor, die dritte die Ereignisse, die danach angesiedelt sind, und die vierte Ebene wird gebildet von dem Zeitraum der Entstehung des Werks. Indem Semprún nun auf allen vier Zeitstufen das Tempus des Präsens verwendet, erweckt er den Eindruck einer Simultaneität von Episoden unterschiedlicher zeitlicher Provenienz und insbesondere von Schreiben und Erleben.

Durch die Einbeziehung der vierten Zeitebene in die Darstellung gibt der Erzähler die geschilderten Geschehnisse vor, während und unmittelbar nach der Deportation als Erinnerungen zu erkennen. Auf allen diesen Zeitebenen findet sich jedoch eine Vielzahl von Passagen, in denen das erlebende Ich oft die Qualität eines erzählenden Ich erhält, das eigenständig die Verbindung zu Episoden anderer Zeitebenen herstellt.[36] Einen Proustschen Begriff aufgreifend, spricht Egri in diesem Zusammenhang anschaulich von einer »teleskopischen Sicht«, welche die Erzählstruktur von *Le grand voyage* kennzeichne:

33 Diese Thematik wird in der Betrachtung zu *Quel beau dimanche* noch ausführlicher zur Sprache kommen, vgl. S. 210f.

34 Vgl. z.B. GV 24f.; GR 20.

35 Vgl. Egri, P., a.a.O., S. 145.

36 Vgl. z.B. GV 36-56; GR 34-53.

> ... du premier plan temporel, il (das heißt Semprún) transpose continuellement son action sur le deuxième et le troisième et, ainsi, il emploie, pour peindre ses personnages et pour montrer les événements, le procédé périodique que Proust nomme, à propos du *Temps perdu*, vision téléscopique, et qui, chez Roger Shattuck, a le nom »optique spatiale du temps«.[37]

In dem Maße, in dem die Zeitebene der Textentstehung in den Vordergrund rückt – sei es in Form von auktorialen Kommentaren oder dadurch, daß das Erzählte als aktuelle Erinnerung präsentiert wird –, läßt sich die angestrebte Distanz zum geschilderten Erleben erkennen. Umgekehrt wird jedoch in der über weite Passagen vorherrschenden Unmittelbarkeit der Schilderung und ihrer scheinbaren Gleichzeitigkeit zum Geschehen auch emotionale Betroffenheit deutlich. Letzteres wiederum ist im psychologischen Sinn als Aufweichung der Abwehr zu interpretieren. So berichtet der Erzähler selbst von Augenblicken, in denen er viele Jahre nach der Haft plötzlich von vergessen geglaubten Eindrücken »überfallen« werde. Daß es sich hierbei um verdrängte Erinnerungen handelt, wird indirekt daraus ersichtlich, daß er ihr Auftauchen als »Angriff« bezeichnet und somit als Bedrohung empfindet:

> Au fil des années, il faut dire, des souvenirs m'ont assailli, parfois, d'une parfaite précision, surgissant de l'oubli volontaire de ce voyage, avec la perfection polie des diamants que rien ne peut entamer.[38]

Sempráns *alter ego* im Werk illustriert, wie solche Erinnerungen durch Sinneswahrnehmungen, zum Beispiel ein Musikstück, einen Geruch oder ein gehörtes Wort, wachgerufen werden. So sei ihm auf einer privaten Feier in Paris beim Verzehr einer Scheibe Schwarzbrot plötzlich der Geschmack der täglichen Brotration in Buchenwald und damit ein Stück Alltagswirklichkeit seines Lebens im KZ lebendig geworden.[39]

Ähnlich wie während der Zugfahrt ist seine Haltung beim Schreiben demgegenüber von dem Bemühen geprägt, sein Gedächtnis rational zu beherr-

---

37 Egri, P., a.a.O., S. 151: »... von der ersten Zeitebene transportiert er (das heißt Semprún) die Handlung beständig auf die zweite und dritte, und auf diese Weise verwendet er, um Personen zu zeichnen und Geschehnisse zu zeigen, das periodische Verfahren, das Proust im Hinblick auf die *Verlorene Zeit* teleskopische Sicht nennt, und die bei Roger Shattuck 'räumliche Perspektive der Zeit' heißt.« (Übers. d. Verf.).

38 GV 126; GR 128: »Es ist mir oft passiert in den letzten Jahren, daß mich Erinnerungen ganz unvermutet mit bestürzender Deutlichkeit überfallen haben und aus dem willentlichen Vergessen dieser Reise hervorgebrochen sind mit der schimmernden Vollendung von Diamanten, denen nichts etwas anhaben kann.«

39 Vgl. GV 126f.; GR 128f. Die Parallelität zu Prousts »madeleine« in *A la recherche du temps perdu* - bei weitem nicht der einzige Berührungspunkt mit dem genannten Werk -ist zu auffällig, um der Literaturkritik entgangen zu sein. Ein ungarischer Lukács-Schüler, der bereits zitierte Peter Egri, hat der Gegenüberstellung beider Autoren einen Teil seiner Dissertation gewidmet; vgl. Egri, P., a.a.O., S. 139-168.

schen. Auch hier gelingt ihm dies eigener Einschätzung nach allerdings nicht völlig[40], manche Erinnerungen weiß er chronologisch nicht genau einzuordnen, andere Momente kann er umgekehrt nicht mit Erinnerung füllen. Die wechselvolle Bewegung seiner Vergangenheitserforschung, in der sich teilweise verschiedene Bilder übereinander schieben und eine klare zeitliche Trennung erschweren, vergleicht er mit der eines Flugzeuges im Landeanflug:

> Ainsi, lorsque l'avion plonge vers le sol, vers la piste d'atterrissage, il arrive que l'on traverse plusieurs couches de formations nuageuses, tantôt lourdes, épaisses, tantôt floconneuses, éclairées latéralement par les rayons d'un soleil invisible, il arrive que l'avion retrouve, entre deux couches nuageuses, une frange libre et bleue de ciel au-dessus des moutonnements cotonneux qu'on va percer tout à l'heure, dans le vol plongeant vers la terre ferme. Quand je pense à tout cela, aujourd'hui, plusieurs couches d'images se superposent, qui proviennent de lieux divers, et d'époques différentes de ma vie.[41]

Erst aus einem bestimmten zeitlichen Abstand – oder, um im obigen Bild zu bleiben, von einer erhöhten Warte aus – war es dem Erzähler, eigenen Angaben zufolge, möglich, von seiner Lagererfahrung zu berichten. Ein Versuch, während eines Erholungsaufenthaltes in der Schweiz kurz nach Ende des Krieges ein autobiographisches Buch über die Zeit im KZ zu schreiben, mußte scheitern, da aufgrund der mangelnden zeitlichen auch jene emotionale Distanz fehlte, die er benötigte, um seine Erinnerungen und damit den Erzählstoff zu beherrschen, statt sich von ihm beherrschen zu lassen. Mehrfach finden sich im Werk Hinweise darauf, daß es zunächst erforderlich gewesen sei, die Deportation zu »vergessen«, um in angemessener Weise von ihr berichten zu können.[42] Nach sechzehn Jahren sei ihm dies allerdings gelungen:

> C'est bon, j'avais oublié, j'avais tout oublié, je peux me souvenir de tout, désormais. Je peux raconter l'histoire des enfants juifs de Pologne pas comme une histoire qui me soit arrivée, à moi particulièrement, mais qui est arrivée avant tout à ces enfants juifs de Pologne. C'est-à-dire, maintenant, après ces longues années d'oubli volontaire, non seulement je peux raconter cette histoire, mais il faut que je la raconte. Il faut que je

40 Vgl. GV 160f. und 198f.; GR 164 und 203f.

41 GV 160f.; GR 164: »Es ist wie bei einem Flugzeug, das sich dem Boden, der Rollbahn nähert und dabei verschiedene Wolkenformationen durchstößt, bald schwere, dichte, bald flockig weiche, in die eine unsichtbare Sonne schräge Strahlen wirft, bis es vielleicht plötzlich zwischen zwei Wolkenschichten in eine freie Zone blauen Himmels gerät, ehe es auf seinem erdwärts gleitenden Flug wieder in wattige Bauschungen versinkt. Wenn ich heute daran denke, kommen mir eine Menge solcher verschiedener Schichten von verschiedenen Orten und Abschnitten meines Lebens in den Sinn und überlagern sich.«

42 Vgl. GV 140f., 152-155; GR 143, 165ff.

> parle au nom des choses qui sont arrivées, pas en mon nom personnel. L'histoire des enfants juifs au nom des enfants juifs.[43]

King bezeichnet dieses Vorgehen treffend als »self-effacement« und setzt es gleichfalls in Bezug zu dem Versuch Manuels, sich während der Fahrt selbst von »außen« zu sehen.[44] Haft meint dasselbe, wenn sie nicht nur in *Le grand voyage*, sondern auch in einigen anderen autobiographischen Darstellungen der KZ-Wirklichkeit ein »dédoublement de soi« des betreffenden Autors beziehungsweise Erzählers beobachtet. Überzeugend legt sie in ihrer Studie über das Thema der Nazi-Lager in der französischen Literatur dar, daß ohne einen solchen Abstand zu den eigenen Erfahrungen Erlebnisberichte ehemaliger Deportierter generell kaum jene literarischen Qualitäten zu erlangen vermochten, die ihnen über den reinen Informationsgehalt hinaus künstlerische Gültigkeit verliehen hätten. Schon jetzt ließe sich beispielsweise sagen, daß die Mehrzahl der Zeugnisse über die Lager die Zeit nicht überdauern würde, eben weil sie zumeist einer detaillierten Wiedergabe des Erlebens verhaftet geblieben sei. Allein durch eine Abkehr vom geschichtlichen Detail und durch eine Erweiterung der Perspektive auf die allgemeine Problematik der Internierung sei ein hoher Grad an Authenzität zu erreichen. Voraussetzung hierzu sei wiederum eine bewußt literarische Gestaltung der Thematik, die sie mit dem Begriff »creation of myth« umschreibt:

> Because of a lapse in time, both the author's mind and his literary creation objectify the experience he has undergone, in this case, the camp, and permit him to present it to us as if he were two: first, the man who has undergone the experience, and second, the one who has witnessed it (vicariously seen it undergone by another self). This is the highest level of what we choose to call myth – the creation that is produced by this *dédoublemente de soi* which is based in reality and adds another dimension to it.[45]

In *Le grand voyage* zeigt sich ein solches »dédoublement de soi« gar auf zwei Ebenen zugleich: zum einen innerhalb der dargestellten Welt in dem durchgängig beobachtenden Versuch des Protagonisten beziehungsweise Ich-

43 GV 162f.; GR 166: »Und ich habe wirklich vergessen, ich habe alles vergessen, alles ist nur noch Erinnerung für mich. Ich kann diese Geschichte der jüdischen Kinder aus Polen jetzt erzählen, nicht wie eine Geschichte, die mir ganz persönlich zugestoßen ist, sondern die vor allem diesen jüdischen Kindern aus Polen zugestoßen ist. Mehr noch, es ist mir nach diesen langen Jahren freiwilligen Vergessens nicht nur möglich, sie zu erzählen, ich muß es tun. Ich muß sie nennen, nicht in meinem eigenen Namen, sondern im Namen der Dinge, die geschehen sind. Ich muß diese Geschichte der jüdischen Kinder im Namen der jüdischen Kinder selber erzählen.«

44 Vgl. King, J.H., a.a.O., S. 227.

45 Haft, C., a.a.O., S. 180; vgl. ebenda, S. 9 und 15.

Erzählers, sich selbst »von außen« zu sehen, und zum anderen in der Tatsache, daß Semprún ein *alter ego* als Erzählinstanz vorschiebt, somit sein eigenes Erleben quasi als Fiktion betrachtet. Auch wenn diese distanzierte Betrachtungsweise als Zeichen psychischer Verdrängung gedeutet werden kann, so ist doch unbestritten, daß Semprún auf diese Weise das hinter den eigenen Erfahrungen liegende politisch-historische Phänomen deutlicher illustriert, als er dies in einer stärker emotional gefärbten Schilderung zu leisten imstande gewesen wäre. In *Le grand voyage* durchdringen Lebens- und Zeitgeschichte vielmehr einander und bilden eine untrennbare Einheit.

Daneben ist jedoch gleichfalls offensichtlich, daß das Schreiben für den Autor einen Akt der persönlichen Vergangenheitsbewältigung darstellt. Ein Hinweis darauf findet sich im Text, wenn der Erzähler berichtet, schon unmittelbar nach der Befreiung sei ihm der Wunsch gekommen, irgendwann einmal die Fahrt ins KZ in literarischer Form zu erzählen, und sich dieser Wunsch dabei an die Hoffnung knüpft, die Reise »in entgegengesetzter Richtung« machen zu können.[46] Denn die Deportation führt ihn nicht nur räumlich von der Freiheit der äußeren Welt in das geschlossene Universum des Lagers, sie bewirkt ebenfalls einen nachhaltigen Eingriff in seine Persönlichkeit, sein Denken und Fühlen. Eine vollständige Rückkehr bedingt daher über das physische Weiterleben und die Wiedereingliederung in einen französischen oder spanischen Alltag hinaus die schwieriger zu realisierende Loslösung von dieser psychisch-geistigen Entfremdung. Das Buch zeichnet den Weg in die Internierung nach, es endet mit der Ankunft in Buchenwald und der Beschreibung des Gefühls, endgültig die Welt der Lebenden zu verlassen.[47] Formal findet dies Absterben der Persönlichkeit seinen Niederschlag in einem Wechsel der Erzählperspektive: Das fünfzehn Seiten lange letzte Kapitel wird nicht mehr in der ersten, sondern in der dritten Person Singular erzählt; indem das erzählende Ich zurücktritt, illustriert es die Zerstörung der Individualität, welcher das erlebende Ich ausgesetzt ist. Andererseits ist der Akt des Erzählens jedoch zugleich Mittel und Ziel dieses Prozesses der inneren Befreiung: Indem es dem Autor gelingt, das Innere nach außen zu kehren, es für andere nicht nur nachvollziehbar, sondern durch seine von gedanklich-analytischer Verarbeitung geprägte Darstellung auch durchschaubar zu machen, eignet er sich jenen Blick »von außen« an, zu dem er beziehungsweise Manuel durch jahrelanges Schweigen und willentliches Vergessen gelangen wollte.

Der elaborierten Form der literarischen Darstellung kommt hierbei eine

46 Vgl. GV 26; GR 23.

47 Vgl. GV 233f.; GR 238f.

Funktion zu, auf die King besonders aufmerksam macht. Er sieht die künstlerische Gestaltung des Werks als Ausdruck eines Bedürfnisses nach einem kulturellen Gegengewicht zum Lager, einem »contraire des camps«[48]. Er begründet diese Interpretation damit, daß Manuel auf der Suche nach einem totalen Kontrast zur bedrohlichen Wirklichkeit während der Zugfahrt bereits auf die Erinnerung an glückliche Momente in einer Haager Buchhandlung und im Amsterdamer Rijksmuseum stößt und sich somit ebenfalls in die Welt der Literatur beziehungsweise der Kunst zu versenken versucht. Hiervon ausgehend kommt King, spätere Werke Sempruns mit einbeziehend, zu dem treffenden Schluß:

> Already, the art gallery is subconsciously felt to be the place furthest removed from the concentration camp. Some kind of fusion of the pure creativeness of art with the political creativeness of the continuing struggle against Fascism has been the necessary goal of Semprun ever since he emerged from Buchenwald.[49]

Auch in *Le grand voyage* ist die Vorstellung von einem »contraire des camps« nicht nur mit einer ästhetischen, sondern auch mit einer politischen Dimension verknüpft. So wird dort unterstrichen, daß es bestimmte politische und ökonomische Strukturen sind, welche die Grundlage für die Entstehung der KZs bilden. Die Überwindung der Lager bedingt somit eine grundlegende gesellschaftliche Veränderung. Dies geht implizit aus der Erinnerung an die Ernüchterung hervor, die Manuel unmittelbar nach der Befreiung bei dem Besuch eines Buchenwald benachbarten thüringischen Dorfes erfaßt:

> J'avais réalisé, brusquement, que ce village n'était pas le dehors, que c'était simplement une autre face, mais une face intérieure également à la societé qui avait donné naissance aux camps allemands.[50]

Dem KZ analoge Welten habe er später, fügt der Erzähler hinzu, in Bildern von Slumvierteln der Vorstädte von Johannesburg und Madrid wiedergefunden.[51] Gegen die politischen Verhältnisse, die solche »Internierungen« hervorbringen, richtet sich sein Engagement im Werk. Er bewahrt die Erinnerung an vergangenes Unrecht vor dem Vergessen, weist auf aktuelle Mißstände hin

48 Vgl. King, J.H., a.a.O., S. 232; den Begriff des »contraire des camps« zitiert King von einem nicht genannten französischen Autor.

49 King, J., a.a.O., S. 234.

50 GV 161; GR 165: »Denn ich hatte erkannt, daß auch dieses Dorf nicht das Draußen war, sondern nur eine andere, gleichermaßen innere Seite jener Gesellschaftsordnung, die die deutschen Lager hervorgebracht hatte.«

51 Vgl. GV 161; GR 164.

und macht aus einer marxistischen Perspektive heraus deutlich, daß Geschichte durch politische Praxis veränderbar ist.

Eine dreifache Intention läßt sich somit in *Le grand voyage*, wie auch in späteren Werken Sempruns, erkennen: eine politische, eine künstlerische und eine kathartische beziehungsweise autotherapeutische.

Anschließend sei angemerkt, daß der letztgenannte Aspekt in *Le grand voyage* gleich in zweifacher Hinsicht von Bedeutung ist: Er bezieht sich nicht nur auf die langfristige Verarbeitung der traumatischen Deportationserlebnisse, er hat auch eine gegenwartsbezogene Komponente. Wie eingangs erwähnt, beginnt Semprún die Arbeit an dem Buch während eines klandestinen Aufenthalts in Madrid. Ebenso wie während der Fahrt ins KZ ist er durch äußere Umstände bedroht und zur Immobilität gezwungen. Hier wie dort wendet er den Blick zurück auf die eigene Lebensgeschichte, analysiert sie im Hinblick auf ihre Verbindung zur Zeitgeschichte und versucht, sich durch eine so geartete rationale Betrachtungsweise gegen die Belastungen zu schützen, denen seine Psyche ausgesetzt ist. Dieser werkgenetische Aspekt illustriert, wie eng Semprúns Erleben mit Form und Inhalt seines literarischen Schaffens verbunden ist.

2.
La guerre est finie

Sempruns zweites Buch, *La guerre est finie*, wurde als literarische Vorlage für Alain Resnais' gleichnamigen Film (dt.: *Der Krieg ist aus*) konzipiert. In ihm ist der Bezug zur eigenen Lebens- und zur Zeitgeschichte aktueller und versteckter zugleich als in *Le grand voyage*. 1965 entstanden, thematisiert es aus dem Abstand von nur einem Jahr die Auseinandersetzungen des Autors mit der Führung der PCE – dies allerdings nur in indirekter Form: Denn Semprún vermeidet es, seine Identität mit dem 1964 aus dem Exekutiv- und Zentralkomitee ausgeschlossenen Federico Sánchez offenzulegen sowie andere ehemalige Genossen oder gar die Partei als solche namentlich zu erwähnen. Statt dessen spricht er von einem »Komitee« von spanischen Exilanten in Paris, deren selbstgesetztes Ziel darin besteht, die antifrankistische Opposition im »Innern« zu leiten, und deren Vokabular eindeutig von marxistisch-leninistischer Terminologie geprägt ist. Die Paralellen zur KP Spaniens sind somit offensichtlich, in der Regel sind sie der Filmkritik auch nicht entgangen. Mehrfach geäußerte Vermutungen über einen autobiographischen Charakter des Dargestellten kommentierte Semprún jedoch sehr ausweichend, vermutlich um die Geheimhaltung der im Untergrund operierenden Partei zu bewahren. Die unmittelbaren Referenzen zur PCE-Krise von 1964 waren so nur für die wenigen Eingeweihten der politischen Szenerie des spanischen Exils in Frankreich erkennbar.[52] Die fiktive Handlung erstreckt sich über drei Tage des Osterwochenendes 1965, an denen sich der Protagonist Diego Mora – erneut ein *alter ego* des Autors und hauptamtlicher Funktionär des obengenannten Komitees – zwischen zwei klandestinen Missionen in Spanien in Frankreich aufhält. Zu seiner Person wird nur wenig bekannt: Er ist Spanier, circa vierzig Jahre alt, spricht fließend und akzentfrei Französisch, lebt in Paris mit einer Frau namens Marianne und deren Sohn. Er verbringt einen Großteil seiner Zeit in illegalem Auftrag in Spanien, verdeckt selbst vor Freunden seine wahre Tätigkeit hinter der Fassade eines vielbeschäftigten und daher oft verreisten Übersetzers bei der UNESCO und verwendet diverse spa-

52 Vgl. Semprún, J., in: Tournès, A., *Un entretien avec Jorge Semprun*, in: *Jeune Cinéma*, 16 (1966), S. 13-19, vor allem S. 16 und in: Pays, J.-L., *Entretien avec Jorge Semprun*, in: *Positif*, 79 (1966), S. 38-50, vor allem S. 42f.

Diego (Y. Montand) traut seinen Ohren nicht – seine Gefährten wollen nicht mehr gegen Franco rebellieren

Der Krieg ist vorbei

Ohne Trennlinie: »Nouvelle Vague«-Regisseur Alain Resnais' freies Spiel mit äußerer und innerer Handlung

■ **22.30 3Sat** Drei Tage aus dem Leben eines Revolutionärs: Diego (Yves Montand) ist V-Mann einer revolutionären Organisation, die von Paris aus Aktionen gegen das spanische Franco-Regime organisiert. Um die Lage zu erkunden, reist er illegal nach Madrid. Als er nach seiner Rückkehr die Kampfgefährten aufsucht und ihnen erzählt, daß Gefahr im Verzug ist, muß er feststellen, daß ihre Solidarität nicht mehr das ist, was sie einmal war. Mißtrauen regiert die Gruppe. In seinen ideologischen Grundfesten erschüttert, findet er ausgerechnet bei Marianne (Ingrid Thulin) Trost, einer Frau, die sich der Kunst widmet und mit Politik absolut nichts zu tun haben will. – Eine einfache Geschichte mosaikhaft erzählt: Wie immer sind dem französischen Regisseur Alain Resnais (»Hiroshima, mon amour«, 1959) die klassischen Erzählmuster à la Hollywood fremd. In seinen Filmen hebt er die Unterscheidung zwischen Haupt- und Nebenhandlung, Gegenwart, Vergangenheit und Zukunft auf. Nicht anders in »Der Krieg ist vorbei«; in der 72-Stunden-Chronologie schneidet er Erlebtes neben Phantasiertes, so daß letztlich klar wird: Nicht die Fakten zählen, sondern der komplizierte Seelenzustand seines Protagonisten. – Eigenwillig, aber faszinierend.

★★★★ **O:** La guerre est finie, F/S 1966 **(sw) R:** Alain Resnais **D:** Yves Montand, I. Thulin **FSK:** ab 18 (116 Min.)

23.55 **ZAK** Wochendurchblick
0.25 **Brandenburg-Journal**
0.40 **Die 50 Besten**
Intern. Videokunstpreis
1.05 **Tagesthemen**

Alfredo Kraus
0.25 **Nachrichten**
0.30 **Abendschau**
0.55 **SportPalast**
1.30 **Tagesthemen**

Monday Night Game, live
Detroit Lions – Chicago Bear
Kommentar: Günter Zapf (Übe
tragung aus Detroit)

ARTE

17.00 Programm nach Ansage **18.00** Metropolis **19.00** Der Unsichtbare ◧ **19.30** Sportlegende. Out of Africa: 2. Karriere im Exil

20.00 Reportage
20.30 8 1/2 Nachrichten
20.40 Der Tanzpalast
TIP (Roseland)
100 Spielfilm, USA 1977
Mit Teresa Wright, Lou Jacobi, G. Chaplin, Joan Copeland u.a.
Regie: James Ivory
Drei Episoden über Paare, die im Roseland-Ballsaal tanzen
»... liebenswürdige kleine Begebenheiten, aber sie wirken zusammengewürfelt, die disparate Farbgebung und die schlechten Szenenanschlüsse verstärken den Eindruck einer Fiktion, die im Halbdokumentarischen steckenbleibt« (FAZ)
22.20 Der olympische Sommer
TIP Fernsehfilm, D 1991/92
Mit Jost Gerstein, Verena Plangger, Otto Ruck, J. Maugg
Buch/Regie: Gordian Maugg
23.45 (Nicht) Wie du und ich
Kurzfilme (OmU): »Albert«, F 1992; »Tod einer Kuh«, F 1990
0.20 Programm nach Ansage

DSF

6.30 Magic Sports. Power Hour mit US Sports. U.a. Inside NBA **8.30** Powerplay – Das Spiel der Spiele **9.00** Golf: PGA Volvo Masters. Aufzeichnung aus Valderrama/Spanien **10.00** Motorvision. Automagazin (Wiederholung von gestern) **11.00** Fußball: Italienische Liga. 12. Spieltag (Wiederholung) **12.00** Action 5. Blade Warriors **13.00** Magic Sports. Power Hour mit US Sports. U.a. Inside NBA **15.00** Fußball: Italienische Liga. 11. Spieltag: Juventus Turin – AC Turin (Wiederholung) **16.00** Fußball: Bundesliga. 16. Spieltag (Wiederholung) **17.00** Action 5. American Gladiators **18.00** Magic Sports. American Football (NFL): 14. Spieltag. Kommentar: Michael Lang und Oliver Luck **19.55** Sport-Report

20.00 Fußball: 2. Bundesliga, live
VfL Bochum – MSV Duisburg
(Spielbeginn 20.15 Uhr)
22.05 Fußball: Europäische Ligen
Frankreich, Spanien, Italien
22.55 Sport-Report
23.00 Deutsche Box Classics
Kämpfe vom 10. Februar 1984 in Frankfurt/M.
0.00 FIA-Rallye-WM: RAC
1.00 Best Direct Werbesendung
1.30 Trans World Sport Magazin

EUROSPORT

8.30 Ski nordisch: Weltcup. Skispri gen in Lillehammer/Norwegen **9.** Ski alpin: Weltcup Damen und Herr Höhepunkte vom Wochenende **11.** Schwimmen: Kurzbahn-WM. A zeichnung aus Rio de Janeiro **12.** Boxen **13.00** International Mot sports. Magazin **14.00** Ski nordis Weltcup. Skispringen in Lilleha mer/Norwegen **15.00** Tennis: W Turnier in Cap d'Agde. Finale **16.** Kraftsport: Powerlifting-WM. A zeichnung aus Pori/Finnland **17.** Bodybuilding: WM. Aufzeichnung a Kupolen/Schweden **18.30** Tract Pulling: Europapokal. Aufzeichnu aus Herning/Dänemark **19.30** Eu sportnews. Aktuelles Sportnachric ten-Magazin

20.00 Speedworld Serie
Motorsportmagazin in Atlan
Trial Indoor in Gerona
22.00 Eurogoals
Fußballmagazin
23.00 Pro Wrestling Ring Warriors
0.00 Golf: Hassan II Trophy
0.30 Golf: French Ladies Open
Aufzeichnung aus St. André
1.00 Eurosportnews
Aktuelles Sportnachrichten-Magazin (bis 1.30 Uhr)

MTV

7.30 The Grind **8.00** 3 from 1 **8.15** Awake on the Wildside **9.00** Music Videos **11.30** Boyz II Men Rockumentary **12.00** The Soul of MTV **13.00** Greatest Hits **14.00** Music Non-Stop **15.45** 3 from 1 **16.00** CineMatic **16.15** Hanging out **17.00** News at Night **17.15** Hanging out **17.30** Dial MTV **18.00** Hit List UK **20.00** Greatest Hits **21.00** Kiss Unplugged **22.00** The Real World London **22.30** Beavis & Butt-Head **23.00** News at Night **23.15** CineMatic **23.30** Reg-

TV 5

18.25 Jeu: Les grands explorateurs **18.30** Nachrichten **19.00** Paris lumières **19.25** Météo **19.30** Journal télévisé suisse **20.00** Thalassa **21.00** Enjeux/Le point **21.55** Météo des cinq continents **22.00** Journal télévisé français/Météo **22.40** Spécial Questions pour un champion **0.00** On toutes lettres **0.30** Le soir sur la 3 et météo **1.00** Nachrichten, B **1.30** Visions d'Amérique **1.45** Le choix **3.00** Courts métrages **3.45** Mix Monde, Multi Mix,

SUPER CHANNEL

7.00 Today **9.00** Super Shop **10** European Money Wheel **14.30** Squawk Box **16.00** US Money Wh **17.30** Business Tonight **18.00** W News **18.30** Frost's Century **19.30** Selina Scott Show **20.30** Frontal **21** World News **22.00** Best of The Ton Show **23.00** Super Sports **0.00** B ness Tonight **0.20** US Market W **0.30** Nightly News **1.00** Real Perso **1.30** The Tonight Show **2.30** The S na Scott Show **3.30** Real Personal **4**

nische wie auch französische Decknamen. Die Handlung setzt ein mit der unerwarteten Rückkehr Diegos von einem sechsmonatigen Aufenthalt in Spanien. Grund seiner plötzlichen Abreise ist eine Verhaftungswelle in Madrid, der einige seiner dortigen Genossen zum Opfer gefallen sind. Ziel Diegos ist es nunmehr, Juan, einen seiner politischen Freunde, den er in Gefahr wähnt, da dieser in jenen Tagen von Frankreich aus über Barcelona in die spanische Hauptstadt fahren soll, rechtzeitig zu warnen und von der Reise abzuhalten. Dies gelingt ihm jedoch nicht, bei seiner Ankunft ist Juan bereits unterwegs. Der eigenmächtig gefällte Entschluß zum vorzeitigen Abbruch seiner Tätigkeit im Lande wird von den anderen Mitgliedern des Komitees, besonders von dessen Vorsitzendem heftig kritisiert, mit der Begründung, die Vorbereitungen für den unmittelbar bevorstehenden, von Paris aus geplanten Generalstreik in Spanien erforderten dringend seine Anwesenheit am Ort des Geschehens. Diego dagegen ist aufgrund seiner Kenntnis der politischen Realität des »Innern« der Überzeugung, daß die vom Exil aus initiierten Aktionen zum Scheitern verurteilt seien. Er vermag der Kritik daher nicht zuzustimmen, kann sich in einer Sitzung der führenden Komitee-Mitglieder mit seinen Auffassungen jedoch nicht durchsetzen und wird durch Mehrheitsbeschluß vorübergehend von seinen Funktionen beurlaubt.

Die beruflich-politische Krise erhält eine zusätzliche Dimension durch die Tatsache, daß Diego sich zunehmend der Widersprüche zwischen seinen privaten Bedürfnissen und der klandestinen Tätigkeit bewußt wird. Auf Drängen seiner Lebensgefährtin Marianne, die unter den bestehenden Schwierigkeiten noch mehr leidet als er, entwickelt er vage Zukunftspläne für ein legales Leben in Spanien, gemeinsam mit ihr und unter seinem echten Namen. Als er jedoch kurzfristig die Mission eines überraschend an Herzversagen gestorbenen Genossen übertragen bekommt, willigt er aus einer Mischung von Pflichtgefühl und Lust an der ihm liebgewordenen Tätigkeit im spanischen Untergrund spontan ein. Von einem übersteigerten Gefühl der Selbstsicherheit verleitet, ist ihm allerdings entgangen, daß nicht – wie er glaubt – sein Freund Juan, sondern er selbst von der spanischen Geheimpolizei enttarnt ist und ihm somit bei der Wiedereinreise die Verhaftung droht. Einem Vorfall drei Tage zuvor am französischen Zoll hatte er ebensowenig Bedeutung beigemessen wie den Warnungen einer Gruppe junger Revolutionäre, Anhänger einer auf gewaltsamen Aktionen beruhenden Politik, zu denen er über Nadine, einer flüchtigen Bekanntschaft, in Kontakt gekommen war. Nach einer Indiskretion seitens der französischen Polizei erfährt Marianne von der Gefahr, der Diego ausgesetzt ist. Sie beschließt, nach Barcelona zu fliegen, um ihren Freund dort zu warnen. Die Handlung endet mit ihrem Abflug, in der Ungewißheit, ob ihr Vorhaben gelingt.

Das Thema des politischen Kampfes spanischer Exilanten in Paris war nicht die eigentliche Grundidee, die Semprún und Resnais, eigenen Angaben nach, gemeinsam entwickelten.[53] Diese war zunächst allgemeiner gefaßt und bestand darin, einen aktuellen politischen Stoff zu behandeln, wobei Resnais anfangs an die Aktivitäten eines Komitees gegen den Krieg oder zur Unterstützung politischer Häftlinge in Griechenland dachte. Obwohl Semprún den Einfluß des Regisseurs sowohl auf die Entwicklung der Themenstellung als auch auf die spätere Ausgestaltung der literarischen Vorlage besonders hervorhebt, geht die Wahl eines spanischen Sujets in erster Linie auf ihn, den Autor, zurück.[54]

Die spezifische Art der Zusammenarbeit von Regisseur und Autor erlaubt es, *La guerre est finie* sowohl in den Kontext des Semprúnschen wie des Resnaisschen Gesamtwerks zu stellen. Beide Oeuvres kennzeichnet zudem eine Reihe von Affinitäten: vor allem die inhaltliche und gestalterische Bedeutung, welche das Phänomen der Zeit bzw. der Erinnerung in ihnen einnimmt, sowie die Heimatlosigkeit und Entwurzelung ihrer fiktionalen Figuren.[55] Daher entspricht die Verwebung unterschiedlicher Zeitebenen in *La guerre est finie* nicht nur dem literarischen Stil Semprúns, sie ist zugleich konstitutives Merkmal der Resnaisschen Filme.

Beiden gemein war auch die Absicht, die darzustellende Handlung so nah wie möglich an der Aktualität der politischen Entwicklung zu orientieren. So sind, Semprúns Angaben zufolge, der Aufruf zum Generalstreik, von dem im Buch die Rede ist, ebenso wie die dort zitierten Texte aus der klandestinen Presse authentisch und aktuell zugleich, da sie den politischen Ereignissen desselben Frühjahrs entnommen sind, in dem das Werk entstand; Autor und Regisseur seien sogar das Risiko eingegangen, den geplanten Handlungsverlauf für den Fall ändern zu müssen, daß der Streik, anders als von ihnen vorhergesehen, zum Erfolg geführt hätte.[56] Auch Randelemente des fiktionalen

53 Zur Genese des Werks vgl. die Aussagen Resnais', in: Gilles, P., *Resnais passe à l'action*, in: *Arts*, 6.10.1965, S. 40f.; Capelle, A., *Resnais le refusé*, in: *Arts*, 4.5.1966, S. 52f.; Baby, Y., *»Rêve et révolution commencent par le même mot.« Un entretien avec Alain Resnais sur »La guerre est finie«*, in: *Le Monde*, 11.5.1966, S. 16 und die Angaben Semprúns, in: Gilles, P., *Jorge Semprun: »Sans écrire un mot, Alain est aussi le scénariste du film«*, in: *Arts*, 6.10.1965, S. 41; Tournès, A., *Un entretien ...*, a.a.O.; Pays, J.-L., *Entretien ...*, a.a.O.

54 Vgl. Semprún, in: Pays, J.-L., *Entretien ...*, a.a.O., S. 40 und in: Tournès, A., *Un entretien ...*, a.a.O., S. 15.

55 Vgl. Amiel, M., Pétat, J., *Entretien avec Alain Resnais*, in: *Cinéma*, 259/260 (Juli/August 1980), S. 37-46, hier insbesondere S. 37f.; Pétat, J., *L'effet de bonheur et la réalité perdue*, in: ebenda, S. 53ff.; Prédal, R., *Le temps d'Alain Resnais*, in: ebenda, S. 56-59; Samson, P., *Le lyrisme critique d'Alain Resnais*, in: *L'Arc*, 51 (1967), S. 103-111; Duvigneau, M., *La guerre est finie*, in: *Téléciné*, 131 (Dez. 1966), S. 31-50, hier insbesondere S. 32ff.; Benayoun, R., *Resnais, le permanent*, in: *Positif*, 79 (1966), S. 51-56; Ropars-Wuilleumier, M.C., *De la littérature au cinéma*, Paris 1970, S. 145-163.

56 Vgl. Semprún, J., in: Tournès, A., *Un Entretien ...*, a.a.O., S. 16.

Geschehens finden ihre Entsprechung in der außerliterarischen Wirklichkeit, wie zum Beispiel die Solidarität der französischen Sympathisanten oder das Phänomen politischer Gruppen, die zur Schwächung des frankistischen Regimes Sprengstoff-Anschläge auf Touristen-Zentren in Spanien planen. Letzteres entspricht, wie Semprún einräumt[57], zwar eher der politischen Szene der frühen sechziger Jahre als der unmittelbaren Aktualität, steht jedoch für eine weiterhin existierende Tendenz speziell unter den jüngeren Kräften innerhalb der revolutionären Bewegung, die Gewalt zur Durchsetzung politischer Ziele für notwendig erachten.

Das Werk will folglich mehr sein als ein rein fiktionales Produkt, es will unter anderem ebenfalls Einblick vermitteln in einen bestimmten Ausschnitt der politischen und privaten Welt des spanischen Exils in Frankreich. Auch wenn die persönlichen Erfahrungen Sempruns in diesem Milieu als Garant der Authentizität angesehen werden können[58], bleibt anzumerken, daß die Darstellung naturgemäß eine subjektive Sicht der Realität widerspiegelt, die ihrerseits durch die Einbettung in einen fiktionalen Handlungszusammenhang literarisch vermittelt und somit nochmals gebrochen ist. Das Werk ist somit Abbild der außerliterarischen Wirklichkeit und wirklichkeitsautonome literarische Entität zugleich. Es ist allerdings äußst schwierig, in der Untersuchung zwischen beiden Facetten, dem dokumentarischen und dem fiktionalen Charakter des Buchs, zu differenzieren, da die Zuteilung einzelner Handlungselemente zum einen oder anderen Bereich oft nicht möglich ist: Zum einen lassen sich im Werk selbst keine Anhaltspunkte für eine solche Trennung finden, und zum anderen stehen nicht in ausreichendem Umfang historisch gesicherte Informationen zur Verfügung, die im Einzelfall über die geschichtliche Authentizität der dargestellten Sachverhalte entscheiden ließen.

Unabhängig von dieser Frage soll vielmehr untersucht werden, welche Sicht der behandelten politischen Probleme und der eigenen Tätigkeit im PCE der Autor direkt oder indirekt in *La guerre est finie* offenbart und wie er sie literarisch vermittelt. Vorab seien daher die formalen Charakteristika des Werks skizziert.

Zur Form der literarischen Darstellung

Das im gleichen Jahr wie der Film erschienene Buch ist unterteilt in fünf Kapitel, jedes Kapitel umfaßt verschiedene Szenen, denen der Autor jeweils ge-

57 Vgl. ebenda, S. 17.

58 Vgl. auch die Aussagen Yves Montands, in: Chaumeton, E., *Le cinquième souffle d'Yves Montand*, in: *La Dépêche du Midi*, 28.11.1965, S. 7.

naue Angaben über den Ort und den Zeitpunkt des Geschehens voranschickt. Es weist nicht die sonst üblichen filmtechnischen Hinweise auf und ist so als Mischform von Drehbuch und Roman anzusehen. Mit dem Roman hat es den erzählenden Charakter der ausführlichen narrativen Passagen gemein, mit dem Drehbuch die Zweckbestimmung für den Film, das Tempus des Präsenz und die dialogische Grundstruktur. Die hybride Form ist Folge eines doppelten Adressatenbezugs: Zunächst einmal ist das Buch für den Regisseur geschrieben, es enthält implizit Anregungen für die filmische Gestaltung des Stoffes; zum anderen aber situiert es sich mit dem Erscheinen auf dem Buchmarkt ebenfalls außerhalb des filmischen Kontexts und wendet sich direkt an das literarisch interessierte Leserpublikum. Beides ist vor allem deshalb miteinander vereinbar, weil Resnais von Semprún, ebenso wie von den anderen Schriftstellern, mit denen er zusammenarbeitete, eine eher erzählende, nicht eng auf eine filmische Umsetzung orientierte Buchvorlage erwartete.[59]

Für die Literaturkritik ist naturgemäß die literarische, nicht die kinematographische Fassung Grundlage der Besprechung. Da andererseits jedoch das literarische Werk unmittelbar als Vorlage für den Film konzipiert wurde und diese Zweckbestimmung den Charakter des Werks wesentlich prägt, wird die Untersuchung dieser Tatsache Rechnung tragen müssen. Der obengenannte doppelte Adressatenbezug manifestiert sich in erster Linie in den erwähnten narrativen Passagen: Einerseits nehmen sie die Funktion der linken Spalte eines traditionellen Drehbuchs ein, durch ihre romanähnliche Form sprengen sie andererseits jedoch deren Rahmen und erlangen künstlerische Qualität, was dem Werk die Eigenständigkeit eines literarischen Produktes verleiht. Im Text durch Kursivdruck hervorgehoben, enthalten sie vorrangig Beschreibungen des Handlungsfortgangs, des visuellen und akustischen Rahmens, der handelnden Personen, ihrer Mimik und Gestik etc. Das Tempus des Präsens in diesen Textteilen versetzt den Leser in die einem Kino-Zuschauer vergleichbare Position, Betrachter eines gleichzeitig stattfindenden Geschehens zu sein. Dieser Eindruck wird unterstrichen durch die weitgehende Reduktion der Erzählung auf visuell und auditiv Wahrnehmbares, dessen intendierte Wirkung an manchen Stellen verbal vermittelt wird – so zum Beispiel in einer Szeneneinleitung, welche die Neubau-Kulisse Ivrys zum Hintergrund hat:

> Il (gemeint ist der Protagonist) fait encore quelques pas et il est au milieu des maisons. C'est vide: il y a juste les maisons et lui. Ensuite, une petite fille passe, à bicyclette, qui fait sonner sans arrêt le timbre avertisseur.

59 Vgl. Ropars-Wuilleumier, M.C., a.a.O., S. 148.

Dans le silence, l'éloignement du bruit grêle semble mesurer un espace infini.[60]

Insgesamt läßt sich allerdings der Erzählstandpunkt des Buchs – vor oder nach der filmischen Gestaltung – nicht eindeutig lokalisieren. Teils wird aus der Perspektive des Beobachters erzählt, teils aus der des Drehbuchautors, welcher bereits Hinweise auf die spätere visuelle Umsetzung gibt.[61] Implizit eignet sich die Art der Darstellung vielfach die Sichtweise der Kamera an. Dies wird zum Beispiel aus der Beschreibung einer Exilantenwohnung ersichtlich, die zunächst, einer Totalaufnahme vergleichbar, einen Gesamteindruck vermittelt, um dann, wie in einer Abfolge von Detail-Großaufnahmen, den Blick nacheinander auf einzelne Gegenstände der Inneneinrichtung zu lenken.[62] Als weiteres Beispiel sei die Darstellung der vom Protagonisten beobachteten[63] und imaginierten Szenen[64] genannt.

Die oben erwähnte weitgehende Beschränkung der Erzählung auf unmittelbar Beobachtbares bedingt andererseits jedoch eine sehr viel genauere Beschreibung eines Handlungsrahmens, als dies in der Regel im Roman der Fall ist. Dort, wo der Romancier die Wirkung einer Situation auf eine Romanfigur tendenziell eher durch die Schilderung seiner emotionalen Reaktionen verdichtet zum Ausdruck bringt, geht der Autor hier den umgekehrten Weg. Er verharrt mehr auf der optischen und akustischen Erscheinungsebene, komponiert bisweilen mit großer Genauigkeit im Detail ein Dekor, dessen Wirkung als Ganzes erst durch die puzzleartige Zusammenstellung der Einzelelemente entsteht.

Die Erzählung in *La guerre est finie* weist demnach weniger Introspektion und psychologische Dichte auf, als ein Roman dies zu leisten vermag, ohne jedoch ganz auf die verbale Schilderung psychischer Prozesse zu verzichten. Wie hierbei spezifisch literarische Ausdrucksmittel, so zum Beispiel die Redundanz bestimmter Verben oder Substantive, verwendet werden, mag para-

60 *La guerre est finie* (1966, im folgenden GF und Seitenzahl), S. 45: »Er (gemeint ist der Protagonist) geht noch einige Schritte und steht inmitten der Häuser. Leer ist es: Nur die Häuser sind dort und er. Dann radelt ein kleines Mädchen vorbei, das unablässig die Fahrradklingel betätigt.
In der Stille scheint das sich entfernende helle Schellen einen unbegrenzten Raum zu durchmessen.« (Sämtliche Übersetzungen von Textzitaten aus *La guerre est finie* stammen vom Verfasser, da das Werk, wie in der Vorbemerkung bereits erwähnt, nicht in deutscher Fassung vorliegt.)

61 Vgl. GF 80: »Er (gemeint ist auch hier der Protagonist) ist in einer Straße – der rue du Cardinal Lemoine. Er geht zu einem Fluß – der Seine. Eine Straße, ein Fluß, eine Brücke, Geräusche von Schritten in der absoluten Durchschaubarkeit der Gegenwart. Das nennt man gemeinhin Angst oder Einsamkeit – die wahre Einsamkeit – oder die an die Oberfläche steigende Gewißheit des Todes.
Aber es ist nicht nötig, diese Dinge zu benennen, es reicht völlig, sie zu zeigen: eine Straße, die Nacht, ein Fluß, ein Geräusch von Schritten, Schatten, Licht: die Gegenwart.«

62 Vgl. GF 51.

63 Vgl. u.a. GF 36f., 45f., 50.

64 Vgl. u.a. GF 12f., 33, 37, 41.

digmatisch ein Zitat verdeutlichen, in dem die Reaktion einer Exilantin auf die Nachricht von der Verhaftung ihres Mannes beschrieben wird:

> Et elle, reculant, s'écartant de lui, ayant compris ce qu'il arrivait à son mari, à Andrés, l'ayant compris au silence de l'homme, à son visage fermé, à son incapacité visible de parler, reculant, ayant compris cela, reculant, les mains sur son visage pétrifié, ayant enfin atteint à cette douleur, à cette souffrance, attendue, pressentie, crainte, depuis de si longues années, depuis que son mari, Andrés, fait ce travail clandestin, cette souffrance, vous réveillant la nuit, le coeur battant, envahi par un pressentiment douloureux, et maintenant devenue non pas réelle – elle a toujours été réelle – mais vraie: justifiée par les faits, c'est-à-dire.[65]

Neben dem in diesen Passagen implizierten Erzähler weist das Buch eine zweite, explizite Erzählinstanz auf, die auch in der vom Autor intendierten Filmfassung als sogenannte »off-Stimme« in Erscheinung tritt, als »VOIX DU NARRATEUR« (Stimme des Erzählers) bezeichnet wird und hier in Opposition zum »Bucherzähler« der narrativen Textabschnitte »Filmerzähler« genannt werden soll. Als eine Art Double des Protagonisten ausgewiesen[66], vermittelt dieser die Gedanken und Gefühle Diegos in der Anredeform der zweiten Person Singular.

Zunächst sei jedoch untersucht, welche Sicht der dargestellten politisch-sozialen Wirklichkeit in *La guerre est finie* zum Ausdruck kommt.

Zum Referenzcharakter des Werks

Drei Aspekte aus dem Bereich der Exil-Opposition gegen das Franco-Regime sind es vor allem, die das Buch beleuchtet: Zum einen die Frage nach den Aktionsmöglichkeiten angesichts eines wirtschaftlich erstarkten und politisch stabilisierten Spaniens, des weiteren die Problematik der inneren Struktur des PCE und letztlich die materielle und psychische Situation der republikanischen Exilanten in Paris.

Was die ersten beiden Gesichtspunkte anbetrifft, so spiegelt das Werk im wesentlichen jene Positionen wider, die Semprún im Konflikt mit der KP-

---

65 GF 53: »Und sie, sie weicht zurück, löst sich von ihm, sie hat begriffen, was ihrem Mann, Andrés, zugestoßen ist, sie hat es am Schweigen des Mannes begriffen, an seiner verschlossenen Mine, an seiner sichtlichen Unfähigkeit zu sprechen, sie weicht zurück, die Hände vor dem versteinerten Gesicht, endlich ist der Schmerz da, der seit so vielen Jahren, seit ihr Mann, Andrés, diese Untergrundarbeit macht, erwartete, vorausgeahnte, befürchtete, dieser Schmerz, der einen des nachts weckt mit klopfendem Herzen, voll peinigender Vorahnung, und der nun nicht wirklich geworden ist – wirklich war er immer –, sondern wahr, will sagen: durch die Tatsachen belegt.«

66 Vgl. GF 11.

Führung vertrat und die letztlich seinen Parteiausschluß bewirkten. Welche Ausgestaltung sie im fiktionalen Rahmen erhalten, werde ich im folgenden kurz umreißen: Sempruns Sprachrohr Diego Mora wendet sich in erster Linie gegen den geplanten Generalstreik in Spanien, der, wie auch bereits in den Vorjahren, für den 30. April vorgesehen ist und den Auftakt zum Sturz des Franco-Regimes bilden soll. Aufgrund seiner Vertrautheit mit den Zuständen im Land ist er zu der Überzeugung gelangt, daß ein neuerlicher Aufruf zum politischen Streik unvermeidlich eine schwere politische Niederlage zur Folge haben müßte, da die notwendige Mobilisierung der Massen nicht gegeben sei. Er ist zudem der Meinung, daß eine solch schwerwiegende Entscheidung nur von den unmittelbar Betroffenen selbst in genauer Kenntnis der Sachlage, nicht jedoch vom Exil aus getroffen werden könne.[67] Dieser Einschätzung liegt die Überzeugung zugrunde, daß die seit fast dreißig Jahren im Exil wirkenden politischen Kräfte den direkten Kontakt mit der sozioökonomischen und politischen Realität ihres Heimatlandes verloren haben. Ebenso wie ein Großteil der europäischen Linken seien sie einem traditionellen, vom Bürgerkrieg und seinen sozialen Gegenständen geprägten Spanienbild verhaftet, verschlössen die Augen vor der Tatsache, daß ihr Heimatland sich in der Zwischenzeit, nicht zuletzt durch den Einfluß des Massentourismus, tiefgreifend gewandelt habe und die politisch dynamischen Kräfte bereits einer Generation angehörten, die den Bürgerkrieg nicht aus eigener Erfahrung, sondern lediglich aus Erzählungen kenne. In heftiger, emotionsgelandener Weise hatte Diego bereits zuvor Freunden Mariannes gegenüber seinem Unmut Luft gemacht. Die dort geäußerten Gedanken verdeutlichen die Tragweite seines Konflikts innerhalb der Organisation:

> DIEGO: Les choses que j'ai à dire sur l'Espagne ne plairaient à personne. ... Moi-même, je ne suis pas sûr qu'elles me plaisent. ... La malheureuse Espagne, l'Espagne héroïque, l'Espagne au coeur: j'en ai par-dessus la tête. L'Espagne est devenue la bonne conscience lyrique de toute la gauche: un mythe pour anciens combattants. En attendant, quatorze millions de touristes vont passer leurs vacances en Espagne. L'Espagne n'est plus qu'un rêve de touristes ou la légende de la guerre civile. Tout ça, mélangé au théâtre de Lorca, et j'en ai assez du théâtre de Lorca: les femmes stériles et les drames ruraux, ça suffit comme ça! Je n'ai pas été à Verdun, moi, et je n'ai pas non plus été à Teruel, ni sur le front de l'Ebre. Et ceux qui font des choses en Espagne, des choses vraiment importantes n'y ont pas été non plus. Ils ont vingt ans et ce n'est pas notre passé qui les fait bouger, mais leur avenir. L'Espagne n'est plus le rêve de 36, mais la

67 Vgl. GF 116.

> vérité de 65, même si elle semble déconcertante. Trente ans se sont passés et les anciens combattants m'emmerdent.[68]

Auch wenn Diego die Notwendigkeit, den Kampf gegen Francos diktatoriale Herrschaft fortzusetzen, keineswegs in Frage stellt, ist er doch davon überzeugt, daß der Krieg vorbei, von der Entwicklung fast dreier Jahrzehnte überholt sei. Diese These hat für das Werk grundlegende Bedeutung, wie dem Titel bereits zu entnehmen ist, den Alain Resnais wie folgt erklärt:

> Il a une double signification: en tant que mythe et symbole la guerre d'Espagne est terminée, mais la lutte, elle, continue.[69]

Die Mehrheitsmeinung des Komitees geht demgegenüber davon aus, daß die Fronten zwischen den Gegnern von damals sich nicht wesentlich verändert hätten und daß sie, die militärisch Besiegten, durch eine Massenerhebung sozusagen Rache an der Geschichte nehmen und, an die Legitimität der republikanischen Volksfront-Regierung anknüpfend, die Macht zurückgewinnen könnten. Sie halten folglich an den traditionellen Symbolen fest – bei der Beerdigung eines im Exil gestorbenen Genossen zum Beispiel führt eine Flagge der Republik den Zug der Trauergäste an[70] – und wähnen sich immer noch im Kriegszustand mit dem Franco-Regime.[71] Aus der zeitlichen und räumlichen Entfernung, die sie von Spanien trennt, interpretieren sie das verschärfte Vorgehen der Sicherheitsbehörden als Schwäche des Regimes. Folge ist ein voluntaristischer Triumphialismus, der, wie Diego kritisiert, in einer Art magischen Sprache den Erfolg gleichsam herbeireden will.[72] In der Haltung der

68 GF 88f.: »DIEGO: Was ich über Spanien zu sagen habe, würde niemandem gefallen. ... Ich bin nicht sicher, daß es mir selbst gefällt. ... Das unglückliche Spanien, das heroische Spanien, das Spanien im Herzen: Ich habe die Nase voll davon. Spanien ist zum guten lyrischen Gewissen der gesamten Linken geworden: ein Mythos für Kriegsveteranen. Währenddessen schicken sich vierzehn Millionen Touristen an, ihren Urlaub in Spanien zu verbringen. Spanien ist nur noch ein Touristentraum oder die Bürgerkriegslegende. Das alles vermengt mit Lorcas Theater, und ich habe genug von Lorcas Theater: den sterilen Frauen und den Bauerndramen, genug davon! Ich bin nicht in Verdun dabei gewesen, und auch in Teruel war ich nicht, noch an der Ebro-Front. Und diejenigen, die in Spanien etwas bewegen, etwas wirklich Wichtiges, sind auch nicht dort gewesen. Sie sind zwanzig Jahre alt, und was sie antreibt, ist nicht unsere Vergangenheit, sondern ihre Zukunft. Spanien ist nicht mehr der Traum von '36, sondern die Wirklichkeit von '65, auch wenn sie verwirrend erscheinen mag. Dreißig Jahre sind vergangen, und die Kriegsveteranen kotzen mich an.«

69 Resnais, A., in: Baby, G., a.a.O.: »Er hat eine doppelte Bedeutung: Als Mythos und Symbol ist der Krieg vorbei, der Kampf aber geht weiter.« (Übers. d. Verf.).

70 Vgl. GF 170. Auch wenn diese Szene sich in der antizipierenden Vorstellung Diegos abspielt, kann sie doch als wirklichkeitsgetreuer Ausdruck eines Brauchs angesehen werden, da sämtliche geistigen Projektionen des Protagonisten in sehr realistischer Form gehalten sind.

71 So kommentiert Roberto, ein Mitglied des Komitees, die Polizeiaktionen in Madrid mit den Worten: »Ils ont frappé. Et alors? Ça fait vingt ans qu'ils frappent. A la guerre, c'est comme ça; on donne des coups, et on en reçoit.« (Sie haben zugeschlagen. Na und? Seit zwanzig Jahren machen sie das. Das ist im Krieg nun einmal so: Man verteilt Schläge und steckt welche ein.« – GF 66.

72 Vgl. GF 151: »Ça ne veut rien dire. C'est une espèce de langage magique, comme si on promenait des ideoles pour faire tomber la pluie.« (Das bedeutet gar nichts. Das ist eine Art magischer Sprache, ge-

Komiteeführung wird zudem eine Arroganz gegenüber den Genossen des »Innern« deutlich, denen sie vorwerfen, aufgrund der Nähe zum Geschehen die politische Situation in Spanien nicht überblicken zu können und aus einer Überbewertung der Repression voreilige Konsequenzen zu ziehen.[73]

Der Widerspruch zwischen Anspruch und Wirklichkeit des Komitees findet, so die These des Werks, seine Erklärung nicht zuletzt in der Tatsache, daß seine Mitglieder nicht die Möglichkeit hatten, sich durch eigene Anschauung ein Bild von den aktuellen Bedingungen in ihrem Heimatland zu machen. Der einzige persönliche Zugang zu Spanien, der ihnen bleibt, ist der der Erinnerung, die ihrerseits von der Erfahrung eines Aufschwungs der revolutionären Bewegung in den dreißiger Jahren geprägt ist. Da sie sich nicht die Niederlage im Bürgerkrieg eingestehen, können die Vorstellungen, nach denen sie ein besseres Spanien errichten wollen, nur die damals gültigen Maßstäbe als Grundlage haben.

Die im Werk dargestellten politischen Divergenzen verweisen somit insbesondere auf zwei real existierende Konfliktfelder innerhalb der antifrankistischen Oppositionsbewegung der sechziger Jahre, die im ersten Kapitel dieser Arbeit bereits zur Sprache kamen. Es sind dies zum einen die Machtkämpfe zwischen den Kräften des Exils, die den Anspruch auf das Entscheidungsmonopol hinsichtlich der Strategie des Kampfes erheben, und denen des »Inneren«, welche sich gegen diese Bevormundung zur Wehr setzen, zum anderen die Spannungen zwischen der Bürgerkriegsgeneration, die weitgehend einem Revanchedenken verhaftet bleibt, und der jüngeren Generation, die ihrerseits in realistischerer Einschätzung eine »Politik der kleinen Schritte« befürwortet.[74]

Was den PCE insbesondere anbetrifft, so wird die Vormachtstellung der Exilführung gegenüber ihren Anhängern im »Inneren« beziehungsweise der alten Garde gegenüber den jüngeren Aktivisten bekanntlich durch die streng hierarchische Parteistruktur begünstigt. Kritik an diesem Mißstand findet sich auch im Werk. In der Darstellung der Komiteesitzung, auf welcher Diego seine Auffassungen zu erläutern versucht, manifestieren sich neben den inhaltlichen Aspekten der Kontroverse spezifische Strukturen der Willensbildung, die einen weiteren Konfliktherd bilden. Bereits die Beschreibung des Vorsitzenden als selbstsicher auftretende, paternalistische Figur deutet darauf hin, daß dieser eine privilegierte Stellung innerhalb des Gremiums genießt. Sein Urteil allein hat Gewicht. Die anderen Mitglieder warten zunächst seine Stellungnahme ab; »auf jeden Fall werden sie mit ihm einverstanden sein« –

rade so als ob man Götzenbilder herumtrüge, damit es regnet.)

73 Vgl. GF 62f., 107-118.

74 Vgl. S. 21f., 38.

heißt es im Text.[75] Eine demokratische Meinungsbildung findet nicht statt. Diegos Positionen werden weder diskutiert noch toleriert. Mit der vorläufigen Suspendierung ergreift der Vorsitzende ein disziplinarisches Mittel, das den Protagonisten dazu bewegen soll, »Selbstkritik« zu üben, das heißt schlichtweg seine geäußerten Überlegungen zu widerrufen.[76]

Diese Maßnahme erinnert deutlich an Praktiken stalinistischer Provenienz, Fraktionsbildungen werden im Komitee nicht geduldet. Die Autoritätshörigkeit der Aktivisten verweist wiederum auf eine streng hierarchische Organisationsstruktur, indirekt gar auf eine Art »Personenkult«. Diese Mißstände werden im Werk jedoch nicht explizit kritisiert. Durch Mißfallensäußerungen über die Art seiner Behandlung deutet Diego lediglich an, daß er mehr Demokratie innerhalb der Organisation begrüßen würde.[77] Selbst im fiktionalen Rahmen spricht Semprún folglich die Frage der extrem zentralistischen Strukturen des PCE nur mit großer Vorsicht an. Die subjektivistische Fehleinschätzung der realen Möglichkeiten des antifrankistischen Kampfes, welche die offizielle Linie des Komitees beziehungsweise der Partei kennzeichnet, erscheint in einem menschlich sehr verständlichen Wunschdenken begründet. Nahezu entschuldigend wird betont, daß die Exilanten seit so vielen Jahren schon mit ihrer ganzen Kraft auf einen Sturz des Franco-Regimes hinwirkten, daß in ihnen die Ungeduld wachse, endlich ans Ziel ihrer Bestrebungen zu gelangen – und dies um so mehr, als mit der Zeit die Möglichkeit, im Exil sterben zu müssen, immer wahrscheinlicher und bedrohlicher werde. Der Tod eines Komiteemitglieds läßt diese Tatsache sehr plastisch werden.[78] Einer unvoreingenommenen Analyse der sozio-politischen Situation Spaniens steht demnach die psychische Notwendigkeit eines Glaubens an baldige siegreiche Rückkehr entgegen. Auf diese Weise gleiten die Ziele der Antifrankisten in *La guerre est finie* in den Bereich eines nicht zu verwirklichenden kollektiven Traums ab, für den sie allerdings bereit sind, sich rückhaltlos einzusetzen.

Diegos Haltung gegenüber den Genossen ist von Zuneigung, Solidarität und Kritik gleichermaßen geprägt. Als Beispiel sei eine Textpassage aus der Perspektive des Filmerzählers zitiert:

> VOIX DE NARRATEUR: ... Tu vas retrouver, ces hommes secs, infatigables, usés, précis dans le détail, perdus dans un grand rêve, prêts à mourir: tes camarades. ... Tu vas retrouver cette fraternité, irremplaçable, rongée, pourtant, par l'irréel, souvent: á Ivry, des jours entiers, ou à Auber-

75 Vgl. GF 112.

76 Vgl. GF 139.

77 Vgl. ebenda.

78 Vgl. GF 66f., 150f., 168.

villiers, essayant de reconstruire votre pays, de le faire ressembler à vos souvenirs, de faire entrer vos rêves, à force de travail têtu, tenace, dans la réalité, lointaine, de l'Espagne.[79]

Der hier manifeste Anachronismus beschränkt sich nicht allein auf die politische Ebene, er beherrscht vielmehr die gesamte Lebensweise der dargestellten Exilanten, höhlt ihre Existenz aus und macht sie zu tragischen Figuren. Weitgehend unangepaßt an die französische Umwelt, in der sie wohnen, bewahren sie ihre Sprache, pflegen Kontakt vorrangig untereinander, bangen sie um das Wohl ihrer in geheimer Mission in Spanien wirkenden Genossen und Ehepartner, welche nicht selten der Repression zum Opfer fallen, und leben in der ständig frustrierten Erwartung eines politischen Wechsels in ihrem Heimatland. Die graue Eintönigkeit der im Buch beschriebenen Pariser Vorstädte, Lebensraum vieler spanischer Emigranten, unterstreicht durch die ihnen eigene Tristesse und die Unpersönlichkeit der modernen Beton-Architektur noch den Eindruck des Unbeheimatetseins als dominierendes Lebensgefühl des Exils.[80]

Ein verschlüsseltes Selbstporträt

Wie Semprún sich in diesem Kontext sieht, ist indirekt der Art und Weise zu entnehmen, wie er sein *alter ego*, Diego Mora, zeichnet. Dieser ist zwar sicherlich in geringerem Maße als der Protagonist von *Le grand voyage* oder später *L'évanouissement* eine unmittelbare Verkörperung des Autors, zumal der Handlungsrahmen des Buchs, wie eingangs ausgeführt[81], bewußt verfremdet ist. Dennoch ist er unzweifelhaft eine Figur, die Semprún als Projektionsfläche der eigenen Wünsche und Gedanken dient. Beide sind einander zudem sehr ähnlich im Hinblick auf Alter, Lebenssituation, persönliche Vergangenheit und sogar den Namen: Mora erinnert nicht zufällig an Semprúns zweiten Nachnamen Maura. Auf den autobiographischen Charakter des Protagonisten angesprochen, äußert sich Semprún bei Erscheinen von *La guerre*

79 GF 108: »STIMME DES ERZÄHLERS: ... Du wirst ihnen wieder begegnen, diesen trockenen Männern, die, verbraucht, präzise im Detail, verloren in einem großen Traum, bereit sind zu sterben: deinen Genossen. ... Du wirst dieser Brüderlichkeit wieder begegnen, dieser unersetzlichen, häufig jedoch von der Unwirklichkeit angenagten Brüderlichkeit: Wenn ihr ganze Tage lang in Ivry, in Aubervilliers, euer Land wieder neu aufzubauen, es euren Träumen ähnlich zu machen versucht, mit hartnäckiger, beständiger Arbeit darangeht, eure Träume auf die weit entfernte Wirklichkeit Spaniens einwirken zu lassen.« Vgl. auch GF 57, wo Robertos Überzeugung vom unaufhaltsamen Fortschritt der Oppositionspolitik als Traum bezeichnet wird, der in der Konfrontation mit der harten Wirklichkeit sich immer wieder als unterlegen erweise.

80 Vgl. GF 112.

81 Vgl. GF 112.

est finie – vermutlich aus den zu Beginn der Besprechung angeführten Gründen[82] – allerdings noch sehr zurückhaltend. So spricht er in einem 1966 erschienenen Interview lediglich von einem »persönlichen Koeffizienten seinerseits« in dem Buch[83], oder andernorts von einer Vergleichbarkeit des Protagonisten von *La guerre est finie* mit dem Erzähler von *Le grand voyage*.[84] Erst nachdem seine Identität mit Federico Sánchez publik geworden war[85], bekannte er sich öffentlich zu dem persönlichen Erlebnishintergrund des Werks.[86]

Zwei Bereiche, welche für die Identität des Protagonisten wesentlich sind, seien hier näher beleuchtet: das Verhältnis zu Spanien und das zur Politik.

Im Gegensatz zu den anderen dargestellten Exilanten ist Diego, ebenso wie der Autor, ein Vertreter der zweiten Exil-Generation, welche den Bürgerkrieg lediglich im Kindes- oder Jugendalter miterlebte. Er ist in Frankreich vergleichsweise stärker integriert, lebt auf der Ile Saint-Louis im Herzen von Paris mit einer Französin zusammen, befindet sich darüber hinaus aber auch in der privilegierten Situation, durch die häufigen klandestinen Missionen in Kontakt mit seinem Vaterland stehen zu können.

Der ständige Wechsel zwischen beiden Ländern und die perfekte Zweisprachigkeit[87] lassen ihn allerdings tendenziell nirgendwo mehr zu Hause sein. So vermerkt der Bucherzähler an einer Stelle bezeichnenderweise:

> Il rentre chez lui, pourtant.
> Mais est-il chez lui, quelque part? Est-il chez lui, depuis qu'il a quitté son pays? Il revient à l'endroit où il vit: un lieu habitable, simplement.[88]

In dieser Zwitterstellung gelangt Diego zu einem idealistischen Bild seiner spanischen Heimat. Vor dem Hintergrund der unsicheren Erfolgsaussichten des antifrankistischen Widerstands entwickelt er sogar, wie eingangs erwähnt, Pläne, sich mit seiner Lebensgefährtin Marianne auf legalem Wege in Spanien niederzulassen[89], obwohl dies zugleich einen weitgehenden Verzicht auf

82 Vgl. GF 112.

83 Vgl. Semprún, J., in: Tournès, A., *Un entretien ...*, a.a.O., S. 16.

84 Vgl. Semprún, J., in: Pays, J.L., *Entretien ...*, a.a.O., S. 42.f.

85 Vgl. hierzu die Besprechung der *Autobiografía de Federico Sánchez*, S. 173.

86 Vgl. Semprún, J., in: Braucourt, G., *Le temps et la mémoire*, a.a.O. sowie in Lara, F., *Jorge Semprún: Un himno al militante*, in: *Triunfo*, 746 (14.5.1977), S. 75 und eine Passage in *Montand. La vie continue* (1983, im folgenden MO und Seitenzahl), S. 125f. beziehungsweise *Yves Montand. Das Leben geht weiter* (im folgenden MLW und Seitenzahl), S. 131f.

87 Vgl. GV 16; GR 12.

88 GF 80f.: »Er kehrt jedoch nach Hause zurück.
Aber ist er überhaupt irgendwo zu Hause? Ist er bei sich zu Hause, seit er sein Land verlassen hat? Er kommt dorthin zurück, wo er lebt: ein bewohnbarer Ort, sonst nichts.«

89 Vgl. GF 152.

die bisherige politische Aktivität mit sich brächte. Als er nach der Auseinandersetzung im Komitee-Vorstand und seiner dortigen Niederlage gezwungen ist, seine weitere beruflich-politische und private Zukunft neu zu überdenken, werden diese Wünsche verständlicherweise wieder wach, zumal er vor einem Dilemma steht: Entweder handelt er gegen seine Überzeugung und folgt der offiziellen Linie des Komitees und kann so seine klandestine Arbeit in Spanien fortsetzen, oder er beharrt auf seiner Überzeugung, wird dann jedoch von seinen Funktionen im »Innern« enthoben und gerät zugleich auch innerhalb des Exilgremiums ins politische Abseits.

Zwar macht Diego sich diese Widersprüche nicht in aller Deutlichkeit bewußt, bereits vor der Kontroverse muß er sich jedoch eingestehen, daß er sowohl auf Spanien als auch auf den Kontakt mit den Genossen nur schwerlich verzichten könnte:

> VOIX DE DIEGO: L'Espagne me manquerait, vraiment. Comme une chose qui vous manque, vraiment, dont l'absence va devenir insupportable ... Les copains ... Les inconnus qui t'ouvrent une porte et qui te reconnaissent et que tu reconnais. On est ensemble.
> MARIANNE: L'Espagne, les copains: c'est ça, ta vie.[90]

Dehnt man den Begriff der Heimat über die rein geographische Dimension aus, so läßt sich in dieser Haltung Diegos jene doppelte Heimatbindung – an das Vaterland und an die Politik – erkennen, die bereits an Manuel in *Le grand Voyage* zu beobachten war. In seiner bisherigen Tätigkeit konnte Diego beides miteinander verknüpfen; die Freude, mit der er die ihm plötzlich aufgetragene Reise nach Spanien antritt, mag als Indiz für die Stärke dieses Gefühls gelten.[91] Seine Persönlichkeit ist zudem bereits dermaßen von der Unstetigkeit des ständigen Ortswechsels geprägt – R. Benayoun beispielsweise bezeichnet ihn als willentlich Entwurzelten[92] –, daß die Aufgabe seiner gewohnten Lebensweise letztlich eher eine Beschneidung als eine Entfaltung seiner Möglichkeiten bedeuten würde. Auf sehr einleuchtende Weise führt Benayoun aus:

> Même dans sa vie avec Marianne, il a besoin d'interruptions constantes, de changements de plans, d'adieux rapides. D'abord pour résister à la tentative du havre, du foyer, qui signifierait à ses yeux l'abandon de la

90 GF 98: »DIEGOS STIMME: Spanien würde mir fehlen, wirklich. Wie etwas, das einem wirklich fehlt, ohne das auszukommen unerträglich wird ... Die Freunde ... Die Unbekannten, die dir die Tür öffnen, und die dich wiedererkennen, und die du wiedererkennst. Man ist zusammen.
MARIANNE: Spanien, die Freunde: Das ist dein Leben.« (Auslassungszeichen im Original).

91 Vgl. GF 196-173.

92 Vgl. Benayoun, R., *Resnais le permanent*, a.a.O., S. 52.

> cause, mais aussi l'embourgeoisement, le décrochage, l'âge certain ou si l'on veut la mort symbolique du commis-voyageur, bien plus redoutables pour lui que la »chute«, risquée chaque jour mais qu'il assume, comme une sorte de titre de noblesse, ou de certificat. Marianne attend Diégo, Diégo attend la chute.[93]

Die Bedeutung, welche die Politik im Leben des Protagonisten und im Werk insgesamt einnimmt, wird durch ein Zitat aus Sartres Vorwort zu Roger Stéphanes *Portrait de l'aventurier*[94] unterstrichen, welches dem Buch vorangestellt ist. Sartre hebt in dem genannten Text bekanntlich zwei Typen politischer Aktivisten voneinander ab: den Abenteurer und den aktiven Parteifunktionär oder »militant«. Während der erste, verkürzt dargestellt, in der politischen Aktion vor allem den Weg zur Erlangung heldenhaften Ruhms erblickt, wobei die Ausrichtung des Engagements dementsprechend beliebig ist, richtet sich der »militant« mit seiner gesamten Persönlichkeit auf das übergeordnete Ziel des Kampfes aus.[95]

Auch wenn er nicht in allen Punkten der Sartreschen Typologisierung entspricht, ist doch offensichtlich, daß Diego in *La guerre est finie* als Figur konzipiert ist, die wesentliche Merkmale des »militant« trägt.[96] In der Tat ist er keineswegs der in allen Belangen unangreifbare Held; außer der genannten Fehleinschätzung seiner eigenen Gefährdung zeigt er weitere, allerdings weniger folgenschwere Nachlässigkeiten in der Routine seiner politischen Arbeit: Er erscheint zum Beispiel zu spät zu Treffen mit seinen Genossen oder läßt sich auf eine heikle Affäre ein, die auch seiner Organisation schaden könnte etc. Auch im privaten Bereich weist sein Verhalten Schwächen auf, so belügt er zum Beispiel Marianne, verliert ihren Freunden gegenüber ohne triftigen Anlaß die Beherrschung und kultiviert seine persönliche Eitelkeit auf Kosten anderer. Er ist folglich eine durchaus widersprüchliche Person, was ihn jedoch nur menschlicher und damit glaubhafter macht.

Mit dem Typ des »militant« Sartrescher Sichtweise hat er vor allem gemein, daß er sich eingebunden weiß in einen langen Kampf für ein Ziel, dem er sein gesamtes Leben unterordnet. Im Vergleich zu jenem, der tendenziell

---

93 Ebenda: »Selbst in seinem Leben mit Marianne braucht er ständig Unterbrechungen, Umentscheidungen, schnelle Abschiede. Zunächst einmal, um der Versuchung von Heim und Herd zu widerstehen, die in seinen Augen einer Aufgabe der Politik gleichkäme, aber auch Verbürgerlichung, Rückzug, gesetztes Alter oder, wenn man so will, den symbolischen Tod des Handlungsreisenden bedeuten würde, was er mehr fürchtet als den Fall, den er jeden Tag riskiert, den er sich aber zu eigen macht, fast wie einen Adelstitel oder ein Diplom. Marianne wartet auf Diego, Diego wartet auf den Fall.« (Übers. d. Verf.).

94 Vgl. Stéphane, R., *Portrait de l'aventurier*, Paris 1950; das Vorwort ist ebenfalls veröffentlicht, in: Sartre, J.P., *Situations VI*, Paris 1964, S. 7-22.

95 Sartre, J.-P., *Portrait de l'aventurier*, in: ders., *Situations VI*, Paris 1964, S. 12f.

96 Vgl. Semprún, J., in: Tournès, A., *Un entretien ...*, a.a.O., S. 16f. sowie in Lara, F., a.a.O.

rein ausführendes Organ einer Partei ist, die er nicht näher hinterfragt, da sie für ihn *per se* die gute Sache verkörpert, erweist sich Diego jedoch zumindest zeitweise als autonomer. Aus der Konfrontation mit der erlebten Wirklichkeit zieht er Schlüsse, die ihn in Opposition zur offiziellen Linie seines Komitees stellen. Obwohl er weiß, daß diese falsch ist, nimmt er allerdings am Ende der Handlung die Aktion dennoch wieder auf und verhält sich somit letztlich dem Ideal des »militant« konform, da dies wesentlich sein Selbstbild bestimmt. Mit seiner Wahl folgt er dem Grundsatz, dem jeder Aktivist einer von stalinistischen Prinzipien geprägten Partei verpflichtet ist, welcher nämlich besagt, es sei besser, mit der Partei unrecht zu haben als gegen sie recht zu behalten.[97] Daß die grundlegende Meinungsverschiedenheiten mit den Genossen seine Loyalität zur Organisation nicht in Frage stellen, beweist Diego bereits in einem Gespräch mit den Freunden Nadines. Als diese an der Politik seines Komitees genau die gleiche Kritik äußern, die er intern vertreten hatte, verteidigt er gegen seine Überzeugung wiederum die offizielle Linie seiner politischen Gruppierung. Damit verhält er sich prinzipiell nicht anders als seine Freunde vom Komiteevorstand ihm selbst gegenüber: In beiden Fällen hat die Richtigkeit der Auffassungen im Vergleich zur Parteiräson das geringere Gewicht.[98] Auch für Diego erhält die Organisation mithin eine quasi mythische Funktion.

Dementsprechend reduziert sich der Antrieb zum politischen Handeln tendenziell zur puren Auto-Affirmation – so sagt Diego an einer Stelle zur Begründung seines weiteren Engagements: »Sie (das heißt die Frankisten) müssen doch wissen, daß wir da sind, daß die Arbeit weitergeht.«[99] Aus der Überzeugung, daß kein Tod die Arbeit aufhalten könne, bezieht er neue Energie für die Wiederaufnahme der klandestinen Arbeit, auch wenn er nicht an deren unmittelbare Erfolgsmöglichkeiten glaubt:

> VOIX DE NARRATEUR: Tu penses qu'il n'y aura pas de gréve à Madrid, le 30 avril. Mais tu es repris par la fraternité des longs combats, par l'allégresse obstinée de l'action.[100]

Im Vordergrund steht demnach nicht das Ziel, sondern der Weg, welcher so

---

97 Vgl. Sempruns Darstellung in der *Autobiografía de Federico Sánchez* (im folgenden FS und Seitenzahl), S 336 bzw. in *Federico Sánchez. Eine Autobiographie* (im folgenden FSA und Seitenzahl), S. 384.

98 In einem Interview spricht Semprún in diesem Zusammenhang von einer für den »militant« sehr spezifischen Situation, die darin bestehe, aus moralischem Pflichtgefühl und revolutionärer Disziplin eine Politik selbst dann zu verteidigen, wenn diese nicht den eigenen Überzeugungen entspräche; vgl. Semprún, J., in: Pays, J.-L., *Entretien* ..., a.a.O., S. 46.

99 GF 93.

100 GF 170: »STIMME DES ERZÄHLERS: Du glaubst, daß es am 30. April keinen Generalstreik geben wird. Aber du tauchst wieder ein in die Brüderlichkeit der langen Kämpfe, in die trotzige Freude an der Aktion.«
Vgl. auch Sempruns Darstellung in: Pays, J.-L., *Entretien* ..., a.a.O., S. 44

zum Selbstzweck zu werden droht, als Aktion um der Aktion willen. Dies rückt Diego in die Nähe des von Sartre beschriebenen Abenteurers, der im Engagement nur sich selbst und die Befriedigung seiner narzißtischen Bedürfnisse sieht, ohne entscheidenden Wert auf die eigentliche Zielrichtung des Kampfes zu legen. Sein Verhalten muß folglich als unlogisch beurteilt werden – eine Einschätzung, die auch Fernández Cuenca teilt, wenn er in seiner sehr polemisch gehaltenen Besprechung feststellt:

> Diego que es un hombre honrado, está metido en un engrenaje del que no puede salir. Necesita la acción, aunque convencido de que no servirá para nada.[101]

Diego bleibt damit seinerseits Opfer einer idealistischen Sicht des politischen Engagements, die er zuvor in anderem Kontext kritisiert hatte: Er vermag sich zwar zum Fürsprecher einer rationalistischen Einschätzung der spanischen Gesellschaftsstrukturen zu machen, sein Verhalten wird letztlich aber von irrationalen Motiven diktiert. Semprún selbst verweist in einer späteren Darstellung indirekt auf diesen Bruch, wenn er Diegos Schicksal dem eigenen gegenüberstellt:

> *La guerre est finie* tout en mettant en scène un certain type d'activité politique qui avait été la mienne et en en marquant la fin par le fait même que le film existait, laissait encore au personnage de Diego-Montand la possibilité de poursuivre son activité: dénouement idéaliste par rapport à la réalité que j'avais vécue![102]

Die Widersprüchlichkeit des Protagonisten verweist auf die des Autors, dessen persönliche Erfahrungen im PCE die Thematik ja deutlich beeinflußten, und läßt so auf eine unvollständige Verarbeitung des Parteiausschlusses schließen. Sie kann mithin als Ausdruck eines Wunsches Semprúns gewertet werden, seinerseits die politische Aktivität trotz der schwerwiegenden Divergenzen in gewohnter Form fortzusetzen. Was in der Fiktion möglich erscheint, erweist sich in der Praxis jedoch als nicht praktikabel – zu tiefgreifend sind die Differenzen mit dem Führungskader des PCE als daß die kritischen Positionen des Autors innerhalb der Organisation geduldet werden könnten. Offensichtlich behält dieser allerdings, kurze Zeit nach seinem un-

---

101 Fernández Cuenca, C., *La guerra de España y el cine*, Madrid 1972, S. 724: »Diego, der ein ehrenwerter Mann ist, steckt in einer Zwickmühle, aus der er nicht entkommen kann. Er braucht die Aktion, obwohl er von ihrer Nutzlosigkeit überzeugt ist.« (Übers. d. Verf.).

102 Semprún, in: Braucourt, G., *Le temps et la mémoire*, a.a.O.: »*La guerre est finie* brachte eine bestimmte Form politischer Aktivität, welche die meine gewesen war, auf die Leinwand und markierte gerade durch seine Existenz deren Ende; gleichwohl ließ der Film der Figur Diego-Montand die Möglichkeit, seine Aktivität fortzusetzen: eine idealistische Lösung im Vergleich zur Wirklichkeit, die ich erlebt hatte!« (Übers. d. Verf.).

freiwilligen Ausscheiden aus den Rängen der Partei, eine gewisse Nostalgie der Aktion, mag sich nicht mit dem Verlust seiner bisherigen Wirkungsmöglichkeiten abfinden. Die Verbundenheit mit der Partei ist so stark, daß *La guerre est finie*, wie Semprún später selbst anmerkt, nicht einmal Polemik oder Groll gegen den PCE enthält.[103]

Angesichts dieser Widersprüchlichkeit stellt sich die Frage, welche politische Sicht das Buch – explizit und implizit – vermittelt.

Die politische Aussage des Werks

Gegenüber der Presse erläuterte Semprún seinen an *La guerre est finie* geknüpften politischen Anspruch. So betonte er, daß der Film keine »Botschaft« enthalte, sondern vielmehr zu Diskussionen anregen wolle; wenn auch nicht im Sinne des sozialistischen Realismus, so sei er doch im Sartreschen Sinne als »engagiert« zu bezeichnen.[104] Die These, die das Werk enthalte und zur Diskussion stelle, resümiert Semprún andernorts wie folgt:

> Il y a en partie la volonté de poser un problème, de le poser d'une façon un peu brutale: c'est celui de la réalité de l'Espagne; elle n'est plus du tout perçue, connue par les générations qui ont vécu la guerre civile – aussi bien espagnole que française – donc par l'exil espagnol et par la gauche française qui vit encore politiquement, intellectuellement sur une idée de l'Espagne qui est lyrique. Alors il faut poser le problème très brutalement parce qu'il y a dans le scénario, en filigrane, la thèse qu'aucune action capable de transformer réellement la société espagnole n'est possible si on continue à vivre dans cette idée romantique, fausse, l'idée de »l'Espagne au coeur«.[105]

Wie die Vielzahl der Rezensionen zeigt, hat sich diese Wirkungsabsicht vollauf erfüllt. Das große Echo, welches der Film auslöste – das Buch als eigenständige Publikation wurde von der Literaturkritik hingegen kaum be-

103 Vgl. Semprún, J., in: Lara, F., a.a.O.

104 Vgl. Semprún, J., in: Gilles, P., *Jorge Semprun* ..., a.a.O.

105 Semprún, J., in: Tournès, A., *Un entretien* ..., a.a.O., S. 14: »Wir haben z.T. die Absicht, ein Problem aufzuwerfen und zwar auf eine ziemlich schonungslose Weise: das der spanischen Wirklichkeit nämlich; sie wird überhaupt nicht mehr wahrgenommen und erfahren von den Generationen, die den Bürgerkrieg erlebt haben – sowohl der spanischen als auch der französischen –, also vom spanischen Exil und von der französischen Linken, welche politisch und gedanklich noch einer lyrischen Vorstellung von Spanien verhaftet ist. Also muß man das Problem sehr schonungslos anpacken. So enthält das Drehbuch zwischen den Zeilen die These, daß keine Aktion, die in der Lage wäre, die spanische Gesellschaft wirklich umzugestalten, möglich ist, solange man in dieser romantischen, falschen Vorstellung vom 'Spanien im Herzen' verharrt.« (Übers. d. Verf.).

achtet[106] –, half, die spanische Problematik einem breiten Publikum näherzubringen. Die offen und versteckt gegen den Film gerichteten Zensurmaßnahmen trugen zudem dazu bei, dessen politische Brisanz zu erhöhen. Gleichzeitig wurde auf diese Weise die doppelte Zielrichtung der in ihm zum Ausdruck gebrachten Kritik offensichtlich. Denn nachdem der Film auf Druck der spanischen Regierung vom Hauptprogramm der Festivals von Cannes und Cuneo abgesetzt worden war, widerfuhr ihm das gleiche Schicksal in Karolovy Vary (Karlsbad). Dort ging die äußere Beeinflussung allerdings ganz offensichtlich vom PCE und seiner Präsidentin Dolores Ibárruri, »La Pasionaria«, aus.[107] Die dargestellten Parallelen zwischen dem »Komitee« der fiktionalen Handlung und dem PCE waren folglich so deutlich, daß die Kommunistische Partei Spaniens sich angegriffen fühlte.

Andererseits bleibt festzuhalten, daß die explizit formulierte Sicht des Werks im Widerspruch zum Verhalten des Protagonisten gegen Ende der Handlung steht, ohne daß diese Widersprüchlichkeit als Zeichen eines Zwiespalts zwischen rationaler Distanz und emotionaler Bindung erkannt und transparent gemacht würde. Der Wiedereinstieg in die klandestine Arbeit wird vielmehr in seiner Inkosequenz keineswegs kritisch beleuchtet, sondern im Gegenteil positiv verklärt.[108]

Insgesamt zielt die Darstellung in *La guerre est finie* auf eine Identifikation des Lesers beziehungsweise Zuschauers mit der Hauptfigur ab. Dessen politische Einschätzungen prägen gleichfalls die Sicht der beiden Erzähler. So wird Diegos These, Spanien habe sich seit Ende des Bürgerkriegs entscheidend gewandelt, durch Elemente der dargestellten Wirklichkeit unterstützt, die als Zeichen jener Veränderung gewertet werden müssen: der Touristenandrang an der französisch-spanischen Grenze und die Tourismusreklame für das »Sonnenland Spanien« in einer Zeitschrift, das massive Auftreten spanischer Gastarbeiter auf dem Bahnhof von Hendaye etc.[109] Wenn Diego angesichts der Wohnsilos der Pariser Vorstädte von den »Landschaften des Exils«[110] spricht und so andeutet, daß mit der Zeit die politische Emigration nicht mehr lediglich als vorübergehend von der Heimat ausgeschlossener Teil Spaniens

106 Lediglich Maryse Bertrand de Múñoz und Marie-Claire Ropars-Wuilleumier widmen ihm einige Seiten ihrer respektiven Studien; vgl. Bertrand de Múñoz, M., *La guerre civile espagnole et la littérature française*, Paris 1972, S. 295-298 und Ropars-Wuilleumier, M.-C., a.a.O., S. 145-163.

107 Vgl. hierzu Semprún, J., in: N.N., *»La guerre est finie« de Resnais est un film qui gêne tout le monde*, in: *Combat*, 26.7.1966 und ders., in: Capelle, A., a.a.O. sowie Fernández Cuenca, C., a.a.O., S. 720f.

108 So kommt es zu Interpretationen wie der Georges Sadouls, der in der Krise des Protagonisten lediglich einen Moment vorübergehender Müdigkeit und Mutlosigkeit sieht – einer Einschätzung, die allerdings der aufgezeigten Komplexität von Diegos Charakter nicht gerecht wird; vgl. Sadoul, G., *»La guerre est finie«: La lutte continue*, in: *Les Lettres françaises*, 1132 (19.5.1966), S. 14.

109 Vgl. GF 14f., 31, 125.

110 Vgl. GF 102.

angesehen werden kann, sondern im Kontakt mit dem französischen Kontext bereits veränderte Lebensformen entwickelt hat, die als Mischkultur ein autonomes Phänomen darstellen, wird dieser Eindruck vom Erzähler unterstützt. So läßt dieser die Exilanten mit Leichtigkeit von einer Sprache in die andere wechseln, auch wenn ihr Französisch zumeist einen stark spanischen Akzent verrät, und verweist damit auf den exilbedingten Bilinguismus, der wiederum ein konstitutives Merkmal eines eigenen, vom Zusammenfließen zweier Kulturkreise geprägten Lebenszusammenhangs bildet.

Darüber hinaus ist die formale und inhaltliche Gestaltung des Werks derart auf den Protagonisten zentriert, daß sämtliche anderen Personen zu Nebenfiguren verblassen.[111] Durch den Einblick in die Gedanken- und Gefühlswelt dieser einen Figur wird der Leser dazu angehalten, sich ebenfalls die Wertung, die ihren Reflexionen und Verhaltensweisen zugrunde liegt, zu eigen zu machen. Identifikationsstrukturen aber sind wenig dazu angetan, zu selbständig-kritischer Urteilsbildung anzuregen, zumal die Haltung, welche das Werk implizit propagiert, einer idealistischen Sicht des politischen Engagements entspringt. Da Diegos Idealismus nicht als solcher erkannt und problematisiert wird, muß dem Werk eine analoge Inkonsequenz vorgeworfen werden: Plädiert es einerseits für eine realistische Einschätzung des modernen Spanien und der Möglichkeit zu einer politischen Veränderung, leistet es andererseits doch der positiven Bewertung eines rational letztlich nicht begründbaren Aktivismus Vorschub. Dieser erhält eine quasi religiöse Aura, die den rationalistischen Tendenzen des Werks entgegensteht und eine offene Problematisierung der real existierenden Bedingungen politischen Handelns umgeht – ein Zusammenhang, auf den Thirard anschaulich verweist:

> Pour que le film soit autre chose que le portrait de Diego, pour qu'il soit une réflexion sur l'action révolutionnaire, il eût fallu ne pas rester prisonnier de la vision du P.C. espagnol par rapport à laquelle tout se détermine. ... L'entreprise du P.C. est vue avec l'infini respect qu'on a pour les rites, pour les événements gratuits, pour les actions sanctifiantes. Cette automystification moralisatrice n'est pas seulement l'essence du personnage de Diego: elle déborde dans le film. ... Elle coïncide avec toute la mythologie de la gauche sur l'Espagne, de telle sorte qu'elle marque le spectateur, qui ne peut prendre envers elle que la distance que prend Diego lui-même,

111 Vgl. Cervoni, A., *La guerre est finie*, in: *France Nouvelle*, 1076 (1.6.1966), S. 20. Lediglich Marianne bildet in diesem Zusammenhang insofern eine Ausnahme, als sie gegen Ende des Werks zunehmend an Bedeutung gewinnt. Auch sie erscheint jedoch mehr in Funktion zur Hauptfigur denn als eigenständiges Wesen.

mais pas plus: le mouvement de révolte contre la mythification – puis de nouveau l'adhésion religieuse.[112]

Der Vorwurf der Selbstmystifikation ist sicherlich berechtigt; Semprún selbst bezeichnet *La guerre est finie* anläßlich der spanischen Uraufführung im Jahre 1977 als »himno al militante y a la militancia«, als Ausdruck der Bewunderung für jene Menschen, die ihr Leben in den Dienst des Kampfes für ihre Ideen stellten.[113] Und wenn Yves Montand die Figur des Diego, die er im Film verkörpert, als »Ritter der Neuzeit« bezeichnet, so drückt er damit denselben Sachverhalt aus.[114] Das Werk stellt Diego als bewundernswerten Kämpfer heraus und entzieht ihn somit weitgehend der kritischen Betrachtung. Die Tatsache, daß er keineswegs als von keinen Zweifeln geplagter dogmatisch-gradliniger Held gezeichnet wird, läßt ihn weniger steril erscheinen als die positiven Helden des sozialistischen Realismus Schdanovscher Prägung, beraubt ihn jedoch nicht der romantischen Aura, die ihm außerdem bewußt zugedacht war.[115]

Das Werk ist folglich von einer tiefgreifenden Widersprüchlichkeit gekennzeichnet: Einerseits richtet es sich gegen die Mystifikation in der Einschätzung der PCE-Politik, wendet sich gegen die hierarchischen Strukturen der Partei und bleibt andererseits doch der Mystifikation des militanten Aktivisten und damit der Metaphysik und Moral der Partei verhaftet.

Rückblickend kann Semprún zwar 1983 in *Montand. Le vie continue* vermerken, die Arbeit an *La guerre est finie* habe ihm dazu verholfen, emotional Distanz zur Partei und seiner eigenen politischen Vergangenheit zu gewinnen[116], im Werk selbst ist diese Distanz jedoch noch nicht zu spüren. Auch in seinem dritten Buch, *L'évanouissement* (Die Ohnmacht), für das gleichfalls keine deutsche Übersetzung vorliegt, nimmt diese Thematik, wie im folgenden Kapitel aufgezeigt werden soll, einen wichtigen Stellenwert ein.

---

112 Thirard, P.-L., *Discussion*, in: *Positif*, 79 (Okt. 1966), S. 69: »Um den Film über die Porträtierung Diegos hinaus zu einer Reflexion über die revolutionäre Aktion zu machen, hätte man sich von der alles bestimmenden Sicht der spanischen KP befreien müssen. ... Die Sache der KP wird mit dem unendlichen Respekt betrachtet, den man vor Riten, Zeremonien und heiligenden Handlungen hat. Diese moralisierende Selbstmystifikation durchzieht den gesamten Film. ... Sie stimmt mit all der Spanien-Mythologie der Linken überein und beeinflußt den Zuschauer in der Weise, daß dieser ihr gegenüber nur genau jene Distanz entwickeln kann, die Diego selbst einnimmt, aber mehr nicht: die Regung der Revolte gegen die Mythenbildung – ðann wieder die religiöse Folgschaft.« (Übers. d. Verf.).

113 Vgl. Semprún, J., in: Lara, F., a.a.O.

114 Vgl. Montand, Y., in: Pays, J.-L., *Alain Resnais et Yves Montand: »La guerre est finie, c'est l'histoire d'un chevalier des temps modernes«*, in: *Les Lettres françaises*, 28.4.1966, S. 19.

115 Vgl. Semprún, J., in: Pays, J.-L., *Entretien* ..., a.a.O., S. 42.

116 Vgl. MO 125ff.; MLW 131ff.

3.
L'évanouissement

Nach seiner Debütarbeit für den Film kehrt Semprún zum Genre des Romans zurück. Sowohl inhaltlich als auch formal knüpft er sogar unmittelbar an *Le grand voyage* an. Ähnlich wie dort ist die autobiographische Erinnerung auch in *L'évanouissement* (Die Ohnmacht) Thema und Gestaltungsprinzip zugleich. Der Protagonist ist mit dem des ersten Romans identisch und somit erneut ein *alter ego* des Autors.

Die Hauptebene der Handlung umfaßt einen genau datierten Zeitraum von zwei Tagen im August 1945, drei Monate nach der Rückkehr Manuels aus der deutschen Gefangenschaft. Nach einem Sturz aus einem überfüllten Pariser Vorstadtzug wacht dieser in der Apotheke eines kleinen Ortes aus einer Ohnmacht auf (daher der Titel). Erst allmählich gelingt es ihm, das Gedächtnis wiederzuerlangen. Dabei drängt sich ihm, ebenso wie am folgenden Tag beim Erwachen aus einer Operationsnarkose, eine Vorstellung von Schnee und weißem Flieder auf. Vergeblich sucht er nach dem Ursprung dieser Bilder, welche er mit seinem aktuellen räumlichen und zeitlichen Kontext nicht in Verbindung zu bringen vermag. Er findet ihn sehr viel später, womit sich der Autor die Möglichkeit schafft, sowohl frühere als auch spätere Ereignisse aus dem Leben Manuels beziehungsweise aus dem eigenen Leben in die Erzählung einzuweben.

Formale Aspekte

Ebenso wie in *Le grand voyage* lassen in *L'évanouissement* vier Zeitebenen unterscheiden: Auf der ersten siedelt sich die oben skizzierte Handlung an, die insofern eine Vorrangstellung einnimmt, als sie den Bezugspunkt für die zeitliche Einordnung der anderen Episoden als Vergangenheit (zweite Ebene) beziehungsweise als Zukunft (dritte Ebene) bildet. Der Entstehungsprozeß des Romans wird wiederum kommentiert und datiert, er stellt die vierte Ebene dar. Desweiteren weist auch *L'évanouissement* einen häufigen Wechsel der Erzählperspektive auf. Neben einem auktorial darstellenden Er-Erzähler wird der Protagonist vielfach zu einer Reflektorfigur, andernorts darüber hinaus zu einem autonomen Ich-Erzähler, welcher eigenständig einzelne Episoden datiert, ihre Verbindungen untereinander durch seine Erinnerungsfäden herstellt und sogar in einem auktorialen Einschub sein Erzählen kommentiert.[117] Die Grenzen zwischen auktiorialer und personaler Darbietungsform sowie zwischen Er-Erzähler, Ich-Erzähler, Reflektorfigur und Protagonist sind allerdings fließend: Kaum merklich geht stellenweise zum Beispiel das erlebende Ich Manuels über in ein erzählendes Ich. Auffällig ist zudem die Tatsache, daß der Er-Erzähler eine Episode der dritten Zeitebene aus dem Leben Manuels zunächst nicht aus dessen, sondern aus seiner eigenen Erinnerung darstellt, um dann bruchlos zu der rückblickenden Perspektive des Ich-Erzählers Manuel überzuleiten.[118] Dieser ist seinerseits unverkennbar die Verkörperung Sempruns selbst -- ihre Lebensläufe weichen nur geringfügig voneinander ab, Manuels Nachname Mora ist mit dem Diegos aus *La guerre est finie* identisch und erinnert zudem an Sempruns zweiten Familiennamen Maura, beide sind in Madrid geboren, Manuel im Jahre 1924, der Autor im Dezember 1923 etc.[119] Es kann daher davon ausgegangen werden, daß Er-Erzähler, Ich-Erzähler und Protagonist auf die Person des Autors verweisen.

Daß dennoch zwischen diesen verschiedenen Instanzen differenziert wird und so eine sehr komplexe Erzählstruktur entsteht, ist im Zusammenhang mit weiteren formalen Aspekten des Werks zu sehen. Denn unverkennbar ist ebenfalls ein rein spielerischer Charakter dieser Mehrschichtigkeit innerhalb der Narration. So erweckt der Erzähler[120] den Eindruck, er sei Augenzeuge des geschilderten Geschehens, erzählte Zeit und Erzählzeit seien identisch, die Romanfiguren könnten ihn ihrerseits auch leibhaftig sehen, um wenig später diesen erzählerischen Kunstgriff als solchen zu entlarven.[121] Ein Spiel mit der Wirklichkeit des Erzählens und der erzählten Wirklichkeit betreibt der Erzähler auch im Fall von verschiedentlich eingestreuten hypothetischen

117 Ein Beispiel für den Übergang von der Erzählsituation der Er-Form zu derjenigen der Ich-Form sowie für den Wechsel vom Status des Reflektor-Ich zum Erzähler-Ich findet sich in dem Passus von *L'évanouissement* (1967, im folgenden EV und Seitenzahl), S. 35-41.
Zum Gegensatz personale/auktionale Darbietungsweise vgl. u.a. EV 121f., zur Unterscheidung Er-Erzähler/Ich-Erzähler EV 125f.
In der hier verwandten erzähltheoretischen Begrifflichkeit stütze ich mich lediglich im Fall der »Reflektorfigur« auf Stanzel, ansonsten aber (z.T. gegen Stanzel) auf Wolf Schmid; vgl. Stanzel, F.K., *Theorie des Erzählens*, Göttingen 1985, S. 190-207 bzw. Schmid, W., *Der Textaufbau in den Erzählungen Dostoevskijs*, München 1973, S. 17-38.

118 Vgl. EV 181.

119 Die Liste der Gemeinsamkeiten ließe sich noch erheblich weiter fortführen; zu den biographischen Daten Manuels vgl. EV 51.

120 Zur Vereinfachung der Darstellung werde ich den primären Erzähler oder Er-Erzähler im folgenden kurz als den Erzähler bezeichnen.

121 Vgl. EV 68 und 122f.

Handlungs- oder Gesprächsweiterführungen. Als Beispiel dieser Fiktion in der Fiktion sei ein Dialog zwischen dem Protagonisten und einer Nebenfigur genannt, den er im Konditional darstellt, an dessen Ende er den Leser jedoch mit einer knappen Bemerkung auf den Boden der erzählten Wirklichkeit zurückholt, die somit als vom Erzähler unabhängiges, reales Geschehen präsentiert wird:

> Aujourd'hui, en fait, vingt ans après cette rencontre dans la gare du Nord, je pense que ... c'est là que les fils se nouent, pour aussitôt se dénouer. En tout cas, c'est une posibilité.
> Imaginons.
> Laurence dirait: Pourquoi la mort? ...
> Manuel dirait: J'en ai eu la certitude.[122]
> ...
> Ainsi, il aurait parlé.
> Mais personne n'a parlé.[123]

An anderer Stelle, ebenfalls in einem auktorialen Einschub, erscheint der Blick des Erzählers auf Manuel wie der eines Dokumentarfilmers, der eine geeignete Kameraeinstellung sucht, um ihr dann einen Kommentar zu unterlegen.[124] Insgesamt sind die hier aufgezeigten formalen Charakteristika des Werks Ausdruck eines bewußten Bemühens um stilistische Vielfalt, was der Autor auf eine veränderte Einstellung zur literarischen Praxis zurückführt:

> *L'évanouissement*, qui prolonge chronologiquement *Le grand voyage* est un livre plus ambigu dans la mesure où il est à la fois autobiographique et beaucoup plus romanesque. Peut-être parce que, contrairement au précédent qui avait été écrit d'ún jet sans perspective ni volonté d'édition, il répondait à une démarche d'auteur conscient.[125]

Daß die komplexe Struktur des Romans den Leser in seinem Streben nach Klarheit und Verständnis letztlich nicht vor ein unlösbares Problem stellt,

---

122 EV 70f.: »Heute, zwanzig Jahre nach diesem Treffen in der Gare du Nord, glaube ich, daß ... dort sich die Fäden knüpfen, um sich sogleich wieder zu lösen. Immerhin ist das eine Möglichkeit.
Stellen wir uns vor.
Laurence würde sagen: Warum der Tod? ...
Manuel würde sagen: Ich war mir ganz sicher.« (Hier wie im folgenden stammen die Übersetzungen von Textzitaten aus *L'évanouissement* vom Verfasser).

123 EV 76: »So hätte er gesprochen.
Aber niemand hat gesprochen.«

124 Vgl. EV 122-125.

125 Semprún, J., in: Braucourt, G., *Le temps et la mémoire*, a.a.O.: »*L'évanouissement*, das chronologisch an *Die große Reise* anschließt, ist ein vergleichsweise weniger einheitliches Buch, insofern es autobiographisch und zugleich sehr viel romanhafter ist. Vielleicht deshalb, weil es im Gegensatz zum vorangegangenen, das in einem Zug ohne Perspektiven oder Absichten der Veröffentlichung geschrieben wurde, aus der Position eines bewußten Autors heraus entstand.« (Übers. d. Verf.).

liegt zum einen wesentlich daran, daß Semprún alle Episoden zeitlich eindeutig lokalisiert[126], zum anderen daran, daß über weite Strecken das Werk mehr von Reflexion als von Aktion geprägt ist. Es kontrastiert so implizit mit einem Romanprojekt, von dem Manuel berichtet, er habe es kurz nach Ende des Krieges begonnen, aber nicht zu Ende geführt, da ihm der Stoff entglitten sei, er sich selbst nicht mehr in ihm habe wiederfinden können – zu unkoordiniert seien ihm die Übergänge zwischen den verschiedenen Handlungsschauplätzen erschienen, zu bewegungsreich die Aktion, überladen mit Helden, voller Pathos und epischer Breite. Nach diesem Mißerfolg sei in ihm der Gedanke gereift, nicht die Bewegung, sondern eher die bewegungslosen Momente seines Lebens zu beschreiben.[127] Diese Konzeption bestimmt wesentlich das vorliegende Werk. In einem der genannten auktorialen Einschübe legt der Erzähler explizit seine Auffassung dar, wenn er schreibt, Manuels Leben erscheine ihm

> ... comme une longe suite d'immobilités successives, séparées par de grands espaces vides, du néant confus. Comme une collection d'instantanés dont l'ordre chronologique aurait été troublé et qui, en apparaissant devant mon regard, auraient exigé de moi un effort de mémoire, ou d'imagination, pour reconstituer ... le mouvement obscurci qui avait abouti à ces moments privilégiés par le hasard, préservés nul ne sait pourquoi, au détriment peut-être d'événements bien plus considérables.[128]

Das Bemühen, ausgehend von solchen Momentaufnahmen, den persönlichen Werdegang nachzuzeichnen, spiegelt sich, der Mehrbödigkeit des Werks entsprechend, nicht nur in der Narration beider Erzähler, sondern ebenfalls im dargestellten Verhalten des Protagonisten in den analogen Situationen des Erwachens aus der Bewußtlosigkeit des Unfalls und der Narkose. Hier wie dort sind es scheinbar unbedeutende Momente (die Stille eines allein verbrachten Nachmittages, eines langen Schweigens im Zusammensein mit einer Freundin etc.) oder Bilder (die von Schnee und Flieder zum Beispiel oder von umgestürzten Statuen im Madrider Retiro-Park), welche sich seinem Gedächtnis eingeprägt haben. Der oberflächliche Eindruck ihrer Bedeutungslosigkeit hält einer intensiveren Betrachtung nicht stand, da sie in der Regel in verdichteter Form eine Einsicht enthalten, die sich dem Protagonisten erst im

---

126 Vgl. hierzu Villelaur, A., *Entre deux voyages*, in: *Les Lettres françaises*, 1185 (1.6.1967), S. 18.

127 Vgl. EV 174f. Semprún sagt nicht, ob es sich bei diesem Romanprojekt um jenes Buch handelt, von dem in GV 140f. bzw. GR 143 die Rede ist; vgl. hierzu auch S. 58f.

128 EV 124: »... wie eine lange Serie aufeinanderfolgender Reglosigkeiten, die voneinander durch große leere Räume, durch konfuses Nichts getrennt wären. Wie eine Sammlung von Momentaufnahmen, deren chronologische Ordnung durcheinandergeraten wäre, und die, tauchten sie vor meinem Blick auf, mir nur unter Anstrengung des Gedächtnisses oder der Vorstellungskraft ermöglicht hätten, die dunklen Pfade zu rekonstruieren, die zu diesen, keiner weiß warum, vom Zufall begünstigten, zu Lasten vielleicht sehr viel gewichtigerer Ereignisse aufbewahrten Momenten geführt hatten.«

Akt der Reflexion und der Erinnerung gänzlich enthüllt. Die Suche nach einer solchen individuellen Wahrheit durchzieht den gesamten Roman. Dieser trägt daher in erheblich geringerem Maße als *Le grand voyage* den Charakter eines zeitgeschichtlichen Zeugnisses. Im Vordergrund steht vielmehr das Verhältnis des Protagonisten zu sich selbst, zu seiner Umwelt und zu seiner Vergangenheit.

Die Problematik der Identitätsfindung

Semprún beschreibt das Verhalten seines *alter ego* Manuel nicht allein in Extremsituationen, sondern auch in scheinbar banalen Momenten, in denen sich dieser von einem vagen Gefühl der Lebensangst bedroht und im Verständnis der eigenen Identität verunsichert sieht. Wurde in *Le grand voyage* ein sehr homogenes Persönlichkeitsbild des Protagonisten entworfen, so ist dies hier vielschichtiger und widersprüchlicher.

Übereinstimmung läßt sich hingegen in beiden Werken in Bezug auf die Darstellung von Manuels Reaktionsweisen und Gedanken angesichts äußerer Gefährdung feststellen; diese sind jeweils darauf ausgerichtet, die Dominanz des Geistes und des Willens gegenüber allen Bedrohungen physischer und psychischer Natur zu verteidigen. Paradigmatisch für dies Verhalten ist das Bemühen des Protagonisten, durch willentliche Aktivierung seines Bewußtseins die nach dem Unfall eingetretene Amnäsie zu überwinden. In den ersten Momenten des Erwachens aus der Ohnmacht ist es ausschließlich der Blick, mit dem Manuel seine Beziehung zwischen sich und der Umwelt herstellen kann.[129] Dieser reflektiert jedoch lediglich die Gegenstände seines Blickfelds, gibt ihm keinerlei Aufschluß über deren Beziehungen untereinander und zu sich selbst. Hierzu bedarf es der Sprache, die er erst wenig später wiedererlangt und die es ihm dann ermöglicht, aus seiner dinghaft-geschichtslosen, unbewußten Situation herauszutreten, um sich im Akt des Benennens die äußere Welt zu erschließen.[130]

Ebenfalls nur durch eine extreme Anstrengung seines Willens vermag Manuel, der Folter standzuhalten und so seine moralische Integrität zu wahren. Sehr hilfreich ist ihm hierbei das klare Feindbild, welches die Gestapo ihm bietet. Durch sein Schweigen entzieht er den Folterern zunehmend den Sinn ihrer Existenz; sie, die sich als Herren der Schöpfung aufspielen, müssen feststellen, daß sie letztlich machtlos sind. Er dagegen eignet sich so die Welt

129 Vgl. EV 33f.

130 Vgl. EV 7-19.

wieder an, welche die Folter ihm zunächst entfremdet hatte.[131] Im Erlebnis des Schmerzes, der ständig an Intensität noch zunehmen kann, und im Wissen, daß er durch sein Reden diesen Schmerz jederzeit beenden könnte, gelangt Manuel nicht nur zu einer vertieften Kenntnis seiner Belastbarkeit, sondern auch seiner Macht: er ist der »Gott seines Schmerzes«.[132] Um allerdings nicht doch unter der Folter schwach zu werden, muß er, ähnlich wie während des späteren Transports nach Buchenwald[133], den Schmerz exteriorisieren und die Kraft aus der äußeren Wirklichkeit beziehen, die somit, ähnlich wie in *Le grand voyage*, als feindlich und freundlich zugleich erscheint:

> Ce n'était pas son corps qui souffrait ... C'était le monde que devenait douloureux, il y a deux ans, tous les objets du monde autour de lui. C'est pour cela que la seule façon de résister à cette hostilité douloureuse du monde était de rechercher, obstinément, pour les isoler et s'y retremper, tous les signes amicaux de ce même monde en train de devenir un bloc hostile et douloureux.[134]

Nach seinem Unfall zwei Jahre später hingegen empfindet Manuel den Schmerz nicht als etwas ihm Äußeres, da dieser seinen Willen nicht auf die Probe stellt: Er kann sich gänzlich auf ihn konzentrieren, vermag dabei jedoch nicht mehr, seine schmerzfreien Körperteile als zu ihm gehörig zu erkennen, kann zwischen ihnen und der dinghaften Außenwelt keine Grenze ziehen, beide Bereiche bilden für seine getrübte Wahrnehmung eine ihm fremde, amorphe Masse.[135] Dennoch erlebt er dieses Gefühl der Fremdheit sich selbst gegenüber nicht als bedrohlich, da er sich des Ausnahmecharakters der Situation bewußt ist. Diese Haltung kontrastiert im Werk mit derjenigen, die Manuel angesichts von plötzlich und scheinbar unvermittelt auftauchenden Momenten radikaler Verunsicherung zeigt. Eine Episode, die sich während eines Schweiz-Aufenthaltes im Winter 1945/46 ansiedelt, erhält in diesem Zusammenhang ein besonderes Gewicht.[136] Auf der Terrasse eines Cafés sitzend betrachtet Manuel den Lago Maggiore; der Anblick löst in ihm eine existenti-

131 Vgl. EV 45, 99.

132 Vgl. EV 98.

133 Vgl. S. 51f.

134 EV 97: »Nicht sein Körper litt ... Es war die Welt, die schmerzhaft wurde vor zwei Jahren, alle Gegenstände der Welt um ihn herum. Daher bestand die einzige Art, dieser schmerzhaften Feindseligkeit der Welt zu widerstehen darin, hartnäckig alle freundschaftlichen Zeichen dieser sich in einen feindseligen Block verwandelnden Welt aufzuspüren, um sie zu isolieren und sich an ihnen zu stärken.«
Ebenso wie in *Le grand voyage* offenbart Manuel in *L'évanouissement* darüber hinaus das Bemühen, durch willentlich gelenkte Erinnerung bedrohliche Situationen für sich »bewohnbar« zu machen; vgl. hierzu EV 10.

135 Vgl. EV 105.

136 Vgl. EV 111-144.

elle Krise aus, die als sehr viel tiefergehend beschrieben wird als etwa zu Anfang des Pariser Exils erlebte Empfindungen des Unbeheimatetseins:

> Dans ces cas-là (gemeint ist Manuels obenerwähntes Fremdheitsgefühl in Paris), la réalité du monde semble remise en question, par la nouveauté même d'un paysage urbain, d'une situation vécue sans un système quelqonque de références préalabes, ce qui, somme toute, est une expérience qui ne va pas très loin. Mais aujourd'hui ... l'évidence du monde est indiscutable. C'est cette évidance même qui provoque le trouble, transféré maintenant des objets extérieurs ... dans l'espace intérieur de son corps lui-même, contracté par une brusque nausée viscérale, déboussolé par les battements désordonnés d'un sang précipité.
> Il regarde ce paysage, ces arbres, ce ciel de fête, tellement évidents, tellement inusables, comme s'il les voyait du haut de sa propre mort, avec la certitude très aiguë de la superfluité de son existence. Nul arbre, nulle eau, nulle île de Brissago n'ont besoin de son regard, c'est bien cela qui le fait trembler.[137]

Die Identifizierung dieses Gefühls als Ekel, hervorgerufen durch die in sich notwendige, von keinem menschlichen Blick abhängige Existenz der dinghaften Natur, läßt eine Parallelität der hier geäußerten Empfindungen zu denen Roquentins in Sartres *La Nausée* erkennen. Hier wie dort mündet der Ekel ein in die Erkenntnis der Kontingenz menschlicher Existenz. Diese Wahrnehmung steht allerdings im Gegensatz zu der, die in *Le grand voyage* beschrieben wurde. Dort war die Natur bekanntlich als Materialisation der Menschheitsgeschichte eindeutig positiv besetzt und erschien als Vermittlerin von Freude und Kraft.[138] Die hier manifeste Widersprüchlichkeit findet ihre Erklärung in der Unterschiedlichkeit der jeweiligen Lebenssituation. Zwar entsteht die Einsicht in die Kontingenz des eigenen Daseins in beiden Fällen aus der äußeren Bedrohung der »großen Reise« oder auch unter der Folter als mögliche Konsequenz seines Handelns bewußt akzeptieren und auf ein politisches Ziel hin transzendieren kann, ist er in der oben zitierten Situation einzig

---

137 EV 118: »In diesen Fällen (gemeint ist Manuels obenerwähntes Fremdheitsgefühl in Paris) scheint die Wirklichkeit der Welt gerade durch die Neuheit einer Stadtlandschaft, einer aus dem Rahmen jeglicher Vorerfahrungen herausfallenden Situation in Frage gestellt zu sein, was letztlich eine banale Erfahrung ist. Aber heute ... steht die Offensichtlichkeit der Welt außer Zweifel. Diese Offensichtlichkeit selbst es es eben, welche die Verwirrung hervorruft –eine Verwirrung, die sich nun von den äußeren Gegenständen ... verlagert auf das Innere seines von einem plötzlichen, tiefen Ekel gekrümmten, vom unregelmäßigen Pochen seines rasenden Pulses aufgewühlten Körpers.
Er betrachtet diese Landschaft, diese Bäume, diesen strahlenden Himmel in ihrer offensichtlichen Unverwüstlichkeit, als ob er sie von der erhöhten Warte seines eigenen Todes, mit der überaus klaren Gewißheit der Überflüssigkeit seiner Existenz sähe. Kein Baum, kein Wasser, keine Brissago-Insel brauchen seinen Blick, gerade das läßt ihn erzittern.«

138 Vgl. S. 51f.

und allein auf sich gestellt, vermag seinem Leben keinen überindividuellen Sinn zu verleihen. Das gleiche gilt bezeichnenderweise auch für Semprún zum Zeitpunkt der Textabfassung: Von der Partei ausgeschlossen, ist er ebenfalls auf sich selbst geworfen. Sowohl im Bereich der fiktionalen Handlung als auch in der außerliterarischen Wirklichkeit erscheint ohne die Politik für den Autor eine klare Identitätsbildung nicht denkbar.

Das Thema des Todes wiederum besitzt in *L'évanouissement* eine nur schwer zu fassende Präsenz. So erwecken verschiedene Andeutungen im Text den Eindruck, es habe für den Erzähler und den Protagonisten eine große, quasi obsessionelle Bedeutung, nirgendwo werden jedoch die mit ihm verbundenen Ängste klar verbalisiert. Indirekt deutet der Erzähler an, er könne über den Tod nicht sprechen, wenn er in diesem Zusammenhang aus Wittgensteins *Tractatus logico-philosophicus* die These 7 zitiert: »Wovon man nicht sprechen kann, darüber muß man schweigen«.[139] Eines wird im Roman deutlich: Der dort vermittelten Sicht zufolge bildet die Erinnerung einen dem Tod diametral entgegengesetzten Pol. Entgegen der gängigen Vorstellung, der Mensche sehe im Moment des Sterbens sein Leben noch einmal wie einen Film vor seinem geistigen Auge ablaufen, führe die Erinnerung, so heißt es im Text, vielmehr zum Leben und erlösche langsam im Zugehen auf den Tod.[140]

In Übereinstimmung mit dieser Auffassung steht, daß der Protagonist erst durch die Auseinandersetzung mit der eigenen Vergangenheit die Bedrohlichkeit der Todesgewißheit überwinden und einen Ausweg aus der existentiellen Verunsicherung finden kann.[141] Die Erinnerungsarbeit zeitigt folglich eine kathartische Wirkung, sie weckt in ihm neue Lebensenergie, er beschließt, seinen Rekonvaleszenz-Aufenthalt unverzüglich zu beenden. Seine Aktivitäten in der unmittelbaren Folgezeit werden im Roman nicht näher erwähnt. Die lebensgeschichtlich nächstliegende Episode siedelt sich im Jahre 1950 an. An ihr wird einmal mehr Manuels/Semprúns Heimatbindung deutlich, die nach Aufhebung des Exils verlangt.

In einem Restaurant an der französisch-spanischen Grenze kommt er zu der Überlegung:

> ... je me disais que la vie n'aurait pas grand sens, qu'elle serait plutôt confuse, incohérente, tant que je n'aurais pas vu l'envers de ce paysage. Tout ce que j'avais fait, depuis quatre ans, me paraissait futile; je me reconnaissais à peine, dans tous ces actes, toutes ces paroles, ces éclats, cette

139 Vgl. EV 65 bzw. Wittgenstein, L., *Tractatus logico-philosophicus*, in: ders., *Schriften*, Bd. 1, Frankfurt/M. 1960, S. 83.

140 Vgl. EV 36.

141 Vgl. EV 121-142.

quotidienne surface de la vie. Il fallait que je contemple la colline de Biriatou, que j'en contemple le versant qui m'était, ce jour-là, invisible. Il fallait renverser le rapport des paysages et des choses, les remettre à l'endroit, pour que l'Espagne soit le dedans, l'intérieur, de ma vie.[142]

Während die Erinnerung an Spanien sehr lebendig ist, stößt Manuel im Zusammenhang mit gesellschaftspolitisch relevanten Ereignissen auf Gedächtnislücken, die in psychischen Widerständen begründet liegen. Dies wird vor allem an seiner Unfähigkeit illustriert, die Bilder von Schnee und weißem Flieder, die ihn beim Erwachen aus seiner Ohnmacht beschäftigen, einer früheren Erfahrung zuzuordnen. Erst Monate nach dem Unfall gelingt es ihm, den Ursprung dieser Vorstellung annähernd in der Verbindung zum Schneefall während der Mai-Kundgebung 1945 in Paris festzumachen, die für ihn das Ende der deutschen Gefangenschaft, des Krieges und des Winters bedeutete. Diese freudig besetzte Erinnerung beinhaltet jedoch zugleich die sehr deprimierende Reminiszenz an die Mai-Demonstration des Jahres 1939, ebenfalls in Paris, die vom Ende des spanischen Bürgerkriegs überschattet war und angesichts des nahenden Weltkriegs und des Aufstiegs des Faschismus statt der intendierten Geschlossenheit und Stärke das eher armselige Bild einer geschlagenen Armee vermittelte.[143] Das Phänomen der psychischen Verdrängung verweist auf die Schmerzhaftigkeit, die dies Erlebnis für den jungen Manuel gehabt haben muß. Darüber hinaus offenbart sich hier aber auch ein Nicht-Wahrhaben-Wollen von unangenehmen politischen Wahrheiten, deren Erkenntnis das Selbstbild des Protagonisten hätten erschüttern müssen.

Wie Semprún später in einem Interview ausführt, sieht er in der Niederlage der spanischen Republik einen Wendepunkt in der Geschichte der internationalen Arbeiterbewegung, und dies auf zweierlei Weise: zum einen, weil der spanische Bürgerkrieg der letzte revolutionäre Krieg in Europa gewesen sei, und zum anderen, weil sich schon hier all die Widersprüche und Gegensätze manifestiert hätten, welche die spätere Entwicklung des Stalinismus vorzeichneten.[144]

Wenn auch in sehr verschlüsselter Form, ist bereits im vorliegenden Roman die Erinnerung an den Mai 1939 mit dem Zweifel an der Richtigkeit der

---

142 EV 183: »... ich sagte mir, daß das Leben nicht viel Sinn hätte, daß es ziemlich konfus und unzusammenhängend wäre, solange ich nicht die Kehrseite dieser Landschaft gesehen hätte. Alles, was ich seit vier Jahren getan hatte, schien mir nichtig; ich erkannte mich nur schwerlich wieder in all den Taten, Worten und Szenen, in dieser alltäglichen Oberflächlichkeit des Lebens. Ich mußte mir den Hügel von Biriatou ansehen, mußte mir jene Hangseite ansehen, die mir bis zu diesem Tag unsichtbar war. Das Verhältnis der Landschaften und Dinge mußte umgekehrt, wieder zurechtgerückt werden, damit Spanien das Drinnen, das Innere meines Lebens bildete.«

143 Vgl. EV 149-152.

144 Vgl. ebenda.

kommunistischen Politik in der genannten Zeit verbunden. Bezeichnend hierfür ist, daß Manuel die vollständige Erinnerung an alle mit diesem Erlebnis verknüpften Zusammenhänge erst 1956 erlangt. Nach einer Sitzung der Exil-Führung des PCE in Madrid, bei der der sogenannte »Geheimbericht« Chruschtschows an den XX. Parteitag der KPdSU im Mittelpunkt der Diskussion stand, wird ihm plötzlich längst Vergessenes und Verdrängtes wieder bewußt. Obwohl die Authentizität des Berichts noch umstritten war, entdeckt Manuel in den Enthüllungen über die Verbrechen des Stalinismus eine Wahrheit über seine eigene politische Praxis, die er sich aus Gründen moralischer Bequemlichkeit zuvor nicht eingestanden hatte.[145] Bereits während der Résistance hatte er Kontakt zu einer Widerstandskämpferin gehabt, deren Mann, ein junger russischer Offizier, nach der Rückkehr vom freiwilligen Einsatz im spanischen Bürgerkrieg unter dem vermutlichen Verdacht des Trotzkismus in seiner Heimat verhaftet und erschossen worden war. Dieses Schicksal hatte, wie es im Text heißt, für Manuel und seinen Freund Hans das erste Anzeichen einer Fehlentwicklung innerhalb des Kommunismus, für den sie kämpften, dargestellt; dennoch hatten sie beschlossen, diese Fragen bis zum Sieg über den Faschismus auszuklammern:

> Ensuite, ils avaient décidé de mettre tout cela entre parenthèses. Il avait dit: Maintenant, on se bat. Hans souriait, hochait la tête. Il n'était pas impossible que la vérité fût triste, sordide même: cette longue histoire éclaboussée de sang. Ils avaient décidé de se battre et d'essayer de garder la tête froide. Plus tard, quand on serait vainqueur, il y aurait des comptes à demander: à eux-mêmes, au parti, à l'histoire. Mais Hans était mort et il avait vécu dans la routine des vertus établies, des vérités proclamées.[146]

Ein solches Leben in ideologischer Verblendung wird im Roman aus der Sicht der obengenannten Widerstandskämpferin indirekt mit dem Tod gleichgesetzt.[147] Manuel hingegen gelingt es, durch die Erinnerung an verdrängte historisch-politische Zusammenhänge diesem Tod zu entgehen. Seine Unaufrichtigkeit, die darin bestand, ebenfalls in der Routine festgefügter Wahrheiten gelebt zu haben, erweist sich somit lediglich als »évanouissement«, als Bewußtlosigkeit, womit der Titel des Romans eine doppelte Bedeutung erhält.

---

145 Vgl. Semprún, J., in: Cotta, M. u.a., a.a.O., S. 74.

146 EV 156: »Dann hatten sie beschlossen, das alles in Klammern zu setzen. Er hatte gesagt: Jetzt kämpfen wir erst einmal. Hans lächelte, nickte mit dem Kopf. Möglicherweise war die Wahrheit traurig, abstoßend sogar: diese lange blutbefleckte Geschichte. Sie hatten beschlossen zu kämpfen und zu versuchen, einen kühlen Kopf zu bewahren. Später, wenn man gesiegt hätte, gälte es abzurechnen: mit sich selbst, mit der Partei, der Geschichte. Aber Hans war gestorben und hatte in der Routine der festgefügten Werte, der proklamierten Wahrheiten gelebt.«

147 Vgl. EV 155f.

Es bleibt allerdings zu hinterfragen, inwieweit diese Interpretation mit der Tatsache in Einklang stehen kann, daß Semprún sein *alter ego* im Werk dennoch sterben läßt. Die sich hierauf beziehenden Angaben im Text sind zwar sehr wenig explizit[148], bei einem Vergleich mit Semprúns Biographie fällt jedoch auf, daß Manuels Sterbedatum mit dem Zeitpunkt zusammenfällt, an dem jener auf Beschluß des PCE-Führungsgremiums seine klandestinen Tätigkeiten in Spanien beenden muß und somit erneut von seinem Heimatland getrennt wird. Die Vermutung liegt daher nahe, daß der Protagonist des Romans eine Verkörperung der politischen Identität ist, welche der Autor in Spanien besaß. Eine ähnliche Zuordnung findet sich später in noch offenkundigerer Weise in der *Autobiografía de Federico Sánchez*.[149]

Indem Semprún nun sein *alter ego* im Roman für tot erklärt, distanziert er sich zugleich von seiner eigenen Vergangenheit. Bezeichnend ist des weiteren, daß er hier erstmalig in seinem literarischen Werk, wenn auch nur zaghaft, Kritik am Kommunismus übt.[150] Für ihn, den Autor selbst, erweist sich daher die ideologische Entfremdung als »évanouissement«, als »Bewußtlosigkeit« im politischen Sinn, die er kraft seiner Erinnerung und seines kritischen Verstandes allmählich überwindet. Der Tod Manuels könnte so als Ausdruck der Trennung von der alten Identität gewertet werden.

Die Haltung, die Semprún in *L'évanouissement* offenbart, ist jedoch keineswegs einheitlich von dem Bemühen um Abstand geprägt. Zu deutlich ist über weite Passagen des Werks die Identifikation mit dem antifaschistischen und antifrankistischen Untergrundkampf.[151] Eine Sonderstellung nimmt in diesem Zusammenhang eine circa dreißig Seiten umfassende Passage ein, welche die Erfahrungen des Autors als Funktionär des klandestinen PCE in den fünfziger Jahren zum thematischen Hintergrund haben. Innerhalb einer mosaikartigen Erzählstruktur bildet dieser Textteil durch eine im wesentlichen an der chronologischen Ordnung festhaltende Erzählweise einen Fremdkörper im Werk. Anne Villelaur kritisiert zu Recht diese in einem »fast dokumentarischen Geist« geschriebene »Erzählung in der Erzählung«:

> Que Manuel soit espagnol, que Jorge Semprun soit espagnol, n'explique rien, l'Espagne étant en fait présente dans le roman d'un bout à l'autre, même si l'auteur n'en parle pas sans cesse. Tout se passe comme si Jorge Semprun avait eu envie de raconter cette histoire ... et s'était laissé emporter au point d'oublier tout ce qui faisait le ton, la saveur de son ro-

148 Vgl. EV 68, 70 und 123.

149 Vgl. S. 173f.; eine Parallele läßt sich darüber hinaus auch zur Person des Artigas in *L'Algarabie* ziehen; vgl. S. 221/237.

150 Vgl. hierzu auch EV 198f.

151 Vgl. u.a. EV 41-46, 79-91, 137f., 169f.

man.[152]

Fragt man nach den Motiven, die den Autor dazu bewogen haben mögen, diese Episode zu erzählen, stößt man schnell auf die Tatsache, daß in ihr beide Themenbereiche enthalten sind, die Semprún besonders am Herzen liegen: das politische Engagement und sein Vaterland Spanien. Bezeichnenderweise hat er zum Zeitpunkt der Abfassung seines zweiten Romans bekanntlich nicht nur seine geographische, sondern durch den Ausschluß aus dem PCE bereits ebenfalls seine politische Heimat verloren. Nun, da ihm die Möglichkeit verwehrt ist, in der gewohnten Weise im spanischen politischen Untergrund aktiv zu sein, bleibt ihm nur noch die Erinnerung, besonders intensiv erlebt in der schreibenden Beschäftigung mit ihr. Während alle anderen in *L'évanouissement* geschilderten Begebenheiten vorrangig als Inhalte der Erinnerung vermittelt werden, dieser somit untergeordnet sind, scheint sich der hier genannte Bereich dem integrierenden Zugriff des Erzählers zu versperren, ihm ebenso zu entgleiten, wie dies offensichtlich im Fall des erwähnten Romanprojekts geschah. Die in *Le grand voyage* gegebene Erklärung für das Scheitern des frühen autobiographischen Romans mag auch hier zutreffen: Der geringe zeitliche Abstand von der erlebten Wirklichkeit läßt noch nicht den Blick »von außen« auf den Stoff zu, den Semprún in seinen literarischen Arbeiten anstrebt.

Die formale Heterogenität des Romans korreliert mit der Uneinheitlichkeit, die Semprúns Sicht der eigenen Vergangenheit im Werk kennzeichnet. Da das genannte novellistische Versatzstück mit seiner Hymne auf den »militant«, den aktiven Parteifunktionär, an strukturell wichtiger Stelle am Schluß des Werks steht und die Erkenntnis von den Irrtümern und Verbrechen kommunistischer Politik in der Stalin-Ära nur sehr punktuell und wenig explizit geäußert wird, ist *L'évanouissement* letztlich von einer emotionalen Identifikation mit der KP gekennzeichnet. Semprún steht seinem früheren Engagement im Roman weniger kritisch gegenüber, als die Darstellung von Manuels Reaktion auf die beginnende Entstalinisierungskampagne in der UdSSR dies vermuten ließe. Denoch finden sich in diesem Werk bereits Anzeichen von Semprúns späterer Distanzierung vom Kommunismus. Der Roman ist somit Ausdruck eines beginnenden Prozesses politischer Bewußtwerdung, der mit dem zwei Jahre später erschienenen *La deuxième mort de Ramón Mecader* eine qualitativ neue Stufe erreichen wird.

---

152 Villelaur, A., *Entre deux voyages*, a.a.O.: »Daß Manuel Spanier ist, daß Jorge Semprun Spanier ist, erklärt nichts, da Spanien ohnehin von Anfang bis Ende im Roman präsent ist, auch wenn der Autor nicht unablässig davon spricht. Alles erweckt den Eindruck, als habe Jorge Semprun Lust gehabt, diese Geschichte zu erzählen ... und als habe er sich davon so hinreißen lassen, daß er darüber alles vergaß, was den Klang, die Würze seines Romans ausmachte.« (Übers. d. Verf.).

4.
La deuxième mort de Ramón Mercader (Der zweite Tod des Ramón Mercader)

Semprúns dritter Roman, für den er den »Prix Fémina« erhielt[153], ist zugleich sein erstes Werk, dessen Handlungsgefüge frei erfunden ist. Zwar sind auch hier häufig autobiographische Elemente enthalten, doch bilden diese nicht mehr die Grundstruktur. Die eigene Lebensgeschichte tritt folglich thematisch in den Hintergrund. Die Auseinandersetzung mit der Vergangenheit hingegen bleibt auch für diesen Roman charakteristisch, sie bezieht sich allerdings in sehr viel stärkerem Maße als zuvor auf die politisch-historische Ebene. Die Handlung des Romans zusammenzufassen, ist nahezu unmöglich, derart verwoben und komplex sind die einander kreuzenden Handlungsstränge und Erzählebenen.[154]

Im Zentrum des Romangeschehens, das, zeitlich genau datiert, zwischen dem 13. April und dem 1. Mai des Jahres 1966 situiert ist, steht der Protagonist Ramón Mercader, Handlungsbevollmächtigter einer spanischen Außenhandelsgesellschaft in Madrid und zugleich Agent des sowjetischen Geheimdienstes KGB. Während einer Reise nach Amsterdam findet er in einem Intrigenspiel einander feindlicher beziehungsweise konkurrierender Geheimdienste, die sich wechselseitig beschatten oder verfolgen, den Tod.

Auch wenn das Werk eindeutig dem Genre des Spionageromans nachempfunden ist – die Kritik hat zu Recht auf die Parallelen zum Klassiker dieser

153 Der Preis sicherte Semprún auf Anhieb einen relativ großen Leserkreis; zur Auflagenstärke vgl. seine Angaben in: Kohut, K., *Escribir* ..., a.a.O., S. 179f.

154 Diese Auffassung findet sich auch bei Lapouge, G., *La deuxième naissance de Jorge Semprun*, in: *Le Figaro littéraire*, 1.12.1969, S. 19; Bertrand de Múñoz, M., a.a.O., S. 260 und Nourissier, F., *La deuxième mort de Ramón Mercader*, in: *Les Nouvelles littéraires*, 27.11.1969, S. 6. J. Ortega dagegen gibt eine brauchbare Aufschlüsselung der Romanstruktur – vgl. ders., *Intriga, estructura y compromiso en »La segunda muerte de Ramón Mercader« de Jorge Semprún*, in: *Cuadernos Hispanoamericanos*, 310 (April 1976), S. 162-175, bei der jedoch der Zusammenhang der Handlungen nicht genügend zum Vorschein kommt. Die einzige wertvolle Einführung in die Handlungsproblematik liefert K. Kohut – vgl. ders., *Die Problematik von Literatur, Revolution und Exil in Jorge Sempruns »La deuxième mort de Ramón Mercader«*, in: *Romanistisches Jahrbuch*, 1973, S. 141-162, hier S. 146f.

Gattung, John Le Carrés *Der Spion der aus der Kälte kam*, hingewiesen[155] –, seine Qualitäten erschöpfen sich bei weitem nicht in der Spannung einer äußeren Handlungsdramatik, sie liegen vielmehr vor allem in deren Verbindung mit einer das unmittelbare Geschehen transzendierenden historisch-politischen Reflexion.[156] Vermittelt durch die Gedanken beziehungsweise die Erinnerung der handelnden Personen, wird die Geschichte der revolutionären Bewegung in Europa evoziert: vom Sowjetrußland der zwanziger Jahre über den Beginn der zweiten spanischen Republik und ihr gewaltsames Ende, das zeitlich zusammenfällt mit dem blutigen Terror der stalinistischen Repression, bis hin zur Periode des Kalten Krieges und des politischen Immobilismus der sechziger Jahre in den sozialistischen Ländern. Es ist dabei erstaunlich, mit welcher Eindringlichkeit der Darstellung es dem Autor gelingt, scheinbar so verschiedene geschichtliche Ereignisse im Werk zu thematisieren und in einen überzeugenden Zusammenhang zu stellen. Glaubhaft – im Sinne einer Widerspiegelung von Alltagswirklichkeit – ist das fiktionale Geschehen hingegen kaum, zu unwahrscheinlich sind die Zufälligkeiten und Parallelen, welche die einzelnen Handlungsstränge miteinander verbinden.[157]

Als erstes wären hier die unterschiedlichen Identitäten des Protagonisten Ramón Mercader zu nennen. Von Geburt ist er Russe und heißt Jewgeni Dawidowitsch Ginsburg[158]. Vom KGB als Agent ausgebildet, wurde er 1956 im Zuge einer international vereinbarten Rückführung spanischer Bürgerkriegsflüchtlinge aus der UdSSR nach Spanien eingeschleust. Hierzu übernahm er die Identität eines spanischen Kindes namens Ramón Mercader, das 1937 nach Rußland evakuiert worden und dort im Bombenhagel des Weltkriegs umgekommen war. Dieser Name wiederum wurde in einem anderen Zusammenhang historisch bekannt, als Name desjenigen nämlich, der Trotzki 1940 im mexikanischen Exil ermordete.[159]

---

155 Vgl. Villelaur, A., *Un »espionnage« d'un genre majeur*, in: *Les Lettres françaises*, 1293 (23.7.1969), S. 6 und 8; Nourissier, F., a.a.O.; Kohut, K., a.a.O., S. 147.

156 P. Jokostra hingegen sieht das Hauptanliegen Sempruns darin, die Welt der Geheimdienste darzustellen: »Die Öffentlichkeit ahnt ja kaum etwas von den Geheimdienstnetzen, mit denen sie systematisch überzogen wird« – so schreibt er. Vgl. ders., *Im Netz der Geheimdienste*, in: *Dokumente*, XXX (1974), S. 337. Anschaulich vergleicht Ch. Audejean demgegenüber die Handlungsintrige als Hintergrund einer modernen *Commedia dell'arte*, in der die James Bonds als Harlekins fungieren; vgl. ders., *Jorge Semprun: La deuxième mort de Ramón Mercader*, in: *Esprit*, Jg. 37 (Juli/Aug. 1969), S. 187f.

157 Semprún bezeichnet hingegen die »Unwahrscheinlichkeit«, der fiktiven Geschichte in einem auktorialen Einschub gerade als Garant ihres Realitätsgehaltes; vgl. *La deuxième mort de Ramón Mercader* (1969, im folgenden RM und Seitenzahl), S. 341 bzw. *Der zweite Tod des Ramón Mercader* (im folgenden TRM und Seitenzahl), S. 301.

158 Die fiktiven russischen Romanfiguren erscheinen hier gemäß der in der deutschen Übersetzung verwendeten Schreibweise.

159 Dort wo es zur Unterscheidung notwendig ist, werde ich im folgenden jeweils den vollen Namenszug verwenden: Ramón Mercader Avendaño für Ginsburg bzw. Ramón Mercader del Río für den Trotzki-Attentäter. Obwohl dieser nie offen gestanden hat, im Auftrag Stalins gehandelt zu haben, wird die

Auf diese Weise vermag der Autor den Haupthandlungsstrang um Ramón Mercader Avendaño mit drei Nebensträngen zu verknüpfen: mit der Geschichte der Familie Mercader/Avendaño, mit dem Schicksal des Trotzki-Attentäters, der – wie es im Roman heißt – unter der Auflage des Schweigens von einer Staatsrente in der Sowjetunion seinen Lebensabend fristet und mit den Ereignissen in Trotzkis mexikanischem Exilwohnsitz, dargestellt aus der Perspektive seiner Ehefrau Natalja Sedowa. Eine weitere in die Vergangenheit reichende Parallele findet sich in der Lebensgeschichte der beiden »Väter« Mercader Avendaños. Sein leiblicher Vater Ginsburg und José María Mercader, der Vater desjenigen, dessen Platz er eingenommen hat, wurden auf analoge Weise – bei konträrer ideologischer Rechtfertigung – hingerichtet: der eine, Ginsburg, als Opfer des stalinistischen Terrors und als überzeugter Kommunist – der andere, als Opfer von faschistischen Rebellen im spanischen Bürgerkrieg und als überzeugter Republikaner.

Mehrere Personen, die den Weg von Ramón Mercader Avendaño in Amsterdam kreuzen, stehen ihrerseits wieder im Zentrum gesonderter Erzählstränge, wie zum Beispiel der amerikanische Filmautor William Klinke, der an einem Drehbuch zum Trotzki-Attentat arbeitet, der spanische Seemann Felipe de Hoyos, der als damals junger Mann an der Erschießung José María Mercaders beteiligt war und nun wegen einer Zufallsbekanntschaft mit dem Protagonisten vom CIA entführt und verhört wird, oder der französische Literaturwissenschaftler René-Pierre Boutor, der Mercader zunächst im Haager Mauritshuis vor Vermeers *Ansicht von Delft* begegnet und später im Amsterdamer Hafenviertel unfreiwilliger Zeuge von dessen Mord an einem amerikanischen Agenten wird. Eine vollständige Liste der verschiedenen Erzählstränge müßte zudem noch jene um die Mitarbeiter des CIA in Holland beziehungsweise Spanien, den niederländischen Geheimdienstler Schilthuis, Mercaders Geschäftspartner Moedenhuik und Wettlich, sowie den Leiter der Equipe des DDR-Geheimdienstes Walter Wetter und den KGB-Funktionär Georgi Nikolajewitsch Uschakow enthalten. Für den Roman sind in erster Linie die beiden letztgenannten Personen von Bedeutung. Sie verbindet zudem ein analoges Schicksal: Beide sind seit jungen Jahren überzeugte Kommunisten, haben jedoch die Willkür des stalinistischen Terrors, Folter und Gefängnis erleben müssen und dabei das Vertrauen in das sozialistische Staatswesen verloren. Für ihre Ideale hatten sie sich lange Zeit mit ganzem Engagement

Verantwortlichkeit des Kreml für dieses Verbrechen allgemein nicht angezweifelt; vgl. Deutscher, I., *The Prophet Outcast, Trotsky: 1929-1940*, London 1963, S. 483ff.; Comby, L., *Léon Trotsky*, Paris 1976, S. 174ff.; Serge, V., *The Life and Death of Leon Trotsky*, London 1957, S. 263-279; Wilde, H., *Politische Morde unserer Zeit*, Frankfurt/M. 1966, S. 231f.; Levine, I.D., *The Mind of an Assassin*, London 1959, S. 43; Sánchez Salazar, L.A., *Murder in Mexico. The Assassination of Leon Trotsky*, London 1950, S. 203-229; Pàmies, T., *Misión cumplida*, in: *Triunfo*, 822 (28.10.1978), S. 20ff.

eingesetzt, Wetter hatte dafür die besten Jahre seines Lebens als KZ-Häftling in Buchenwald opfern müssen, Uschakow, der Vorgesetzte und zugleich väterliche Freund Mercader Avendaños war zusammen mit dessen Vater als Kommissar der Komintern in Westeuropa tätig gewesen. Ihr Werdegang steht paradigmatisch für den Verfallsprozeß der kommunistischen Bewegung, den zu illustrieren ein Hauptanliegen des Autors im vorliegenden Roman ist.

Die komplexe Erzählstruktur läßt darüber hinaus einen Formwillen erkennen, in dem der Einfluß des Mediums Film sowie innovatorischer Tendenzen der modernen Prosa deutlich spürbar sind. Ich werde in meiner Untersuchung auf die eigentliche Handlungsintrige nicht näher eingehen, sondern statt dessen das Hauptaugenmerk auf inhaltliche und formale Aspekte der Thematisierung von Zeitgeschichte legen.

Zur Geschichte der kommunistischen Bewegung

Auch wenn die in *La deuxième mort de Ramón Mercader* formulierten politischen Aussagen nicht explizit als diejenigen des Autors ausgewiesen sind, ist unschwer zu erkennen, daß Semprún eigene Einschätzungen zum Ausdruck bringt, wenn er seine Romanfiguren – hier insbesondere Uschakow und Wetter – über das Schicksal der Revolution reflektieren läßt. Zum einen stehen die von den fiktionalen Personen geäußerten Ansichten nicht in Opposition zueinander, zum anderen stimmen sie mit den von Semprún in Interviews dargelegten Positionen überein.[160] In der Sicht des Werks läßt die Entwicklung der kommunistischen Bewegung drei Phasen erkennen[161]: die Zeit des Aufschwungs und der Ausbreitung der Revolution, ihre Niederlage in der Pervertierung der Kommunistischen Partei zum Organ der Stalinschen Willkürherrschaft und letztlich ihre Wiederholung als Farce im Ritual des offiziellen Staatssozialismus. Im Bezug zur Hauptebene der Romanhandlung sind die beiden erstgenannten Perioden Vergangenheit. Sie werden aus der Erinnerung der fiktionalen Figuren evoziert. Auffällig positiv wird die Anfangsphase des Sowjetregimes gesehen. In geradezu überschwenglichen Worten äußert Uschakow seine Einschätzung jener frühen zwanziger Jahre, in denen die Erfahrungen eines kulturellen, technischen und politischen Fortschritts zu den größten Hoffnungen Anlaß gegeben hätten:

> ... c'étaient les années où tous les langages étaient soumis à l'épreuve du feu de la réalité, où Le Corbusier allait construire la Maison des Syndi-

160 Vgl. Semprún, J., in: Cotta, M. u.a., a.a.O. und in: Lapouge, G., *Jorge Semprun. Le témoin d'un certain communisme*, in: *Le Monde*, 25.11.1969.

161 Vgl. hierzu Kohut, K., Die Problematik ..., a.a.O., S. 149.

> cats, où on inventait à Moscou et à Petrograd l'art abstrait, le surréalisme, le cinéma moderne, les affiches politiques, où, dans le tourbillon de cette grande et belle folie russe bouleversant le monde, s'élaborait l'hégémonie possible d'une avant-garde, non pas codifiée par de nauséabonds décrets tombés d'en haut, mais fondée sur une cohérence réelle, même si elle était parfois tâtonnante, entre les idées et les mots, les principes et la pratique, la Russie et le monde, l'art et la politique.[162]

Die wenig auf historische Genauigkeit bedachte Begeisterung Uschakows für diese Epoche – die russischen Einflüsse auf die moderne Kunst sind sicherlich überbewertet – wird im Werk keineswegs kritisch beleuchtet, sondern ebenso emphatisch wiedergegeben wie seine spätere Desillusionierung und Trauer. Seine Erkenntnis, daß sich der Apparat der Komintern schon Ende der zwanziger Jahre vom Rückgrat der internationalen Revolution zu einem reinen Machtinstrument der sowjetischen Parteispitze gewandelt habe, erscheint um so schmerzhafter, als zugleich seine anfängliche Hoffnung auf den Beginn eines neuen Zeitalters, in dem die Klassengegensätze ebenso wie die Nationalitätsgrenzen aufgehoben sein würden, sehr plastisch beschrieben wird.[163]

Der im Roman zum Ausdruck kommenden Geschichtsauffassung zufolge bezeichnet die Verbannung Trotzkis die Bruchstelle zwischen der Phase des Aufstiegs und der des Falls der Bewegung.[164] Und in der Tat entledigt sich ja die Parteiführung um Stalin mit diesem Schritt nicht allein eines lästigen Widersachers, sie nimmt zugleich Abstand von der Idee der permanenten Revolution und schafft so die Grundlage für die Apologie ihrer autokratischen Herrschaft. Dieser Wechsel führt Uschakow und seine Gesinnungsgenossen in einen Loyalitätskonflikt, in dem sie sich entscheiden müssen zwischen der Treue zu den eigenen Überzeugungen und der zur Partei, die nur noch vorgibt, den ursprünglichen Idealen zu dienen, dies jedoch in Wirklichkeit nicht mehr leistet:

> L'ennemi, nous disait-on alors, est maintenant dans nos rangs: il faut écraser les têtes de l'hydre!

---

162 RM 384; TRM 341: »... das waren die Jahre, in denen jedes Wort die Feuerprobe der Realität bestehen mußte, wo Le Corbusier das Gewerkschaftshaus baute, in Moskau und Petrograd die abstrakte Kunst, der Surrealismus, der moderne Film, das politische Plakat erfunden wurden, wo im Sturm des großen und schönen russischen Wahns, der die Welt erschütterte, die mögliche Vorherrschaft einer Avantgarde im Entstehen begriffen war, nicht reglementiert durch widerliche Dekrete von oben, sondern begründet durch eine wirkliche, wenn auch manchmal noch tastende Übereinstimmung zwischen der Idee und dem Wort, Prinzipien und der Praxis, zwischen Rußland und der Welt, zwischen Kunst und Politik.«

163 Vgl. RM 271; TRM 240.

164 Vgl. RM 388f.; TRM 345.

> Lev Davidovitch (d.h. Trotzki) avait franchi les portes de l'exil. Une neige de cendre grise tombait sur le pays.
> Nous avions choisi de vivre dédoublés, dans la scission de nos pensées et de nos actes, dans la fêlure béante et trouble des fausses consciences.
>
> Nous avions choisi de préserver les chances de l'avenir, mais l'avenir ne se préserve que dans les batailles ouvertes, devant le peuple, les masses et le parti.[165]

Die mit dem Aufstieg des Stalinismus beginnende zweite Phase der Revolutionsgeschichte wird vor allem als Zeit der Schauprozesse, der Massenverhaftungen und -erschießungen dargestellt und am Schicksal mehrerer Romanfiguren illustriert. Hier ist zum einen Uschakows Erinnerung an die eigene Internierung sowie an die seines Freundes D.S. Ginsburg, Ramón Mercaders leiblichen Vaters, zu nenen. Letzterer war zum Tode verurteilt und hingerichtet worden, weil er mit einer Verzweiflungstat gegen die Folter an einem Mitgefangenen protestiert hatte.[166] Besonders eindringlich werden die Mechanismen von Willkür und Macht darüber hinaus am Beispiel Walter Wetters beschrieben.

Als KPD-Mitglied hatte dieser unter der Nazi-Herrschaft zehn Jahre Haft, zum Teil in Konzentrationslagern, erdulden müssen, hatte zur Durchsetzung seiner Ziele kein Risiko gescheut, immer von der Hoffnung getragen, daß eines Tages die Partei über den Faschismus siegen würde.[167] Wenige Jahre nach dem Zusammenbruch des Dritten Reichs wurder er erneut inhaftiert, diesmal jedoch von den eigenen Genossen, die ihm vorwarfen, ein Agent des Feindes zu sein. Zunächst hatte er an einen Irrtum der Staatsorgane geglaubt und so die Kraft aufgebracht, den Verhören zu widerstehen. Der väterliche Blick Stalins aus der Höhe eines an der Wand befestigten Portraits erschien ihm als Garant einer latenten Wahrheit, die eines Tages doch ans Licht kommen und die Absurdität der gegen ihn erhobenen Beschuldigungen aufdecken müsse.[168] Wie illusionär diese Vorstellung sein mußte, wird am Beispiel eines Mitgefangenen Wetters aufgezeigt, der lange Zeit der Folter standgehalten,

---

165 Ebenda: »Der Feind ist jetzt in unseren eigenen Reihen, sagte man uns damals: man muß den Kopf der Hydra zertreten!
Lew Davidowitsch (das heißt Trotzki) hatte die Schwelle des Exils überschritten. Grauer Aschenregen fiel auf unser Land.
Wir hatten uns für ein Doppelleben entschieden, in der Gespaltenheit von Denken und Handeln, in der gähnenden und verwirrenden Kluft eines flaschen Bewußtseins.
Wir hatten uns entschlossen, die Chancen der Zukunft zu bewahren, aber die Zukunft läßt sich nur in offnen Kämpfen bewahren vor dem Volk, vor den Massen und der Partei.«

166 Vgl. insbesondere RM 351; TRM 310f.

167 Vgl. RM 49ff.; TRM 41ff.

168 Vgl. RM 145f.; TRM 127f.

letztlich aber dennoch alle ihm fälschlicherweise zur Last gelegten Verbrechen auf sich genommen hatte. Wetter gegenüber erläutert dieser die Aufgabe seines Widerstandes:

> »Alors«, disait Werner, il souriait, »un jour j'ai compris que ce n'était pas une erreur, que toutes ces accusations étaient préfabriquées, que personne n'était dupe, que ça venait d'U.R.S.S. et que ça venait de très haut. J'ai compris qu'il n'y a rien à faire, que tout était pourri par le pouvoir, par un passé sanglant, qu'il n'y avait pas d'espoir. J'ai avoué n'importe quoi, pour avoir la paix. – Il n'y a rien à faire, Werner? – Pien«, disait-il, il souriait. »Rien, c'est trop tard.« Il souriait encore. »C'est-à-dire, il y a une chose à faire: la révolution«, disait Werner.[169]

Semprún unterstreicht seine These vom definitiven Scheitern der Revolution, indem er im *Mercader* den stalinistischen Terror und den Terror spanischer Faschisten im Bürgerkrieg auf eine Stufe stellt. Obwohl die unmittelbaren Ziele der Revolution in Spanien sowie die sozialen Kräfte, die sie unterstützen, verschieden sind von denen, die in Rußland zum Umsturz des alten Regimes führten, zieht Semprún eine deutliche Parallele zwischen beiden Bewegungen. Sie verdichtet sich im Roman in der Analogie der Erschießungsszenen von Ramóns beiden »Vätern« J.M. Mercader und D.S. Ginsburg, die in dessen ständig wiederkehrenden Alpträumen miteinander verschmelzen:

> Comme toujours, la première image de ce cauchemar était celle de la lumière crue des phares d'automobile, éclairant la silhouette dressée d'un homme, contre un mur, criant quelque chose. »Vive le Parti de Lénine"«, oui, c'est cela que son père avait crié, Georgui Nicolaïevitch (das heißt Oujakov) le lui avait raconté. ...
> Ainsi, dans son cauchemar, cet homme qui criait, face aux fusils, avait toujours, malgré qu'il savait que c'était son père, toujours le visage de José María Mercader, ... il se sentait porté vers d'autres images, celles de l'enclos du vieux cimetière de Cabuérniga, contre le mur duquel s'appuyait un homme en complet foncé, tout droit, le poing levé dans le salut du Front populaire, et il sortait alors de ce cauchemar abominable, couvert de sueurs froides, mais avec l'étrange certitude rassurante de cette

169 RM 148; TRM 129f.: »'Und dann', sagte Werner lächelnd, 'eines Tages habe ich verstanden, es war kein Irrtum, alle diese Anklagen waren vorfabriziert, niemand täuschte sich, das kam aus der Sowjetunion, und es kam von ganz oben. Ich habe verstanden, daß da nichts zu machen war, daß alles von der Macht, von der blutigen Vergangenheit verdorben war, daß es keine Hoffnung gab. Da habe ich alles gestanden, um endlich Ruhe zu haben.' – 'Ist da wirklich nichts zu machen, Werner' – 'Nichts', sagte er lächelnd, 'nichts, es ist zu spät.' Er lächelte noch immer. 'Das heißt, wir können nur noch eins machen: die Revolution', sagte Werner.«

> fraternité qui unissait les deux morts, l'avocat catholique et le bolchevik juif, fusillés à une année d'intervalle dans la lumière aveuglante des phares d'automobile.
> Et lui, bien sûr, doublement orphelin.[170]

Ähnlich wie die spanische ist die russische Revolution zum Mythos der europäischen Linken geworden. Im Gegensatz zur ersteren, deren Scheitern durch die militärische Niederlage historisch besiegelt wurde, wird letztere vielfach nach wie vor als Beispiel einer positiven geschichtlichen Entwicklung angesehen. Von dieser, früher auch von ihm vertretenen Einschätzung hat Semprún sich nunmehr, wie *La deuxième mort de Ramón Mercader* deutlich zeigt, abgewandt. Für ihn, der über viele Jahre hinweg seine politische Identität aus dem Kampf gegen die Nazi-Herrschaft und den Frankismus zog, kann es schließlich kaum eine schärfere Verurteilung des Stalinismus geben, als diesen in die Nähe zum Faschismus zu stellen. In Semprúns Darstellung weisen die Revolutionen in Spanien beziehungsweise der Sowjetunion ferner eine vergleichbare Entwicklungslinie auf. Aufstieg und Fall der spanischen Volksfront spiegeln, wie indirekt deutlich wird, *in nuce* den Degenerationsprozeß des Sozialismus in den Ländern des Ostens wider. Die Phase der Ausbreitung der Revolution in Spanien wird in ebenso enthusiastischer Weise beschrieben wie die Aufbauperiode des jungen Sowjetstaates. In der Erinnerung von Ramóns Tante Adela Mercader wird die begeisterte Aufbruchstimmung wach, mit der José María Mercader und seine Freunde, unter ihnen insbesondere der Zivilgouverneur der Provinz, Semprún Gurrea, und seine Frau Susana[171], das Ende der Monarchie und den Beginn der Republik erleben. Den Traum von sozialer Gerechtigkeit zu verwirklichen, scheint ihnen in jenem Jahr 1931 möglich; sie, die Angehörigen der spanischen Oberschicht, verbrüdern sich aus christlicher Überzeugung mit dem Volk, das für seine

---

170 RM 395f.; TRM 351: »Wie immer war das erste Bild dieses Alptraums das grelle Autolicht, das die Gestalt eines Mannes an der Wand beleuchtete, der irgend etwas rief wie: 'Es lebe die Partei Lenins!', ja genau, das hatte sein Vater gerufen, Georgi Nikolajewitsch hatte es ihm erzählt. ...
So hatte in seinem Alptraum dieser Mann, der vor den Gewehrläufen etwas rief, obwohl er wußte, daß es nicht sein Vater war, immer die Züge von José María Mercader gehabt, von dem es im Haus von Cabuérniga genügend Fotografien gab, und von dort fühlte er sich in diesem Alptraum zu anderen Bildern, zu der alten Friedhofsmauer von Cabuérniga hingezogen, an dessen Mauer ein Mann im dunklen Anzug stand, ganz aufrecht, die Faust zum Gruß der Volksfront erhoben, und wenn er diesen schrecklichen Alptraum, in kalten Schweiß gebadet, loswurde, hatte er die merkwürdige, beruhigende Gewißheit, daß diese beiden Toten, der katholische Anwalt und der jüdische Bolschewik, die im Abstand von einem Jahr im grellen Autolicht erschossen wurden, Brüder waren.
Und er war somit doppelt Waise.«
Vgl. auch RM 96, 199f., 244f., 420ff.; TRM 85f., 175f., 217f., 372f.

171 Hier findet ein autobiographisches Element Eingang in die Fiktion, denn bei den genannten Romanfiguren handelt es sich um die Eltern des Autors. Zu den weiteren autobiographischen Einsprengseln vgl. S. .

Rechte kämpft, entwickeln Projekte zur Förderung der Massenkultur.[172] Auch das Ende der Revolutionen ist jeweils analog: Ebenso wie die russische stirbt auch die spanische Revolution im Blut ihrer Anhänger. Eine signifikante Querverbindung läßt sich zudem in dem Hinweis darauf finden, daß sich in beiden Fällen der Einfluß Stalins, seines Machtapparates und der von ihm verbreiteten Ideologie als verhängnisvoll erweist. Vermittelt durch die Person Moedenhuiks erinnert Semprún an die gegen Ende des spanischen Bürgerkriegs zunehmend massive und direkte Intervention der sowjetischen Geheimkommissare, an die Repression gegen den POUM und an die Ermordung von Andrés Nin.[173]

In der – nach Aufstieg und Fall – dritten Phase hat die kommunistische Bewegung, der Darstellung im Werk zufolge, ihr ursprüngliches Wesen bereits aufgegeben. Da das Scheitern der Revolution in den Ländern Osteuropas allerdings verschleiert, statt zum Ausgangspunkt eines Neubeginns gemacht werde, könne der geschichtliche Prozeß dort keinen qualitativen Sprung machen, sondern müsse sich in ähnlicher Form wiederholen. Diese in Anlehnung an ein bekanntes Marx-Zitat entwickelte These[174] wird im Werk von Uschakow geäußert. Desillusioniert und sarkastisch führt dieser in einem Gespräch mit Mercader aus:

> »L'histoire se répète comme une farce, n'est-ce pas?« avait dit Oujakov. »Nous sommes la répétition farceuse et dérisoire d'une histoire d'autrefois.«
> »Quelle histoire?«
> »Mais celle de la révolution, bien sûr«, disait Georgui Nicolaïevitch. »Une histoire manquée«, disait-il.
> »Mais voyons! Si elle n'était pas manquée, elle ne se répéterait pas comme une farce. Elle ne se répéterait d'aucune façon, même.«[175]

---

172 Vgl. RM 110-117; TRM 97-103.

173 Vgl. RM 69; TRM 58f. An anderer Stelle macht der Autor in ausführlicher Weise auf den Einfluß aufmerksam, den der Stalinismus auf die Entwicklung der spanischen Revolution hatte; vgl. Semprún, J., in: Cotta, M. u.a., a.a.O., S. 74f.

174 In Wirklichkeit ist allerdings nicht Marx selbst der Urheber dieses Gedankens, er hat ihn vielmehr aus einem Privatbrief seines Freundes Engels übernommen. Dieser schreibt mit Datum vom 3.12.1851: »Nach dem aber, was wir gestern gesehen haben, ist auf den *peuple* gar nichts zu geben, und es scheint wirklich, als ob der alte Hegel in seinem Grabe die Geschichte als Weltgeist leitete und mit der größten Gewissenhaftigkeit alles sich zweimal abspinnen ließe, einmal als große Tragödie und das zweite Mal als lausige Farce, Caussidière für Danton, Louis Blanc für Robespierre, Barthélemy für Saint-Just, Flocon für Carnot, und das Mondkalb mit dem ersten besten Dutzend schuldbeladener Leutnants für den kleinen Korporal und seine Tafelrunde von Marschällen.« Vgl. Engels, F., *Der Briefwechsel zwischen F. Engels und K. Marx 1844-1883*, Stuttgart 1921, S. 267f.; die analoge Textstelle bei Marx findet sich ganz zu Beginn von *Der 18. Brumaire des Louis Bonaparte*, vgl. MEW, Bd. 8, Berlin 1960, S. 115; vgl. auch *Quel beau dimanche!* (im folgenden BD und Seitenzahl), S. 141 bzw. *Was für ein schöner Sonntag!* (im folgenden WSS und Seitenzahl), S. 142.

175 RM 266; TRM 236: »'Die Geschichte wiederholt sich als Farce, nicht wahr?' hatte Uschakow gesagt.

Es ist dementsprechend ein düsteres Bild, das Semprún im *Mercader* vom »realen Sozialismus« entwirft; es läßt sich wie folgt resümieren:

Mit der Unterdrückung oppositioneller Kräfte beraubt sich das politische System des Ostens der Fähigkeit zur Selbstveränderung, indem es einen Konformitätsdruck erzeugt, der das öffentliche Leben erstickt und den einzelnen in die Grenzen einer privatistischen Lebensweise verweist. Die Menschen genießen zwar einen relativen materiellen Wohlstand, doch sie leben allein, nur auf eine individuelle Verbesserung ihres persönlichen Schicksals bedacht. Regierungswechsel sind zumeist, wie im Falle von Chruschtschows Absetzung, Ergebnis von Palastrevolten, nicht jedoch von offen ausgetragenen sozialen Konflikten. Die Massen spielen auf der politischen Bühne nur noch die Rolle von Statisten, wie etwa auf den rituellen Mai-Kundgebungen, bei denen sich die jeweilige Parteispitze feiern läßt. Die fast militärische Ordnung der Aufmärsche mit ihren Parolen, die zur Produktionssteigerung und zur Stärkung des Staates aufrufen, ist Zeichen von Menschenverachtung und politischer Erstarrung. Die sozialen Systeme in den Ländern Osteuropas gründen sich ebenso wie die des Westens auf ein Ausbeutungsverhältnis und stellen eine neuartige Klassengesellschaft dar, die selbst Marx nicht hatte vorhersehen können.[176] Aus der Sicht von Walter Wetters Sohn Rudy heißt es unter anderem wörtlich:

> ... ces Etats ont abouti à la liquidation de la classe ouvrière, en tant que force politique et sociale autonome, créatrice. La classe ouvrière, chez nous, dans tous les pays de l'Est, a été réduite à son essence même, paradoxalement: elle n'est plus que la productrice inerte d'une plus-value que manipule la bureaucratie.[177]

Seine Sicht der Revolutionsgeschichte illustriert Semprún insbesondere an der Veränderung, welche die Funktion des Parteiaktivisten mit der Zeit erfahren habe. Uschakows und D.S. Ginsburgs Arbeit als politische Kommissare der frühen Komintern steht als Beispiel des für sinnvoll erachteten Engagements in der Phase des Aufstiegs der Revolution. Der »militant« habe noch

---

'Wir sind die farcenhafte und groteske Wiederholung einer früheren Geschichte.'
'Welcher Geschichte?'
'Die der Revolution natürlich', sagte Georgi Nikolajewitsch.
'Eine verfehlte Geschichte!'
'Natürlich! Wenn sie nicht verfehlt wäre, würde sie sich nicht als Farce wiederholen. Sie würde sich überhaupt nicht wiederholen.'«.

176 Vgl. hierzu RM 252f., 262, 281ff., 344, 376-386; TRM 223f., 232f., 249ff., 303f., 333-343.

177 RM 380; TRM 337: »... in dem System der Länder, die sich sozialistisch nennen, haben diese Staaten schließlich die Arbeiterklasse als selbständige, politische und gesellschaftlich schöpferische Kraft liquidiert. Die Arbeiterklasse ist bei uns und in allen Oststaaten paradoxerweise auf ihr ursprüngliches Wesen reduziert worden: sie ist nur noch der passive Produzent eines Mehrwertes, der von der Bürokratie verwaltet wird.«

seine in Sempruns Augen wesensmäßige Bestimmung erfüllen können, nämlich als Vermittler zwischen einer strategischen Konzeption, einer gesellschaftlichen Realität und den sozialen Gruppen zu fungieren.[178] Als Prototyp jener Kommunisten, die in der Zeit des Untergangs der Bewegung zu Vollstreckungsgehilfen der Stalinschen Machtpolitik wurden, stellt der Roman Ramón Mercader del Río vor. Im guten Gewissen, einer gerechten Sache zu dienen, habe dieser Trotzki ermordet und seine Auftraggeber auch dann nicht verraten, als ihm habe klar werden müssen, daß seine Tat jeder Rechtfertigung entbehre. Erst seine absolute Treue mache ihn zum perfekten Mörder.[179] Die letzte der genannten Phasen findet schließlich ihre Verkörperung in Uschakow, Mercader Avendaño, Wetter und den anderen im Dienst der sozialistischen Länder stehenden Spionen. Sie seien nur noch Karikaturen der einstigen Berufsrevolutionäre, erkennt Uschakow[180], der Lächerlichkeit um so mehr preisgegeben, als viele von ihnen nicht einmal die Scheinheiligkeit der feierlichen Proklamationen des 1. Mai durchschauten, noch immer an den Sieg der Weltrevolution glaubten und aus diesem Ziel die Legitimation ihrer schmutzigen Arbeit bezögen.[181] Der Verfallsprozeß der kommunistischen Bewegung wird demnach in der Wandlung des »militant« zum Mörder und später zum Geheimagenten widergespiegelt.

Diese zentrale Aussage von *La deuxième mort de Ramón Mercader* liefert zugleich die Erklärung dafür, warum das Werk dem Genre des Spionageromans nachempfunden ist. Im Gegensatz zu Anne Villelaur, die lediglich vermutet, Semprún habe zeigen wollen, daß auch in einem als minderwertig angesehenen Genre gute Literatur zu schreiben sei[182], ist hier vielmehr eine enge Verbindung zwischen Form und Inhalt des Werks zu sehen – ein Umstand, auf den Kohut bereits hinweist:

> Die Revolution wird in *La deuxième mort de Ramón Mercader* nur in der Erinnerung greifbar; die Gegenwart gehört dem Spionageroman, der farcenhaften Wiederholung der Revolution. ... die Form des Spionageromans fügt sich in die Kongruenz von inhaltlicher Aussage und formaler Gestaltung ein: so wie die Spionage die Tragödie der Revolution als Farce wiederholt, so parodiert der Spionageroman die Gattung des Revolutions-

178 Vgl. Semprún, J., in: Lapouge, G., *Le témoin* ..., a.a.O.

179 Vgl. RM 179, 203ff., 263f.; TRM 157f., 178-181, 233f.

180 Vgl. RM 266 f.; TRM 236.

181 Vgl. RM 271f.; TRM 240f. Die Schilderung des jedes Jahr und in allen Hauptstädten Osteuropas gleich hohlen Zeremoniells zum internationalen Tag der Arbeit illustriert für sich allein bereits die zur Farce gewordene Wiederholung früherer Massenbewegungen; vgl. hierzu RM 376; TRM 334.

182 Vgl. Villelaur, A., *Un espionnage* ..., a.a.O., S. 6.

romans – und in der Tat trägt das Werk deutlich erkennbar parodistische Züge.[183]

Innerhalb des fiktiven Geschehens findet Sempruns Negativeinschätzung der Revolutionsgeschichte ihren Niederschlag in der Entscheidung Uschakows, aus Einsicht in die Nutzlosigkeit seines Berufs die Pensionierung zu beantragen.[184] Auch von Wetter heißt es, er sei amtsmüde und habe erkannt, daß er den Staatsapparat nicht von innen heraus verändern könne. Im Gegensatz zu Uschakow, der mit dem gewaltsamen Tod Mercaders seinen einzigen geistigen Erben verloren hat, kann Wetter jedoch Hoffnung in die politische Entwicklung seines Sohnes Rudy setzen. Dieser hatte ihm am Vorabend des 1. Mai eröffnet, er wolle in den Westen fliehen, um sich dort für die Sache der kommunistischen Revolution einzusetzen. Anders als im Osten sehe er dort noch eine minimale Chance, Einfluß zu nehmen auf den Lauf der Geschichte.[185]

Die in die Zukunft weisende Entscheidung Rudys ist der einzige schwache Hoffnungsschimmer innerhalb eines ansonsten von Enttäuschung und Trauer gekennzeichneten politischen Stimmungsbildes im Werk. Rudys Überzeugung, auch die geringste Möglichkeit zur revolutionären Veränderung wahrnehmen zu müssen, entspricht Sempruns an anderer Stelle geäußertem politischen Credo.[186] Auch Rudys Analyse der gesellschaftlichen Situation in den Ländern Osteuropas ist als Gedankengut des Autors anzusehen – Martín-Artajo spricht in diesem Zusammenhang gar von der bis dato schräfsten Verurteilung der sozialen Systeme des Ostens aus marxistischer Sicht.[187]

Dennoch ist unverkennbar, daß Semprún den Lebensperspektiven Uschakows, Wetters und Mercaders vergleichsweise nähersteht. Ähnlich wie sie mußte er sich nach vielen Jahren des Militantismus mit der desillusionierenden Erkenntnis vertraut machen, daß der Kampf um die eigentlichen Ziele der Revolution gescheitert und eine konkrete politische Alternative nicht in Sicht ist.

Die Interpretation der Geschichte des Kommunismus läßt allerdings im Roman einige wichtige Fragen offen. Wenn Uschakow etwa den Bürokratis-

183 Kohut, K., *Die Problematik ...*, a.a.O., S. 159.

184 Vgl. RM 400f.; TRM 355f.

185 Vgl. RM 373-382; TRM 331-339.

186 J. Semprún, in: Cotta, M. u.a., a.a.O., S. 78f.

187 Vgl. Martín-Artajo, J., *Reseña del »Ramón Mercader« de Semprún con divagaciones sobre la revolución permanente*, in: *Cuadernos de Ruedo Ibérico*, 36 (1972), S. 24-29, hier S. 25. Dieser Aufsatz ist der zuvor der spanischen Zensur zum Opfer gefallene letzte Teil einer längeren Rezension, deren politisch weniger brisantes Anfangskapitel unter dem Titel *»La segunda muerte de Ramón Mercader« de Jorge Semprún* in: *Papeles de Son Armadáns*, 62 (1971), S. 67-80 veröffentlicht wurden.

mus als Krebsgeschwür am Körper der Revolution bezeichnet[188], so impliziert das die Grundannahme einer ursprünglich gesunden Substanz, die erst durch den Beginn der »Krankheit« dem Tod anheimfiel. Wenn aber das Konzept der Revolution im Grunde richtig war, so muß die spätere Deformation durch schuldhaftes Verhalten entstanden sein. Trotzki, der von ähnlichen Prämissen ausging, gelangte daher auch zu der griffigen Erklärung vom Verrat an der Revolution. Semprún geht indes nicht so weit, diese Vorstellung zu übernehmen beziehungsweise in seinen Roman einzuarbeiten.[189] Zwar sieht er den Kommunismus erst mit dem Beginn der Stalinära in einen Degenerationsprozeß eintreten, wie aus der unterschiedlichen Bewertung der ersten beiden Phasen der Revolution zu entnehmen ist. Doch hütet er sich vor einer individuellen Schuldzuweisung, wie sie die Vorstellung vom Verrat impliziert. In *La deuxième mort de Ramón Mercader* bleibt die Frage nach den historischen und ideologischen Grundlagen der angeprangerten Entwicklung unausgesprochen und daher auch unbeantwortet.[190] Zwar beklagt Semprún die Pervertierung des Parteiaktivisten zum Vollstreckungsgehilfen stalinistischer Machtpolitik, anders als später in der *Autobiografía de Federico Sánchez*[191] sieht er allerdings noch nicht, daß diese Entwicklung bereits implizit in Lenins Konzeption von der Avantgarde-Funktion der Kader und vom demokratischen Zentralismus als Organisationsstruktur der Partei angelegt ist. Die Idee von der Partei als Führer und Erzieher des Volkes – so begründet sie vor dem Hintergrund der extremen Rückständigkeit des vorrevolutionären Rußlands erscheinen mag – liefert indes zugleich die Rechtfertigung für die spätere Entfremdung der Partei von den Massen.

Grundsätzliche Zweifel an der Durchführbarkeit einer kommunistischen Revolution klingen lediglich versteckt an, wenn Wetter sich die Perspektivlosigkeit seines Parteiengagements vor Augen führt:

> Le portrait de Lénine et le portrait d'Ulbricht, parfaitement à leur place, en fin de compte, tous deux, car la distance étroite qui les séparait mesurait bien l'écart immense entre ce qu'ils avaient voulu et ce qu'ils avaient effectivement produit, car leur rapprochement, à première vue scandaleux, mesurait bien la scandaleuse dégradation de cette immense, surhumaine entreprise, qu'ils avaient essayé de réaliser parce qu'elle était précisément

188 Vgl. RM 401; TRM 356.

189 Dies unterstellt hingegen Martín-Artajo, wenn er sagt: »... la traición de la Revolución en una palabra, es el tema central de esta gran novela política de Jorge Semprún.« (»... der Verrat an der Revolution ist, in einem Wort gesagt, das zentrale Thema dieses großen politischen Romans von Jorge Semprún.« Vgl. Martín-Artajo, *Reseña* ..., a.a.O., S. 24 (Übers. d. Verf.).

190 Im Interview mit dem *Express* äußert Semprún aber die Überlegung, man müsse »die Hypothese aufstellen, daß der Stalinismus nicht unvermeidlich war«; vgl. Semprún, J., in: Cotta, M. u.a., a.a.O., S. 79.

191 Vgl. S. 158ff.

surhumaine, parce qu'elle bouleversait l'épaisseur insaisissable du quotidien, parce qu'elle rendait au monde la seule possibilité que celui-ci ne produisait pas de lui-même, celle de se transformer. ... la présence arrogante et amorphe d'Ulbricht, son regard vide et péremptoire, étant un rappel tout à fait efficace du chemin qui restait à parcourir – mais, qui le parcourrait? quelles forces sociales auront pu mûrir dans notre société bureaucratique, dont l'un des objectifs est justement l'effacement des forces sociales, de leur pouvoir de négation, de mise en cause, de désordre créateur?[192]

Es ist Ausdruck eines bestimmten Standes in Sempruns politischer Entwicklung, wenn trotz solcher Überlegungen zugleich mit der positiven Bewertung des kommunistischen Engagements von Rudy Wetter die Hoffnung in die revolutionäre Veränderbarkeit der Verhältnisse bekräftigt wird.[193] Die Zwiespältigkeit der politischen Aussage im Roman findet ihr Echo in sehr unterschiedlichen Einschätzungen seitens der Literaturkritik; so spricht Kohut von einem »Abgesang auf die Revolution«, Ortega hingegen von einem »Vertrauen in die permanente Revolution«, welches im Werk bekräftigt werde.[194]

Semprún ist sich dieser Widersprüchlichkeit bewußt. In einem Interview zum *Mercader* macht er sich als persönlichen Wahlspruch einen aporetisch klingenden Satz F.S. Fitzgeralds zu eigen, von dem er an anderer Stelle sagt, er halte ihn für dialektischer als alle Gedanken Mao Tse Tungs.[195] Sinngemäß zitiert er:

192 RM 262; TRM 232f.: »Das Portrait von Lenin und das von Ulbricht, alle beiden eigentlich genau richtig plaziert, denn der schmale Abstand, der sie voneinander trennte, entsprach genau der immensen Kluft zwischen dem, was sie gewollt, und dem, was sie tatsächlich herbeigeführt hatten, denn das auf den ersten Blick skandalöse Nebeneinander entsprach sehr wohl der skandalösen Entartung dieses riesigen, übermenschlichen Unternehmens, das sie versucht hatten zu verwirklichen, eben weil es übermenschlich war, weil es die unerschütterliche Schwerfälligkeit des Alltags umwälzte, weil es der Welt die einzige Möglichkeit gab, die diese nicht aus sich selbst hervorbrachte, nämlich, sich zu verändern. ... die arrogante und amorphe Anwesenheit von Ulbricht, sein leerer und unwiderruflicher Blick, waren eine sehr wirksame Mahnung an den Weg, der noch zurückzulegen war – aber wer würde ihn zurücklegen? Welche gesellschaftlichen Kräfte hätten in unserer bürokratischen Gesellschaft reifen können, einer Gesellschaft, deren Ziel ja gerade die Aufhebung der gesellschaftlichen Kräfte, ihrer Fähigkeit der Negation, des Anzweifelns, der schöpferischen Unordnung ist.«

193 In der westeuropäischen Studentenbewegung der späten sechziger Jahre sieht Semprún hingegen keine gangbare Alternative zum organisierten Kampf der traditionellen Linken. Im Roman findet sich eine kurze Passage, in welcher der Studentenprotest als letztlich systemstabilisierende »Explosion einer metaphysischen und kontrollierten Revolte« bezeichnet wird. Vgl. TRM 138; vgl. auch Semprún, J., in: Cotta, M. u.a., a.a.O., S. 79.

194 Vgl. Kohut, K., *Die Problematik* ..., a.a.O., S. 159 beziehungsweise Ortega, J., a.a.O., S. 175.

195 Vgl. Semprún, J., *Prólogo*, in: Blanc, F. u.a., *El desencanto*, Madrid 1976, S. 9-17, hier S. 14.

> Il faudrait savoir que les choses sont sans espoir et être décidé à les changer.[196]

Neben der Entschlossenheit zu politischem Handeln – oder gar als dessen Voraussetzung – fordert die obige Aussage mithin eine durch keinerlei Zweckoptimismus getrübte Einsicht in die realen Verhältnisse. Semprún, der sich zu dieser Zeit noch uneingeschränkt zum Kommunismus bekennt, entfernt sich hier deutlich vom marxistischen Fortschrittsglauben. Die Haltung, die er propagiert, entspringt eher einer politischen Moral als einer politischen Theorie. Das Wissen um das Scheitern der Revolution hat noch keine neue Strategie zur gesellschaftlichen Veränderung hervorgebracht, andererseits kann sie, seiner Meinung nach, kein Anlaß zu politischer Untätigkeit sein. Im Interview mit dem *Express* (1969) führt er aus:

> Je suis catégorique, il faut la changer, bien entendu. (Gemeint ist die Gesellschaft). Ce qui est très difficile, parce qu'on n'a aucun modèle tout fait à proposer. ...
> Je ne suis pas un ancien communiste. Je suis un communiste. A l'époque des années 20, on disait: »bolchevique sans parti«. Maintenant, il faut être, ne disons pas: communiste anti-Parti, mais communiste sachant être contre le Parti.[197]

Die Suche nach einer neuen politischen Identität innerhalb des marxistischen Lagers führt Semprún dazu, sich zunächst mit der Geschichte der kommunistischen Revolution kritisch auseinanderzusetzen. Wie wenig die Erfahrungen der Vergangenheit dabei ein Ausblick auf eine bessere Zukunft nahelegen, ist insbesondere an dem Stellenwert zu ersehen, den die Todesthematik im Werk besitzt.

196 »Man sollte wissen, daß die Dinge ohne Hoffnung sind, und entschlossen sein, sie zu verändern«, sagt Semprún in Lapouge, G. *Jorge Semprun* ..., a.a.O. Wörtlich heißt es bei Fitzgerald: »Before I go on with this short history, let me make a general observation – the test of a first-rate intelligence is the ability to hold two opposite ideas in the mind at the same time, and still retain the ability to function. One should, for example, be able to see that things are hopeless and yet be determined to make them otherwise.« Fitzgerald, F.S., *The Crack-Up*, New York 1945, S. 69.

197 ders., in: Cotta, M. u.a., a.a.O., S. 78f.: »Ich sage klar und deutlich: Natürlich muß man sie verändern (gemeint ist die Gesellschaft). Was sehr schwierig ist, da es kein fertiges Modell gibt, das man vorschlagen könnte. ...
Ich bin kein ehemaliger Kommunist. Ich bin ein Kommunist. In den zwanziger Jahren sagte man: 'parteiloser Bolschewik'. Heute muß man nicht gerade ein Anti-Partei-Kommunist sein, wohl aber ein Kommunist, der gegen die Partei zu sein vermag.« (Übers. d. Verf.).

Die Thematik von Tod und Erinnerung

Bereits der Titel des Buches verweist auf die Bedeutung des Todes. An strukturell so wichtigen Stellen wie Anfang und Ende des Romans kommt diese zudem sehr deutlich zum Vorschein.

La deuxième mort de Ramón Mercader beginnt mit einer Betrachtung zu Vermeers *Ansicht von Delft*, die der Protagonist im Haager Mauritshuis bewundert. In den Ausführungen zu diesem Gemälde wird die Leblosigkeit der bildlich dargestellten Welt besonders hervorgehoben.[198] Insbesondere aber weckt Semprún literarische Reminiszensen, die als Vorzeichen des Todes gewertet werden können: Bekanntlich stirbt ja der Maler Bergotte in Prousts *Recherche* vor eben diesem Gemälde.[199] Als Vorankündigung des Todes ist ferner zu deuten, daß Semprún indirekt einen Bezug zwischen Mercader und jener Figur herstellt, die Vermeer zunächst als siebte Figur in sein Bild aufgenommen, dann jedoch übermalt hatte[200]:

> Toutefois, dans le silence, il (gemeint ist Mercader) contemplerait cette ville, familière, de tout temps connue, pourtant imprévisible, surprenante, et il s'interrogerait peut-être, dans la quiétude arrondie de sa contemplation, béate, sur le sens de cette surprise, de ce battement du coeur qui l'aurait sur place immoblisé ... le clouant sur le sable de cette rive-ci, à la droite et légèrement en retrait des personnages visibles, comme s'il avait été, lui-même, le dernier personnage, invisible, de ce tableau, comme si le peintre – trois siècles auparavant –, ironique, avait prévu son arrivée, la place où il se tiendrait, et l'angle de sa vision, et même ce battement du coeur, prémonitoire, pour aussitôt les nier, en se refusant à peindre ce personnage qu'il aurait pu devenir, en le rendant invisible, ou bien en le faisant se dissoudre, par une ultime série de touches précises et légères du pinceau, dans le sable roussi, dans l'eau moirée, dans l'ombre plus dense des tours sur le canal repu de lumière.[201]

198 Vgl. RM 13f. bzw. TRM 9, wo von »modrigem Wasser«, »verwittertem Stein«, »totem Holz«, »totem Gewässer« u.ä. die Rede ist.

199 Vgl. Proust, M., *A la recherche du temps perdu* (Bibliothèque de la Pléiade), Bd. 3., Paris 1954, S. 186ff.

200 Vgl. hierzu Grimme, E.G., *Jan Vermeer von Delft*, Köln 1974, S. 45 und Vries, A.B. de, *Jan Vermeer van Delft*, Basel 1945, S. 49f. und 109.

201 RM 15; TRM 10f.: »Doch, in der Stille würde er diese vertraute, von jeher bekannte und doch unvorhersehbare, überraschende Stadt betrachten und sich vielleicht in der völligen Abgeschiedenheit seiner glückseligen Kontemplation nach dem Sinn dieser Überraschung, dieses Herzklopfens fragen, das ihn wie angewurzelt dastehen ließ ... ihn festnagelte auf dem Sand des diesseitigen Ufers, auf der rechten Seite und etwas abseits von den sichtbaren Gestalten als wenn er selbst die letzte, allerdings unsichtbare Gestalt dieses Gemäldes gewesen wäre, als wenn der Maler – vor drei Jahrhunderten – mit einer gewissen Ironie sein Kommen vorausgesehen hätte, den Platz, an dem er stehen würde, seinen Blickwinkel und sogar jenes warnende Herzklopfen, um all das sofort wieder zu tilgen und jene Person

Im Wissen um Vermeers Retuschierung der *Ansicht von Delft* muß dieser Passus als versteckter Hinweis auf das spätere Schicksal des Protagonisten erscheinen. Unterstrichen wird die Präsenz des Todes zudem schon zu Beginn des Romans durch die Darstellung der Todesvorahnungen Mercaders, die sich an der Gewißheit festmachen, nahezu überall – auch im Museum – verfolgt und beschattet zu werden.[202]

Semprún läßt sein Werk enden mit einer Evokation der vielen Toten, die – in der Fiktion und in der Realität – als Opfer der Revolutionsgeschichte zu beklagen sind. Der letzte Textabschnitt des *Mercader* gilt der Erinnerung an Trotzki, dessen Ermordung paradigmatisch für die Verbrechen der Stalinära steht. Mit deren Beginn bricht, in der Sicht des Romans, eine Zeit an, die jegliche Hoffnung auf eine bessere Zukunft im Sozialismus zunichte mache und nur mehr Tod gebären könne. Mercaders Geburt fällt in diese Periode; auf gleichsam fatalistische Weise erscheint damit seiner Existenz von Beginn an die Möglichkeit eines wahren Lebens verwehrt. Dies geht aus einem Passus hervor, in dem Uschakow in pathetischen Worten die politische Entwicklung der frühen dreißiger Jahre in der Sowjetunion beklagt:

> La Terreur s'est levée sur le pays, comme un orage nourri de nuées implacables, comme une fascination sanglante et compassée, dont le vieux Hegel avait déjà décrit les ruses et les raisons.
> Et c'est alors, au moment même où le sang rouge des révolutionnaires tombés pour la Révolution devenait le sang noir des révolutionnaires assassinés par la Révolution, c'est à ce moment-là, comme s'il prévoyait sa propre mort et la décrépitude du rêve ancien, comme s'il avait éprouvé le besoin de prolonger sa vie pour supporter l'échec de sa vie, c'est à ce moment-là, en 1933, que David Semionovitch a eu ce fils.
> Ievgueni Davidovitch Guinsburg, ce jeune mort.[203]

---

nicht zu malen, die er hätte werden können, indem er ihn unsichtbar machte oder ihn durch eine letzte Serie präziser und leichter Pinselstriche sich auflösen ließ im rötlichen Sand, im schillernden Wasser, im dichteren Schatten der Türme auf dem lichtdurchtränkten Kanal.«
Ebenfalls als Anspielung auf Proust ist es zu verstehen, wenn Semprún zu Beginn des zitierten Satzes von »cette ville ... de tout temps connue« spricht – eine Formulierung, die an Prousts Aussage über Vermeer als »artiste à jamais inconnu« erinnert. Zum Spiel mit diesen Reminiszensen vgl. S. 123f.

202 Vgl. RM 30-33; TRM 24-27.

203 RM 389; TRM 345: »Der Terror kam über unser Land, wie ein Gewitter aus unerbittlichen Wolken, wie ein genau abgemessener Blutrausch, dessen List und Vernunft der alte Hegel schon beschrieben hatte.
Und damals, als aus dem roten Blut der für die Revolution gefallenen Revolutionäre das schwarze Blut der von der Revolution ermordeten Revolutionöre wurde, damals, als ob er seinen eignen Tod und die Hinfälligkeit des alten Traums voraussähe, als ob er das Bedürfnis gehabt hätte, sein Leben zu verlängern, um das Scheitern seines Lebens ertragen zu können, damals im Jahre 1933, bekam David Semjonowitsch diesen Sohn.
Jewgeni Davidowitsch Ginsburg, jener junge Tote.«

Nicht das individuelle Schicksal von Mercader Avandaño allein, die Existenz der kommunistischen Funktionäre in der stalinistischen und nach-stalinistischen Zeit generell wird im Roman als »langer Tod« bezeichnet.[204] Er, der »militant«, hat in politischer Hinsicht schon seit geraumer Zeit sein Leben, sprich: seine reale Macht und damit seine eigentliche Daseinsberechtigung, verloren. Diese metaphorische Bedeutung des Begriffs »Tod« liegt auch vor, wenn Mercader Avendaño und Wetter unabhängig voneinander ihre Umgebung mit der zunächst unverständlichen Bemerkung »On ne meurt plus, à présent« (Heute stirbt man nicht mehr) verwirren. Ebenso wie der Trotzki-Mörder Mercader del Río führen sie und die anderen im Roman gezeichneten Geheimagenten der sozialistischen Staaten ein todgleiches Dasein. Sie »sterben« nicht, weil sie bereits »tot«, das heißt der Möglichkeit beraubt sind, Einfluß auf die Entwicklung ihrer Gesellschaft zu nehmen.[205]

Nicht nur im metaphorischen, auch im eigentlichen Wortsinn ist die Revolution selbst nach ihrem Absterben noch todbringend. Eines ihrer Opfer ist Ramón Mercader, der Protagonist. Sein Tod erscheint dabei als in einem letztlich nicht begründbaren Zusammenhang zu seinem Namen stehend. Es wird eine deutliche Parallele zwischen dem ihm von Inés zugedachten Kosenamen Humpty Dumpty, der unabhängig davon zugleich das Kodewort der auf ihn gerichteten CIA-Aktion ist, und dem Schicksal jener gleichnamigen Figur aus Lewis Carrols bekanntem Kinderreim gezogen.[206] Ähnlich wie diese ist Mercader ständig vom Fall bedroht, beide finden schließlich ein gewaltsames Ende. Der Name, den er seit seiner Einbürgerung in Spanien trägt, bindet Mercader zudem gleich in zweierlei Hinsicht an eine vom Tod gekennzeichnete Vergangenheit, die ihre Schatten vorauswirft: Er tritt an die Stelle eines Toten und übernimmt den Namen eines Mörders.

An vielen Stellen des Romans wird eine solche dem lateinischen *Nomen est omen* entsprechende Vorstellung suggeriert.[207] Nicht zuletzt stellt es aber auch einen erzählerischen Kunstgriff dar, wenn auf diese Weise drei unterschiedliche Lebensschicksale in einer Person vereinigt werden. Semprún ge-

204 Vgl. RM 102f.; TRM 91.

205 Vgl. RM 140; TRM 123 sowie RM 71 und 240; TRM 61 und 213.

206 Vgl. RM 107 und 211; TRM 94 und 187: »Humpty Dumpty sat on a wall/Humpty Dumpty had a great fall/All the King's horses and all the King's men/Couldn't put Humpty together again.« Kohut hingegen stellt diesen Abzählreim in Verbindung zu zwei im Roman zitierten Gedichten: Jessenins letzten Versen vor seinem Freitod und Majakowskis Replik auf sie. In dieser Gegenüberstellung sieht Kohut die Aussage des Romans *in nuce* enthalten; er wertet die beiden Dichterzitate als Ausdruck der Tragödie der Revolution, wobei Carrolls Nonsens-Kindergedicht deren Wiederholung als Farce symbolisiere. Vgl. Kohut, K., *Die Problematik* ..., a.a.O., S. 151f. und RM 402f.; TRM 357.

207 Vgl. RM 70, 86, 223f., 244, 255, 399; TRM 60, 74, 198, 218, 226, 354; Zeichen einer metaphysischen Einstellung zum Tod, die sich auch in anderen Werken des Autors wiederfinden läßt – vgl. insbesondere S.170f. – manifestieren sich darüberhinaus in den Todesvorahnungen Mercaders oder Natalja Sedowas, in: RM 102, 174f., 265f.; TRM 90f., 152f., 235f.

lingt dadurch die Verknüpfung von zwei Themenbereichen, die ihm besonders am Herzen liegen: die jüngere Geschichte des Kommunismus und die seines Heimatlandes Spanien.[208]

Wie bedrückend die kollektive Geschichte auf einem Menschen lasten kann, wird vor allem am Protagonisten des Romans illustriert. Obwohl er sich dagegen sträubt, bilden die schrecklichen Erzählungen Adela Mercaders von den vielen Opfern des Bürgerkriegs und insbesondere von der Erschießung ihres Bruders José María bald Teil seiner eigenen Erinnerung und Traumwelt. Gemeinsam mit der Vorstellung vom Tod seines leiblichen Vaters und von der Ermordung Trotzkis lebt diese blutige Vergangenheit in ihm fort als Bewußtsein einer historischen Tragödie, die geschichtlich noch nicht überwunden ist und daher auch ihn selbst betrifft. Er erlebt sie gar als Vorankündigung seiner eigenen politischen und persönlichen Niederlage, die ihm insofern als unausweichlich erscheint, als sie nicht von seinem individuellen Verhalten abhängt.[209]

Indirekt gibt der Roman zu verstehen, daß die kollektive Verdrängung der Zeitgeschichte Grund für diese Zwanghaftigkeit der Entwicklung ist. Resignierend kommt Wetter beispielsweise zu der Feststellung, das Gedächtnis der Kommunisten sei auf verhängnisvolle Weise von einer Vielzahl von Tabus besetzt:

> Aucun recoin de leur mémoire n'était totalement innocent. Quand on ne butait pas sur un cadavre, on butait sur du silence, sur le l'oubli, sur l'implacable justification du cours des choses.[210]

Daß er Geschichtsverleugnung und -verdrängung als konstitutives Element der stalinistischen Ideologie betrachtet, drückt Semprún später in der *Autobiografía* sehr deutlich aus.[211] In *La deuxième mort de Ramón Mercader* findet sich diese These hingegen zumeist nur relativ indirekt zum Ausdruck gebracht. Am deutlichsten ist sie noch in den Kommentaren Uschakows zu Orwells Roman *1984* greifbar. Die im Orwellschen Werk behandelte Thematik der Auslöschung des kollektiven Gedächtnisses, der ständigen Umschreibung der Geschichte gemäß den taktischen Erfordernissen einer Pragmatik der Machterhaltung sieht Uschakow als unmittelbare Widerspiegelung der politi-

---

208 Vgl. Villelaur, A., *Un »espionnage«* ..., a.a.O., S. 6.

209 Vgl. RM 395-399; TRM 350-354.

210 RM 262; TRM 232: »Kein Winkel der Vergangenheit war vollkommen unschuldig. Wenn man nicht auf eine Leiche stieß, stieß man auf Schweigen, auf Vergessen, auf die unerbittliche Rechtfertigung des Laufs der Dinge.«
Vgl. auch die Geschichtsrechtfertigung eines sowjetischen Regierungsmitglieds in RM 352; TRM 311.

211 Vgl. S.161f.

schen Praxis in der Sowjetunion.[212] Mehr auf die Person Stalins als auf die von ihm verbreitete Ideologie bezogen, heißt es ferner bei Semprún, daß Trotzki nur deshalb ermordet wurde, weil er jenen Teil der Geschichte verkörperte, den Stalin auszumerzen versuchte:

> Comment pourrait-il être en paix le »merveilleux Géorgien« (gemeint ist Stalin), ... tant que subsisterait la moindre parcelle de mémoire chez Lev Davidovitch (d.h. Trotzki)?
>
> Il fallait écraser cette mémoire, la broyer sous le tranchant de l'acier, l'éparpiller dans le sang répandu. ...
>
> Feu sur les derniers mots, les volontés dernières de Vladimir Ilitch, dans la mémoire de Lev Davidovitch!
>
> Mais pourquoi donc les hommes, chatons aveugles, se souviennent-ils? Feu à volonté sur la mémoire des hommes![213]

Die Mechanismen einer Reduzierung des kollektiven Gedächtnisses auf allein jene Elemente, die in Übereinstimmung mit dem offiziell vertretenen Geschichtsbild stehen, werden zudem sehr anschaulich am Beispiel der Romanfigur Mercader del Río aufgezeigt. Er, der freiwillig zwanzig Jahre seines Lebens opferte, um mit dem Mord an Trotzki vermeintlich der Revolution zu dienen, wird von den Erben Stalins nunmehr zum Schweigen gezwungen und in einer geschlossenen Wohnanlage von der Außenwelt abgeschirmt. Die einzige Möglichkeit, aus dieser todesgleichen Isolierung auszubrechen, bestünde darin, seine unbequeme Erinnerung öffentlich zu machen. Doch er ist zu schwach, diesen Kampf aufzunehmen, zieht es stattdessen vor, den Komfort einer Staatsrente nicht aufs Spiel zu setzen.[214]

Die erfolgreiche Manipulation des kollektiven Geschichtsbewußtseins – so ließe sich die These zusammenfassen, die der literarischen Darstellung im *Mercader* zugrunde liegt – beraubt die Gesellschaftssysteme Osteuropas jeder Möglichkeit, sich von innen heraus zu verändern. Sie bewirkt vielmehr, daß die als geschichtliche Tragödie betrachtete Niederlage der Revolution – zur Farce degradiert, doch nach wie vor todbringend – sich stets wiederholt. Al-

---

212 Vgl. RM 269f.; TRM 238ff.

213 RM 398f.; TRM 353f.: »Wie konnte er in Frieden leben, der 'wunderbare Georgier', der engste und treueste Mitstreiter Lenins ... solange auch nur die geringste Parzelle Erinnerung bei Lew Davidowitsch fortlebte?

Diese Erinnerung mußte man vernichten, mit der Schärfe des Stahls zermalmen, es im vergoßnen Blut zerstreuen.

Feuer auf die letzten Worte, auf den letzten Willen von Wladimir Iljitsch in der Erinnerung von Lew Davidowitsch!

Aber warum erinnern sich die Menschen, diese blinden Staubflocken! Feuer auf die Erinnerung der Menschen!«

214 Vgl. RM 179f., 202-206; TRM 157f., 178-182.

lein die Erinnerung an die wahren Hintergründe der Revolutionsgeschichte und die auf ihr fußende Erkenntnis, daß der traditionelle Kommunismus gescheitert ist, könnte den historischen Prozeß aus der Sackgasse führen und Stalin, welcher der im Roman vermittelten Sicht zufolge als »unsterblicher Toter« wie ein Gespenst die Geschichte seiner Nachwelt beeinflußt[215], definitiv in die Domäne der Historie verbannen.

Der Begriff »Trauer« findet sich zwar an keiner Stelle des *Mercader* explizit erwähnt, dennoch wird deutlich, daß es Trauer über den Verlust von Menschen und gesellschaftlichen Hoffnungen gleichermaßen ist, welche die Gefühlswelt der dargestellten Personen im wesentlichen kennzeichnet. Was der Roman als politische Notwendigkeit apostrophiert – die Aufarbeitung der individuellen und kollektiven Vergangenheit[216] – illustriert er folglich an seinen fiktionalen Figuren, leistet dasselbe zugleich aber auch, zumindest teilweise, für den Autor selbst. Obwohl das Werk nur in vergleichsweise geringem Maße autobiographischen Charakter trägt, ist doch offensichtlich, daß sich auch in ihm die persönliche Lebenserfahrung Sempruns prägend niederschlägt. Eine Vielzahl von Anzeichen im Text läßt insbesondere auf eine partielle Identifikation des Autors mit dem Protagonisten schließen: Beide sind ungefähr gleichen Alters, verbinden mit Spanien und dem spanischen Bürgerkrieg einen wesentlichen Teil ihrer persönlichen Identität, waren lange Zeit kommunistische Funktionäre und mußten die Enttäuschung ihrer politischen Hoffnungen erleben.[217] Vor allem fällt jedoch auf, daß José María Mercader mit Sempruns Vater nicht nur die Vornamen gemein hat, sondern in der fiktionalen Handlung als dessen enger Freund erscheint und die gleichen Charakterzüge wie dieser aufweist. Ähnlich wie sie verschmelzen auch ihre Ehefrauen, sonsoles Avendaño und Susana Maura, in der Darstellung zu einer

215 Vgl. RM 336f.; TRM 297.

216 Alexander und Margarete Mitscherlich formulieren und begründen in *Die Unfähigkeit zu trauern*, ihrer sozialpsychologischen Untersuchung zur jüngsten deutschen Geschichte, eine ähnliche Forderung. Insbesondere schreiben sie dort: »Die Geschichte wiederholt sich nicht, und doch verwirklicht sich in ihr ein Wiederholungszwang. Zu durchbrechen ist er nur, wo historische Ereignisse eine Bewußtseinsveränderung hervorrufen. Das soll heißen, daß es gelingt, bisher unkontrollierbar Wirksames in seiner Motivation vollkommener und zutreffender zu verstehen. Eine solche Bewußtseinsveränderung hätte sich angekündigt, wenn nach dem Krieg – vielleicht mit Verzögerung – eine Trauerarbeit auf der Basis eines Schuldeingeständnisses erfolgt wäre. Ohne eine wenn auch noch so verzögerte Schuldverarbeitung mußte die Trauerarbeit ausbleiben.« Und weiter unten heißt es zusammenfassend: »Trauerarbeit kann nur geleistet werden, wenn wir wissen, wovon wir uns lösen müssen; und nur durch ein langsames Ablösen von verlorenen Objektbeziehungen – solchen zu Menschen oder Idealen – kann die Beziehung zur Realität wie zur Vergangenheit in einer sinnvollen Weise aufrechterhalten werden. Ohne eine schmerzliche Erinnerungsarbeit wird dies nicht gelingen können, und ohne sie wirken unbewußt die alten Ideale weiter ...« (Mitscherlich, A. und M., *Die Unfähigkeit zu trauern*, München 1967, S. 64f. und 82f.).

217 Vgl. hierzu Ortega, J., a.a.O., S. 172.

Art Doppelgestalt.[218] Die Haltung, die ihnen im Werk entgegengebracht wird, ist gekennzeichnet von Verehrung für die Schönheit der Mütter, von Bewunderung für ihre Zivilcourage beziehungsweise von Hochachtung gegenüber der politischen Gesinnung und moralischen Integrität der Väter. Sie konvergiert mit der, die Semprún in Darstellungen der eigenen Biographie in Bezug auf seine Eltern offenbart. So erweist er in einem Interview zu *La deuxième mort de Ramón Mercader* insbesondere auf die Vorbildfunktion, die sein Vater in politischer Hinsicht für ihn hatte.[219] Es ist sicherlich nicht zufällig, daß neben J.M. Mercader und Semprún Gurrea vier weitere Personen im Roman ebenfalls den Charakter von politischen Vorbildern und Vaterfiguren zugleich tragen: Uschakow als väterlicher Freund und Mentor Mercaders, dessen Vater D.S. Ginsburg sowie in weniger direkter Form Trotzki und Wetter. Setzt man diese Konstellationen in Bezug zum Autor, so läßt sich daraus in Anlehnung an Freud auf eine enge Verbindung von Vaterbild und politischem Ideal des »militant« schließen[220], als dessen Verkörperung im Roman Ramón Mercader zu sehen ist. Die Tatsache, daß Semprún seine Hauptfigur wie auch sämtliche obengenannten Vatergestalten in der Umsetzung ihrer politischen Ziele scheitern läßt – sei es im gewaltsamen Tod oder in langsamer Resignation, die bekanntlich mit dem Tod gleichgesetzt wird –, ist als Zeichen der eigenen Desillusionierung und weitergehend sogar als symbolischer Mord zu interpretieren.[221]

Welch große identitätsbildende Funktion der Parteiaktivismus für Semprún besaß, ließ sich bereits an seinen früheren Werken, insbesondere an *La guerre est finie*, ablesen.[222] Da es vor allem Werte wie Treue, Unterwürfigkeit, Disziplin und Gehorsam waren, die sich mit dem Ich-Ideal des »militant« verbanden, muß eine Abkehr von diesem Ideal geradezu als Befreiung von (Selbst-)Entmündigung und als wesentlicher Schritt zu mehr persönlicher Autonomie gewertet werden. Gleichzeitig macht jedoch die oben aufgezeigte Ambivalenz der politischen Aussage von *La deuxième mort de Ramón Mercader* deutlich, daß weder auf der rationalen noch auf der emotionalen Ebene gänzlich eine Abkehr vom Kommunismus vollzogen wurde. Die Transposition der eigenen Gedanken und Konflikte in den fiktionalen Rahmen erlaubt es Semprún des weiteren, Trauer über die von ihm miterlebte und -beeinflußte

218 Vgl. RM 96ff. und 109-117; TRM 85ff. und 96-103.

219 Vgl. Semprún, J., in: Cotta, M. u.a., a.a.O., S. 74. Aufschlußreich ist in diesem Zusammenhang auch die Behandlung der Mutterthematik in *L'Algarabía*; vgl. hierzu S. 228-237.

220 Vgl. hierzu Freud, S., *Das Ich und das Es*, in: ders., *Gesammelte Werke*, Bd. XIII, S. 235-289, vor allem S. 256-267.

221 Zum ödipalen Vatertötungswunsch vgl. Freud, S., *Die Traumdeutung*, in: ders., *Gesammelte Werke*, Bd. II/III, S. 264-274.

222 Vgl. S.75ff.

historische Entwicklung auszudrücken, ohne die Frage der persönlichen Mitschuld anzusprechen oder Gefühle von Scham zu zeigen, wie dies später in der *Autobiografía* und besonders in *Quel beau dimanche!* geschieht.[223]

Der Schluß des Romans offenbart einmal mehr die dargestellte Widersprüchlichkeit des Autors, wird doch sichtbar, daß die als definitiv bezeichnete Niederlage der Revolution letztlich nicht voll akzeptiert wird. Denn am Ende steht die ungewisse Hoffnung, daß durch einen kollektiven Bewußtwerdungsprozeß den vielen Opfern nachträglich noch ein Sinn verliehen werden könnte:

> Tous les morts reposent, dans l'inquiétude d'une mort peut-être inutile. ...
> Le sang séchera-t-il, un jour? Ce n'est pas certain.[224]

Erhält der rätselhafte Titel des Buchs in diesem Zusammenhang eventuell einen Sinn? Es wäre immerhin denkbar, daß der zweite Tod das symbolisiert, was im obigen Bild mit dem »Trocknen des Blutes« angedeutet wird: das endgültige Ruhen der Revolutionsopfer durch ihre Aufhebung im historischen Bewußtsein einer neuen Generation von Kommunisten, die auf anderen Wegen deren Werk fortsetzen. Auf der anderen Seite könnte mit dem zweiten Tod von Ramón Mercader schlicht der Tod des zweiten Ramón Mercader gemeint sein – Mercader Avendaño im Gegensatz zu Mercader del Río. Eine dritte Interpretationsmöglichkeit ergibt sich aus der Tatsache, daß der Protagonist des Romans seinen spanischen Namen ja nur von einem in der UdSSR umgekommenen spanischen Kind übernommen hat. Der im Werk dargestellte Tod wäre demnach der zweite Tod des Ramón Mercader Avendaño. Schließlich ließe sich in der oben erwähnten Doppelbedeutung des Begriffs »Tod« – im metaphorischen beziehungsweise realen Sinn – die Erklärung des Titels finden. Die politische Arbeit als Funktionär einer gescheiterten Revolution wäre der erste und der fingierte Selbstmord der zweite Tod des Protagonisten.

Auch wenn mir die letztere Deutung als die plausibelste erscheint, ist insgesamt wohl zu vermuten, daß der Autor diese Mehrdeutigkeiten bewußt konzipiert hat. Sie entsprechen vollauf seinem Konzept vom Roman als Labyrinth, das im Anschluß besprochen werden soll.

Der Roman als Labyrinth

Wie eingangs erwähnt, habe ich bewußt auf eine Zusammenfassung der Handlungsintrige verzichtet: Zwar erstreckt sich das eigentliche fiktionale

223 Vgl. S. 155ff.,187-201.

224 RM 432; TRM 382: »Alle Toten ruhen in der Unruhe eines vielleicht unnötigen Todes. ... Wird das Blut eines Tages trocknen? Das ist ungewiß.«

Geschehen nur über fünf genau datierte Tage, doch ist es bereits in dieser kurzen Zeitspanne überaus komplex, angefüllt mit einer Vielzahl von Personen, deren zum Teil zufällige Beziehungen untereinander ein schwer durchschaubares Geflecht bilden. Diese Ebene der Handlung stellt darüber hinaus lediglich die Oberfläche einer fiktionalen Wirklichkeit dar, die erst durch die Evokation zeitlich vorgelagerter Ereignisse ihre spezifische Dichte erhält. Diese siedeln sich wiederum in sehr unterschiedlichen historischen und geographischen Kontexten an und verbinden sich in der literarischen Darstellung mit der Thematisierung einer sehr vielschichtigen zeitgeschichtlichen Problematik. Die Reihe der im Werk behandelten Themen wird letztlich noch ergänzt durch – nur teilweise unmittelbar als solche erkennbare – autobiographische Elemente[225] sowie durch ästhetische Reflexionen zu Werken der bildenden Kunst.

Nun hätte Semprún die verwirrende thematische Vielfalt durch eine interne Hierarchisierung und Strukturierung in eine einheitliche und gut übersichtliche Darstellung integrieren können. Genau das Gegenteil betreibt er jedoch: Er gestaltet den Roman vielmehr zu einem Labyrinth, indem er sich einer Reihe formaler Mittel bedient, von denen die wichtigsten im folgenden kurz aufgeführt und erläutert werden sollen.

Als erstes wäre die Aufteilung der Handlung in verschiedene Erzählstränge mit jeweils einer Romanfigur in deren Zentrum zu nennen. Diese finden sich wiederum in eine Vielzahl von Einzelszenen untergliedert; mit denen anderer Erzählstränge vermengt, bilden sie eine Art schwer durchschaubares Mosaik. Die Anordnung der Erzählsequenzen entspricht nur teilweise der Chronologie der Ereignisse, meist jedoch erfolgt sie nach assoziativem Muster. Häufig sind es bestimmte Wörter, Bilder oder Vorkommnisse, die der Erzähler als Anknüpfungspunkte für analog beginnende, aber völlig verschiedene Handlungssequenzen nutzt. Die hier verwandte Montagetechnik verweist auf einen wesentlichen Einfluß des Mediums Film – angeblich war das Werk ursprünglich auch als Drehbuch für den Film konzipiert.[226]

Hervorzuheben ist, daß dem Leser der Einblick erschwert wird. So ist die Handlung zu Beginn einer Szene vielfach nicht in ihren Kontext einzuordnen, da die Personen anfänglich nur mit Pronomina bezeichnet und später erst na-

225 Hierzu zählen unter anderem Wetters Erinnerung an einen jungen spanischen Häftling in Buchenwald, der namentlich zwar nicht genannt wird, dessen Beschreibung aber genau auf den Autor paßt, oder die Evokation der Eltern Semprúns aus der Sicht Adelas beziehungsweise Moedenhuiks; in zwei auktorialen Passagen vermittelt Semprún zudem eigene Erinnerungen aus der Zeit des frühen Exils. Vgl. hierzu jeweils RM 52ff., 261f.; 112-117, 123f. bzw. 227f.; 67f., 171ff.; TRM 44f., 231f.; 99-103, 189f. bzw. 203; 56f., 149ff.

226 Vgl. Carité, M., *La deuxième mort de Ramón Mercader*, in: *Les Annales* (Conferencia), 231 (Jan. 1970), S. 48f.

mentlich identifiziert werden. Analoges läßt sich auch auf der Inhaltsebene beobachten, wo bestimmte Vorgänge zunächst unverständlich erscheinen und ihren Bezug zur Handlungsintrige erst im weiteren Verlauf der Darstellung offenbaren. Der Leser ist somit ständig auf der Suche nach dem Überblick in einem Gewirr scheinbarer erzählerischer Irrwege beziehungsweise auf den ersten Blick nur lose miteinander verbundener Ereignisse. In diesem Punkt gleicht er den dargestellten Personen, die ebenfalls nur einen begrenzten Einblick in die wirklichen Zusammenhänge und Hintergründe des Geschehens haben und sich ihrerseits zum Teil in einem unüberschaubaren Labyrinth befinden. Der Erzähler beschreibt daher die von ihm geschaffene Romanrealität auch wie folgt:

> ... un engrenage minutieux de pièges et de parades, de marches et contre marches, de mouvements de pièces sur un échiquier dont personne n'aurait sous les yeux l'ensemble des cases, ni la disposition de toutes les figures, qui aurait rassemblé, jusqu'à l'explosion finale, tous les personnages de ce récit, à Amsterdam, au cours des journées de Pâques, de l'année 1966.[227]

Zur Komplexität der Darstellung trägt bei, daß der Erzählakt selbst Bestandteil des Erzählten wird. Wie in der oben zitierten Textstelle kommentiert der Erzähler in zahlreichen auktorialen Einschüben den Handlungsaufbau, fragt sich beispielsweise, ob er sekundären Romanfiguren nicht zu viel Aufmerksamkeit schenkt, reflektiert über von ihm verwandte feststehende Redewendungen etc.[228] Durch die Einbeziehung dieser metasprachlichen Überlegungen verweist der Erzähler den Leser immer wieder explizit auf die literarische Vermittlungsebene, läßt ihn quasi am literarischen Schöpfungsprozeß beobachtend teilnehmen. Auf indirekte Weise geschieht dies auch in der Gegenüberstellung realer, im Indikativ erzählter und hypothetischer, im Konditional erzählter Romanszenen; wie Kohut treffend formuliert, wird hier »die Unsicherheit, die in jedem Erzählvorgang beschlossen liegt«, im Stil sichtbar gemacht.[229]

Ein wichtiges und häufig verwendetes Stilmittel ist zudem der Wechsel von Erzählsituation und Erzählperspektive. Oft geht die Darstellung innerhalb ei-

227 RM 63; TRM 53: »... ein minutiöser Mechanismus von Hinterhalten und Abwehrmanövern, von Zügen und Gegenzügen, wie bei einem Schachspiel, bei dem niemand das Gesamtfeld und die Gesamtaufstellung der Figuren übersieht, der bis zum explosiven Schluß in den Ostertagen 1966 in Amsterdam alle Personen dieser Erzählung zusammenführen würde«; zu diesem Punkt vgl. auch RM 74, 140f., 245, 341; TRM 64, 123, 218, 301.

228 Vgl. RM 62-67, 122-134, 144, 155f., 159; TRM 52-57, 107-117, 126, 135, 138.

229 Kohut, K., *Die Problematik* ..., a.a.O., S. 157; vgl. dazu RM 13ff., 100-103, 155, 168ff.; TRM 9ff., 88-91, 135, 146ff.

ner Szene, zum Teil sogar innerhalb eines Satzes, von der Er- in die Ich- beziehungsweise Du-Form über; dabei erhalten einzelne Personen der Fiktion vielfach den Status von Reflektorfiguren, welche die Erzählung aus ihrer personalen Sicht fortführen.[230] Einige Geschehnisse werden so aus der Sicht jeweils unterschiedlicher Personen mehrfach im Werk erzählt oder evoziert.[231] Die daraus resultierenden Spiegelungen verdichten zwar den Text auf der Inhaltsebene und wirken der Verwirrung entgegen, die aus der extremen Parzellierung der Handlung entsteht; auf der formalen Ebene hingegen diversifizieren und komplizieren sie die Darstellung.

Als letztes wäre noch die oft überaus verschachtelte Struktur des Satzbaus zu nennen. Semprún tendiert zu sehr langen Sätzen, die nicht selten eine gesamte Buchseite füllen – so vor allem zu Beginn des Werks. In sich sind diese Satzkonstruktionen durch eine extensive Nutzung der Zeichensetzung allerdings so gegliedert, daß sie lesbar bleiben.

Angesprochen auf die Frage, warum er eine derart labyrinthähnliche Werkstruktur gewählt habe, antwortet Semprún mit dem Hinweis auf eine formale Kongruenz seiner eigenen Erfahrungswelt mit der dargestellten Romanwirklichkeit:

> Parce qu'à l'intérieur de notre monde la politique est un labyrinthe. Et que la vie du militant clandestin est un labyrinthe dans le labyrinthe du monde, alors ... j'ai tellement vécu sous des noms d'emprunt ... Finalement, j'ai pris l'habitude peut-être des labyrinthes et je ne m'y perds plus.[232]

Nicht allein die Erlebnisse des Untergrundkampfes dürften ihn allerdings zu der erwähnten Vertrautheit mit komplexen Situationen geführt haben, zu ihr haben sicherlich auch die Erfahrungen des Exils und des daraus resultierenden Lebens in mehreren geographischen, kulturellen und sprachlichen Welten beigetragen. Dies findet seinen Niederschlag wiederum im Werk. Ähnlich wie der Autor sind viele der Romanfiguren entwurzelte Existenzen: Die Tätigkeit der Geheimdienstagenten bedingt naturgemäß bereits eine Spaltung in eine klandestine und eine öffentliche Identität; die Arbeit in fremden Ländern führt manche von ihnen – Uschakow insbesondere – zu jenem

230 Zum Wechsel der Erzählsituation vgl. u.a. RM 81ff., 90-102, 107; TRM 70f., 79-91, 94; Beispiele für den Wechsel der Erzählperspektive finden sich u.a. in RM 33, 39f., 42, 47f., 52; TRM 27, 32ff., 35, 39, 44.

231 Vgl. u.a. RM 96f., 199f., 245f., 420ff.; TRM 85f., 175f., 217f., 372f.

232 Semprún, J., in: Cotta, M. u.a., a.a.O., S. 78: »Weil innerhalb unserer Welt die Politik ein Labyrinth ist. Und weil das Leben des Untergrundkämpfers ein Labyrinth im Labyrinth der Welt ist, also ... Ich habe soviel unter fremden Namen gelebt ... Schließlich sind mir Labyrinthe vielleicht vertraut geworden, und ich verirre mich nicht mehr in ihnen.« (Auslassungszeichen im Original – Übers. d. Verf.).

Kosmopolitismus, der diejenigen auszeichnet, die nirgendwo eine Heimat haben.[233] Einige der Personen sind bezeichnenderweise zudem Auswanderer beziehungsweise Exilanten – zu ihnen gehören Felipe de Hoyos, William Klinke, vor allem aber Trotzki und die beiden Mercaders.

An Ramón Mercader Avendaño wird die innere Zerrissenheit der Entwurzelung besonders deutlich: In der Sowjetunion muß er seine wahre Herkunft verbergen und verleugnen, in Spanien hingegen kann er nicht wahrhaft heimisch werden.[234] Lediglich für einen kurzen Moment hat er das – wie es heißt – »absurde aber beharrliche Gefühl« einer wiedergefundenen Heimat; ein auf dem alten jüdischen Friedhof von Prag geführtes Gespräch mit einer spanischstämmigen sephardischen Jüdin, signifikanterweise somit ebenfalls einer Emigrantin, erlebt er als Bestätigung seines Rechts, sich wirklich als Spanier fühlen zu dürfen.[235]

Mercaders Spanienbindung kann zweifelsohne als Spiegelung derjenigen des Autors angesehen werden. Diese manifestiert sich auch im vorliegenden Werk in unübersehbarer Weise. Wie Kohut bereits ausführt, kommt sie besonders in der Intensität zum Ausdruck, mit der Semprún den Norden Spaniens evoziert; obwohl es sich von der Romanstruktur her nur um einen Nebenschauplatz handele, werde die Region um Santander zum geheimen Zentrum des Romans.[236] Ihre Bedeutung erhalten diese Passagen vorrangig aus der Tatsache, daß sich hier die Familengeschichte Mercaders, diejenige des Autors sowie die politische Geschichte des Landes zu einer sehr dichten Einheit verbinden, welche ihrerseits wiederum in der Schlüsselszene von der Erschießung José María Mercaders kulminiert.

Des weiteren ist anzumerken, daß Ramón Mercader ebenso wie bekanntlich Semprún nicht nur seine geographische, sondern auch seine politische Heimat verloren hat. Letzteres verbindet ihn mit Uschakow, Wetter, Trotzki und in gewissem Sinn sogar mit Mercader del Río. Dessen Beispiel illustriert, daß selbst die Treue zur Partei Isolation und eine Art inneres Exil bedeuten kann. Das Labyrinth ihrer beruflich-politischen Aktivitäten wirkt auf die im Roman dargestellten »militants« beziehungsweise Funktionäre um so bedrückender, als es ihnen ausweglos, ihr Engagements damit unnütz erscheint.

Ist die komplexe Struktur von Darstellung und Dargestelltem einerseits als Ausdruck der vom doppelten Exil gekennzeichneten Befindlichkeit Semprúns anzusehen, so läßt sich andererseits in ihr auch eine verschlüsselte politische

233 Vgl. Blot, J., *Jorge Semprun: La deuxième mort de Ramón Mercader*, in: *La Nouvelle Revue Française*, 34 (1969), S. 462ff., hier S. 463.

234 Vgl. RM 390; TRM 346.

235 Vgl. RM 393ff.; TRM 349f.

236 Vgl. Kohut, K., *Die Problematik ...*, a.a.O., S. 153.

Aussage erkennen: Das Labyrinth der fiktionalen verweist auf das der gesellschaftlichen Wirklichkeit, in der es immer schwieriger wird, zu einer Gesamtsicht zu gelangen, die Grundlage einer systemverändernden Strategie werden könnte. Wenn der Autor im Zusammenhang mit dem Romangeschehen von einer »sinnlosen Geschichte« spricht, deren Wahrheit gleich einem zersprungenen Glas in tausend Stücke zerplatzt sei, welche jedes für sich nur einen winzigen Teil des Ganzen widerspiegelten, so ist dies, wie er selbst andeutet, zugleich als Parabel auf die außerliterarische, historisch-politische Realität zu deuten.[237] In einem dem Buch vorangestellten Hinweis, der in ironischer Abwandlung der gängigen Formel vom rein fiktiven Charakter des Erzählten formuliert ist, deutet Semprún zudem an, daß er seinen Roman als politisches Werk verstanden wissen will:

> Les événements dont il est question dans ce récit sont tout à fait imaginaires. Bien plus: toute coïncidence avec la réalité serait non seulement fortuite, mais proprement scandaleuse.[238]

Ein Skandal ruft nach Aufklärung und nach Veränderung. Das vorliegende Buch begnügt sich allerdings mit einer verschlüsselten Darstellung der skandalösen gesellschaftlichen Wirklichkeit, fordert nicht explizit zu deren Umgestaltung auf. Wenn man die wenig erfolgversprechende Lösung Rudi Wetters einmal ausnimmt, zeigt es auch keinen Ausweg aus dem Labyrinth, bleibt ihm vielmehr selbst verhaftet. Das Werk spiegelt so ein bestimmtes Stadium in Semprúns politischer Entwicklung wider, in dem er zwar weiterhin von der Notwendigkeit einer marxistisch fundierten Revolution überzeugt ist, aufgrund der eingestandenen Niederlage der traditionellen kommunistischen Bewegung jedoch keine Möglichkeit zu ihrer Realisierung sieht.

Neben diesen inhaltlichen Aspekten zeigen sich im Roman auch rein literarische Einflüsse. Insbesondere hat die Kritik auf Affinitäten zu filmischen Erzähltechniken, zum *nouveau roman* und zu Proust aufmerksam gemacht. Semprún selbst betont zwar sein Bemühen um romantechnische Innovationen[239], weist jedoch eine Beeinflussung durch den *nouveau roman* oder durch Proust entschieden zurück.[240] Die Nähe zum Film hingegen ist offensichtlich, sie manifestiert sich, wie oben schon erwähnt, vor allem in der montageartigen Verknüpfung der Szenen – die narrative Transposition eines sogenannten

237 Vgl. RM 244f. und 341; TRM 217f. und 301.

238 RM 9; TRM 6: »Die Begebenheiten dieser Erzählung sind völlig frei erfunden. Mehr noch: jede Übereinstimmung mit der Wirklichkeit wäre nicht nur zufällig, sondern geradezu skandalös.«

239 Vgl. Semprún, J., in: Roig, M., *Jorge Semprún, en un vaivén*, a.a.O., S. 34.

240 Vgl. ders., in: Cotta, M. u.a., a.a.O., S. 78 sowie in Kohut, K., *Escribir* ..., a.a.O., S. 174f.

»Neutralschwenks« der Filmsprache als Bindeglied zwischen zwei Erzählkontexten mag hierfür als Beispiel dienen.[241]

Stellenweise macht die Darstellung sich die Perspektive einer Kamera zu eigen, so in erster Linie in jenen Szenen des dritten Romankapitels, welche die Ereignisse in Trotzkis mexikanischem Wohnsitz zum Gegenstand haben. Eng mit der Schilderung von Klinkes Drehbuchprojekt verknüpft, erscheinen diese Passagen gleichsam als mögliche Szenen seines geplanten Films.[242]

Was die Parallelen zum *nouveau roman* anbetrifft, so hat Ortega einerseits recht, wenn er auf gemeinsame Charakteristika wie das Abrücken vom Konzept des allwissenden Erzählers, das Fehlen von psychologischer Information hinweist.[243] Andererseits mag Semprún völlig ehrlich argumentieren, wenn er lediglich den Einfluß filmischer Erzählweisen bestätigt; diese haben bekanntlich auch den *nouveau roman* entscheidend geprägt.[244]

Was *La deuxième mort de Ramón Mercader* in jedem Fall von jener französischen Romanströmung unterscheidet, ist das Festhalten an einer Handlungsintrige. Zumindest in seiner Oberflächenstruktur erinnert das Werk ja eher an einen Kriminal- oder Spionageroman, an ein Genre folglich, das allgemein der Trivialliteratur zugerechnet wird.

Die Affinitäten zu Proust zeigen sich vornehmlich in der Bedeutung, welche die Erinnerung im Werk beider Autoren einnimmt – dies allerdings in sehr unterschiedlicher Zielrichtung: Die Beschäftigung mit der Vergangenheit, in der *Recherche* bekanntlich vorwiegend auf den rein privaten Bereich beschränkt, richtet sich bei Semprún in wesentlichem Maße auf die Gesellschaftsgeschichte und gewinnt so eine politische Dimension.[245] Darüber hinaus legt auch Semprúns literarischer Stil einen Vergleich mit Proust nah. Wie dieser formuliert Semprún häufig sehr verschachtelte, von Digres-

---

241 Vgl. RM 411; TRM 363. Als »Neutralschwenk« bezeichnet man die Verknüpfung zweier Szenen in einem Film, bei der die Kameraeinstellung auf ein neutrales Motiv (wie Himmel, Erdboden, Uhr oder dergleichen) als Bindeglied fungiert. In der genannten Textstelle ist es der Satz »Er rührte seinen Kaffee um«, der den Übergang zwischen zwei unterschiedlichen Sequenzen bildet.

242 Vgl. RM 168ff. bzw. TRM 146ff., insbesondere jedoch RM 184-188, TRM 162-165. Eine bewußt ironische Angleichung an eine filmische Darstellung findet sich in RM 122ff, TRM 107. Inhaltlich lehnen sich diese Sequenzen an Isaac Deutschers Darstellung (ders., *The Prophet Outcast* ..., a.a.O., S. 495-505) an. Vgl. hierzu auch Scheffel, H., *Aufgedeckte Karten mit erschreckenden Bildern. Jorge Semprun: »Der zweite Tod des Ramón Mercader« – Ein spannender politischer Roman mit literarischem Raffinement*, in: *Frankfurter Allgemeine Zeitung*, 2.4.1974, S. 12.

243 Vgl. Ortega, J., a.a.O., S. 165, Anm. 9.

244 Vgl. Semprún, J., in: Cotta, M. u.a., a.a.O., S. 78: »Le 'nouveau roman', je ne connais pas. Si j'ai subi des influences, et j'en ai subi, elles sont autres. Le cinéma n'a pas besoin de 'nouveau roman' pour m'influencer ...« (»Den ‚nouveau roman' kenne ich nicht. Wenn ich Einflüsse aufgenommen habe, und ich habe welche aufgenommen, dann sind es andere. Der Film braucht keinen ‚nouveau roman', um mich zu beeinflussen ...« – Übers. d. Verf.). Vgl. auch Kohut, K., *Die Problematik* ..., a.a.O., S. 158, Anm. 30.

245 Vgl. hierzu ebenda, S. 159 sowie Lapouge, G., *La deuxième naissance* ..., a.a.O.

sionen durchzogene Sätze, die von der Literaturkritik vielfach als zu gekünstelt moniert werden. So spricht F. Nourissier von den eminent langen »Proustischen Sätzen«, in die Semprún sich unvorsichtigerweise stürze, und kommt zu dem Urteil, das Buch leide an einem Ungleichgewicht von Form und Inhalt.[246]

Wie oben bereits erwähnt, verneint Semprún selbst hingegen jeden unmittelbaren Einfluß Prousts auf sein Werk; bis 1981 habe er zwar viel über Proust gelsen, sei in seiner Lektüre der Primärtexte jedoch nicht über den Beginn von *Du côté de chez Swann* hinausgekommen. Er sieht seine literarische Sprache vielmehr von dem spezifischen Satzbau des Spanischen geprägt:

> Je me suis fait l'hypothèse qu'elles (i.e. les influences proustiennes) venaient de la structure même de la phrase proustienne qui est très voisine de la structure de la phrase espagnole, c'est-à-dire, une phrase très longue, avec beaucoup d'incidentes, avec beaucoup de baroquismes, de fioritures, de complications, de complexité.[247]

Die an verschiedenen Punkten aufgezeigten Verweise auf den Autor der *Recherche* will Semprún allesamt als ironische Anspielungen auf die ihm von der Literaturkritik nachgesagten Proustschen Einflüsse verstanden wissen.[248]

Vor diesem Hintergrund ist der ansonsten wenig integrierte Erzählstrang um die Person P.R. Boutors zu sehen, jenes eher lächerlich wirkenden Literaturprofessors, der brillant über Proust fachsimpeln kann, ohne von ihm je mehr als die ersten Seiten der *Recherche* gelesen zu haben. Seine Gelehrsamkeit wirkt hohl und blasiert; so weckt Vermeers *Ansicht von Delft*, die er zufällig zur gleichen Zeit wie Mercader im Haager Mauritshuis betrachtet, sein Interesse vor allem im Hinblick auf einen völlig belanglosen Disput mit seiner Frau um die Frage, ob nun Malraux oder Proust von dem Bild gesagt habe, es sei das schönste der Welt.[249] Demgegenüber zeigt Semprún in den kunstkritischen Reflexionen des Romans eine Sensibilität, die ihn in der Tat mit Proust verwandt erscheinen läßt. Die entsprechenden Passagen enthalten nicht allein eine historisch-materialistische, sondern ebenfalls eine rein ästhe-

---

246 Vgl. Nourissier, F., a.a.O., S. 6 sowie Villelaur, A., *Un »espionnage«* ..., a.a.O., S. 8; Martín-Artajo, J., *»La segunda muerte de Ramón Mercader«* ..., a.a.O., S. 80 und Caravaca, F., a.a.O., S. 420.

247 Semprún, J., in: Kohut, K., *Escribir* ..., a.a.O., S. 174: (»Ich habe für mich die Hypothese aufgestellt, daß sie (das heißt die Proustschen Einflüsse) unmittelbar aus der Struktur des spanischen Satzes kommen, die der Struktur des spanischen Satzes sehr verwandt ist, also eines sehr langen, komplexen Satzes mit vielen Einschüben, Barockismen, Schnörkeln, Komplikationen.« – Übers. d. Verf.).
Vgl. hierzu ebenfalls Semprúns Äußerungen in: Roig, M., *Jorge Semprún, en un vaivén*, a.a.O., S. 34f.

248 Vgl. Semprún, J., in: Kohut, K., *Escribir* ..., a.a.O., S. 174f.

249 Vgl. RM 28f.; TRM 23. Die betreffende Aussage findet sich in Prousts Brief an J.L. Vaudoyer, in: Proust, R., Brach, P. (Hrg.), *Correspondance générale de Marcel Proust*, Bd. 4, Paris 1933, S. 86. Vgl. hierzu gleichfalls Monnin-Hornung, J., *Proust et la peinture*, Genève/Lille 1951, S. 57-61.

tische Interpretationsebene. Sie geben so eine Haltung zu erkennen, die auch Uschakow in seinen Erläuterungen zu Vermeers *Straße in Delft* offenbart. Dieser hatte seinen Freund Mercader zunächst auf den historischen Kontext und die ideologischen Implikationen des Bildes aufmerksam gemacht, ihm dann aber den Rat gegeben:

> Oubliez tout cela, disait-il maintenant. Ne soyez pas cuistre, pénétrez audelà de la structure idéologique, historique, du tableau. Plongez dans la transparence inépuisable de cet univers minime, dans la joie que procure cet accord formel, et qui est d'essence universelle, entre une matière et une lumière, entre la matérialité du monde et sa vision, presque abstraite, tellement elle est épurée.[250]

Die in *La deuxième mort de Ramón Mercader* geäußerten Betrachtungen zur Malerei lassen deutlich eine Faszination für Vermeer und Fabritius spüren. Die Vielschichtigkeit ihrer Bilder wird mit der Simplizität eines Tiergemäldes konfrontiert – ganz offensichtlich Paulus Potters *Der junge Stier* (1647) –, von dem es abwertend heißt, es zeige von der Wirklichkeit nur die »dünne Oberhaut«[251]:

Es ist offensichtlich, daß der Roman in seiner labyrinthartigen Erzählstruktur auf der Ebene der Literatur deutlich mit der darstellerischen Oberflächlichkeit dieses Bildes kontrastiert. Erst eine genauere Betrachtung läßt die inneren Zusammenhänge des komplexen Bedeutungsgefüges von *La deuxième mort de Ramón Mercader* erkennen. Ebenso wie Vermeers *Ansicht von Delft* einen aktiven Zuschauer verlangt, setzt Semprúns Roman einen aktiven Leser voraus.[252]

Die ästhetische Wirkungsabsticht des Autors läßt somit zwei Ebenen erkennen: Zum einen appelliert Semprún an die kreativen Fähigkeiten des Lesers, indem er ihm durch die labyrinthartige Romanstruktur den Zugang zum Verständnis erschwert, zum anderen spricht er durch die Vermittlung von kunstkritischen Reflexionen unmittelbar dessen künstlerische Sensibilität an. In beiden Aspekten konvergiert die ästhetische Intention mit seinem politi-

---

250 RM 26; TRM 21: »Vergessen Sie das alles, seien Sie kein Pedant, gehen Sie über die ideologische, historische Struktur des Bildes hinaus. Tauchen Sie ein in die unerschöpfliche Transparenz dieser winzigen Welt, in die Freude über jene formale Übereinstimmung, das ist von allgemeiner Bedeutung, zwischen Licht und Materie, zwischen der Materialität der Welt und ihrer fast abstrakten, weil derart gereinigten Vision.«

251 Vgl. RM 19; TRM 14f.

252 Mit »leicht koketter Linie« – wie Kohut formuliert –spielt Semprún auf diesen Umstand an, wenn er fast am Ende des Buchs an den Leser die Bemerkung richtet: »Le lecteur aura compris depuis fort longtemps que la technique de l'espionnage est le ondre de nos soucis.« (Der Leser wird schon längst begriffen haben, daß die Spionagetechnik der geringste unserer Anliegen ist.) Vgl. RM 298, TRM 264 sowie Kohut, K., *Die Problematik* ..., a.a.O., S. 148.

schen Anliegen; offenbart der Roman doch so zugleich die bewußte Ablehnung jenes restriktiv-utilitaristischen Kunstverständnisses, das unter Stalin und seinem Kulturminister Schdanov in den Ländern des »realen Sozialismus« wie auch in den kommunistischen Kreisen des Westens normative Geltung erlangte. Inhalt und Gestaltung des *Mercader* illustrieren dagegen Sempruns Überzeugung, daß Kunst und Literatur einen wesentlichen Platz gerade auch in einer kommunistischen Weltsicht haben sollten. So äußert er 1967 bereits in *L'évanouissement* die Überlegung:

> Mais à force de traiter la peinture, et la philosophie, et la morale, comme des choses secondaires, vous ne trouvez pas que nous sommes allés un peu loin? ... C'est notre imbécillité qui est en cause, une certaine imbécillité communiste.[253]

Dem Wandel in der Einschätzung des »real existierenden Sozialismus« steht demnach eine Kontinuität hinsichtlich der Zielvorstellung von einem idealen Kommunismus entgegen. Diese Ambivalenz durchzieht den gesamten Roman. Sie ist Zeichen eines Stadiums in Sempruns Entwicklung, in dem dieser zwar den Verlust konkreter politischer Hoffnungen betrauern kann, sich jedoch nicht von deren ideologischer Grundlage löst.

Eine ähnliche Haltung kennzeichnet noch die fünf Jahre später erschienene literarische Vorlage für Alain Resnais' Film *Stavisky* ..., die im folgenden Gegenstand der Betrachtung sein wird.

253 EV 198f.: »Aber finden Sie nicht, daß wir ein bißchen weit gegangen sind darin, die Malerei und die Philosophie und die Moral beständig als zweitrangige Dinge zu behandeln? ... Es geht um unsere Dummheit, eine bestimmte kommunistische Dummheit.«
Ähnliche Überlegungen äußerte Semprún in einer Rede, die er auf einem von der kommunistischen Kulturzeitschrift *Clarté* organisierten Kongreß hielt. Der Beitrag erschien vollständig in: Buin, Y. (Hrg.), *Que peut la littérature?*, Paris 1965, S. 29-47 sowie gekürzt unter dem Titel *Ces silences qui nous sont interdits*, in: *Le Nouvel Observateur*, 17.12.1964, S. 26ff.

5.
Le »Stavisky« d'Alain Resnais

Nach *La guerre est finie* ist dies Buch die zweite und bislang letzte Arbeit Sempruns für den Regisseur A. Resnais. Mit dem ersten weist es eine Reihe von formalen Übereinstimmungen auf: Szeneneinteilung wie im traditionellen Drehbuch, relativ ausführlicher Erzähltext im Präsens und im wesentlichen chronologische Abfolge der Handlungssequenzen, unterbrochen lediglich von »Einblendungen«, die Ausblicke auf spätere Ereignisse gestatten.[254] Vom Thema her steht es hingegen *La deuxième mort de Ramón Mercader* sehr viel näher; denn hier wie dort steht der Tod – der individuelle Tod, der zugleich das Ende einer historischen Epoche widerspiegelt – im Zentrum des Autoreninteresses. Die im *Mercader* beobachtete Einstellung zur Problematik von Erinnerung und Geschichtsverleugnung läßt sich dabei auch im *Stavisky* wiederfinden. Gemeinsam nehmen beide Werke darüber hinaus in Sempruns Oeuvre insofern eine Sonderstellung ein, als in ihnen die autobiographische Komponente einen geringen beziehungsweise in diesem Fall sogar nur minimalen Stellenwert besitzt. Mit Alexandre Stavisky wendet sich die literarische Filmvorlage einem geschichtlichen Sujet zu, das nicht einmal mit der von Semprún ansonsten bevorzugten Thematik des Kommunismus und seiner Entwicklung unmittelbar in Berührung steht. Zur Einführung in die Besprechung des Werks seien zunächst in einem kurzen Abriß die historischen Fakten um die Person und die politische Bedeutung Staviskys für die französische Dritte Republik zusammengefaßt.[255]

Bereits zu Lebzeiten war Alexandre Stavisky, alias Serge Alexandre, eingebürgerter Franzose jüdisch-ukrainischer Herkunft, eine legendäre Figur. Als

---

254 Vgl. hierzu S. 65f.

255 Die folgenden Angaben stützen sich vor allem auf Charlier, J.-M. und Montarron, M., *Stavisky. Les secrets du scandale*, Paris 1974; Thévenin, R., *Historique de l'affaire Stavisky*, in: Kessel, J., *Stavisky, l'homme que j'ai connu*, Paris 1974 (Neuauflage des 1934 erschienenen Buchs); Kupfermann, F., *L'affaire Stavisky*, in: *L'Histoire*, 7 (Dez. 1978), S. 43-51; Gacon, J., *Lumières sur l'Affaire Stavisky*, in: *Humanité Dimanche*, 166 (29.5.1974), S. 23-28; Chastenet, J., *Histoire de la Troisième République*, Bd. VI, Paris 1962, S. 71-89; Dubief, H., *Le déclin de la IIIe République, Nouvelle histoire da la France contemporaine*, Bd. 13, Paris 1976, S. 74-78; Lefranc, G., *Le Front Populaire*, Paris 1974, S. 7-12.

angeblich seriöser Geschäftsmann frequentierte er die politischen, wirtschaftlichen und gesellschaftlichen Größen des »Tout Paris«, die seinen unwiderstehlichen Charme und seine Freigebigkeit priesen. Nur wenigen war bekannt, daß dieser Financier, Besitzer des »Théâtre de l'Empire«, der Zeitung »La Volonté« und eines Pferderennstalls, bereits 1926 wegen Hehlerei und Scheckbetrugs eine Haftstrafe hatte antreten müssen. Waren es zu Beginn seiner »Karriere« solch kleine Finanzdelikte sowie seine Kontakte zu Damen der besseren Gesellschaft, die mit ihrer Großzügigkeit den Grundstock zu seinem Vermögen legten, ging er nach seiner Entlassung aus dem Gefängnis unter geändertem Namen zu großangelegten Fälschungen von Kreditbriefen über, ausgestellt von Banken, die er über Gewährsleute kontrollierte, wie den »Crédit d'Orléans« oder den erst von ihm ins Leben gerufenen »Crédit Municipal de Bayonne«.

Durch zahlreiche, oft kostspielige Verbindungen zu hochgestellten Beamten im Finanzministerium und in der Polizei, dort offensichtlich auch zum Pariser Polizeichef Chiappe und zu Parlamentariern aus den Reihen der an der Regierung befindlichen Radikalen, blieb er bis zur Aufdeckung des Betrugs der »Bons de Bayonne« Ende 1933 straffrei. Nach der Verhaftung des Direktors des »Crédit Municipal de Bayonne«, seines engen Vertrauten Tissier, floh Stavisky in ein abgelegenes Chalet bei Chamonix, wo er am 8. Januar 1934 an Schußverletzungen starb. Die Umstände seines Todes blieben ungeklärt; der offiziellen Version nach beging er Selbstmord, um sich dem Zugriff der heranrückenden Polizei zu entziehen, anderen Stimmen zufolge wurde er von einem Polizisten im Auftrag ermordet, um ihn am Reden zu hindern und so den Skandal zu begrenzen.

Trotzdem konnte nicht verhindert werden, daß die Verwicklung verschiedener, vor allem den Radikalen angehöriger Parlamentarier wie Garat, Dalimier und Bonnaure in die Affäre pulbik wurde. Diese fand folglich ein großes Echo, vor allem in der extrem rechten Presse, die den Skandal zum Anlaß nahm, ihre Hetze gegen die Regierung und die Radikalen sowie gegen den Parlamentarismus insgesamt, gegen Ausländer und Juden massiv zu steigern. Premierminister Chautemps, dessen Minister Dalimier gewesen war, trat unter dem Druck der Öffentlichkeit, die ihm vorwarf, die Affäre ersticken zu wollen, am 27.1.34 zurück. Der Nachfolger Daladier setzte den Pariser Polizeichef Chiappe, der wegen Begünstigung der »Ligues« und anderer faschistischer Organisationen sowie aufgrund seiner zwielichtigen Rolle im Stavisky-Skandal von der Linken heftig angegriffen wurde, von seinem Posten ab. Diese Maßnahme stieß auf heftigen Widerstand seitens der äußersten Rechten, die für den 6. Februar 1934, den Tag, an dem Daladier im Parlament die

Vertrauensfrage stellen sollte, eine machtvolle Demonstration vor dem »Palais Bourbon« organisierte.

Die Ziele dieser Massenansammlung waren keineswegs eindeutig friedlicher Natur, die Gefahr eines Komplotts gegen die Regierung und das parlamentarische System konnte nur durch das gewaltsame Eingreifen starker republiktreuer Polizeikräfte gebannt werden; die Bilanz der Auseinandersetzungen: 17 Tote und mehr als 2.000 Verletzte. Trotz eines deutlichen Abstimmungssieges im Parlament trat die Regierung Daladier am folgenden Tag zurück, um einen drohenden Bürgerkrieg zu vermeiden.

Der Stavisky-Skandal, bei weitem nicht der einzige und gewichtigste in einer langen Serie von Affären, die die Dritte Republik erschütterten, wird allgemein als ein bedeutender Auslöser der Ereignisse des 6. Februar angesehen.

Zur Vorbereitung auf die Arbeit am Filmdrehbuch studierte Semprún, eigenen Angaben zufolge[256], sehr eingehend verschiedene historische Untersuchungen, unter ihnen vor allem die ca. 12.000 Seiten umfassenden Berichte der beiden parlamentarischen Untersuchungskommissionen zum Stavisky-Skandal und zu den Unruhen des 6. Februar. Trotz dieser intensiven Recherchen ging es dem Autor ebensowenig wie dem Regisseur um eine filmische Darstellung, die etwa im Stil eines Enthüllungsjournalismus bis dato verdeckte Wahrheiten an den Tag gebracht hätte.[257] In seiner ausführlichen Einleitung zum Buch vermerkt Semprún an einer Stelle:

> Tout film est une fiction, rappelons-le. Même si cette fiction prend la structure formelle – le masque dramatique – d'un dossier qu'on explore et qu'on fait semblant de tirer au clair, au moyen d'une enquête, comme dans *L'Affaire Mattei*, par exemple. Au cinéma, renchérir sur l'illusion de réalité ne supprime en rien la réalité de l'illusion.[258]

Ziel des Films sollte vielmehr sein, gestützt auf präzise historische Fakten, ein Bild der Person Staviskys zu zeichnen, das zum Verständnis der legendären Aura und der Faszination, die dieser auf Zeitgenossen und Nachwelt

256 Vgl. u.a. *Le »Stavisky« d'Alain Resnais* (1974, im folgenden ST und Seitenzahl), S. 24f. In der Einleitung zum Buch erläutert Semprún fernerhin, daß die literarische Vorlage für den Film eine Auftragsarbeit war, die ihm 1972 angetragen wurde und von Beginn an zwei Vorgaben enthielt: Sie sollte die Person Stavisky zum Gegenstand haben und auf eine Star-Rolle für den Schauspieler Jean-Paul Belmondo zugeschnitten sein. Erst später habe Resnais sich für den Stoff interessiert, ein anderes Filmprojekt verschoben und die Regie übernommen; vgl. ST 9-12.

257 Einer solcher Motivation sind hingegen Semprúns Arbeiten für C. Gosta-Gavras (Z – 1968, *L'Aveu* – 1970 und *Section Spéciale* – 1975) und für Y. Boisset (*L'Attentat* – 1972) verpflichtet.

258 ST 17: »Jeder Film ist bekanntlich eine Fiktion. Auch wenn diese Fiktion die formale Struktur – die dramatische Maske – eines Dossiers annimmt, das man erforscht und mittels einer Untersuchung aufzuklären vorgibt, wie in *Der Fall Mattei* zum Beispiel. Wer im Film die Illusion der Wirklichkeit auf die Spitze treibt, ändert damit nichts an der Wirklichkeit der Illusion.« (Die deutschen Übersetzungen von Textzitaten aus dem *Stavisky* stammen allesamt vom Verfasser.).

ausübte, beitrüge und so zugleich am spektakulären Beispiel verdichtet, die Atmosphäre der Zeit zum Ausdruck brächte. Diese Konzeption wurde in erster Linie von Resnais getragen, der in sehr viel stärkerem Maße als Semprún von der erwähnten Faszination persönlich betroffen war. Doch verband auch dieser mit dem Namen Stavisky spontan die Erinnerung an Bilder aus seiner eigenen Erfahrungs- beziehungsweise Vorstellungswelt: Das Bild des Vaters nämlich, der vor den Augen der erstaunten Kinder eine Zeitung mit Bildberichten über die blutigen Auseiandersetzungen des 6. Februar in Paris auf den Tisch der Madrider Wohnung legte, dasjenige eines spanischen Arbeiters, der an einem Tag des Jahres 1934 mitten auf dem Cibeles-Platz von der Guarda Civil erschossen wurde und jenes vor allem von der Ankunft Trotzkis im Hafen von Cassis, der ersten Station seines französischen Exils.[259] Obwohl Trotzki auf den ersten Blick nichts mit der Stavisky-Affäre verbindet, findet sein Aufenthalt in Frankreich Eingang in das Drehbuch und steht dort im Zentrum eines eigenen Handlungsstranges. Dieser ist mit dem Hauptstrang durch zwei fiktionale Figuren verbunden, von denen eine auch eine Entsprechung in der empirischen Wirklichkeit hat: Inspektor Gardet für Inspektor Gagneux von der »Sûreté« nämlich, der sowohl mit der Beaufsichtigung des russischen Exilanten als auch mit einer Untersuchung über Stavisky betraut war. Die Verknüpfung dieser beiden Themenbereiche illustriert, wie die persönlichen Interessen Semprúns sich in der Gestaltung des Werks niederschlagen und der dort vermittelten Sicht der Geschichte eine sehr subjektive Note verleihen.[260] Auch wenn der Autor angibt, sich im *Stavisky* mehr als in *La guerre est finie* der Perspektive Resnais' angepaßt zu haben[261], so trägt das Buch doch unverkennbar seine Handschrift, wie die Besprechung zeigen soll. Vorab sei jedoch der formale und inhaltliche Aufbau des Werks in wesentlichen Zügen skizziert.

Das fiktionale Handlungsgefüge

Die in der Besprechung von *La guerre est finie* gemachten Angaben zur Form der literarischen Darstellung gelten im wesentlichen auch für *Le »Stavisky«*

259 Vgl. ST 12-14 und Resnais, A., in: N.N., *Rencontre avec Alain Resnais*, in: *Preuves*, 18 (1974), S. 116-121, hier S. 117.

260 Zur Haltung Semprúns gegenüber der politischen Persönlichkeit Trotzkis und dem Trotzkismus als Lehre vgl. Semprún, J., in: Kohut, K., *Escribir* ..., a.a.O., S. 183 f. Im Verlauf dieses Interviews, das vom Verfasser dieser Arbeit wesentlich mitgestaltet wurde, hatte Semprún die Aufnahme Trotzkis ins Drehbuch mit dem Hinweis auf seine persönliche Faszination für den großen Gegenspieler Stalins erklärt. Die betreffende Passage wird in der von Kohut edierten Fassung allerdings nicht wiedergegeben.

261 Vgl. Semprún, J., in: Beylie, C., *Entretien avec Jorge Semprun*, in: *Ecran 74*, 27 (Juli 1974), S. 42-45, hier S. 42.

d'Alain Resnais. In zwei wichtigen Punkten unterscheidet sich dies Werk jedoch vom erstgenannten: Es weist nur einen Erzähler auf, dessen Perspektive darüber hinaus von der des Protagonisten deutlich unterschieden ist, was einen Verzicht auf eindeutige Identifikationsstrukturen impliziert – ein Aspekt, der in anderem Zusammenhang näher beleuchtet werden soll.[262] Auch sei angemerkt, daß der *Stavisky* mehr Angaben zur filmischen Darstellung enthält, als dies in *La guerre est finie* der Fall ist.[263] Stärker als dort wird so der Leser an vielen Stellen dazu angeleitet, die Handlung mit den Augen eines Zuschauers im Kinosaal beziehungsweise aus dem Blickwinkel der Kamera zu sehen, was gleichfalls Distanz zum Dargestellten schafft und Identifaktionsmechanismen entgegenwirkt.

Das Buch ist eingeteilt in insgesamt 69 Szenen, die jeweils von einer zumeist sehr genauen Angabe des Datums, der Uhrzeit und des Orts der Handlung eingeleitet werden. Sie umfassen den Zeitraum zwischen dem 24. Juli 1933, dem Tag der Ankunft Trotzkis im französischen Exil, und dem 19. April 1934, dem dritten Tag der Anhörungen der parlamentarischen Untersuchungen zum Stavisky-Skandal. Die Erzählstruktur gleicht, ähnlich wie in den zuvor behandelten Werken Sempruns, erneut einem Mosaik: Handlungssequenzen, die sich an unterschiedlichen Schauplätzen und um unterschiedliche Personengruppen ansiedeln, sind ineinander verschachtelt, zudem wird der Fortgang des Geschehens bisweilen durch vorgreifende »Einblendungen« von Szenen aus dem Saal der parlamentarischen Kommission unterbrochen. Die beiden Handlungsstränge um Stavisky und Trotzki kreuzen sich verschiedentlich, verlaufen zumeist jedoch parallel und unabhängig voneinander. Ihre innere Struktur wird bestimmt durch die Dominanz der beiden Hauptfiguren, um die sich sämtliche anderen Personen gruppieren. So entstehen zwei deutlich hierarchisierte Beziehungssysteme, die einander in Grenzbereichen berühren beziehungsweise durchdringen und gemeinsam den Bedeutungszusammenhang des Werks formen. Zu dessen Verständnis seien im folgenden die wichtigsten Charaktere der fiktionalen Handlung aufgeführt und im Hinblick auf ihre Funktion im Text kurz porträtiert.

Der Stavisky-Strang ist naturgemäß vergleichsweise stärker gewichtet. Stavisky selbst, oder vielmehr *Serge Alexandre*, wird als eine Person dargestellt, die ihre Umwelt nicht allein durch die Macht des Geldes, sondern auch durch ihre persönlichen Ausstrahlungskraft beherrscht. Er fasziniert seine Umgebung durch die Kühnheit seiner Unternehmungen, sein Denken in großen, gesamtwirtschaftlichen und -politischen Zusammenhängen sowie durch die

262 Vgl. S. 142f.

263 Vgl. z.B. ST 59, 142, 157.

scheinbare Leichtigkeit, mit der er nahezu jeden Tag zu einem rauschenden Fest stilisiert. Neben diesen lebensbejahenden, abenteuerlich-aktiven Seiten seiner Persönlichkeit offenbart sein Charakter aber auch eine Hang zum Morbiden. Seiner verschwenderischen Lebensweise ist etwas Selbstmörderisches zu eigen, in krankhaft größenwahnsinniger Manier basiert sie auf immer waghalsigeren Projekten, die eines Tages unweigerlich zum Ruin führen müssen. Die große Stütze in seinem Leben ist seine Frau *Arlette*, deren Schönheit und Eleganz er verehrt und die ihrerseits sich ganz ihm unterordnet und ihn umhegt. Das Bild, das Semprún von ihr und ihrem Mann zeichnet, entspricht im wesentlichen Joseph Kessels Charakterisierung.[264] Der *Baron Raoul*, eine fiktive Person, ist, nach Angaben Resnais'[265], repräsentativ für jene Menschen, mit denen Stavisky sich umgab, um den Schein der Respektabilität zu erwecken. Ein kultivierter Vertreter des Adels, der das Vermögen seiner Vorfahren mit Genuß verschleudert, und zugleich ein überzeugter Anhänger von Maurras, der »Ligues«, des Antisemitismus und des Antiparlamentarismus, vereinigt er in sich Strömungen der alten, aristokratisch-dekadenten wie auch der aufstrebenden, faschistoiden Rechten. Sein Erscheinen und seine Äußerungen deuten an, daß einflußreiche Finanzkreise hinter dem Rechtsextremismus stehen.[266]

Eine ihm in vielen Bereichen analoge Persönlichkeit ist der junge spanische Großgrundbesitzer *Montalvo*. Ebenso wie der Baron Verehrer Arlettes und Freund des luxuriösen Lebens, hat er Kontakte zu finanzkräftigen Kreisen des Adels und der Großbourgeoisie, die einen bewaffneten Sturz der Demokratie in Spanien planen. Montalvo, mit der finanziellen Seite der Vorbereitungen betraut, findet in Alexandre einen bereitwilligen und zuvorkommenden Geschäftspartner. Zwar ist er keine authentisch-historische, jedoch eine durchaus in Staviskys Umgebung passende Figur, die dem Autor die Einbeziehung der spanischen Problematik in das fiktionale Geschehen erlaubt.[267]

Ferner wäre der Mitarbeiterstab Alexandres zu nennen, der aus seinem Finanzberater und engsten Vertrauten Borelli, dem Rechtsanwalt Grammont, dem Direktor des Empire-Theater Henriet und dem Faktotum Laloy besteht, die ganz offensichtlich den realen Personen G. Romagnino, Guiboud-Ribaud, Henri Hayotte und Henri Voix nachgezeichnet sind.[268] Die Einführung des

---

264 Vgl. Kessel, J., a.a.O.

265 Vgl. Resnais, A., in: Beylie, C., *Entretien avec Alain Resnais*, in: *Ecran 74*, 27 (Juli 1974), S. 37-42, hier S. 39.

266 Vgl. ST 40.

267 Vgl. Semprún, J., in: Beylie, C., a.a.O., S. 43.

268 Vgl. Charlier, J.-M. und Montarron, M., a.a.O., S. 26f., 92, 42 sowie Kessel, J., a.a.O., S. 14f., 25-33. Nicht alle wichtigen Figuren aus der Umgebung Staviskys fanden Eingang in das Werk, wohl aber die bedeutendsten.

langjährigen Hausarztes Alexandres, *Dr. Mézy*, in die fiktionale Handlung dient dazu, die krankhafte Megalomanie des Protagonisten aus psychologischer Sicht näher zu beleuchten.

Wichtig für das Verständnis der Methoden von Alexandres Machtentfaltung und -erhaltung sind zudem die von ihm finanzierten Gewährsleute: *Véricourt*, Parlamentsabgeordneter, eine offensichtlich fiktive Figur, die jedoch stellvertretend für Parlamentarier wie Garat, Dalimier und Bonnaure steht, *Gauthier*, Präsident des Crédit Municipal de Bayonne, die Verkörperung Tissiers folglich, und *Boussaud*, Inspektor der »Sûreté générale«, der Kommissar R. Bayard nachempfunden ist, zusätzlich jedoch die politischen Ansichten des Polizeichefs Chiappe vertritt. Er verhaftete Stavisky/Alexandre im Jahre 1926, benutzte ihn offiziell seither als Informanten, arbeitete für ihn und schützte ihn vor dem Zugriff der Polizei. Letztlich sei noch Inspektor *Bonny* genannt, dessen Rolle im Werk offensichtlich unmittelbar an den historischen Tatsachen orientiert ist, was seinen Niederschlag unter anderem in der Beibehaltung des authentischen Namens findet. Er strengt aus eigener Initiative Nachforschungen über Stavisky/Alexandre an, um sie dann als Machtmittel im Intrigenspiel der Mächtigen verwenden zu können. Seine zwielichtigen Machenschaften erlauben einen Einblick in den Verfall der rechtsstaatlichen Ordnung.

Während Stavisky sich zu Beginn der Handlung als zwar bedrohter, jedoch noch unumschränkter Herr seines Imperiums zeigt, ist Trotzki zu diesem Zeitpunkt bereits entmachtet. Ähnlich wie Alexandre sieht er sich konfrontiert mit der Ausländerfeindlichkeit im Frankreich der beginnenden dreißiger Jahre, die nach Ausbruch des Stavisky-Skandals noch erheblich an Vehemenz zunimmt und kurze Zeit später zu seiner Ausweisung führen sollte. Im Werk kommt er nicht unmittelbar selbst zu Wort, seine Tätigkeit im französischen Exil wird lediglich vom Erzähler oder von Personen seiner Umgebung beschrieben und kommentiert. Sein Auftreten erhält so etwas Unwirkliches, Gespentisches, was die Diskrepanz zwischen seinem politischen Tod einerseits und seiner physischen und mythischen Präsenz andererseits, verdichtet zum Ausdruck bringt. Er tritt zumeist in Begleitung seiner Frau *Natalya* in Erscheinung, die ebenso wie ihr Mann nur aus der Distanz dargestellt wird. Die enge Bindung zwischen ihnen befindet sich in Analogie zu der zwischen Alexandre und Arlette.

In ihrer Eigenschaft als Trotzkis Sekretärin begegnet uns ein weiteres, allerdings erheblich jüngeres Paar, *Michel Grandville* und *Erna Wolfgang* – beides fiktive Personen, die unterschiedliche, aber komplementäre Funktionen im Text erfüllen. Grandville kommentiert in oft pathetischem Ton die Ereignisse dieses Handlungsstrangs, er zeigt die Tragik der weltpolitischen Entwicklung auf, die sich in der persönlichen Tragik Trotzkis spiegelt. Mit seinen Hinweisen zu den Verbindungen zwischen dem Stavisky-Skandal und dem Schicksal Trotzkis in Frankreich fungiert er vielfach als Sprachrohr des Erzählers im fiktionalen Geschehen. Erna Wolfgang ihrerseits bildet ein unmittelbares Bindeglied zwischen den beiden Erzählkontexten. Sie erscheint zunächst als Schauspielerin, die nach der Flucht vor der nazistischen Judenverfolgung in Alexandres Theater eine Anstellung sucht, bevor sie ihre Tätigkeit bei Trotzki aufnimmt. Ein späteres, zufälliges Wiedersehen mit Alexandre und seiner Begleitung vor dem Wohnsitz Trotzkis unweit der Hauptstadt gestattet die Kreuzung beider Handlungsstränge in einer Szene.

Eine ähnliche strukturelle Funktion erfüllt durch seine beruflichen Kontakte zu beiden Hauptfiguren Inspektor *Gardet*, der, wie oben bereits erwähnt, die literarische Verkörperung Gagneux' bildet. Im Text erscheint er vorrangig in der Umgebung Trotzkis, dessen politische Aktivitäten er zu überwachen hat. Doch auch im Stavisky-Strang kommt ihm eine wichtige Bedeutung zu; durch seine Gespräche mit Bonny und seine Aussagen vor der parlamentarischen Untersuchungskommission gewährt er Einblick in die Korruptheit der Staatsorgane, insbesondere in das politische Intrigenspiel an der Spitze des Polizeiapparates.

Abenteurer und »militant« – Repräsentanten einer vergangenen Epoche

Analog zu *La guerre est finie* ist der literarischen Vorlage für *Stavisky* ein Zitat aus Sartres Vorwort zu R. Stéphanes *Portrait de l'aventurier* vorangestellt. War es dort eine Passage, die den »militant« charakterisierte, ist es hier eine Aussage über das Wesen des Abenteurers, die der Autor dem Leser als Schlüssel zum Verständnis der fiktionalen Handlung und insbesondere ihres Protagonisten an die Hand gibt:

> »Les aventuriers feront flamber l'énorme entrepôt de marchandises qu'est la société bourgeoise et, pour finir, ils se jetteront dans les flammes. Potlatch, fête, largesse: telle sera leur fin.«
>
> Jean-Paul Sartre[269]

Dies Zitat macht eine doppelte Opposition deutlich: die Porträtierung Staviskys kontrastiert zum einen innerhalb des Semprúnschen Gesamtwerks mit

269 ST 29: »'Die Abenteurer werden das riesige Warenlager, welches die bürgerliche Gesellschaft ist, in Brand stecken und sich zum Schluß in die Flammen stürzen. Potlatch, Fest, Freigebigkeit: das wird ihr Ende sein.' Jean-Paul Sartre«.

der Diegos in *La guerre est finie* und zum anderen innerhalb dieses Buches mit dem besonders illustren »militant« Trotzki. Während Sartres Aufsatz allerdings zwei unterschiedliche Typen des politischen Kämpfers einander gegenüberstellt, wird hier ein Gegensatz konstruiert zwischen einem konsequenten Revolutionär und einem Spieler, der innerhalb der Regeln der kapitalistischen Gesellschaft durch seinen Wagemut als besondere Persönlichkeit hervortritt. Beiden Abenteurern, dem Sartreschen einerseits, der sich in die politische Aktion stürzt, um dort durch heldenhaften Tod im Kampf für ein kollektives Ziel die Anerkennung seiner Individualität zu finden, und Stavisky andererseits, ist jedoch der selbstzerstörerische Charakter ihres Tuns gemein. Sartre führt diese negative Tendenz zurück auf die inneren Widersprüche einer dekadenten bürgerlichen Zivilisation, die von der Einsamkeit des Individuums gekennzeichnet ist:

> La classe possédante, dont font partie nos hommes d'action, ne se caractérise par l'épargne qu'à un moment de son histoire. Elle consomme: cela veut dire qu'elle se détruit en détruisant ses biens par l'usage et pense ainsi gagner une possession exquise de soi-même. A ce stade, le gaspillage systématique peut devenir l'unique moyen de communiquer avec les autres: elle se livre à des potlatches – destruction de biens en hommage à autrui – elle donne des fêtes – destructions de biens en présence d'autrui – elle fait des largesses – destruction de biens au profit d'autrui. L'aristocratie romaine s'est ruinée à ces jeux, ruinée aussi la noblesse française: les fils de famille voulaient la ruine comme ces jeunes bourgeois veulent la mort.[270]

Dieser enge Nexus von Luxus und Tod durchzieht auch die Darstellung der Lebensweise Alexandres und seiner Umgebung. Ebenso wie beispielsweise der Baron Raoul verschwendet er ein Vermögen in rauschenden Festen, beim Spiel, für seinen Rennstall, sein Theater etc. Was den autodestruktiven Charakter seiner Verschleuderung von Reichtümern insbesondere illustriert, ist die Tatsache, daß sein gesamter Besitz auf Kredit und Fälschung beruht. Seiner Devise gemäß, das »Geld auf dem Marktplatz verbrennen« zu müssen, um

270 Sartre, J.-P., *Portrait de l'aventurier*, a.a.O., S. 14: »Die besitzende Klasse, der unsere Männer der Tat angehören, zeichnet sich nur zu einem bestimmten Zeitpunkt ihrer Geschichte durch Sparen aus. Sie konsumiert: Das heißt sie zerstört sich, indem sie ihre Güter durch den Gebrauch zerstört und gedenkt so, einen vorzüglichen Besitz ihrer selbst zu gewinnen. In diesem Stadium kann die systematische Verschwendung das einzige Mittel der Kommunikation mit den anderen werden. Sie betreibt 'potlatches' – Zerstörung von Gütern zu Ehren anderer –, sie gibt Feste – Zerstörung von Gütern zugunsten anderer. Die römische Aristokratie hat sich bei ihren Spielen ruiniert, ruiniert hat sich auch der französische Adel: die Söhne aus besserem Hause *wollten* den Ruin wie diese jungen Bourgeois den Tod wollen.« (Übers. d. Verf.).
Die im *Stavisky* zitierte Passage schließt sich unmittelbar an diese Sätze an.

kreditwürdig zu bleiben[271], gibt er immense Summen aus, um noch größere Beträge anzulocken. Derartig auf Bluff basierende Geschäftspraktiken setzen einen Mechanismus in Gang, der unweigerlich im Desaster enden muß.

Die Darstellung von Alexandres Verhalten angesichts dieser Bedrohung erhält im Werk einen wichtigen Stellenwert. An verschiedenen Stellen wird deutlich gemacht, daß es gerade seine Verleugnung der realen Gefahr ist, welche diese um so gravierender werden läßt.[272] Seine nach außen demonstrierte Zuversicht und Gelassenheit finden ihre Kehrseite in depressiven Störungen und Verfolgungsängsten.[273] Da er diese Regungen jedoch mit megalomanen Projekten zu verdrängen sucht, leistet er einem Realitätsverlust Vorschub, der ihn auf Gefahren mit Trotzreaktionen antworten läßt. Bewußt oder unbewußt fordert er sein Schicksal auf diese Weise geradezu heraus.

Die Unausweichlichkeit eines persönlichen Ruins wird im Buch bereits durch eine Vielzahl von Vorahnungen und Symbolen des Todes angedeutet – so zum Beispiel in der Schilderung von Arlettes wiederholten Alpträumen, in denen sie sich gemeinsam mit ihrem Mann in einen Abgrund stürzen sieht.[274] Unterstrichen wird die Präsenz des Todes in der fiktionalen Handlungsführung durch die Einfügung von Passagen aus dem Theaterstück *Intermezzo* von Jean Giraudoux.[275] Alexandre selbst übernimmt den Part des Gespensts in einem Dialog, den Erna Wolfgang als Sprechprobe anläßlich ihrer Bewerbung um ein Engagement am »Théâtre de l'Empire« ausgewählt hat.[276] Diese Rolle, die er auf der Bühne spielt, bildet zugleich die verschlüsselte Versinnbildlichung derjenigen, die er im Leben darstellt. Ebenso wie das Gespenst in *Intermezzo*, ist er letztlich ein unter den Lebenden weilender Angehöriger des Totenreiches. Er ist es einmal im Hinblick auf sein persönliches Schicksal, denn der Mechanismus seines Sturzes ist bereits unaufhaltsam in Gang gesetzt und läßt ihn von Beginn der Handlung an im Schatten seines nahen Endes erscheinen. Zum anderen steht sein individueller Tod stellvertretend für den einer gesamten Lebensweise und Epoche. Dieser Aspekt wird an strukturell wichtiger Stelle am Schluß des Werks von Baron Raoul geäußert:

BARON RAOUL (off): Je l'ai compris trop tard, mais Stavisky nous an-

---

271 Vgl. ST 86.

272 Vgl. vor allem ST 56-60, 84-88 und 185.

273 Vgl. hierzu ST 49, 58, 104-110, 118-124 und 171f.

274 Vgl. ST 46, 98, 173.

275 Diese Idee geht auf Semprún zurück, der eine besondere Vorliebe für diesen Dramatiker hat. Vgl. Resnais, A., in: *Rencontre* ..., a.a.O., S. 120 sowie Semprún, J., in: Beylie, C., a.a.O., S. 44.

276 Vgl. ST 75-77 und Giraudoux, J., *Intermezzo, Comédie en trois actes*, Paris 1933, S. 75-78.

nonçait la mort ... Pas seulement la sienne, pas seulement celle des journées de février: la mort d'une époque ...[277]

Alexandre, der die Strukturen einer auf Bestechung und Intrigen beruhenden parlamentarischen Demokratie zu nutzen gewußt hatte, rief mit dem von ihm ausgelösten Skandal Mißtrauen gegen die Institutionen der Republik wach. Indem er so das Erstarken des französischen Faschismus begünstigte, kündigte er zugleich den Anbruch einer Zeit an, die ihrerseits in einem vorher ungekannten Ausmaß von gewaltsamem Tod gekennzeichnet war. Diese Verbindung wird im Text an verschiedenen Elementen der dargestellten Wirklichkeit deutlich: an den erwähnten Vorbereitungen Montalvos für einen Sturz des republikanischen Regimes in Spanien, bei dem die Möglichkeit eines Bürgerkrieg bewußt einkalkuliert wird[278] und von dessen Brutalität er in seiner Schilderung von der blutigen Niederschlagung eines Bauernaufstandes auf seinem Gut eine Vorahnung vermittelt, vor allem des weiteren an den Äußerungen des Vorsitzenden der parlamentarischen Untersuchungskommission zur unmittelbaren Verbindung zwischen dem Stavisky-Skandal und den Ereignissen des 6. Februar, letztlich an den im Werk beschriebenen Zuschauertumulten bei der Aufführung von Shakespeares *Coriolan*: Die im Theaterstück enthaltenen Tiraden gegen das »Tribunal des Volkes« werden von weiten Teilen des Publikums wegen ihrer Übertragbarkeit auf den zeitgenössischen Parlamentarismus enthusiastisch gefeiert. Die Aufführung wird so von den aufstrebenden antidemokratischen Kräften zu einer Demonstration ihrer Stärke mißbraucht.[279]

Bezeichnenderweise läßt Semprún seinen Protagonisten genau bei dieser Gelegenheit die Nachricht von der Aufdeckung des Betrugs in Bayonne erhalten, mit der für ihn, Alexandre, die Welt seiner Macht zusammenbricht. Sein Sturz erscheint auf diese Weise aufs engste mit dem sich ankündigenden Ende der Republik verbunden.

Werden die Hintergründe für den Verfall der bürgerlich-parlamentarischen Staatsform explizit nur wenig erhellt, so finden wir hingegen zur Erklärung des individuellen Scheiterns Alexandres eine Vielzahl von einander ergänzenden Hinweisen im Text. Während Dr. Mézy in Anlehnung an ein neurologisches Gutachten Alexandre in erster Linie als Kranken betrachtet, der in-

277 ST 190 (Auslassungen im Original): »BARON RAOUL (off): Ich habe es zu spät bemerkt, aber Stavisky kündigte uns den Tod an ... Nicht nur seinen, nicht nur den der Februartage: den Tod einer Epoche ...«

278 Vgl. ST 138.

279 Vgl. ST 138 und 52 zu den Ereignissen in Spanien, ST 143 und 163ff. zu jenen in Frankreich. Die erwähnten Tumulte sind keineswegs ein Element purer Fiktion, sondern finden ihre Vorlage in realen Ereignissen der historischen Wirklichkeit. Vgl. Semprún, J., in: Beylie, C., a.a.O., S. 44 sowie Wurmser, A., *Stavisky*, in: *L'Humanité*, 22.5.1944.

folge einer langsam fortschreitenden Lähmung und daraus resultierenden Verfolgungsängsten zum Größenwahn verleitet werde, erklärt Borelli ihn vor der parlamentarischen Untersuchungskommission schlichtweg zum Verrückten, der nach Entlassung aus der Haft gut daran getan hätte, sich in Vergessenheit zu bringen, statt dessen aber konsequent das Gegenteil betrieben habe.[280]

Der realitätsfremde Umgang mit der eigenen Vergangenheit wird besonders anschaulich an einer Szene illustriert, in der Alexandre, angesprochen auf ein Gerichtsverfahren, das noch aus der Zeit vor seiner ersten Verhaftung und somit noch vor seiner Namensänderung wegen eines relativ kleinen Finanzdelikts gegen ihn anhängig ist, mit offener Verleugnung seiner früheren Identität reagiert:

> ALEXANDRE: ... Moi, j'ai oublié, j'ai décidé d'oublier! ... Je suis Serge Alexandre, conseiller financier, propriétaire d'un théâtre, d'une écurie de courses, commanditaire d'un groupe de presse. Je lance à l'automne la Caisse autonome des grands travaux et règlements internationaux. 500 millions d'obligations cotées en Bourse et garanties par l'état! Alors, comprenez-moi, ce pauvre type en liberté provisoire, ces combines de troisième ordre, je ne veux plus en entendre parler! Il faut que ce personnage disparaisse de ma vie, Grammont![281]

In einleuchtender Weise interpretiert Dr. Mézy Alexandres Verhalten als typisches Beispiel einer geteilten Persönlichkeit – derjenige, der er früher gewesen sei, trete in seinem Bewußtsein nunmehr als ein anderer auf, als Gespenst, das er verachte und das ihm zugleich Angst mache.[282] Alexandre scheitert letztlich an der Weigerung, seiner Vergangenheit und damit den realen Bedingungen seiner Existenz Rechnung zu tragen. So wie zum Beispiel die Erinnerung an den Vater, der sich seinetwegen das Leben genommen hatte, sich nicht gänzlich verdrängen läßt[283], ist die persönliche Geschichte auch nicht restlos aus den Polizeiarchiven zu löschen. Bei seiner Verhaftung kommt die lange verleugnete Vergangenheit doch zu Tage.

Eine diesem Hauptstrang analoge Entwicklung zeigt Semprún in der Darstellung von Trotzkis Schicksal im französischen Exil auf. Ebenso wie Stavisky muß Stalins berühmtester Gegner mit der Ausweisung aus Frankreich

280 Vgl. ST 121 bzw. 76 und 131.

281 ST 57f: »ALEXANDRE: ... Was mich angeht, ich habe vergessen, ich habe beschlossen zu vergessen! ... Ich bin Serge Alexandre, Finanzberater, Besitzer eines Theaters, eines Rennstalls, Anteilseigner einer Pressegruppe. Ich lanciere im Herbst die Autonome Kasse der Großbauprojekte und der Internationalen Transaktionen. 500 Millionen an der Börse notierte und vom Staat verbürgte Pfandbriefe! Also, verstehen Sie, ich will nichts mehr hören von diesem armseligen, auf Bewährung entlassenen Kerl, diesen drittklassigen Schiebereien! Diese Person muß aus meinem Leben verschwinden, Grammont!«

282 Vgl. ST 58.

283 Vgl. ST 105-110.

eine Niederlage erleben. Beide Ereignisse vereinen sich – zumindest in den Augen Grandvilles, auf dessen Funktion als Sprachrohr des Autors breits hingewiesen wurde – in einem fatalen Wirkungszusammenhang:

> GRANDVILLE: Voilà, ils vont expulser Trotski! Mais c'est en France que le sort de la bataille contre le fascisme va se décider ...
>
> Trotski ne sera pas là ... Sans lui, nous allons nous éparpiller ... C'est fou, quand même, que Stavisky ait provoqué ça!
> ERNA WOLFGANG: Je ne vois pas le rapport!
>
> GRANDVILLE: Sans Stavisky, pas de 6 février ... Sans l'émeute fasciste du 6 février, devant laquelle Daladier capitule, pas de gouvernement d'Union nationale ... Sans gouvernement d'Union nationale, pas d'expulsion de Trotski ... Donc, sans Stavisky ...[284]

Die politischen Folgen der aufgezeigten Einzelschicksale scheinen so in einem Punkt zu konvergieren: in ihrem unfreiwilligen Beitrag nämlich zum Erstarken des Faschismus in Frankreich. Dabei darf freilich ein Unterschied nicht übersehen werden: Im Gegensatz zu Stavisky, dessen Ruin aus der Verleugnung seiner Vergangenheit herrührt, scheitert Trotzki, gerade weil er sich weigert zu vergessen und seinen Maximen treu zu bleiben sucht. Seine stumme Präsenz im Text sowie seine Beschreibung als »weißes Gespenst«[285] lassen ihn allerdings, ähnlich wie Alexandre in der Rolle des Giraudouxschen Gespensts, als Mann erschienen, der bereits nicht mehr der gegenwärtigen Welt angehört. Ebenso wie Staviskys Tod das Ende seiner Epoche verkörpert und den Aufstieg des Faschismus ankündigt, repräsentiert Trotzkis Exil in der Sicht des Werks den Niedergang einer von Hoffnung getragenen Periode der Revolutionsgeschichte.

In dieser Gegenüberstellung manifestiert sich darüber hinaus eine weitere Disparität beider Hauptfiguren: Stavisky sieht seine Niederlage, seinem auf persönliche Bereicherung ausgerichteten Lebensprojekt entsprechend, in erster Linie als eine rein private an; diejenige Trotzkis hingegen erscheint vorrangig als eine politische, bedeutet sie doch unmittelbar die Unterlegenheit eines revolutionären Programms im Kampf um die Macht im neuen Sowjet-

284 ST 181 (Auslassungszeichen im Original): »GRANDVILLE: Jetzt ist es soweit, sie werden Trotzki ausweisen! Dabei wird sich der Kampf gegen den Faschismus in Frankreich entscheiden ...
Trotzki wird nicht dabei sein. Ohne ihn werden wir auseinanderbrechen ... Das ist doch verrückt, daß Stavisky das bewirkt hat!
ERNA WOLFGANG: Den Zusammenhang sehe ich nicht!
GRANDVILLE: Ohne Stavisky kein 6. Februar ... Ohne den faschistischen Aufruhr des 6. Februar, vor dem Daladier kapituliert, keine Regierung der Nationalen Union ... Ohne Regierung der Nationalen Union keine Ausweisung Trotzkis ... Folglich, ohne Stavisky ...«

285 Vgl. ST 114.

staat. Dieser Gegensatz führt wieder zurück zur obengenannten Opposition »Abenteurer« – »militant«. In der Lebenskonzeption des Abenteurers sind der Tod und das Scheitern, der Sarteschen Typisierung zufolge, wenn auch zumeist unbewußte, so doch notwendige Bestandteile, wohingegen die Aktion des »militant« lebensbejahende Ziele verfolgt. Indem Semprún mit Trotzki einen »militant« vorstellt, der zwar die wahren Ziele der Revolution verkörpere, im Kampf um die Macht jedoch unterlegen ist, gibt er zu erkennen, daß er die Möglichkeiten sinnvollen politischen Engagements in der von ihm aufgezeigten historischen Situation wesentlich negativer einschätzt, als Sartre dies in seinem 1950 publizierten Aufsatz tut. Die einzige an den politischen Kampf geknüpfte Hoffnung, die im *Stavisky* geäußert wird, bleibt daher sehr vage; auf die Frage, warum er trotz der offensichtlichen Aussichtslosigkeit der trotzkistischen Bewegung sich weiterhin für sie einsetze, entgegnet Grandville: »Parce que rien n'est écrit d'avance ...«[286]. Ähnlich wie *La deuxième mort de Ramón Mercader* ist das Werk insgesamt jedoch und insbesondere am Schluß von Trauer und Nostalgie geprägt.

Der subjektive Faktor in der Darstellung

Mit der Integration Trotzkis in die fiktionale Handlung verschafft sich Semprún die Möglichkeit, zwei Themenbereiche, die zwar nur indirekt mit Stavisky in Verbindung stehen, ihm selbst jedoch persönlich sehr am Herzen liegen, auch in dieses Werk einzubringen: die Geschichte des Kommunismus nämlich und die Problematik des Exils.

Was den ersten Komplex anbetrifft, so sei an die Funktion Michel Grandvilles als Sprachrohr des Autors erinnert, welche dieser im Gespräch mit C. Beylie ausdrücklich unterstreicht.[287] Insbesondere weist Semprún darauf hin, daß die von Grandville vertretene Haltung zum revolutionären Kampf als eines zum Scheitern verurteilten, aber dennoch notwendigen Engagements voll und ganz seinem persönlichen Credo entspricht. Er erinnert dabei an jenes Fitgerald-Zitat, das er bereits im Zusammenhang mit *La deuxième mort de Ramón Mercader* mehrfach erwähnt hatte.[288] Und in der Tat offenbaren beide Werke sehr ähnliche Einstellungen: Die Anfangsphase der sowjetischen Revolution erscheint jeweils in sehr positivem Licht; hier wie dort wird das Scheitern in Politik und Privatleben mit dem Tod gleichgesetzt und als Folge von Vergangenheitsverleugnung dargestellt; beide Bücher lassen neben

286 ST 115: »Weil nichts im voraus festgelegt ist ...«

287 Vgl. Semprún, J., in: Beylie, C., a.a.O., S. 44f.

288 Vgl. S. 107f.

Trauer und Enttäuschung zugleich aber auch eine positive Einschätzung der Erinnerung erkennen, die als wirksamste Waffe im Kampf gegen den Tod betrachtet wird. Zwar kann *Le »Stavisky« d'Alain Resnais* nicht im gleichen Maße wie *La deuxième mort de Ramón Mercader* mit seinen direkteren Bezügen zur Erfahrungswelt des Autors als Medium von Trauerarbeit angesehen werden, die aufgezeigten Parallelen verweisen allerdings darauf, daß beide Werke im wesentlichen den gleichen Stand in der Entwicklung Sempruns widerspiegeln. Zudem wird hier deutlich, wie sehr die Darstellung der zeitgeschichtlichen Zusammenhänge von der subjektiven Perspektive des Autors geprägt ist.

Dasselbe gilt für die Behandlung der Exilproblematik. Vermittelt über die Figur Trotzkis, die ebenso wie er selbst von Partei und Vaterland verbannt wurde, kann Semprún ein Stück eigener Erlebniswirklichkeit thematisieren. Zum Beispiel sind es sicherlich auch ganz persönliche Erfahrungen und Ängste, die zum Ausdruck kommen, wenn er Grandville eine Bemerkung zum Altern im Exil machen läßt.[289] Bemerkenswert ist ebenfalls die Tatsache, daß neben Trotzki zwei weitere Hauptfiguren des Werks Exilanten beziehungsweise Emigranten sind, deren Marginalisierung noch durch ihre jüdische Abstammung verstärkt wird.[290] Es handelt sich hier zum einen um Stavisky, der im Alter von vier Jahren gemeinsam mit seinem Vater Rußland verließ und trotz seiner Einbürgerung nie der »gute Franzose« wurde, als den dieser ihn gerne gesehen hätte, und zum anderen um Erna Wolfgang, die vor der antisemitischen und antikommunistischen Verfolgung im Nazi-Deutschland floh. Am Beispiel dieser drei macht das Werk auf den Fremdenhaß aufmerksam, der damals in Frankreich herrschte. So wird Alexandres Finanzmakler Borelli eine ausländer- und judenfeindliche Bemerkung in den Mund gelegt, zudem wird aus einem Artikel des *Matin* zitiert, welcher der Regierung zuviel Toleranz gegenüber dem »staviskyschen und bolschewistischen Ausländergesindel« vorwirft.[291] Gestützt auf authentisches Material und die Kenntnis historischer Fakten, entwirft Semprún folglich ein Bild von Stavisky und seiner Zeit, welches in der Auswahl der dargestellten Aspekte sowie in der fiktionalen Gestaltung deutlich eine von persönlichen Interessen geleitete Perspektive erkennen läßt. Fiktion und historische Realität erklären und erhellen dabei gegenseitig. Geschichte im Sinne von Erzählung und Geschichte im Sinne von Historie treten ein in einen Prozeß dialektischer Wechselwirkung, der am individuellen Schicksal das kollektive verdeutlicht sowie umgekehrt aufzeigt,

289 Vgl. ST 141.

290 Vgl. Seguin, L., *Stavisky*, in: *La Quinzaine littéraire*, 189 (16.6.1974), S. 28f.

291 Vgl. zu Borelli ST 170 sowie zum Zeitungsartikel ST 147.

wie die Entwicklung der fiktionalen beziehungsweise historischen Figuren vom politischen Kontext beeinfluß wird.

Gemäß den Vorgaben der Auftraggeber und den Darstellungsmöglichkeiten des Spielfilms erhält hierbei die Porträtierung Staviskys Vorrang gegenüber der Illustration der historisch-gesellschaftlichen Zusammenhänge. Semprún selbst hätte, eigenen Angaben zufolge, bei freier Wahl der Themengestaltung eine umgekehrte Gewichtung vorzunehmen versucht.[292] Dennoch ist der politische Aspekt so deutlich präsent, daß ein Kritiker wie Roy Armes behaupten kann, nicht die Person Alexandres, sondern die lediglich indirekt gezeigten finanziell-politischen Machenschaften und Intrigen bildeten das eigentliche Thema des Werks.[293] Er befindet sich hier in Übereinstimmung mit dem Autor, der behauptet:

> »Stavisky« ist eine Fabel über die Lüge der bürgerlichen Gesellschaft, über Bestechung, über das heimliche Einverständnis zwischen Geld und Macht, zwischen Polizei und Unterwelt. Eine Fabel, in der die Verrücktheit Alexandres und sein Zynismus als Denunzianten agieren.[294]

Mehr als die Frage, welcher der beiden Gesichtspunkt letztlich dominiert, die Porträtierung einer Person oder die einer Epoche, scheint mir vor allem zweierlei wichtig zu sein: zum einen die Tatsache, daß beide Aspekte der Darstellung enthalten sind und sich wechselseitig illustrieren und zum anderen, daß beide keineswegs in Form eines monolithischen Diskurses, sondern durch eine Vielzahl von unterschiedlichen Stellungnahmen und Handlungselementen vermittelt werden. Am Ende steht nicht *eine* Wahrheit über Stavisky und seine Zeit, sondern mehrere. Wird die dargestellte Wirklichkeit als mehrbödig und heterogen angesehen, so spiegelt sich diese Haltung auf der Ebene der Textkonstruktion wider: Die Gegenüberstellung zweier unterschiedlicher Erzählstränge, die Verknüpfung von Film, Theater und Literatur, sowie das Abweichen von der chronologischen Ordnung des Erzählten bewirken eine Dezentrierung der Vermittlungsperspektive, die im Gegensatz zur traditionellen narrativen Homogenität steht, welche noch die Mehrzahl der früheren Arbeiten Semprúns für den Film kennzeichnete.[295]

In diesem Bruch manifestiert sich nicht lediglich der Einfluß Resnais' auf

---

292 Vgl. Semrpún, J., in: Beylie, C., a.a.O., S. 43 und 45.

293 Vgl. Armes, R., *Stavisky: Resnais and the nature of spectacle*, in: *London Magazine*, 14 (Okt./Nov. 1974), S. 106-111, insbesondere S. 108.

294 Semprún, J., in: N.N., *Interview mit Jorge Semprun über »Stavisky«*, in: *Dokumente*, 30 (1974), S. 229ff., hier S. 230.

295 Vgl. Armes, R., a.a.O., S. 108: »In his writings for other directors (Costa-Gavras, Yves Boisset etc.) Semprún has favoured the unambiguous political statement, the (over) explicit confrontation with problems seen as eminently analysabel. Here, as in *La guerre est finie* which dealt with Spain from the viewpoint of an exile, the approach is more oblique.«

die literarische Gestaltung, sondern ebenfalls eine ideologisch-politische Entwicklung des Autors, der sich zunehmend von der parteitreuen Orthodoxie löst, ohne jedoch die Parteilichkeit seiner Positionen aufzugeben. Selbst im Vergleich zu *La guerre est finie* tritt die Veränderung deutlich zutage: Wurden dort noch Reste einer Hoffnung in den Kommunismus traditioneller Prägung sichtbar, so reflektiert *Le »Stavisky« d'Alain Resnais* bereits die Einsicht in dessen Scheitern. Fand das Festhalten an der Vorstellung von einer einzigen richtigen Konzeption zur Veränderung der Gesellschaft dort seinen Niederschlag in der Vermittlung einer einzigen Sichtweise, läßt die hier erfolgte Dezentrierung der Darstellung auf eine deutlich stärker pluralistisch ausgerichtete Haltung schließen.

Ein ähnlicher Aspekt wird von Ishaghpour und Samson beleuchtet. In ihrer Rezension des Films heben sie insbesondere dessen innovatorischen Charakter auf der formal-inhaltlichen Ebene hervor. Sie äußeren die Auffassung, daß sich im Verzicht auf die Vermittlung einer eindeutigen Botschaft und der daraus resultierenden offenen Darstellungsstruktur ein problembewußtes Geschichtsverständnis manifestiere, das der Film zugleich dem Publikum nahebringe:

> ... il ne s'agit pas d'un processus de dévoilement qui, sous les apparences, recherche une réalité »cachée«; la réalité de *Stavisky* intègre tous les niveaux de représentation au même titre, chaque élément éclaire et est éclairé par le tout. ...
>
> Utilisant le décentrement et la discontinuité pour détruire l'illusion d'une présence immédiate – piège de la »reconstruction« historique –, *Stavisky* ne nous raconte pas comment cela s'est passé, mais charge de questions un récit multidimensionnel. On demandait à Planchon quelle pouvait être la fonction d'un théâtre politique, d'un théâtre populaire: »Garder la plaie ouverte ...«, répondit-il.
>
> *Stavisky* est bien dans cette ligne.[296]

In Übereinstimmung mit dieser Sicht bleibt festzuhalten, daß die Darstellung auch im vorliegenden Werk parteilich bleibt, und dies zugleich auf ver-

296 Ishaghpour, Y., Samson, P., *Resnais contre le courant*, in: *Les Temps Modernes*, 339 (Okt. 1974), S. 183-190, hier S. 188ff.: »... es handelt sich nicht um ein Enthüllungsverfahren, das hinter den Fassaden eine 'versteckte' Wirklichkeit aufspürte; die Wirklichkeit von *Stavisky* umfaßt alle Darstellungsebenen gleichermaßen, jedes Element erhellt und wird erhellt durch das Ganze ...
Durch Dezentrierung und Diskontinuität zerstört *Stavisky* die Illusion einer unmittelbaren Gegenwart – Falle der historischen 'Rekonstruktion' – und erzählt uns nicht, wie etwas geschehen ist, sondern richtet Fragen an eine vielschichtige Erzählung. Planchon wurde gefragt, welche Funktion ein politisches Theater, ein Volkstheater erfüllen könnte: 'Die Wunde offenhalten ...', war seine Antwort.
Stavisky liegt ganz auf dieser Linie.« (Übers. d. Verf.).
Nur selten ist diese Mehrbödigkeit allerdings von der Filmkritik erkannt worden. Eine Ausnahme bildet lediglich Lara, F., *Un festival proustiano*, in: *Triunfo*, 610 (8.6.1974), S. 45f.

schiedene Weise: Indem sie zum einen die Verquickung von wirtschaftlicher und politischer Macht im fiktionalen Geschehen implizit kontrastiert mit der herrschenden Ideologie von der Macht des Volkes in einer Demokratie, bildet sie ein Element des Widerspruchs zu den Formen bürgerlicher Herrschaft. Indem sie zum anderen nicht nur die fatalen Folgen der Verdrängung privater und kollektiver Geschichte vor Augen führt, sondern im Aufzeigen historischer Tatbestände zugleich die Erinnerung an die Zeitgeschichte wachhält[297], nimmt sie Partei für eine lebendige Auseinandersetzung mit der Vergangenheit und somit gegen die von Herrschaftsinteressen geleitete Reduktion von geschichtlichen Prozessen auf ein kohärent-monolithisches Erklärungsschema. Indem sie letztlich sich selbst nicht als Hüterin alleiniger Wahrheit präsentiert, weist sie den Rezipienten eine aktive, schöpferische Rolle zu, die darin besteht, den Bedeutungsgehalt des historischen Geschehens wie auch des Kunstwerks in der Konfrontation verschiedener Gesichtspunkte und Perspektiven selbst zu erschließen. Die Heterogenität des Werks verweist auf die der historisch-politischen Realität und implizit so, in Analogie zum obengenannten zweiten Aspekt, eine Parteinahme gegen jede monokausal-undialektische Weltanschauung, sei sie orthodox-kommunistischer oder bürgerlich-konservativer Prägung.

297 So hatte der Film eine Vielzahl von historischen Dokumentationen in der Presse zur Folge, die damit nicht nur nützliche Hintergrundinformationen zum Verständnis des Films bzw. Buchs lieferten, sondern zugleich einen Beitrag zur geschichtskritischen Diskussion in der Öffentlichkeit leisteten. Vgl. neben Gacon, J., a.a.O., Kupfermann, F., a.a.O., Wurmser, A., a.a.O., auch Gallo, M., *Stavisky: chronique d'un fait divers*, in: *L'Express*, 22.5.1974 und Jaubert, J., *L'affaire Stavisky*, in: *Le Figaro*, 16.5.1974.

6.
Autobiografía de Federico Sánchez (Federico Sánchez. Eine Autobiographie)

Im literarischen Schaffen Sempruns nimmt der *Sánchez* insofern eine Sonderstellung ein, als es sein erstes und bislang einziges in Spanisch verfaßtes Werk ist. Die Wahl der Sprache erklärt sich aus dem Thema: Semprún schildert und reflektiert hier seine Erfahrungen in und mit dem PCE; er wendet sich damit einem Bereich seiner Vergangenheit zu, der aufs engste vom Umgang mit der spanischen Sprache geprägt war. Anders als in *Le grand voyage* oder *L'évanouissement* spricht er hier zumeist unmittelbar in eigenem Namen, ohne die Vermittlung eines fiktionalen *alter ego*. Der Titel, unter dem das Buch erschien, beinhaltet in Verbindung mit der Autorenangabe allerdings ein scheinbares Paradoxon, indem er als Träger der Autobiographie eine andere Person als den Autor ausweist. Doch im Laufe der Lektüre erfährt auch der nicht vorinformierte Leser, daß Federico Sánchez Sempruns Deckname innerhalb der Untergrundorganisation der Kommunistischen Partei Spaniens war, daß Autor und Autobiograph somit identisch sind.

Mehr als in allen anderen Werken Sempruns kommt der Politik in dem *Sánchez* eine dominierende Stellung zu. Das Buch ist zum einen als eine Art Bilanz des eigenen politischen Werdegangs zu werten, mit all seinen Irrtümern, falschen und enttäuschten Hoffnungen, aber auch mit all seinen Erfolgen. Unverkennbar trägt das Werk darüber hinaus den Charakter einer kritischen, bisweilen spöttischen, oft vehement-aggressiven Abrechnung mit der Partei und ihren Führern. Stellenweise entsteht so der Eindruck, als habe Semprún sich von einem Revanchedenken leiten lassen und räche sich nunmehr an den ehemaligen Genossen, die ihn aus ihren Reihen verstoßen hatten. In der Tat kam dem PCE das Buch sehr ungelegen, zumal es als Preisträger des »Premio Planeta« schnell eine hohe Auflage erzielte und in den Medien auf große Resonanz stieß. Es lenkte die Aufmerksamkeit der spanischen Öffentlichkeit auf die dunklen Punkte in der Parteigeschichte, stellte insbesondere den Generalsekretär Santiago Carrillo bloß und dies just in jener Phase des politischen Umbruchs, in der sich die Partei im Hinblick auf die Wahlen zum ersten spanischen Parlament seit dem Bürgerkrieg als Vertreterin demokratischer Traditionen zu präsentierten suchte.[298] Dennoch läßt sich das Werk nicht schlicht als Schmähschrift abqualifizieren, zu stark ist über weite Strecken das Bemühen deutlich, ernsthaft und sachlich politische Fragestellungen zu diskutieren, die sich aus dem Erlebten ableiten. Bruchlos geht Semprún dabei von der »erzählten« zur »besprochenen« Welt über.[299] Sein Interesse gilt nahezu ausschließlich den Problemen von politischer Theorie und Praxis der kommunistischen Parteien.

Ausgehend von der Erfahrung, daß das Selbstverständnis des PCE auf einem ideologisch zensierten und damit verfälschten Bild der eigenen Vergangenheit basiert, das seinerseits von der Parteiführung aus Gründen der Machterhaltung nach innen und außen bewußt perpetuiert werde, versucht Semprún, durch eine dem Anspruch nach umfassende und unzensierte Erinnerung zur exakteren Kenntnis dieser Vergangenheit beizutragen. Da er bekanntlich selbst aktives Mitglied der kommunistischen Bewegung war, richtet sich die Kritik, die er formuliert, nicht allein gegen die Partei, sondern auch gegen sich selbst. Kritik und Selbstkritik bilden so die notwendig zusammengehörigen Seiten ein und desselben Vorhabens: Irrtümer in der persönlichen und kollektiven Geschichte aufzudecken und im Rahmen einer politischen Analyse als Zeichen eines entfremdenden Zusammenhangs, das heißt des stalinistischen Systems, zu begreifen.

Seine Argumentation belegt und illustriert Semprún an vielen Stellen mit Textauszügen, so vor allem aus Publikationen und internen Diskussionspapieren der Partei oder aus eigenen Gedichten seiner Jugendzeit. Besondere Beachtung verdient in diesem Zusammenhang ein circa zwanzigseitiger, in das vorletzte Kapitel integrierter Auszug aus einem unvollendeten Roman Semprúns, der ein fiktives Attentat auf Franco zum Thema hat.[300] Das Buch weist so einen ständigen Wechsel von Argumentation und Textzitaten, von Reflexion und Narration, von Fiktion und Realität, von politischer Geschichte und Autobiographie auf.

Ebenso wie in seinen früheren Werken folgt Semprún im Aufbau des Erzählten nicht der chronologischen Ordnung, sondern der assoziativen, verschachtelten Struktur der Erinnerung. Er vergleicht diese an einer Stelle mit einer »Babuschka«, jener russischen Holzpuppe, die – innen hohl – eine klei-

298 Semprún selbst machte darauf aufmerksam, daß er dies lange geplante Buch auf keinen Fall vor dem Ende der Franco-Ära hatte veröffentlichen wollen, um nicht den Verdacht des Renegatentums auf sich zu lenken; vgl. Semprún, J., in: Cortanze, G. de, *Jorge Semprun: itinéraire d'un intellectuel apatride*, in: *Magazine littéraire*, 170 (März 1981), S. 14-19, hier S. 16.

299 Vgl. Schmigalle, G. *Jorge Semprúns Kritik des Kommunismus. Die »Autobiografía de Federico Sánchez«* (1977), in: *Iberoamericana*, 12 (1981), S. 3-21, hier S. 6.

300 Vgl. hierzu S.168ff.

nere, ansonsten aber identische Puppe enthält, welche sich ihrerseits wieder öffnen läßt etc. Dieses Konstruktionsprinzip läßt sich im *Sánchez* in sehr deutlicher Weise wiedererkennen: Das erste der insgesamt acht Kapitel vermittelt die Erinnerung an jene Sitzung der Exilführung des PCE in einem ehemaligen Schloß böhmischer Könige unweit von Prag, auf der Semprún beziehungsweise Federico Sánchez gemeinsam mit Fernando Claudín aus dem Exekutivkomitee der Partei ausgeschlossen wurde. Der Gedanke an den dort nicht anwesenden Simón Sánchez Montero leitet über zur Evokation der klandestinen Wohnung in Madrid, die der Autor entgegen allen Sicherheitsregeln der Untergrundarbeit auch an jenem Tag aufsuchte, an dem Simón verhaftet worden war (Kap. 2). Diese Erinnerung weckt wiederum jene an eine spätere Diskussion zwischen beiden KP-Führern über die Politik der »Huelga Nacional Pacífica« oder kurz »HNP«, des politisch motivierten Generalstreiks, der in jenen Jahren das Hauptziel der KP Spaniens war (Kap. 3); sie beinhaltet ferner die an einen Brief Sánchez Monteros und anderer inhaftierter Genossen an das Exekutivkomitee, in welchem diese die gegen Claudín und Semprún erhobenen Vorwürfe stützen und erhärten (Kap. 4). Am Ende einer erneuten Lektüre beschließt der Autor, dieses und andere Dokumente zu seinem Ausschlußverfahren für immer beiseite zu legen, endgültig Abschied zu nehmen von den einstigen Genossen.

An dieser Stelle bricht der Assoziationsfaden, der die Verbindung der einzelnen Teile herstellte, ab. Unvermittelt geht der Autor zur Darstellung eines Aufenthaltes Ende 1976 in Katalonien über, wo er mit Ricardo Múñoz Suay und Francesc Vicens zusammentrifft, die ebenfalls aus dem PCE beziehungsweise dem PSUC ausgeschlossen sind – bezeichnenderweise nennt Semprún dieses fünfte Kapitel »Intermedio en el Ampurdán« (Zwischenspiel in Ampurdán) und hebt so seine Sonderstellung hervor. Bedingt durch das Wiedersehen, erinnert er sich an seine Zeit im antifrankistischen Untergrund, wobei er nun den umgekehrten Weg beschreitet, der ihn über die Evokation der erfolglosen Politik des Generalstreiks zurück zur Erinnerung an das klandestine Domizil führt, von dem anfangs bereits die Rede war. Diese Rückwärtsbewegung bestimmt im folgenden den Erzählverlauf, das betreffende fünfte Kapitel bildet somit den Scheitelpunkt des Werks.

In der Madrider Wohnung hatte Semprún seinen ersten Roman zu schreiben begonnen, dem der anschließende sechste Teil gewidmet ist. Die Figur Sánchez Monteros bildet wiederum das Bindeglied zum nächsten Kapitel, das den Tod zum Thema hat – den Tod Francos in erster Linie, aber auch den vieler Freunde des Autors. Am Ende des Buchs steht erneut die Evokation jener Sitzung des PCE-Exekutivkomitees in der Umgebung von Prag, auf der Dolores Ibárruri mit ihrem Bannfluch den provisorischen Ausschluß Claudíns und Semprúns aus dem Leitungsgremium besiegelt. Diese Episode, die im Leben des Autors insofern eine Bruchstelle bezeichnet, als sie den Wandel von der politischen Identität des Federico Sánchez zurück zur privaten Identität des Jorge Semprún einleitet, nimmt im Werk folglich eine Schlüsselposition ein, auf deren Bedeutung an anderer Stelle noch näher einzugehen sein wird.

Die Grundstruktur des Buchs spiegelt sich innerhalb der einzelnen Kapitel wider, auch dort beschreibt die Erzählung einen Bogen, indem sie zum Schluß jeweils den Gedanken aufgreift, der zu Beginn den Ausgangspunkt der Darstellung bildete. Innerhalb des so begrenzten Raums bestimmt wiederum das obengenannte Strukturprinzip der Erinnerung die Aufeinanderfolge der erzählten Ereignisse. Die Zeitspanne, welche die Darstellung hierbei abdeckt, reicht von den drei Jahren 1975-1977, in denen das Buch entstand, zurück bis zum Ausbruch des Bürgerkrieges im Juli 1936.

Im Hinblick auf die Themenstellung dieser Arbeit ist die *Autobiografía de Federico Sánchez* von ganz besonderem Interesse, da in ihr die Verbindung von Lebens- und Zeitgeschichte expliziter und ausführlich noch zur Sprache kommt als in den anderen Werken Semprúns. Radikaler als zuvor stellt dieser hier seine langgehegten politischen Vorstellungen in Frage und leistet damit einen wesentlichen Schritt auf dem Weg zu einer Bewältigung seiner orthodox-kommunistischen Vergangenheit. Die Untersuchung soll daher vorrangig beleuchten, welche Haltung Semprún zur Partei beziehungsweise zu seiner eigenen Stellung in ihr einnimmt und wie er diese Position literarisch zum Ausdruck bringt. Daneben wird auch auf den Zeugnischarakter des Werks und auf die in ihm enthaltenen Elemente einer marxistisch fundierten politischen Theorie einzugehen sein.

Kritik an der KP Spaniens

In den Vordergrund seiner Darstellung stellt Semprún die Frage nach Hergang und Hintergründen des eigenen Parteiausschlusses. An diesem Beispiel versucht er aufzuzeigen, wie wenig der PCE dem selbstgesetzten Anspruch, eine revolutionäre und demokratische Partei zu sein, entspricht.[301] Es geht ihm, wie Schnmigalle in seiner Untersuchung zutreffend bemerkt, nicht darum, welche der damals debattierten Analysen die richtige war – dies habe die Geschichte längst erwiesen –, entscheidend sei vielmehr, wie mit diesen Mei-

301 Vgl. hierzu Semprún, J., in: Braucourt, G., *La clandestinité est finie*, in: *Les Nouvelles Littéraires*, 2617 (5.1.1978), S. 4.

nungsverschiedenheiten umgegangen wurde.[302] Semprún stützt sich dabei auf ausführliche Zitate aus den unveröffentlichten Protokollen der betreffenden Sitzungen des Exekutiv-Komitees (EK) vom 24., 29. und 30. Januar 1964. Leser, die an der Richtigkeit seiner Angaben zweifeln, versucht er mit dem Angebot zu überzeugen, ihnen Fotokopien der genannten partei-internen Unterlagen zu senden[303]; solange die Archive der Partei verschlossen bleiben, wäre dies für den interessierten Historiker vermutlich die einzige Möglichkeit, gesicherte Erkenntnisse über den Vorgang zu gewinnen.

Ohne hier näher auf die sehr detaillierten Ausführungen zum Parteiausschluß eingehen zu können, sei hervorgehoben, daß der Autor in diesem Zusammenhang S. Carrillo eine besondere Verantwortung und Schuld anlastet. Daß dieser sich habe durchsetzen können, mache andererseits deutlich, mit welcher Machtfülle der Generalsekretär ausgestattet sei und wie wenig die Basis in wichtige Entscheidungsprozesse einbezogen werde. Semprún sieht in diesem Umstand das Fortbestehen eines stalinistischen Personenkults, der jegliche parteiinterne Kritik unmittelbar als Dissidenz brandmarke. So habe die Diskussion um die von Fernando Claudín und ihm selbst vertretenen Thesen zur politischen Situation Spaniens sehr schnell die Ebene der sachlichen Auseinandersetzung verlassen; insbesondere die EK-Mitglieder E. García und E. Líster hätten stattdessen mit persönlich diffamierenden Angriffen einen Bruch geradezu herbeigeredet.[304] Carrillo stellt in seinem von Max Gallo und Régis Debray mitverfaßten Buch *Mañana, España*[305] den Verlauf des Konflikts so dar, als habe er, erfolglos zwar, den Ausschluß vermeiden wollen. Semprún bezichtigt ihn in diesem Punkt der Lüge – wie die Protokolle bewiesen, habe Carrillo selbst auf der besagten Sitzung die Äußerungen Garcías und Lísters nicht nur ausdrücklich gebilligt, vielmehr habe er erst die genannten EK-Mitglieder gegen die Kritiker in den eigenen Reihen »gehetzt«:

> En primer lugar, Eduardo García no pesaba bastante en el Comité Ejecutivo del PCE para imponer a Carrillo un camino que éste no hubiese querido seguir. Eduardo García era el perro faldero y mordiscón de Carrillo, era su hechura, el ejecutante de todas sus voluntades. ... El »rompimiento« no se pudo evitar porque él no lo quiso, porque el mismo lanzó al pa-

302 Vgl. Schmigalle, G., a.a.O., S. 13.

303 Vgl. *Autobiografía de Federico Sánchez* (1977, im folgenden FS und Seitenzahl), S. 268 bzw. *Federico Sánchez. Eine Autobiographie* (im folgenden FSA und Seitenzahl), S. 314.

304 Vgl. FS 267-274; FSA 313-321.

305 Die spanische Ausgabe (Barcelona 1977) enthält einige nicht kenntlich gemachte Veränderungen gegenüber dem französischen Original (Gallo, M., Debray, R., Carrillo, S., *Demain l'Espagne*, Paris 1974), welche Semprún nachweist und interpretiert; vgl. FS 266f.; FSA 311ff.

> ranoico de Eduardito y al pobre Líster, envejecido y engreído, contra nosotros, Claudín y Sánchez.[306]

Noch bevor das Zentralkomitee (ZK) sich mit der Sache beschäftigen konnte, habe Carrillo, so schreibt Semprún, ihn und Claudín öffentlich angegriffen und im Vorwege verurteilt. Auch seien die an die ZK-Mitglieder gerichteten Informationsschreiben vom Generalsekretär so parteiisch verkürzend und verfälschend verfaßt worden, daß von einem demokratischen Meinungsbildungsprozeß keine Rede sein könne, zumal ihnen, den Inkriminierten, die Möglichkeit verwehrt worden sei, ihre Positionen in den Parteiorganen zu erläutern.[307] Semprún legt Wert auf die Feststellung, daß eine solche Manipulation in krassem Gegensatz zu den Parteistatuten wie auch zu den von Lenin geäußerten Grundsätzen stehe. Dieser hatte 1921 in seiner Schrift *Die Krise der Partei* (1921)[308] gefordert, alle Parteimitglieder sollten den Inhalt und den Verlauf von internen Divergenzen in der Partei eingehend studieren; falls keine Dokumente zur Verfügung stünden, müßte ein Verhör vor Zeugen und unter Beteiligung beider beziehungsweise der verschiedenen Seiten eine Klärung herbeiführen.

Semprún konstatiert, daß die Ausübung des auch für Kommunisten fundamentalen Rechts auf freie Meinungsäußerung in der KP Spaniens nicht möglich sei, daß dem Kritiker der offiziellen Linie allein die Alternative bleibe, Selbstkritik zu üben, also seine Auffassungen öffentlich zu verleugnen oder die Partei zu verlassen. Der sogenannte »demokratische Zentralismus« erweise sich in der Praxis als das Gegenteil dessen, was der Begriff »demokratisch« beinhaltet.[309]

Einen weiteren Schwerpunkt seiner Kritik setzt Semprún mit dem Verweis auf die Abhängigkeit des PCE von den Direktiven Moskaus. Diese sei besonder eklatant in den Jahren der Komintern zu Tage getreten, in denen Spanien für die Internationale lediglich ein Kampfplatz auf einem intrigenreichen internen Krieg gewesen sei. Der Autor erwähnt in diesem Zusammenhang die

---

306 FS 273f.; FSA 321: »Erstens hatte Eduardo García im Exekutivkomitee der KPS nicht das Gewicht, um Carrillo auf einen Weg zu zwingen, den er nicht wollte. Eduardo García war Carrillos Schoß- und sein Beißhund, sein Geschöpf und sein Werkzeug, wenn es um die Ausführung seiner Wünsche ging. ... Der 'Bruch' war nicht zu vermeiden, weil er es nicht wollte, weil er selbst den Paranoiker Eduardito und den eingebildeten, armen alten Líster auf Claudín und Sánchez losgehetzt hatte.«

307 Vgl. FS 147-153 sowie 184195; FAS 173-180 sowie 219-233.

308 Vgl. LW, Bd. 32, Berlin 1975, S. 27-38 sowie das Zitat in FS 151; FSA 178f.

309 Vgl. FS 133f.: »Y lo mínimo que exige el centralismo democrático es que uno deje de pensar con su propia cabeza, para limitarse a repetir o adornar los pensamientos del Jefe, llámese Secretario General o Gran Timonel.» (FSA 156: »Und das Mindeste, was einem der demokratische Zentralismus abverlangt, ist, daß man aufhört, mit seinem eigenen Kopf zu denken, und nur noch die Gedanken des Chefs nachspricht oder ausschmückt, ob der Chef nun Generalsekretär oder Großer Steuermann heißt.«)
Vgl. hierzu auch die Meinung Claudíns, in: Martínez, J.L., *Con la mosca tras la oreja. Fernando Claudín, frente al P.C.E.*, in: *Cuadernos para el diálogo*, 253 (4.3.1978), S. 24f.

Außensteuerung der PCE-Führung durch »ausländische Berater« während der letzten Jahre der Diktatur Primo de Riveras und macht an ihr die Distanz zwischen der spanischen Arbeiterklasse einerseits und der sich auf sie berufenden Kommunistischen Partei deutlich: Aus dem Pariser Exil habe diese sich in erster Linie nicht für die Interessen des eigenen Volkes, sondern für die der Sowjetunion eingesetzt.[310] Die Bevormundung durch Moskau habe sich darüber hinaus aber auch auf die inneren Angelegenheiten der spanischen Partei erstreckt, so etwa in der Behandlung der Rückkehrer aus deutschen Konzentrationslagern 1945. Ähnlich wie die Sowjetführung habe die Führung des PCE sie dem Verdacht ausgesetzt, Agenten und Spitzel der Gestapo zu sein – denn wie hätten sie sonst die deutschen Lager überleben können? Gleichfalls »ferngesteuert« sei die nach den Bukarester Beschlüssen des Kominform 1948 in der KP Spaniens einsetzende »Säuberung« von sogenannten »titistischen Elementen« gewesen, der als bedeutendste Parteimitglieder Jesús Monzón und Joan Comorera zum Opfer fielen.[311]

Diese Ausführungen zur Geschichte des PCE enthalten vor allem insofern eine große politische Brisanz, als sie der Partei eine Schuld anlasten, die diese energisch von sich weist. So bezichtigt Semprún insbesondere den Generalsekretär der Lüge und widerlegt dessen Behauptungen von der langjährigen und vollständigen Autonomie der spanischen KP. Er hält diesem statt dessen vor, allen Intrigen der Moskauer Zentrale bedenkenlos gefolgt zu sein und darüber hinaus bei der innerparteilichen Repression gar ein besonders hohes Maß an Skrupellosigkeit offenbart zu haben. Ironisch formuliert er, Carrillo habe in dieser Hinsicht in der Tat einen entscheidenden Beitrag an »schöpferischer Initiative« und »Eigenständigkeit« geleistet.[312] Die persönlichen Angriffe gegen den Generalsekretär stellen allerdings nicht nur dessen Glaubwürdigkeit, sondern auch die der gesamten Parteiführung in Frage. Sie insgesamt klagt Semprún an, sich nur oberflächlich und halbherzig von der stalinistischen Vergangenheit distanziert zu haben. Er macht dabei zugleich auf die daraus resultierenden Konsequenzen für die interne Struktur der KP aufmerksam. Da man im Rahmen der vom XX. Parteitag der KPdSU eingeleiteten Reformbewegung bei einer Kritik der Person Stalins stehengeblieben sei, den Stalinismus nur als Abszeß eines ansonsten gesunden Körpers angesehen und nicht als »institutionelles System« begriffen habe, wie er selbst dies 1964 gefordert hatte, habe man die Chance einer Demokratisierung im Innern der Organisation verpaßt und einer diktatorialen Machtfülle des Parteichefs Vorschub

310 Vgl. FS 13;FSA 14.

311 Vgl. FS 106-124;FSA 122-146.

312 Vgl. FS 122; FSA 143.

geleistet.[313] Der Autor bringt seinen Vorwurf bündig auf den Punkt, wenn er konstatiert, der PCE habe »den stalinistischen Unrat nur vor fremden Türen gekehrt«[314].

Bei aller Kritik an der KP hebt Semprún immer wieder hervor, daß nicht er, sondern die Partei sich vom Marxismus entfernt habe. Dies gelte vor allem für die Entwicklung einer politischen Strategie, bei der sich die Parteiführung durchgängig von Wunschdenken habe leiten lassen und somit dem Fehler des Subjektivismus verfallen sei, statt von einer genauen sozio-ökonomischen Analyse auszugehen.[315] Wie bereits in *La guerre est finie* greift Semprún hier das Beispiel der verfehlten Politik des Generalstreiks auf. Er zitiert in diesem Zusammenhang wiederum Carrillo, der diese Politik am energischsten vertreten und in einer Rede von 1964 geradezu ein Plädoyer für den Subjektivismus gehalten hatte: Was wäre geschehen, wenn die Partei 1939 vorausgesehen hätte, daß der Frankismus sich so lange an der Macht halten würde, so hatte dieser seine Zuhörerschaft gefragt, um dann zu der Schlußfolgerung zu gelangen, daß eine gewisse Dosis Subjektivismus in den zeitlichen Voraussagen eine sinnvolle Komponente jeder revolutionären Taktik sei.[316] Semprún demonstriert an diesen Äußerungen, wie sehr der Generalsekretär von den Grundgedanken des Marxismus abgerückt sei. Irrtümer in der Einschätzung der politischen und wirtschaftlichen Entwicklung seien, so führt er aus, nicht auszuschließen und in der Vergangenheit auch von marxistischer Seite immer wieder vorgekommen. Dies sei auch verständlich, denn:

> ... el marxismo es una práctica revolucionaria, si algo es, y toda práctica tiende a secretar su propia ideología, es decir, un sistema más o menos coherente de ideas, valores, normas, emociones, que justifique la acción revolucionaria y que, por ello, tiende inexorablemente a presentar sus objetivos como próximos, como alcanzables.[317]

Andererseits sei es aber gerade die Aufgabe von Marxisten, ihre Analyse immer wieder einer genauen Überprüfung zu unterwerfen und die Konse-

313 Vgl. FS 277-288; FSA 326-338.

314 Vgl. FS 131; FSA 155 – Xlaudín weist sogar darauf hin, daß die Machtfülle der Parteivorsitzenden in den westlichen KPs noch zugenommen habe, seit diese sich allmählich von der Autorität Moskaus lösten; vgl. ders., *Documentos de una divergencia comunista. Los textos del debate que provocó la exclusión de Claudín y Jorge Semprún del PCE*, Barcelona 1978, S. IVf.

315 Vgl. FS 79-94, 271f.; FSA 95-113, 318f.

316 Vgl. FS 213f.; FSA 256.

317 FS 213; FSA 255: »... der Marxismus (ist) wenn überhaupt etwas, dann eine revolutionäre Praxis ..., und jede Praxis tendiert dazu, ihre eigene Ideologie abzusondern, das heißt ein mehr oder weniger zusammenhängendes System aus Gedanken, Werten, Normen und Gefühlen, das das revolutionäre Handeln legitimeren soll und daher unweigerlich dazu neigt, seine Ziele als nah, als erreichbar hinzustellen.«

quenzen aus früheren Fehlern zu ziehen. Carrillo hingegen sei der erste kommunistische Parteichef, der, statt Selbstkritik zu üben, sich seiner Irrtümer rühme und sie gar als notwendige Bestandteile einer revolutionären Praxis darstelle. Außerdem verwechsle er offensichtlich Subjektivismus (Fehlanalyse, insbesondere Unterschätzung des politischen Kräfteverhältnisses) und Voluntarismus (Wille zur kollektiven Veränderung der Gesellschaft). Ohne diesen sei politisches Handeln in marxistischem Sinne in der Tat undenkbar, jener jedoch führe unweigerlich zu falschen strategischen Konzeptionen und damit zu Mißerfolgen, die letztlich nur die Demoralisierung und Demobilisierung der revolutionären Kräfte bewirke.[318] In scharfen Worten konstatiert Semprún:

> Así, a lo largo de los años, corroída por la cancerosa proliferación de la ilusión ideológica, la Huelga General dejó de ser el objetivo estratégico de una práctica de masas, realista, capaz por ello de transformar, al menos parcialmente, la realidad social, para convertirse en la justificación cuasi religiosa de una política pragmática, siempre oscilante entre el triunfalismo extremista y el oportunismo más inconsistente.[319]

Diese allgemeine Kritik findet darüber hinaus eine Zuspitzung in dem Vorwurf, der Weg der subjektivistischen Politik des PCE sei von Leichen gesäumt.[320] Allerdings bleibt diese Aussage recht ungenau, nur in einem einzigen, ausführlich kommentierten Fall, dem Julián Grimaus, weiß Semprún eine nähere Erläuterung zu liefern.[321] Der falsche Optimismus in den Vorhersagen der Partei, führt Semprún aus, habe, speziell in der Vorbereitung der geplanten Generlastreiks, zu überhasteten, unvorsichtigen Vorgehensweisen geführt. So sei ihm im Frühjahr 1962 im Madrider Untergrund besonders bei Grimau eine Tendenz zu leichtsinniger Mißachtung elementarer Sicherheitsmaßregeln aufgefallen. Mit Nachdruck verweist der Autor auf die Anstrengungen, die er selbst unternommen habe, um den Genossen zu einer Änderung seines Arbeitsstils zu bewegen, doch hätten weder die Gespräche mit dem Betroffenen noch die mit Carrillo und dem EK-Mitglied Romero Marín die gewünschte Wirkung erzielt. Im November 1962 wurde Grimau von ei-

---

318 Vgl. FS 213f.; FSA 255ff.

319 FS 80; FSA 95f.: »So hörte der Generalstreik, mit den Jahren zerfressen von der krebsartig wuchernden Verblendung der Ideologie, allmählich auf, strategisches Ziel einer realistischen Praxis von Massen zu sein und daher wenigstens zu teilweiser Veränderung der sozialen Wirklichkeit imstande zu sein, und wurde zur quasi religiösen Rechtfertigung für eine pragmatische Politik, die ständig zwischen extremem Triumphalismus und haltlosestem Opportunismus hin und her schwankte.«

320 Vgl. FS 162; FSA 193.

321 Vgl. FS 198-212; FSA 236-254.
Vgl. hierzu ebenfalls Haubrich, W., *Santiago Carrillo als Fälscher der Wahrheit. Der Renegat Semprún fordert die Kommunisten heraus*, in: *Frankfurter Allgemeine Zeitung*, 13.1.1978, S. 3.

nem Spitzel denunziert, dessen Zugang zum engeren Kreis des klandestinen Apparats, Semprún zufolge, bei größerer Umsicht hätte vermieden werden können. Grimau wurde zum Tode verurteilt und im April 1963 hingerichtet. Er wurde so zu einer Symbolfigur des antifrankistischen Widerstands und zu einem Märtyrer der spanischen KP.[322]

Semprún erhebt in diesem Zusammenhang den wohl schwersten Vorwurf gegen Carrillo. Im Gegensatz zu ihm selbst habe dieser nämlich gewußt, daß Grimau eine sehr heikle Vergangenheit hatte, die ihm zwangsläufig bei einer Verhaftung zum Verhängnis werden mußte. Als Mitglied der republikanischen Polizei in Barcelona war Grimau im Bürgerkrieg nicht allein am Kampf gegen den POUM, sondern auch an der Verfolgung der Agenten von Francos Fünfter Kolonne maßgeblich beteiligt gewesen. Ihn dennoch nach Madrid zu entsenden, wo ihm im Falle einer Festnahme in voller Härte die persönliche Rache der frankistischen »Brigada político-social« drohte, stellte nach Semprúns Meinung einen Akt höchster Unverantwortlichkeit dar.[323] Auch wenn Semprún auf diese Weise in erster Linie Carrillo und die Führungsgruppe des PCE attackiert, so kann er sich in einzelnen Punkten doch nicht von einer Mitschuld an den Vergehen der Partei freisprechen. Zwar setzt seine Tätigkeit in den Leitungsgremien der Partei erst nach dem Tode Stalins ein, so daß er nicht aktiv an den »Säuberungen« im PCE beteiligt war, doch muß er sich vorwerfen, sie als einfaches Parteimitglied widerspruchslos akzeptiert zu haben.[324] Selbst als in der CSSR mit Josef Frank ein ehemaliger Mithäftling aus Buchenwald, von dessen politischer Integrität er fest überzeugt gewesen sei, der unwahrscheinlichsten Verbrechen für schuldig befunden wurde, habe er geschwiegen.[325] Im nachhinein sieht er sein Verhalten als Ausdruck eines entfremdeten politischen Bewußtseins, das die Treue zur Parteiführung höher stellt als die Autonomie des kritischen Denkens. Diese Einstellung herrscht seines Erachtens auch weiterhin bei der Mehrzahl der PCE-Mitglieder vor, stabilisiert folglich die hierarchische Parteistruktur und leistet der Beibehaltung einer realitätsfernen, subjektivistischen Strategie Vorschub. Getragen werde dieses Politikverständnis von einer stalinistisch deformierten kommunistischen Ideologie, deren Wesenszüge Semprún, gestützt auf Beispiele eigenen Verhaltens in der Vergangenheit, plastisch aufzeigt.

---

322 Zu diesem Fall vgl. Ruiz Ayúcar, A., *Crónica agitada de ocho años tranquilos (1963-1970)*, Madrid 1974, S. 11-50; ders., *El Partido comunista: 37 años de clandestinidad*, Madrid 1976, S. 313-320; Rodríguez Armanda, A., Novais, J.A., *¿Quien mató a Julián Grimau?*, Madrid 1976 sowie die Parteipublikation, *Julián Grimau, el hombre, el crímen, la protesta*, Paris 1964.

323 Vgl. FS 212; FSA 253f.

324 Vgl. FS 185; FSA 154f.

325 Vgl. FS 128; FSA 151 sowie BD 42-45; WSS 41-44.

Kritik an der stalinistischen Ideologie

Als Ausgangspunkt seiner Betrachtungen wählt Semprún das Sprachverhalten der spanischen Kommunisten, an dem er ein entfremdetes, von Autoritätshörigkeit geprägtes Selbstverständnis entdeckt. Als Beispiel führt er die nahezu religiöse Ehrfurcht an, mit der seine Genossen im frühen Pariser Exil von dem Sitz der Parteizentrale in der Avenue Kléber sprachen:

> »Han dicho en Kleber.« »Habrá que discutirlo en Kleber.« »A ver qué decide Kleber.« Frases como éstas, a la vez escuetas y cargadas de multívocas significaciones, las has oído a menudo, en aquellos años. Y »Kleber« iba constituyéndose como la apelación simbólica de un poder indiscutible, lejano y próximo a la vez, de tipo patriarcal. O religioso, si se prefiere.[326]

Nicht nur bei den spanischen, auch bei den französischen Kommunisten beobachtet Semprún dieses Phänomen – er nennt es »topologisches Charisma«[327] –, das er als typisches Charakteristikum kommunistischer Ausdrucks- und Denkweise ansieht.[328] Die Verklärung der politisch Mächtigen in der Partei komme in besonderer Intensität in der kommunistischen Poesie jener Jahre zum Ausdruck. Semprún selbst verfaßte nach dem Krieg Gedichte, von denen allerdings nur wenige in der Parteipresse veröffentlicht wurden – glücklicherweise nicht alle, wie er aus dem zeitlichen Abstand von dreißig Jahren urteilt.[329] Unter ihnen befindet sich ein *Canto a Dolores Ibárruri*, den Semprún auszugsweise zitiert und einer Textkritik unterzieht. Oden auf die Generalsekretärin waren in jener Zeit, insbesondere zu den Geburtstagen der »Pasionaria« obligatorischer Bestandteil des mit religiösem Eifer betriebenen Personenkults, berichtet der Autor. Um die Phraseologie des Kults zu illustrieren, zitiert er aus einer Nummer der Partei-Zeitschrift *Cuadernos de Cultura*:

> Hoy lo que vive, lo que crece, lo que tiene un mañana – y no sólo un ayer – es el pueblo, es la clase obrera, es el Partido Comunista. Y Dolores Ibárruri es el símbolo y la encarnación de ese mañana mejor, es el guía

326 FS 10; FSA 11: »'In der Avenue Kléber sagen sie ...' – 'Das muß in der Avenue Kléber diskutiert werden.' – 'Mal sehen, was die Avenue Kléber beschließt.' Solche zugleich lapidaren und mit vielerlei Bedeutungen befrachteten Sätze hörtest du in jenen Jahren oft. Und 'Avenue Kléber' wuchs allmählich zur symbolischen Bezeichnung für eine unanfechtbare, ferne und doch nahe, patriarchalische Macht. Oder auch religiöse Macht.«

327 Vgl. FS 11; FSA 12.

328 So nennt er den kommunistischen Sprachgebrauch in abschätziger Form eine »jerga ritualizada y jerarquizada, esotérica y operativa«, zu deutsch in etwa: einen »ritualisierten und hierarchisierten, esoterischen und wirkungsvollen Jargon«; vgl. ebenda.

329 Vgl. FS 19f.; FSA 23.

clarividente que conduce al pueblo hacia la meta victoriosa.[330]

Die Poesie zu Ehren der »Pasionaria« sah in ihr allerdings nicht allein das »Symbol und die Inkarnation der besseren Zukunft«, sie verglich sie gar mit der Muttergottes – so etwa, wenn Juan Panadero, alias Rafael Alberti, in Anspielung auf den vor Stalingrad gefallenen Sohn der Generalsekretärin, Rubén Ruiz, ein, gleichfalls im *Sanchez* zitiertes Gedicht mit den Versen schließt:

Madre buena, madre fuert
madre que para la vid
le diste un hijo a la muerte.[331]

Zu Recht verweist Semprún auf die christlichen Konnotationen jener Zeilen; sie rücken Rubén in die Nähe des Erlösers, der sein Leben für die Menschheit opfert. Auch in seine eigene Dichtung habe dies Thema Eingang gefunden, gesteht der Autor, und zwar auf ganz selbstverständliche Weise, ohne jeden äußeren Druck, denn:

Una de las características del estalinismo ideológico consiste, precisamente, en la interiorización autorrepresiva de todos los tópicos colectivos del ególatra superego.[332]

Nun kann die Verinnerlichung von nicht hinterfragten Verhaltensmustern und ihre Verfestigung im Über-Ich nicht Ziel einer emanzipatorischen Politik sein; sie entspricht zudem in keiner Weise den Grundlagen des Marxismus, sondern trägt deutlich religiösen Charakter. Ebenso wie im christlichen Glauben spielt in der Stärkung des kommunistischen Über-Ichs die Schuld eine bedeutende Rolle. Im Falle Semprúns besteht diese in seiner großbürgerlichen Herkunft, die ihn *per se* der Arbeiterklasse entfremdet. Um diese Kluft zu überbrücken, muß er Teile seiner selbst verleugnen. Im *Canto a Dolores Ibárruri* gibt er seinem Klassenkomplex (»complejo de los orígenes«) wie folgt Ausdruck:

A ti Dolores, ahora, quiero hablarte,
con mi voz más profunda y entrañable.

330 FS 19; FSA 23: »Was heute lebt, was wächst, was ein Morgen – und nicht nur ein Gestern hat, ist das Volk, ist die Arbeiterklasse, ist die Kommunistische Partei. Und Dolores Ibárruri ist das Symbol und die Fleischwerdung dieses besseren Morgen, sie weist dem Volk vorausschauend den Weg zum ersehnten Sieg.«
Gleichen Tenors ist auch der Artikel von Mancisidor, J., *La literatura española bajo el signo de Franco*, in: *Cuadernos Americanos*, 63 (Mai/Juni 1952), S. 26-48.

331 FS 21; FSA 24 : »Mutter voller Güte, Mutter voller Kraft
die du für das Leben
dem Tod einen Sohn hingabst.«

332 FS 22; FSA 23: »Eins der Merkmale des geistigen Stalinismus besteht ja gerade in der sich selbst unterdrückenden Verinnerlichung aller kollektiven Gemeinplätze des selbstgefälligen Über-Ichs.«

Modesto es el lugar de militante
que en las filas de tu partido tengo;
no es ejemplar tampoco mi trabajo.
Te lo digo sincera y llanamente:
no soy un bolchevique, intento serlo.
Y es que no soy, Dolores, de raigambre
obrera; no es en mí la conciencia de clase
brújula de palabras y de acciones.
Tú ya comprendes. Mi corazón es vuestro,
late al ritmo glorioso de este tiempo;
mas hay en mi cerebro viejos fantasmas
tercos del mundo derrotado, niebla de sueños
vagos: los camaradas me ayudan a vencerlos.[333]

Jener Klassenkomplex bildet nach Semprúns Selbstdarstellung ein durchgängiges Motiv seiner Poesie. Das Bewußtsein, als Intellektueller aus bürgerlichem Hause nicht würdig zu sein, teilzuhaben an der revolutionären Bewegung der Arbeiterklasse, läßt ihn seine Herkunft als eine Art »Erbsünde« ansehen, die er nur durch vermehrte Opfer und Anstrengungen tilgen könne. Zu ihnen gehören das öffentliche Schuldbekenntnis, die Selbstanprangerung und die Verehrung der Arbeiterklasse, ihrer Partei und deren Führer. Im Proletariat sieht der junge Semprún zwar den Träger der historischen Mission im Marxschen Sinne, aber auch die geknechtete, ausgebeutete und entrechtete Klasse schlechthin. Sich mit ihr zu identifizieren erscheint ihm nicht allein aus politischen, sondern vor allem aus moralischen Gründen notwendig, da dies eine Opferbereitschaft erfordert, ohne die nach verinnerlichten christlichen Kriterien das Heil nicht zu erlangen sei.[334]

333 FS 19; FSA 22: »Zu dir, Dolores, möchte ich jetzt sprechen
mit meiner tiefsten innerlichsten Stimme.

Bescheiden ist der Rang, den ich als Kämpfer
einnehme in den Reihen der Partei.
Auch leiste ich nicht vorbildhafte Arbeit
und sage es dir hiermit rundheraus und frei:
Ich bin kein Bolschewik, ich will es werden.
Denn nicht aus Arbeitergeblüt stamm' ich, Dolores
kein Klassenbewußtsein führt Zunge mir und Hand.
Du weißt, wenn auch mein Herz für euch schlägt
im glorreichen, beschwingten Takte dieser Zeit,
so hausen doch im Hirn mir alte Geister,
trotzige Überbleibsel aus besiegter Welt,
Nebel verschwommener Träume, die ich
mit Hilfe der Genossen will vertreiben.«

334 Vgl. FS 27f.; FSA 31f.

Unumstrittenes Vorbild der metaphysisch inspirierten kommunistischen Dichtung jener Jahre sei Miguel Hernández gewesen, schreibt Semprún. Stellte für ihn selbst die, wie er formuliert, »von lyrisch-stalinistischer Aufrichtigkeit und entfremdeter Religiosität triefende Poesie« lediglich eine Art einsames Laster dar, hätten die christlichen Elemente in den Gedichten von Miguel Hernández, Rafael Alberti, César Arconada u.a. nachhaltig die marxistische Kultur ihres Sprachraums beeinflußt bzw. pervertiert.[335]

Wenn Semprún derart ausführlich auf diese Art von Dichtung eingeht, so um aufzuzeigen, wie wenig sich die Partei insgesamt im Gegensatz zu ihm selbst von den dort ausgedrückten Bewußtseinsinhalten entfernt hat. Sich teils explizit, teils implizit auf Marx berufend, versucht er im *Sánchez* deutlich zu machen, daß Theorie und Praxis der traditionellen kommunistischen Bewegung auf einer Ideologie beruhen – Ideologie hier verstanden als gesellschaftliche Rechtfertigungslehre der Machtausübung.[336] Ziel seiner Darstellung ist dabei auch herauszuarbeiten, welche Bedeutung marxistische Theoreme bei der Entwicklung einer emanzipatorischen Politik erhalten könnten.[337] Die wesentlichen Elemente der fragmentarisch an verschiedenen Stellen des Werks vermittelten Argumentation sollen im folgenden resümiert werden. Sie illustrieren, wie Semprún sich in der schreibenden Auseinandersetzung mit der früher auch für ihn charakteristischen Orthodoxie schrittweise rational und emotional von seiner Vergangenheit löst. Obwohl in ihnen der spezifisch literarische Aspekt gänzlich zurücktritt, bilden sie doch die Grundlage zum Verständnis von Semprúns schriftstellerischem Anliegen.

Einen Schwerpunkt in seiner Gedankenführung setzt der Autor mit der Behauptung, die kommunistischen Parteien der Komintern-Tradition hätten sich uneingestandenerweise vom historischen Materialismus abgewandt und seien in puren Idealismus verfallen. Er belegt diese These u.a. mit verschiedenen Zitaten von PCE-Funktionären, so etwa von Lucio Lobato (»en último análisis son las ideas las que mueven el mundo«[338]) oder von Irene Falcón, die in erstaunlicher Direktheit einen irrationalen Glauben als Basis jeglicher Parteiarbeit bezeichnet hatte:

> ... nos hemos liberado de la fe ciega, anticientífica, *y se ha reforzado en nosotros esa fe a la que se refería Marx cuando decía que los comunistas*

335 Vgl. FS 24; FSA 21.

336 Vgl. Hofmann, W., *Universität, Ideologie, Gesellschaft. Beiträge zur Wissenschaftssoziologie*, Frankfurt/M. 1968, S. 54-59.

337 In diesem Sinne äußert sich auch Schmigalle, wenn er formuliert: »*Die Autobiografía de Federico Sánchez* ist von Interesse für alle, die sich die Frage stellen, ob der Kommunismus zur gegenwärtigen Organisation gesellschaftlicher Herrschaft eine Alternative ist, war oder (wieder) werden kann.« – Schmigalle, G., a.a.O., S. 5.

338 FS 157; FSA 186: »es (sind) in letzter Instanz die Ideen ..., die die Welt bewegen«.

con sapaces de 'asaltar los cielos'. Cuando se enfría esa fe, cuando se empieza a dudar, cuando se hace uno un descreído, empieza uno a dejar de ser comunista. Ésta es la verdad.[339]

Diese Stellungnahme läßt außer der offensichtlichen Unkundigkeit des wahren Sinns der zitierten Marxschen Textstelle[340] in der Tat eine offen idealistische Sicht der revolutionären Bewegung erkennen. Wenn nämlich der Glaube Grundlage des politischen Kampfes wird, so verwandelt sich der Kommunismus in eine Art Ersatzreligion, die rational nicht mehr hinterfragt werden kann. Spöttisch nennt Semprún die KP daher auch eine »Heilige Kirche«, vergleicht ihre geistigen Väter Marx, Engels, Lenin und Stalin mit den vier Evangelisten.[341]

Ferner führt Semprún vor allem das in Moskau-orientierten Parteien gültige Dogma an, welches besagt, es sei besser, sich mit der Partei zu irren als außerhalb von ihr oder gegen sie recht zu behalten.[342] Im nachhinein muß er erkennen, daß diese früher auch von ihm vertretene Ansicht deutliche Parallelen zu der typisch religiösen Vorstellung aufweist, außerhalb der Kirche gebe es kein Heil. Semprún verwendet in diesem Zusammenhang den Begriff des »Parteigeistes«, der im Postulat von der historischen Mission der KP als einziger Verkörperung des Fortschritts dem Hegelschen Weltgeist gleiche. In beiden Fällen werde die Geschichte als im voraus festgelegte Entwicklung betrachtet, deren Triebkraft im Ideellen angesiedelt sei. Indem nämlich das revolutionäre Subjekt der Geschichte nicht mehr, wie bei Marx, die Arbeiterklasse selbst, sondern die sich auf sie berufende Partei sei, höre diese auf, bloßes Instrument des Kampfes zu sein, erhalte statt dessen die Qualität eines absoluten Werts. Die Befolgung ihrer zur Orthodoxie erstarrten Grundsätze garantiere allein bereits die Richtigkeit des revolutionären Engagements. Als Grundlage einer derart verformten marxistischen Theorie sieht Semprún nunmehr bereits Lenins Konzeption von der Avantgardefunktion der revolutionären Partei als Erzieherin der Arbeiterklasse, ohne allerdings auf die Frage nach der Kontinuität beziehungsweise Diskontinuität marxistischer Theorie und Praxis näher einzugehen.[343] Auf einen Unterschied gilt es indes

339 FS 157; FSA 167: »... wir (haben) uns vom blinden unwissenschaftlichen Glauben freigemacht *und ... der Glaube (wurde) in uns bestärkt, den Marx gemeint hat, als er davon sprach, daß die Kommunisten »den Himmel zu erstürmen« vermögen. Wenn dieser Glaube erkaltet, wenn man zu zweifeln beginnt, wenn man zum Skeptiker wird, ist das der Anfang vom Ende eines Kommunisten. So ist es nun einmal.«* (Hervorherbung durch Semprún).

340 Vgl. Sempruns Richtigstellung in: FS 142ff.; FSA 167ff. sowie die Ausführungen Schmigalles, ders., a.a.O., S. 9.

341 Vgl. FS 80 und 84; FSA 95 und 100.

342 Vgl. FS 336; FSA 384.

343 Vgl. FS 171; FSA 203 beziehungsweise Lenin, W.I., *Was tun?* (1902), LW Bd. 5, Berlin 1977, S. 181-

hinzuweisen: Während Lenin den Marxismus im wesentlichen noch als Methode zur möglichst allseitigen Erkenntnis der gesellschaftlichen Wirklichkeit begreift, degeneriert er unter Stalin zur reinen Rechtfertigungslehre staatlicher Politik. Über die Forderung nach Parteilichkeit des Denkens gelangt Stalin zu einem sehr rigiden Freund-Feind-Schema, dem ein reduziertes, mechanistisches Verständnis der Marxschen Dialektik zugrunde liegt.[344] Diese dichotomische Trennung von Gut und Böse führt wiederum zu dem, was Semprún als »metaphysisch-kriminalistische Geschichtsauffassung« der Kommunistischen Parteien bezeichnet.[345] Die Feinde, ob reale oder nur imaginierte, erfüllten hierbei die Funktion, potentielle innerparteiliche Opponenten einzuschüchtern und zu knebeln. Kritiker würden dementsprechend automatisch zu Abtrünnigen und Häretikern.[346] Häresie wiederum bedingt als positives Pedant die Existenz einer reinen Lehre – ein Aspekt, auf den Semprún besonders eindringlich hinweist. Wie er am Vokabular des kommunistischen Sprachgebrauchs aufzeigt, beherrscht noch 1964, lange nach Stalins Tod, die Vorstellung einer einzigen Wahrheit, des richtigen Denkens (»pensamiento correcto«), des geraden Wegs (»recto camino«), den gedanklichen Horizont seiner damaligen Genossen. Eine Abweichung (»desviación«) von den offiziell als richtig deklarierten Positionen werde bestenfalls als Fehltritt oder Ausrutscher (ein »deslizarse«) bezeichnet, der durch eine »Rektifikation« der irrigen Ansichten, durch eine öffentliche Selbstkritik korrigiert werden könne.[347] Dies undialektische Verständnis der politischen Meinungsbildung ist, Semprún zufolge, Ausdruck eines ideologischen Monolithismus, der mit Stalin zum bestimmenden Charakteristikum kommunistischer Theorie und Praxis

292. Erinnert sei in diesem Zusammenhang daran, daß Semprún im *Mercader* noch keine Kritik an Lenin geäußert hatte; vgl. S. 106.

344 Vgl. Hofmann, W., *Stalinismus und Antikommunismus*, Frankfurt/M. 1967, S. 84-91.

345 Vgl. FS 112; FSA 130.

346 Vgl. hierzu Claudín zum Verfahren des eigenen Ausschlusses: »Detrás de ese hecho escalofriante hay toda una formación – más exacto, deformación – de los miembros del Partido que nos hemos forjado en el período estalinista. En nosostros, fundidos con virtudes de firmeza, combatividad y abnegación indiscutibles, hay hábitos, concepciones, métodos, completamente extraños al espíritu del marxismo y del leninismo. Bajo su influjo, la discusión deja de ser discusión; la discrepancia se convierte en herejía; y la herejía hay que tratarla como nos enseñaron los grandes celadores de la fe en nuestra historia nacional. Marx se esfuma ante Torquemada.« (Hinter dieser unheimlich anmutenden Tatsache steht eine ganze Entwicklung – besser Fehlentwicklung – der Parteimitglieder, die in der Stalinzeit herangewachsen sind. Neben unbestreitbaren Tugenden wie Standfestigkeit, Kampfgeist und Opferbereitschaft gibt es bei uns Gewohnheiten, Auffassungen und Methoden, die dem Geist des Marxismus und des Leninismus völlig fremd sind. Unter ihrem Einfluß hört die Diskussion auf, Diskussion zu sein, wird die abweichende Meinung zur Ketzerei, und Ketzerei kann dann nur noch behandelt werden, wie es uns die großen Glaubenswächter aus unserer nationalen Geschichte gelehrt haben. Marx verschwindet vor Torquemada.) – Xlaudín, F., *Las divergencias en el Partido*, Dez. 1964, klandestiner Druck ohne Angabe des Erscheinungsorts, S. 125; diesen Passus zitiert auch Semprún, in: FS 135 bzw. FSA 158.

347 Vgl. FS 163f.; FSA 194.

geworden ist.[348] Demgegenüber vertritt Semprún in einer längeren essayistischen Textpassage[349] das Ideal einer kommunistischen Partei, in der unterschiedliche Standpunkte auf allen Ebenen offen vertreten und diskutiert werden könnten und die so als lebendiger Organismus interner Demokratie erst die Voraussetzung zur Ausarbeitung einer stets an der Realität überprüften revolutionären Strategie schüfe. Als ein Instrument des Volkswillens unter vielen anderen, wie zum Beispiel Gewerkschaften, Selbstverwaltungsorganen, Nachbarschaftsverbänden, feministischen, ökologischen oder libertären Vereinigungen, zeichne sich die Partei durch zwei wesentliche Charakteristika aus, die zugleich ihre Schwäche und ihre Stärke bildeten: erstens ihre Beständigkeit, die auch in schwierigen Zeiten die Kontinuität der Arbeit gewährleiste, und zweitens ihre weitgehende Beschränkung auf die Sphäre politischen Handelns. Die Permanenz der Partei, so notwendig einerseits, begünstige andererseits jedoch das Entstehen von Routine und Riten, geistiger Trägheit und Autoritätshörigkeit. Die politische Sphäre wiederum sei das Terrain der herrschenden Klassen und nicht das der kommunistischen Revolution. Ohne sich explizit auf Marx zu beziehen, gibt Semprún marxistische Grundideen wieder, wenn er ausführt, daß der Kommunismus gerade die Aufhebung der Politik als autonomer Sphäre der Vermittlung zwischen dem Individuum und seinem sozialen Kontext zum Ziel hat. Politik sei gleichbedeutend mit dem Staat, einem Repressionsorgan folglich, ohne dessen Abschaffung eine kommunistische Revolution letztlich erfolglos bleiben müsse. Auf die Problematik des sozialistischen Übergangsstaates und der Diktatur des Proletariats geht Semprún hier nicht ein. Er stellt statt dessen die Opposition von Ziel und Mittel des Kampfes in den Vordergrund. Seiner Ansicht nach hat sich hier eine Umkehrung vollzogen: Die Partei diene nicht mehr der Revolution, sondern umgekehrt, das gesamte Bestreben der Kommunisten sei auf die Erhaltung und Stärkung der Partei ausgerichtet. Positiv hebt er davon das Bild jener Partei ab, die mit der russischen Revolution die Macht ergriffen hat und die er wie folgt charakterisiert:

> El partido que se lanza a la conquista del poder es un partido de debates permanentes, de enfrentamientos teóricos, de tendencias y hasta de fracciones. Es un partido donde la libertad de expresión está como el pez en el agua.[350]

348 Vgl. FS 278f.; FSA 326ff.

349 Vgl. FS 170-179; FSA 202-214.

350 FS 174; FSA 207: »Die Partei, die sich da anschickt, die Macht zu übernehmen, ist eine Partei pausenloser Debatten, theoretischer Auseinandersetzungen, eine Partei mit Tendenzen und sogar Fraktionen. Es ist eine Partei, in der die Meinungsfreiheit fröhliche Urständ feiert.«

Ähnlich wie in *La deuxième mort de Ramón Mercader* ist hier das Bemühen zu erkennen, die historische Substanz der kommunistischen Revolution von der Kritik auszusparen, die er in scharfer Form an den sozialen Systemen des Ostens übt.[351] Das Scheitern der Revolution erscheint im *Sánchez* deutlicher als noch im *Mercader* in der Unfähigkeit der traditionellen KPs begründet, aus den Fehlern der Vergangenheit zu lernen. Mit Nachdruck macht Semprún darauf aufmerksam, daß dies fatale Folgen für die aktuelle und zukünftige politische Praxis habe, denn:

> ... un partido sin memoria, sin capacidad crítica para asumir y hacerse cargo, verídicamente, de su propia historia, es un partido incapaz de elaborar una estrategia auténticamente revolucionaria.[352]

Wie er an anderer Stelle vermerkt, wäre es dringend erforderlich, daß diejenigen KP-Führer, welche die Zeit des Stalinismus unmittelbar erlebt hätten, mit ehrlichen Augenzeugenberichten an die Öffentlichkeit träten. Denn selbst die genauesten historischen Analysen besäßen nicht die Überzeugungskraft des direkten persönlichen Zeugnisses. Nur, die Opfer seien tot und die Verantwortlichen von damals würden aller Wahrscheinlchkeit nach ihre Geheimnisse mit ins Grab nehmen. Oder werden sie sprechen? – fragt Semprún provokativ an die Adresse von D. Ibárruri, S. Carrillo und M. Azcárate gerichtet.[353] Er gibt jedoch zu verstehen, daß er wenig Hoffnung auf ein positives Echo hat; die Erfahrung habe ihn gelehrt, daß die Erinnerung der Kommunisten äußerst selektiv sei: »La memoria comunista es, en realidad, una des memoria, no consiste en recordar el pasado, sino en censurarlo« – so lautet sein Urteil.[354] Demgegenüber betont er selbst seine Entschlossenheit, nach schuldhaftem Schweigen zu den stalinistischen Verbrechen niemals mehr die geschichtliche Wahrheit einer Staats- oder Parteiräson zu opfern. Er macht es sich statt dessen zur Aufgabe, durch die Schilderung seiner Erfahrung zur Klärung der Vergangenheit beizutragen. In Anspielung auf eine Äußerung Carrillos, der Kritik an der stalinistischen Vergangenheit des PCE im Zuge der innerparteilichen Auseinandersetzung von 1964 als Masochismus kleinbürgerlicher Intellektueller bezeichnet hatte, erklärt Semprún:

> ... yo seguiré hurgando en ese pasado, para poner al descubierto sus heri-

351 Vgl. insbesondere FS 175-178; FSA 208-213.

352 FS 242; FSA 285f.: »Eine Partei ohne Gedächtnis aber, ohne die kritische Fähigkeit, sich zu ihrer eigenen Geschichte zu bekennen, für sie einzustehen, so wie sie ist, eine solche Partei ist unfähig, eine wahrhaft revolutionäre Strategie zu erarbeiten.«

353 Vgl. FS 123f. bzw. FSA 144f.

354 FS 241; FSA 284: »Kommunistisches Gedächtnis ist im Grunde keins, denn es speichert die Vergangenheit nicht, sondern es zensiert sie«.

das purulentas, para cauterizarlas con el hierro al rojo vivo de la memoria.[355]

Die Wunden, von denen der Autor spricht, sind in erster Linie diejenigen, welche sich die revolutionäre Bewegung insgesamt – und hier insbesondere die spanische KP – mit dem Stalinismus zugefügt hat. Seine im *Sánchez* vermittelten Erfahrungen und Analysen stellen bewußt einen Beitrag zur Rekonstruktion des kollektiven Gedächtnisses dar, deren Notwendigkeit er immer wieder postuliert. Semprún selbst verweist auf die politische Funktion seines Buches, wenn er in einem Interview ausführt:

> Je pense qu'il est nécessaire, salutarie de démystifier certaines choses comme l'image d'un parti communiste révolutionnaire et démocratique, ce qu'il n'a pas été historiquement même s'il y a actuellement une évolution certaine vers la voie démocratique. Le livre peut jouer, en ce sens, un rôle d'incitation en faveur d'une mémoire transparente en face de la guerre civile, de l'Histoire en général, stalinisme compris.[356]

Daß die Abkehr von der Kommunistischen Partei für ihn nicht zugleich eine Abkehr vom Marxismus bedeutet, sondern im Gegenteil ein Zeichen der Anwendung marxistischer Gesellschaftsanalyse auf Phänomene des »real existierenden Sozialismus« ist, hebt Semprún eindeutig hervor. Er bekennt sich nach wie vor zum Marxismus[357], hält am Ziel des Kommunismus fest, sieht in der Arbeiterklasse das revolutionäre Subjekt[358], läßt daneben jedoch ebenfalls Elemente einer mehr libertären Konzeptionen erkennen. Das wird u.a. daran ersichtlich, daß er die Bedeutung von Volksbewegungen, die nicht auf die Erringung der politischen Macht ausgerichtet sind, wie auch den Wert individueller Autonomie ausdrücklich unterstreicht.[359] Darüber hinaus manifestiert sich in der Darstellung des eigenen politischen Werdegangs eine ebenfalls eher individualistische Einstellung zur Politik. So betont Semprún, daß ihn nie die Normalität der legalen Parteiarbeit, sondern vielmehr die abenteuerli-

---

355 FS 147; FSA 173: »Ich aber werde weiter in der Vergangenheit wühlen, ihre eiternden Wunden aufdecken, sie mit dem glühenden Eisen der Erinnerung ausbrennen.«
Vgl. ebenfalls FS 140 und 145 bzw. FSA 165 und 171 sowie Sempruns diesbezügliche Äußerungen in: Kohut, K., *Escribir* ..., a.a.O., S. 188.

356 Semprún, J., in: Braucourt, G., *La clandestinité* ..., a.a.O.: »Ich denke, daß es notwendig und heilsam ist, einiges zu entmystifizieren, wie etwa das Bild einer revolutionären und demokratischen Kommunistischen Partei, was diese historisch nie gewesen ist, wenngleich es zur Zeit eine gewisse Entwicklung hin zu einem demokratischen Weg gibt. Das Buch kann in dieser Hinsicht eine Rolle spielen, insofern es zu einer transparenten Erinnerung gegenüber dem Bürgerkrieg, der Geschichte ganz allgemein, Stalinismus inbegriffen, auffordert.« (Übers. d. Verf.).

357 Vgl. FS 156; FSA 184.

358 Vgl. im Gegensatz dazu Gorz, A., *Adieux au prolétariat*, Paris 1980.

359 Vgl. FS 75 und 171f. bzw. FSA 89f. und 204f.

che Aktivität in der Klandestinität als Weg zu sich selbst gereizt habe.[360]

Dies Bekenntnis macht einmal mehr deutlich, wie sehr Semprún persönliche Identität und politisches Engagement miteinander verband. Wie schon in seinen früheren Werken erhält die Erinnerung im *Sánchez* neben der politischen gleichfalls eine rein private Dimension; es sind mit Sicherheit auch die ganz persönlichen Wunden der eigenen Existenz, die Semprún durch das Medium der Literatur zu heilen versucht. Implizit verweist er auf eine solche kathartische oder autotherapeutische Motivation, wenn er gegenüber dem US-Nachrichtenmagazin *Newsweek* bekundet: »Getting it all off my chest was a very liberating personal experience for me.«[361]

Emotionale Ambivalenz der Erinnerung

Anders als die obige Äußerung es vermuten ließe, ist die Haltung zur eigenen Vergangenheit, wie Semprún sie im *Sánchez* offenbart, jedoch keineswegs durchgängig vom Wunsch nach Distanzierung geprägt, sondern vielmehr von einer tiefgreifenden Zwiespältigkeit gekennzeichnet. Das Buch vermittelt in erster Linie den Eindruck, daß die Erinnerung an die Partei und an die Vorgänge, die zum Ausschluß führten, nach wie vor sehr schmerzhaft ist. Dies geht besonders eindrucksvoll aus der Schlußpassage des Werks hervor, in der Semprún die diffamierenden Worte zitiert, mit denen die »Pasionaria« auf der EK-Sitzung bei Prag ihn und Claudín verurteilt hatte:

> Está diciendo que sólo sois, Fernando y tú, »intelectuales con cabeza de chorlito«.
>
> Y esa frase gira vertiginosamente en el hastío asqueado que te invade, gira vertiginosamente en el salón de los reyes de Bohemia, gira vertiginosamente entre los árboles deshojados del parque,
>
> inteletuales con cabeza de chorlito, intelectuales con CABEZA DE CHORLITO, INTELECTUALES CON CABEZA DE CHORLITO ...[362]

Die Wiederholung dieser beleidigenden Äußerung und ihre typographische Hervorhebung verdeutlichen, daß das unmittelbar erlebte Gefühl der Verletztheit auch weiterhin sehr lebendig ist. Die Heftigkeit von Semprúns Reaktion

---

360 Vgl. FS 100; FSA 117.

361 Semprún, J., in:Behr, E., *»A Liberating Experience«. Interview: Jorge Semprun*, in: *Newsweek*, 13.2.1978, S. 48.

362 FS 342f.; FSA 391: »Sie sagt, ihr, Fernando und du, seid nur 'intellektuelle Wirrköpfe.'
Und dieser Ausdruck wirbelt durch den Ekel und Überdruß, der dich befällt, wirbelt durch den böhmischen Königssaal, wirbelt fort durch die kalten Bäume im Park,
intellektuelle Wirrköpfe, intellektuelle WIRRKÖPFE, INTELLEKTUELLE WIRRKÖPFE ...« (Auslassungszeichen im Original).

wird verständlich, wenn man sich vor Augen führt, daß es gerade die »Pasionaria«, das Idol seiner frühen politischen Begeisterung, ist, die solch harte Worte findet. Aus dieser Kränkung resultieren zum einen der Zorn und die Wut, die sich in der ungewöhlich polemischen Schärfe niederschlagen, mit der vor allem Carrillo als »Gran Timonel desmemoriado« und »perfecto imbicil« (»Großer Steuermann ohne Gedächtnis« und »hoffnungsloser Idiot«), aber auch andere führende PC-Mitglieder attackiert werden, wie zum Beispiel E. García, Romero Marín oder E. Líster.[363] Auffallend ist zum anderen aber, daß Semprún die »Pasionaria« von seinen persönlichen Angriffen ausnimmt, in einer dem obigen Zitat vorangehenden Passage am Schluß des Werks statt dessen sogar den Wunsch nach einem ehrlichen Gespräch mit der legendären Parteipräsidentin zum Ausdruck bringt:

> Vuelvo a mirar a *Pasionaria.*
>
> *Y ahora en mi propio nombre quiero hablarte,*
> *con mi voz máz profunda y entrañable ...*
>
> Así decía aquel antiguo poema mío del año 1947, y así digo hoy, en abril de 1964, también hoy quisiera hablarte en mi propio nombre, con mi voz más profunda y entrañable, explicarte quién soy, de dónde vengo contarte quién fue Federico Sánchez, intentar establecer contigo, al fin, un diálogo, poder escucharte, al fin, las verdades ocultas de tu propia vida, hablar, al fin, hoy, en estos primeros días de un abril húmedo y frío, en este kafkiano castillo, al fin, hablar, después de tanto discurso monolítico y monologante, al fin ...[364]

Der hier manifeste Wunsch nach Zuwendung seitens der »Pasionaria« steht in offenem Gegensatz zu der eindeutig feindseligen Haltung, die Semprún Carrillo gegenüber offenbart, und verweist auf eine ambivalente Einstellung zur Partei insgesamt. Denn trotz seiner vehementen Angriffe gegen die frühe-

---

363 Vgl. FS 108 bzw. 153, 273, 243, 219; FSA 124 bzw. 180, 321, 286, 262.

364 FS 342 bzw. FSA 390f.: »Ich sehe die *Pasionaria* wieder an.

> *In meinem eigenen Namen möchte ich zu dir*
> *jetzt sprechen*
> *mit meiner tiefsten, innerlichsten Stimme ...*
>
> So hieß es in meinem Gedicht von 1947, und das sage ich auch heute, im April 1964. Auch heute möchte ich in meinem eigenen Namen mit dir sprechen, mit meiner tiefsten, innerlichsten Stimme, dir erklären, wer ich bin, woher ich komme, dir erzählen, wer Federico Sánchez war, endlich ein Zwiegespräch mit dir beginnen, endlich die verborgenen Wahrheiten deines eigenen Lebens von dir hören, endlich mit dir sprechen, heute, in den ersten Tagen dieses naßkalten April, in diesem Kafkaschloß, endlich, nach so vielen monolithischen und monologisierenden Reden sprechen ...« (Auslassungszeichen im Original).

ren Genossen gibt Semprún zu verstehen, daß ihm nach wie vor viel an deren Anerkennung liegt. Dies zeigt sich u.a. an der Reaktion von Enttäuschung und verletztem Stolz, mit der er Romero Marín vorwirft, in Äußerungen gegenüber den *Cuadernos para el diálogo* seinen, Sempruns, Beitrag zum antifrankistischen Widerstand schlichtweg unterschlagen zu haben.[365] Hier wirkt ein wichtiger Aspekt von Sempruns früherem politischen Engagement nach: Es war, auf der persönlichen Ebene, nicht nur ein Bereich der Selbstverwirklichung, es integrierte ihn zudem in ein Netz menschlicher Beziehungen. Die Erinnerung an die Brüderlichkeit im Kampf ist auch im nachhinein noch sehr positiv besetzt.[366] Daher ist es ihm unmöglich, wie er sagt, von der Partei nur im Ton einer nüchternen Analyse zu schreiben:

> ... Si se analiza fríamente la realidad tienes toda la razón del mundo Pero ¿puedes analizar fríamente la realidad del partido? Claro que no Sabes que has dicho la verdad objetiva Al menos parcialmente ...
>
> Pero esa verdad objetiva no recubre toda la realidad del partido O sea la realidad de los comunistas de carne y hueso Te acordarás de los comunistas de carne y hueso Siempre te acordarás.
> Te acordarás para siempre de la fraternidad comunista Te acrodarás de los desconocidos que te abrían la puerta y te miraban a ti Desconocido Y decías la contraseña y te abrían la puerta ...[367]

Die Begrifflichkeit, mit der Semprún die persönlichen Folgen des Parteiausschlusses kennzeichnet, läßt deutlich ein Gefühl von Verlassenheit und Einsamkeit erkennen – so spricht er mehrfach in ähnlich lautenden Varianten von der »Hölle der äußeren Finsternis«, in die er von der »Pasionaria« verbannt worden sei.[368] Die schriftstellerische Beschäftigung mit der Zeit seiner Militanz hilft ihm, die Erinnerung an seine ehemaligen Parteifreunde wachzuhalten und so dem Ausgestoßensein entgegenzuwirken. Auf diese Weise vermag er nicht allein Wunden der Vergangenheit zu heilen, sondern ebenfalls die bereichernden Erfahrungen der Solidarität und Freundschaft unter Kom-

---

365 Vgl. FS 242ff.; FSA 286ff. beziehungsweise Romero Marín, in: Bilbatua, M., *Romero Marín: el hombre oculto*, in: *Cuadernos para el diálogo*, 14.8.1976, S. 21f.

366 Vgl. FS 57, 61-66, 77ff.; FSA 66, 71-78, 91-94.

367 FS 179; FSA 214: »Wenn man die Wirklichkeit nüchtern betrachtet hast du völlig recht. Aber kannst du die Wirklichkeit der Partei nüchtern betrachten? Natürlich nicht. Du weißt du hast die objektive Wahrheit ausgesprochen. Zumindest in Bruchstücken. ...
Aber diese objektive Wahrheit deckt noch nicht die ganze Wirklichkeit der Partei ab. Das heißt, die Wirklichkeit der Kommunisten aus Fleisch und Blut. An die lebendigen Kommunisten wirst du jetzt denken. Du wirst immer an sie denken.
Du wirst immer an das brüderliche Verhalten der Kommunisten denken. An die Unbekannten die dir ihre Türen öffneten und dich Unbekannten ansahen. Und du sagtest das Kennwort und sie öffenten dir die Tür ...« (Textabschnitt im Original ohne jegliche Interpunktion).

368 Vgl. FS 16, 341f.; FSA 18, 389.

munisten nachzuerleben.[369] Die Haltung, die Semprún im *Sánchez* gegenüber der Partei einnimmt, läßt sich als eine Art Haßliebe oder genauer als Ambivalenz von Wünschen nach Trennung und Kontinuität charakterisieren.

Zwiespältig ist dementsprechend auch die Bilanz seines politischen Engagements. Neben der Einsicht, daß die Revolution im internationalen Maßstab ebenso gescheitert ist wie der Kampf zum Sturze Francos, kommt dabei Semprúns Hoffnung zum Ausdruck, daß sein Einsatz dennoch nicht völlig vergebens war. Auf einer Großdemonstration anläßlich des katalanischen Nationalfeiertags 1977 in Barcelona erlebt er die überschäumende Begeisterung und massive Kampfbereitschaft der Bevölkerung und kommt zu der Überlegung, seine Arbeit sei vielleicht doch sinnvoll gewesen, obwohl alles anders sei als zuvor erträumt.[370]

Die starke Freude, die diese Demonstration in Semprún wachruft, rührt her von dem Erlebnis, aufgehoben zu sein in einer großen Gemeinschaft von Landsleuten und politisch Gleichgesinnten zugleich. Sie bildet die Kehrseite des Schmerzes über den doppelten Verlust der politischen und der geographischen Heimat. Beide Aspekte kommen auch im *Sánchez* als Gegenstand der Erinnerung zum Ausdruck. Obwohl das Buch bewußt als politische Autobiographie konzipiert wurde[371], in der die rein private Komponente nur zweitrangig ist, ist diese doch ständig mit präsent. Die thematische Fixierung auf beide Arten des Exils erhält nach Meinung Reys bereits obsessiven Charakter. Von Semprún sagt er:

> ... il est l'homme d'une obsession. Il est l'homme tout à la fois amputé de son Espagne et de sa révolution.[372]

Einen dritten, für Semprún entscheidenden Verlust, der thematisch in sein literarisches Werk zunehmend Eingang findet, läßt Rey freilich außer acht: den der früh gestorbenen Mutter nämlich. Bereits in *La deuxième mort de Ramón Mercader* hatte Semprún seine Verehrung für sie zum Ausdruck gebracht; ebenso wie dort ist die Erinnerung an sie im *Sánchez* eng mit der Sehnsucht nach Spanien verbunden. Eine Reise im Jahre 1975 nach Santander evozierend, wo er während seiner Kindheit mit der Familie oft die Sommerferien verbacht hatte, schreibt der Autor:

> Allí estábamos todos, a la hora del refresco, junto a esa madre tan joven, y

369 Vgl. u.a. FS 57ff.; FSA 66ff.

370 Vgl. FS 54f.; FSA 62ff.

371 Vgl. FS 270; FSA 316.

372 Rey, H.-F., *Jorge Semprun. L'homme d'une obsession*, in: *Magazine littéraire*, 139 (Juli/August 1978), S. 54f., hier S. 54: »... er ist der Mann einer Obsession. Er ist seines Spaniens und zugleich seiner Revolution beraubt.« (Übers. d. Verf.).

> bellísima, escuchando sus preguntas acerca de las mínimas aventuras de la tarde, agachando la cabeza bajo su mano que acariciaba la frente de los hijos. Sé muy bien que sólo me acuerdo de la casa del Sardinero porque me aferro al recuerdo de una mujer bellísima y serena, apasionada y dulce, inquebrantable y suave, aquella madre tan joven que nos abandonó poco después y que la muerte ha inmovilizado en su momento de plenitud, mientras yo he seguido envejeciendo, hasta alcanzar la edad en que Susana Maura ya podría ser hija mía, hija de mi tristísimo y solitario ensueño.[373]

Sempruns Erinnerung an die Mutter weist jene Mischung von Idealisierung und Trennungsschmerz auf, die bereits als kennzeichnend für seine Haltung gegenüber der »Pasionaria« zu beobachten war.

In diesem Zusammenhang erhält das eingang erwähnte Fragment eines unvollendeten Romans mit dem Titel *Palacio de Ayete*, das im *Sánchez* eingeführt ist, eine besondere Bedeutung. In ihm sind zudem bereits Wesensmerkmale von Sempruns späteren Werken vorgezeichnet. Noch vor dem *Sánchez* sollte es das erste in spanischer Sprache verfaßte Buch des Autors werden. Anders als dort, wo sich Semprún den Ansprüchen historischer Authentizität unterordnet und durch Argumentation überzeugen will, versucht er hier im fiktionalen Rahmen, mit dem Mittel der Satire politische Verhaltensweisen, die ihm aus eigener Erfahrung vertraut sind, bloßzustellen.[374] In dieser Hinsicht gleicht der Romantorso dem wenige Jahre später erscheinenden Roman *L'Algarabie*. Jean Laurent bzw. Juan Lorenzo Larrea, Protagonist und Erzähler von *Palacio de Ayete* sowie imaginäres *alter ego* des Autors, trägt den gleichen Namen wie der Held in Sempruns Drehbuch zu Loseys Film *Les routes du Sud* (1978).[375]

Wichtiger aber noch als die Bezüge des Romanfragments zum Sempruínschen Gesamtwerk scheint mir seine Funktion innerhalb des hier besprochenen Buchs zu sein. Häufig bilden bekanntlich derartige literarische Versatzstücke innerhalb eines Werks eine *mise en abyme*, welche dessen Aussage verdichtet enthält. Bedingt läßt sich dies auch für den vorliegenden Fall sa-

373 FS 305; FSA 352: »Da saßen wir zur Vesperzeit bei unserer sehr jungen, wunderschönen Mutter, beantworteten ihre Fragen nach unseren kleinen Abenteuern am Nachmittag und neigten den Kopf unter ihrer Hand, die über die Stirn ihrer Kinder strich. Ich weiß genau, ich erinnere mich überhaupt nur an das Haus in El Sardinero, weil ich mich an die Erinnerung an meine so sehr junge Mutter klammere, an eine wunderschöne und heitere, leidenschaftliche und sanfte, unerschütterliche und weiche Frau, die uns kurz danach verließ und durch den Tod für immer in ihrer Blüte blieb, während ich älter wurde und inzwischen in ein Alter gekommen bin, in dem Susana Maura meine Tochter sein könnte, die Tochter meines traurigen, einsamen Traums.«

374 Vgl. insbesondere FS 313; FSA 362.

375 Larrea war der Name eines zweisprachigen spanischen Schriftstellers und zugleich ein Deckname Sempruns in der Illegalität, vgl. ders., in: Braucourt, G., *La clandestinité* ..., a.a.O.

gen. So steht die quasi religiöse Verehrung der Milagros in *Palacio de Ayete* für den »Kopf der Organisation«, der nur vermeintlich eine lebendige Person, in Wirklichkeit aber ein besonders komplizierter und vielseitiger Computer ist, prototypisch für den im *Sánchez* kritisierten Personenkult um den PCE-Generalsekretär. Dessen Unglaubwürdigkeit als revolutionärer Führer wiederum wird an einem fiktiven Gespräch illustriert, das dieser im Romanfragment mit großbürgerlichen und aristokratischen »Bündnispartnern« der vom PCE ins Leben gerufenen »Junta Democrática« führt. Die von Spott gekennzeichneten Angriffe auf Carrillo lassen erneut jene Aggressionen seitens des Autors erkennen, die schon im nicht-fiktionalen Hauptteil des *Sánchez* zu beobachten waren. Daneben findet sich hier ebenso der Wunsch nach einem vertraulichen und ehrlichen Dialog mit der »Pasionaria«. Aus der Perspektive Larreas heißt es da:

> *... (y hoy, años más tarde, en esta noche de julio de París, yo, Juan-Lorenzo Larrea, de veintiséis años de edad, soltero y solitario, recorrido hasta el fin el camino de la desesperanza, andado ya el camino de la certidumbre cegadora del fracaso de la Revolución, hoy, huérfano ya de todos nuestros pequeños dioses tutelares que se volvieron ídolos sangrientos, cuánto desearía poder acercarme de nuevo a ti,* Pasionaria, *y preguntarte las verdades de tantos años de traicionada fe, de sumisión cadavérica a los imperativos categóricos y alienantes de una solidaridad que ya no era de clase, sino de clan; preguntarte las oscuras verdades que ni a ti misma te atreves a decir, pero que están forzosamente agazapadas en tu memoria, en el luto equívoco de una vida desarbolada, y que han hecho de ti el mascarón de proa de una nave fantasma, cargada de cadáveres de compañeros ...)*[376]

Setzt man die drei hier zitierten Passagen aus dem *Sánchez*, die sich auf die Mutter bzw. auf die »Pasionaria« beziehen, in Verbindung zueinander, so wird in der Tiefenstruktur ein relativ homogenes Beziehungsgefüge sichtbar, das an die Konstellation des ödipalen Konflikts erinnert. Ähnlich wie die leibliche Mutter erscheint Semprún die »Pasionaria« als Muttergestalt, wie

376 FS 322f. (Hervorh. sowie Auslassungszeichen innerhalb der Klammer im Original); FSA 372: »... (und heute, Jahre später, an diesem Juliabend in Paris, nachdem ich, Juan Lorenzo Larrea, fünfundzwandzig, alleinstehend und allein, den Weg der Verzweiflung hinter mir habe und den Weg der blendenden Gewißheit des Scheiterns der Revolution bis zu Ende gegangen bin und verwaist ohne all unsere kleinen Schutzheiligen dastehe, die zu blutigen Götzen wurden, wie gern würde ich dir heute, Pasionaria, wieder näher kommen und dich nach den Wahrheiten so vieler Jahre getäuschten Glaubens und kadavergehorsamer Unterwerfung unter die kategorischen und entfremdenden Imperative einer Solidarität fragen, die keine Klassen-, sondern nur noch eine Cliquensolidarität war, dich fragen, nach den obskuren Wahrheiten, die du dir nicht einmal selber einzugestehen wagst, die aber notgedrungen in deinem Gedächtnis, in der zweideutigen Trauer eines abgetakelten Lebens nisten und aus dir die Galionsfigur eines mit toten Kameraden beladenen Geisterschiffs gemacht haben ...)«.

sich an einer Reihe von Parallelen zeigt: Beide Personen betreffend, äußert er ein vergleichbares Gefühl von Verlassenheit und enttäuschter Zuneigung.[377] Beiden wendet er sich im Werk zu: der leiblichen Mutter, deren Verlust durch den Tod besiegelt und unwiederbringlich ist, in idealisierender Erinnerung, und der Ibárruri mit dem Wunsch nach Wiederannäherung und neugegründetem Vertrauen. Beide Mutterfiguren stehen zugleich, in unterschiedlichem Grad allerdings, stellvertretend für einen größeren Zusammenhang: die »Pasionaria« für die KP und – in weniger direkter Weise – S. Maura für das Heimatland, das in der spanischen Sprache durch die Bezeichnung »madre patria« ohnehin zum Teil mütterliche Züge trägt. Dementsprechend lassen sich die Phantasien von einer Aussöhnung mit der »Pasionaria« als Ausdruck eines Wunsches nach Rückkehr in einen neugestalteten PCE interpretieren, während analog die Intensität der Mutterbindung auf die Virulenz von Wünschen nach Rückkehr ins Land der Kindheit verweist. In der Tat äußert Semprún Mitte der siebziger Jahre, als das Buch entstand, Pläne, sich in Spanien niederzulassen.[378]

Der Realisation dieser Wünsche stehen in der Sicht des Werks vor allem zwei Personen entgegen: Carrillo nämlich zum einen und Franco zum anderen. Ihnen gilt in besonderer Weise der Haß des Autors. Innerhalb des hier skizzierten psychoanalytischen Interpretationsversuchs ließen sich beide als Vatergestalten betrachten. Dies gilt auch für Carrillo, obwohl der Generalsekretär vom Alter her eher als dominanter großer Bruder gelten müßte. In der dem Text zugrundeliegenden Struktur nimmt er jedoch die Stelle des Vaters ein, da Semprún ihn implizit als negativ besetzte Autorität darstellt, die ihm selbst den Alleinanspruch auf die Partei, verkörpert in der »Pasionaria«, erfolgreich streitig macht. Carlos Semprún Maura, ein jüngerer Bruder des Autors, unterstellt diesem in einem Kommentar zum *Sánchez* sogar, in der Parteikrise von 1964 letztlich nicht ein Mehr an Demokratie, sondern nur eine Umkehrung der Machtverhältnisse angestrebt zu haben:

> Ahora, cuando Jorge habla de mí en el libro, vuelve a emplear su vieja jerga de dirigente estalinista. ... siente él una nostalgia enorme del Partido, una nostalgia un tanto utópica ... sueña con el Buen Partido, del que sería secretario general. De verdad, si Jorge y Claudín hubieran puesto en minoría a Carrillo en el 64, hubieran hecho exactamente lo mismo que Carrillo hace ahora.[379]

377 Vgl. FS 305 und 322f.; FSA 351 und 372.

378 Vgl. Semprún, J., in: Braucourt, G., *Le temps* ..., a.a.O., sowie Rodríguez Pujol, T., a.a.O.

379 Semprún Maura, C., in: Domingo, X. u.a., *Los bajos fondos del Eurocomunismo*, in: *Cambio 16*, 317 (8.1.1978), S. 10-22, hier S. 19f.: »Wenn Jorge nun im Buch von mir spricht, verfällt er wieder in seinen alten Jargon eines stalinistischen Parteiführers. ... er empfindet ein enormes Heimweh nach der

Von größerer Wichtigkeit als die Inhalte der Auseinandersetzung – so ließe sich diese Äußerung interpretieren – sei folglich der Wunsch gewesen, den »Vater« aus seiner Position zu vertreiben und sich selbst an seine Stelle zu setzen.

Haß auf Franco wiederum kommt indirekt in dem Fragment *Palacio de Ayete* zum Ausdruck, das von einem Attentat Larreas auf den greisen Diktator handelt. Semprún läßt im *Sánchez* zudem erkennen, daß der Arbeit an diesem Thema der Wunsch zugrunde gelegen habe, auf quasi magische Weise den Tod des lange bekämpften Staatschefs heraufzubeschwören.[380] Die insbesondere gegen Carrillo gerichtete vernichtende Kritik, wie sie sich im *Sánchez* manifestiert, kann in Analogie dazu gleichfalls als symbolischer Vatermord gedeutet werden; auch *realiter* zielt sie ja auf eine Zerstörung seiner politischen Macht ab.

Schon an dieser Stelle sei darauf hingewiesen, daß die ödipale Konfliktstruktur, deutlicher als sie sich hier abzeichnet, später in *L'Algarabía* ihren Niederschlag findet. Eine weitere Manifestation von vermutlich un- oder vorbewußten Inhalten, denen vor allem in *Quel beau dimanche!* ein großes Gewicht zukommt, ist im *Sánchez* mit der Äußerung von irrationalen Vorstellungen zum Tod enthalten. Als Beispiel sei eine Passage erwähnt, in der Semprún von einem nicht näher begründbaren Zusammenhang zwischen dem Tod eines Freundes in Madrid und einem Gewittersturm spricht, den er zur gleichen Stunde an einem Ort an der griechischen Küste erlebt.[381] So sehr er im politischen Bereich um eine rationale Analyse bemüht ist, jede Äußerung religiös-metaphysischer Gesinnung verurteilt, in zentralen existentiellen Fragen versagen sich ihm der analytische Verstand und die logische Sprache einer rein rationalen Betrachtungsweise. Um seine Vorstellungen zu Tod und Einsamkeit zu vermitteln, verläßt Semprún daher auch die Ebene des darstellenden Diskurses und rekurriert auf ein Gedicht von Luis Cernuda.[382] Ferner sei angemerkt, daß im *Sánchez* – ähnlich wie zuvor in *La deuxième mort de Ramón Mercader* – Γedächtnisverlust als nahezu ebenso bedrohlich empfunden wird wie der Tod. Die daraus resultierende Verunsicherung kommt zum Beispiel in Metaphern zum Ausdruck, mit denen Semprún die Erinnerung als wenig festen Grund, als »sumpfigen Pfad«, als »Morast« oder »schwindelerregende Spirale« bezeichnet.[383]

Partei, ein ziemlich utopisches Heimweh ... er träumt von der Guten Partei, deren Generalsekretär er wäre. In der Tat, wenn Jorge und Claudín 1964 Carrillo in die Minderheit gedrängt hätten, hätten sie genau dasselbe gemacht, was Carrillo jetzt tut.« (Übers. d. Verf.).

380 Vgl. FS 324; FSA 373.

381 Vgl. FS 295f.; der entsprechende Passus ist in der deutschen Ausgabe nicht enthalten.

382 Vgl. FS 252; FSA 297.

383 Vgl. FS 194, 209, 335; FSA 232, 250, 383.

Zum literarischen Charakter des Werks

Auf die Bedeutung der Erinnerung als eines strukturierenden Faktors im Erzählaufbau habe ich eingangs bereits hingewiesen. Sempruns Angaben zufolge beinhaltete die ursprüngliche Idee, dies Buch zu schreiben, bereits eine genaue Vorstellung von dessen Struktur:

> *L'autobiographie de Federico Sánchez* est né le jour même où la Pasionaria était en train de lancer son anathème dans le château des Rois de Bohême, en mars 1964. ... Et le livre est venu: il raconterait l'autobiographie du personnage qui était jugé au moment où la Pasionaria demandait la parole, il se terminerait quand elle aura fini de parler. Dans cet intervalle, dans ces quelques secondes, on essayerait de reconstruire la vie de ce personnage.[384]

Dies Vorgehen bedingt ein Abweichen vom traditionell chronologischen Konstruktionsprinzip einer Autobiographie, zugleich macht es eine Hierarchie der Zeitebenen deutlich. Die Hauptebene wird gebildet von den wenigen Minuten zwischen der Wortmeldung der Parteipräsidentin und dem Ende ihres Redebeitrags. Unterstrichen wird die Vorrangstellung dieser Zeitebene durch die Tatsache, daß sie sowohl den Anfangs- als auch den Schlußteil des Werks bestimmt und zudem als Ausgangspunkt rückblickender Betrachtung fungiert. Daneben sind es aber auch andere Zeitpunkte, die perspektivisch die erinnernde Darstellung leiten; Semprún lokalisiert sie vielfach mit Anmerkungen wie zum Beispiel »ahora estás en Kleber, en 1947« oder »Estamos el 10 de diciembre de 1976«.[385]

Von einer ähnlichen Heterogenität wie die Zeitstruktur ist auch die Erzählhaltung des Werks geprägt. Drei verschiedene Erzählsituationen[386] verwendet der Autor: Zu etwa gleichen Teilen und in häufigem Wechsel erfolgt die Schilderung in der ersten beziehungswweise zweiten Person Singular, lediglich eine kurze Passage wird in der dritten Person Singular erzählt. Besonders zu Anfang des Buches erweckt Semprún den Eindruck, als handle es sich bei dem »Du« ausschließlich um Federico Sánchez und somit um eine Person, die ihm vertraut und fremd zugleich ist – vertraut als Inkarnation seiner früheren

384 Semprún, in: Cortanze, G. de, a.a.O., S. 15: »*Federico Sánchez. Eine Autobiographie* ist an genau jenem Tag im März 1964 entstanden, an dem die Pasionaria im Schloß der Böhmischen Könige ihren Bannfluch schleuderte. ... Und das Buch ist gekommen: Es würde die Autobiographie der Person erzählen, die verurteilt war in dem Moment, in dem die Pasionaria ums Wort bat, und es würde enden, wenn sie aufgehört hätte zu sprechen. In diesem Intervall, in diesen wenigen Sekunden würde man versuchen, das Leben dieser Person zu rekonstruieren.« (Übers. d. Verf.).

385 Vgl. FS 11 und 184; FSA 12 und 219: »du bist in der Avenue Kléber, es ist 1947« oder »Es ist der 10. Dezember 1976«.

386 Die Terminologie ist Wolf Schmid entlehnt; vgl. ders., a.a.O., hier insbesondere S. 25-30.

Identität im PCE und fremd als Verkörperung eines Lebensstils sowie von Ansichten, die sehr verschieden von seinem aktuellen Bewußtseinsstand sind. Davon hebt sich das »Ich« des Autors ab, der die Zeitebene der Textabfassung in die Darstellung einbezieht, indem er in Passagen, die vom übrigen Text durch Klammern getrennt sind, Gedanken und Erinnerungen in der ersten Person Singular vermittelt sowie den Erzählvorgang kommentiert. Er tritt dabei bisweilen mit seinem *alter ego* Federico Sánchez in einen scheinbaren Dialog, so etwa in folgender Passage, in der die Rede ist von einem militärischen Führer der Internationalen Brigaden:

> ... durante vuestra guerra civil,
> (desde luego: la vuestra Federico: la mía no: que conste: pero vamos sigue sigue: ya no te interrumpo más).[387]

Das Bemühen, zwischen zwei Identitäten deutlich zu unterscheiden, tritt besonders deutlich dort hervor, wo die Darstellung sich auf Ereignisse nach dem Parteiausschluß Semprúns und damit nach dem »Tod« des Federico Sánchez bezieht:

> Fue en el verano de 1969, en Madrid. ... Tú ya no eras Federico Sánchez. Había desaparecido ese fantasma. Tú eras de nuevo tú mismo: ya eras yo.[388]

Als von Semprún völlig unabhängige, nahezu der Fiktion zuzurechnende Figur erscheint Federico Sánchez in dem oben genannten, in der Er-Form erzählten Textabschnitt.[389] Zuvor hatte der Autor berichtet, wie seine stets geheimgehaltene parteiinterne Identität 1974 von Carrillo in dessen Buch *Mañana, España* indirekt preisgegeben worden war. Er beschuldigt den Generalsekretär, die Indiskretion bewußt lanciert zu haben, um ihn als Literaten und möglichen politischen Rivalen vor der jungen Parteibasis als Renegaten zu diskreditieren.[390]

Die betreffende Textpassage des *Sánchez* ist sowohl inhaltlich als auch formal als Replik auf Carrillo zu verstehen. Sie enthält eine minutiöse Gegendarstellung, deren Objektivität der Autor ausdrücklich beteuert. Die Schilderung in der dritten Person unterstreicht diesen Anspruch und kopiert zugleich auf ironische Weise das Vorgehen Carrillos, der von Federico Sánchez

---

387 FS 10; FSA 11: »... in eurem Bürgerkrieg
(natürlich eurem, Fedrico – nicht meinem –, das muß klargestellt werden – aber weiter, weiter – ich unterbreche dich nicht mehr)«.

388 FS 67; FSA 79: »Im Sommer 1969 in Madrid. ... Du warst nicht mehr Federico Sánchez. Dieses Gespenst hatte sich aufgelöst. Du warst wieder du: du warst jetzt ich.«

389 Vgl. FS 265-273; FSA 311-321.

390 Vgl. FS 265; FSA 310.

spricht, als handle es sich um eine Art Phantom, indem er dessen Identität mit Semprún nicht explizit erwähnt. Bezogen auf das gesamte Buch erläutert Semprún:

> Ce mélange d'autobiographie et de fiction a été déterminé par Santiago Carrillo (secrétaire général du PCE) lorsque ... il parlait de Federico Sánchez comme si ce personnage existait en dehors de moi, comme s'il s'agissait d'un autre individu ou d'un héros de fiction. Et comme, en outre, il affirmait des choses plus que discutables sur Federico Sánchez ... il fallait bien que je réponde en confrontant la mémoire de ce fantôme, qui était sorti de ma vie et qui avait nom Federico Sánchez, avec la »non-mémoire« (en espagnol, j'écris »la desmemoria«) officielle de Carrillo.[391]

Die klare Trennung in zwei namentlich unterschiedene Personen wird allerdings nicht durchgängig beibehalten. Auch die genannten auktorialen Passagen sind zum Teil in der zweiten Person Singular geschrieben, dann nämlich, wenn der vorangegangene Text die Ich-Form enthält. Der Wechsel der Erzählsituationen dient hier vorrangig dem Zweck, den Bruch im Erzählverlauf deutlich hervorzuheben.[392] Des weiteren ist auffällig, daß es häufig Fragen oder Appelle sind, die der Autor in der Du-Form an die eigene Adresse richtet.[393]

Die Verwendung unterschiedlicher Erzählsituationen beeinflußt den Text demzufolge in zweierlei Hinsicht: Zum einen gestaltet sie ihn zu einer Art innerem Dialog, in dem der Autor unterschiedliche Teile seiner selbst zu Worte kommen läßt und so auf die Vermittlung eines einheitlichen Bildes der eigenen Identität verzichtet; zum anderen unterbricht sie den Erzählfluß und bewirkt, gemeinsam mit den bereits genannten Faktoren der Textsortenvielfalt und der verschachtelten Erzählstruktur, die Heterogenität des Werks. Sowohl auf der formalen als auch – zumindest was die Darstellung der eigenen Persönlichkeit anbetrifft – auf der inhaltlichen Ebene läßt sich somit eine Uneinheitlichkeit und Widersprüchlichkeit beobachten.

Eine ähnliche Zwiespältigkeit zeigen die Äußerungen des Autors hinsichtlich der sprachlichen Gestaltung des Werks. Als erstes auf spanisch verfaßtes Buch Semprúns ist es Ausdruck einer Rückbesinnung auf das mutter-

---

391 Semprún, J., in: Braucourt, G., *La clandestinité*, a.a.O.: »Diese Mischung aus Autobiographie und Fiktion geht auf Santiago Carrillo (Generalsekretär des PCE) zurück, der ... von Federico Sánchez sprach, als ob diese Gestalt getrennt von mir existierte, als ob es sich um einen anderen Menschen oder um einen Romanhelden handelte. Und da er zudem über Federico Sánchez sehr fragwürdige Dinge behauptete ..., war ich gezwungen, darauf zu antworten, indem ich die Erinnerung dieses Phantoms, das aus meinm Leben getreten war und das Federico Sánchez hieß, mit der offiziellen 'Nicht-Erinnerung' (in Spanisch schreibe ich 'la desmemoria') Carrillos zu konfrontieren.« (Übers. d. Verf.).

392 Vgl. FS 81, 83, 94 etc; FSA 96, 97, 99 etc.

393 Vgl. FS 124, 179, 216 etc.; FSA 146, 214, 252 etc.

sprachliche Erbe – Semprún selbst spricht gar von der »Wiedereroberung einer Kultur«.[394] Andererseits versucht er aber auch, eine Distanz zu der – wie er es nennt – typisch spanischen Rhetorik zu bewahren:

> Il y a cette terrible facilité avec laquelle on tombe en espagnol dans les lieux communs rhétoriques, un certain vocabulaire, une certaine mise en place des adjectifs – vraiment on dirait volontiers que Dieu parle tout seul dès que l'on commence à écrire en castillan. Et il faut casser, constamment, ce recours à la facilité.[395]

Die Erfahrung des Bilinguismus ist Semprún bei diesem Bestreben sehr hilfreich, sie gestattet ihm, einen Blick von außen auf die spanische Sprache zu werfen und so, in einer den Schreibakt begleitenden und auf ihn gerichteten Reflexion, die genannte Gefahr zu meiden.

Zwei Phänomene, in denen dies Bemühen des Autors sich manifestiert, seien hier hervorgehoben: zum einen die explizit geäußerten Beobachtungen zum rhetorischen Charakter zuvor von ihm verwendeter Formulierungen und zum anderen die Auflösung der traditionellen Satzeinteilung in einigen der auktorialen Passagen. Zur Strukturierung der Darstellung – zumeist handelt es sich dabei um die Wiedergabe affektiv besetzter Erinnerungen und Gedanken – teilt er den Text in kürzere, nur durch Doppelpunkte voneinander getrennte syntaktische Einheiten auf, was den Erzählfluß hemmt und so dem rhetorischen Automatismus der Sprache grundsätzlich entgegenwirkt.[396]

Die *Autobiografía de Federico Sánchez* ist unter anderem als Versuch zu werten, den Widerspruch, der sich aus dem gleichzeitigen Wunsch nach Hinwendung und Distanz zum Spanischen und seinen literarischen Ausdrucksformen ergibt, durch eine experimentell-innovatorische Arbeit an der Sprache in dialektischem Sinne aufzuheben. Semprún berichtet, daß diese Absicht meist nicht erkannt wurde, daß ihm vielmehr bestimmte Formulierungen als Gallzismen ausgelegt worden seien, die in Wirklichkeit bewußte Versuche zur Durchbrechung der genannten Rhetorik darstellten.[397]

Dem Bezug Semprúns zur spanischen Sprache ist der zur geographischen und politischen Heimat prinzipiell analog. Bis zum Zeitpunkt der Veröffentlichung des *Sánchez* spricht der Autor noch davon, nach Spanien zurückkehren

---

394 Vgl. Semprún, J., in: Braucourt, G., *La clandestinité*, a.a.O.

395 Semprún, J., in: Cortanze, G. de, a.a.O., S. 16: »Es gibt diese fürchterliche Leichtigkeit, mit der man in der spanischen Sprache in rhetorische Gemeinplätze verfällt, in ein bestimmtes Vokabular, eine bestimmte Plazierung der Adjektive – man ist wirklich geneigt zu sagen, daß Gott ganz allein spricht, sobald man anfängt, spanisch zu schreiben. Und diesen Hang zur Leichtigkeit gilt es beständig zu brechen.« (Übers. d. Verf.).

396 Vgl. insbesondere FS 35-40; FSA 40-45. (In der deutschen Ausgabe ersetzen Gedankenstriche die Doppelpunkte).

397 Vgl. Semprún, J., in: Kohut, K., *Escribir* ..., a.a.O., S. 173.

zu wollen, auch wenn ihm bewußt ist, daß ebenfalls Frankreich bzw. das Exil ihn entscheidend geprägt haben.[398] Er beabsichtigt, beiden Bedürfnissen gerecht zu werden, indem er einen Wohnort in Katalonien unweit der französischen Grenze ins Auge faßt. Doch bereits die Absicht der »Rückkehr« macht deutlich, daß er sich nach wie vor als Exilant ansieht. Heimat und Exil hingegen bedingen einander wie zwei Seiten einer Münze, der innere Widerspruch des Autors ist damit noch nicht aufgehoben. Dies geschieht erst wenig später, als er sich seine Heimatlosigkeit eingesteht und sich der Tatsache bewußt wird, daß eine Lösung des Konflikts für ihn nicht in der Entscheidung für das eine oder das andere Land bestehen kann, sondern einen Bewußtseinsprozeß bedingt:

> Ce n'est que dans les trois années qui ont suivi la mort de Franco qui j'ai compris que je me trompais, que le destin était scellé, que je ne reviendrais jamais. Je pouvais à la limite faire un effort pour m'accepter comme apatride intellectuel qui écrit dans les deux langues et tenter d'assumer – au risque de perdre beaucoup de temps – le bi-linguisme ... J'ai mis trois ans à comprendre![399]

Zusammenfassend läßt sich sagen, daß der *Sánchez* nur partiell als Resultat einer Bewältigung der persönlichen Vergangenheit angesehen werden kann, in wesentlichem Maß ist er vielmehr ein Mittel dazu. Semprún unterstreicht dies, wenn er feststellt:

> Sí, es una especie de balance, de liquidación, de saldo, de ajuste de cuentas conmigo mismo, de deseo de escribir lo que hasta ahora sólo he dicho. Ahí está, ya está escrito, ya me permite pensar en otras cosas.[400]

Dennoch ist Schmigalles These, der *Sánchez* beschreibe Semprúns Weg von der Entfremdung zur Identität[401], nicht ganz zutreffend.

Zum einen bezieht sie sich nur auf den politischen Bereich und läßt die psychischen Komponenten außer acht. Zum anderen erscheint es mir problematisch, im Hinblick auf Semprún den Begriff der Identität zu verwenden,

---

398 Vgl. Semprún, J., in: Braucourt, G., *Le temps* ..., a.a.O.; in: Rodríguez Pujol, T., a.a.O., S. 29; in: Montero, R., a.a.O., S. 4.

399 ders., in: Cortanze, G. de, a.a.O., S. 17: »Erst in den drei Jahren nach dem Tod Francos habe ich begriffen, daß ich mich täuschte, daß das Schicksal besiegelt ist, daß ich nie zurückkehren werde. Nur mit Mühen konnte ich das Selbstbild des heimatlosen Intellektuellen, der in beiden Sprachen schreibt, akzeptieren und – auf die Gefahr hin, viel Zeit zu verlieren – die Zweisprachigkeit bewußt auf mich nehmen. ... Drei Jahre habe ich gebraucht, das zu begreifen!« (Auslassungszeichen im Original – bers. d. Verf.).

400 ders., in: Montero, R., a.a.O., S. 6: »Ja, es ist eine Art Bilanz, Schlußabrechnung, ein Abrechnen mit mir selbst, ein Wunsch, zu schreiben, was ich bisher nur gesagt habe. Da steht es jetzt, es ist geschrieben, jetzt bin ich frei, an andere Dinge zu denken.« (Übers. d. Verf.).

401 Vgl. Schmigalle, G., a.a.O., S. 7f.

ohne dabei zugleich auf die innere Widersprüchlichkeit des Autors hinzuweisen, wie A. Gérard und H.-F. Rey dies zum Beispiel tun.[402] Anders als W. Haubrich und G. Schmigalle auf deutscher, P. Preston auf britischer sowie C. Roy und I. Yannakakis auf französischer Seite, die ihr Augenmerk jeweils nahezu ausschließlich auf die politischen Aussagen und Implikationen des Werks richten, betonen diese beiden Rezensenten zudem dessen literarische Qualitäten.[403]

In diesem Zusammenhang stellt sich auch die Frage nach der Einordnung des *Sánchez* in eine bestimmte literarische Gattung. Zwar erscheint sie unter der Bezeichnung »novela« (»Roman«) auf dem spanischen Buchmarkt, doch macht andererseits der Titel darauf aufmerksam, daß es sich keineswegs um ein rein fiktionales Werk handelt. Die Bezeichnung »testimonio« (»Zeugnis«) wiederum, unter der Semprún das Buch dem Planeta-Preis-Komitee vorlegte, verweist auf den dokumentarischen Charakter, was nicht zuletzt dadurch unterstrichen wird, daß ein so renommierter Historiker wie Víctor Alba die *Autobiografía de Federico Sánchez* als Quelle benutzt.[404]

In Wirklichkeit trifft keine der genannten Bezeichnungen ausschließlich zu, ebensowenig wie das Werk sich einer einzigen Wirkungsabsicht zuordnen läßt. Es trägt drei unterschiedliche Facetten: Als Zeugnis der Zeit ist es mit einer politischen, als autobiographische Reflexion mit einer kathartischen und als romanesk strukturiertes Werk mit einer ästhetischen Intention verbunden. In einem dieser drei Bereiche läßt sich die real erzielte Wirkung weitgehend erfassen: In erheblich stärkerem Maße als im Falle seiner anderen Bücher löste Semprún mit dem *Sánchez* eine politische Diskussion aus, die vor allem in Spanien sehr kontrovers geführt wurde.

Zur Rezeption des Werks: der »asunto Semprún«

Bereits vor ihrer Publikation im November 1977 fand die *Autobiografía de Federico Sánchez* ein großes Echo in der spanischen Presse. Nach Semprúns sehr frühzeitiger Vorankündigung war das Buch von weiten Teilen der politisch und kulturell interessierten Öffentlichkeit mit Spannung erwartet worden.[405] Die Tatsache, daß es Mitte Oktober den alljährlich verliehenen, hoch-

402 Vgl. Gérard, A., *Quand Semprún cherche Federico*, in: *La Revue Nouvelle*, Jan. 1979, S. 101ff. und Rey, H.-F., a.a.O., S. 54f.

403 Neben Haubrich und Schmigalle (a.a.O.) vgl. Preston, P., *Quarreling with Carrillo*, in: *The Times Literary Supplement*, 9.6.1978, S. 8; Roy, C., *Des révolutions pourries par la tête*, in: *Le Nouvel Observateur*, 15.5.1978, S. 100ff. sowie Yannakakis, I., *»Intellectuels à tête de linotte« (la Pasionaria)*, in: *La Quinzaine littéraire*, 279 (16.5.1978), S. 4f.

404 Vgl. Alba, V., *El Partido Comunista en España*, a.a.O., S. 296-315.

405 Vgl. Semprún, J., in: Harguindey, A.S., *»No se trata de un libro de revancha«. Jorge Semprum (sic) y*

dotierten Romanpreis des Verlagshauses Planeta erhielt, und die Umstände, unter denen dies geschah, ließen sein Erscheinen zum literarischen Ereignis des Jahres werden.

Offenbar aus Furcht vor politischen Pressionen hatte Semprún das Werk unter einem Pseudonym und mit verändertem Titel eingereicht und sich – allen Gerüchten zum Trotz – bis zur Bekanntgabe des Jury-Urteils nicht als dessen Autor zu erkennen gegeben. Für Aufsehen sorgte unmittelbar im Anschluß daran der in der Ausscheidung unterlegene M. Barrios (*Vida, pasión y muerte en Río Quemado*) mit der Behauptung, die Entscheidung des Preiskomitees stelle einen Betrug dar, sie sei nicht nach literarischen, sondern nach politischen Gesichtspunkten erfolgt.[406] Von seiten der politischen Linken wurde Semprún demgegenüber vorgeworfen, sich mit der Wahl eines als konservativ bekannten Verlagshauses und der Kandidatur für dessen Literaturpreis politisch kompromittiert zu haben.[407] Semprún erläutert später seinen Schritt wie folgt:

> Mon point de vue était très simple: je voulais que ce livre soit diffusé et non étouffé par une censure de *gauche* (avec ou sans guillemets). Le présenter au Prix Planeta – et l'obtenir, bien sûr – c'était être assuré d'un premier tirage de 110 000 exemplaires, ce qui excluait tout étouffement ... Il y avait là une convergence objective d'intérêts entre ceux d'un éditeur qui, disons, voulait changer son image de marque, qui voulait publier des livres politiques, et mon intérêt propre.[408]

Von den in erster Linie Betroffenen, den Führungskadern des PCE, kam zunächst keine Reaktion. Lediglich M. Vázquez Montalbán, damals noch KP-Mitglied, publizierte Ende November in dem Parteiorgan *Mundo Obrero* einen Artikel, in dem er das Buch als nützlichen Beitrag zur innerparteilichen Diskussion einstufte: Wenn die Partei es mit ihrer Forderung nach interner Demokratie ernst meine, dürfe sie sich der Auseinandersetzung um die Fehler

---

su »Autobiografía de Federico Sánchez«, in: *El País*, 22.8.1976, S. 16 sowie Samaniego, F. u.a., *Jorge Semprún: »,Testimonio' es una reflexión sobre diez años de activismo en el Partido Comunista«*, in: *El País*, 18.10.1977, S. 25.

406 Vgl. Barrios, M., in: Chamorro, E., *El largo viaje de Jorge Semprún*, in: *Cambio 16*, 308, (6.11.1977), S. 93f. sowie die Berichterstattung in: Samaniego, F. u.a., a.a.O., und in: *Triunfo*, 769 (22.10.1977), S. 14f.

407 Dies geht aus einem Kommentar Juan Goytisolos hervor; vgl. ders., *Los trapos sucios*, in: *Cambio 16*, 317 (8.1.1978), S. 19.

408 Semprún, J., in: Cortanze, G. de, a.a.O., S. 14: »Meine Haltung war sehr einfach: Ich wollte, daß das Buch vertrieben und nicht von einer Zensur der *Linken* (mit oder ohne Anführungszeichen) erstickt würde. Es beim Planeta-Preis einzureichen – und den Preis zu erhalten, natürlich – bedeutete, einer ersten Auflage von 110.000 Exemplaren sicher zu sein, was jegliches Ersticken ausschloß ... Es gab da eine objektive Deckung der Interessen eines Verlegers, der sozusagen sein Image ändern und politische Bücher publizieren wollte, und meinem eigenen Interesse.« (Übers. d. Verf.).

der Vergangenheit nicht versperren.[409] Eine völlig andere Einschätzung vertrat hingegen F. Soto (Parlamentsabgeordneter des PCE) in einer Replik auf Vázquez Montalbán; er schreibt:

> Creo que la autobiografía de Federico Sánchez no es más que un montón de basura vertido sobre las más elevadas cimas de la dignidad humana.[410]

Die erste differenzierte Stellungnahme eines KP-Führers zu den von Semprún erhobenen Vorwürfen lieferte – bewußt nur in eigenem Namen – das EK-Mitglied M. Azcárate. Obwohl er keine Zeit zu genaueren Recherchen habe, sei für ihn offensichtlich, daß der *Sánchez* sachliche Falschaussagen enthalte. Bis auf zwei ihn selbst betreffende Einzelheiten – Semprún erwähne ihn als Teilnehmer einer Sitzung, die er nicht besucht habe, und irre sich im Datum seiner, Azcárates, Berufung ins ZK – bleibt er den Nachweis jedoch schuldig. Seine Argumentation enthält im wesentlichen eine Verteidigung der offiziellen Linie des PCE. Zwar räumt er ein, daß die Positionen der Parteiführung in der Krise des Jahres 1964 sich als sachlich nicht ganz richtig erwiesen hätten, doch den Vorwurf einer undemokratischen Behandlung der Minderheitsmeinung weist er entschieden zurück. Betroffen zeigt er sich vor allem von Semprúns Äußerungen zum Fall Grimau: Aus seiner Kenntnis könne er sagen, daß alles, was im *Sánchez* hierzu geäußert werde, pure Erfindung sei. Insgesamt hält er Semprún vor, Anschuldigungen auf der Basis bloßer Indizien und subjektiver Eindrücke zu erheben.[411]

Es ist vor allem das Verdienst der Wochenzeitung *Cambio 16*, daß die Auseinandersetzung um die *Autobiografía de Federico Sánchez* sich zu einer breiten Debatte ausweitete, die bald unter dem Namen »el asunto Semprún« (die »Sache Semprún«) zu einem politischen Ereignis ersten Ranges wurde. In zwei aufeinanderfolgenden Wochen publizierte sie eine großangelegte Dokumentation mit den Ergebnissen einer Umfrage unter den wichtigsten im Buch erwähnten Persönlichkeiten.[412] Auffälligstes Ergebnis der journalistischen Enquête war die Tatsache, daß alle befragten, damals noch amtierenden

409 Vgl. Vázquez Montalban, M., *»Autobiografía de Federico Sánchez«*, in: *Mundo Obrero*, 24.11.1977, S. 4.

410 Soto, F., *Federico Sánchez, un español »sin abuela«*, in: *Mundo Obrero*, 8.12.1977, S. 6: »Ich glaube, daß die Autobiografie von Federico Sánchez nichts weiter ist als ein über die höchsten Gipfel der menschlichen Würde geschütteter Haufen Unrat.« (Übers. d. Verf.).
Vgl. auch die Gegenantwort Vázquez Montalbans, *El anticomunismo, ¿nace o se hace?*, in: *Mundo Obrero*, 5.1.1978, S. 4.

411 Vgl. Azcárate, M., *Comentarios personales sobre la »Autobiografía de Federico Sánchez«*, in: *El País*, 4.1.1978, S. 7 sowie Semprúns Replik, *Contrarréplica a Manuel Azcárate sobre la »Autobiografía de Federico Sánchez«*, in: *El País*, 8.1.1978, S. 9f. und Azcárates Gegenantwort in: Montero, R., *Por fin habla Azcárate*, in: *El País Semanal*, 2.4.1978, S. 10-14, hier S. 10.

412 Vgl. Domingo, X. u.a., *Los bajos fondos ...*, a.a.O. und dies., *Todas en el mismo Carrillo*, in: *Cambio 16*, 318 (16.1.1978), S. 10-13.

KP-Führer angaben, das Buch nicht gelesen zu haben, nachdem Carrillo zuvor dies von sich behauptet hatte. Mit der Ausnahme von G. López Raimundo, dem Generalsekretär der PSUC, waren sie zudem nicht zu einem Gespräch bereit. Obwohl sie es angeblich nicht kannten, stieß das Werk bei den namhaften PCE-Funktionären auf einhellige Ablehnung: Carrillo zeigte sich entrüstet und persönlich enttäuscht; Romero Marín verweigerte eine Aussage mit der Begründung, er wolle mit diesem Schmutz nichts zu tun haben; Delicado, von Semprún in ausfallender Weise beschimpft, unterstellte diesem, er habe mit der Popularität Carrillos Geschäfte machen wollen; López Raimundo warf Semprún vor, die »intrinsische Güte der Partei« in Zweifel gezogen zu haben, seine Angriffe auf Carrillo seien zudem lediglich Ausdruck einer neiderfüllten Wut auf dessen politische, moralische und intellektuelle Überlegenheit; etc. Die Wiedergabe dieser Äußerungen mag verdeutlichen, wie tief der Graben ist, der Semprún von seinen ehemaligen Weggenossen trennt. Eine Verständigung ist unter diesen Bedingungen völlig unmöglich geworden.[413] Erst nachdem die Polemik im Zuge der *Cambio*-Publikationen ein breites Echo gefunden hatte, meldete sich der Generalsekretär selbst zu Wort. Ohne inhaltlich auf Semprúns Vorstellungen einzugehen, kritisierte er das Buch als Teil einer breitangelegten Kampagne gegen den PCE und den Eurokommunismus insgesamt.[414] Offenbar ließen sich jedoch viele spanische Kommunisten von diesen Versuchen Carrillos, das Buch als anti-kommunistisches Pamphlet zu diffamieren[415], nicht von einer Lektüre abhalten. So berichtet Semprún von einer Vielzahl gerade junger PCE-Mitglieder, die ihn unter Vorlage ihres Partei-Ausweises um eine Widmung gebeten hätten.[416]

Die Wirkung, die das Buch über die Grenzen der Partei hatte, führte Sem-

---

413 Walter Haubrich schreibt hierzu: »Auf die Vorwürfe Semprúns, der immerhin mehrere Jahre für die Untergrundarbeit der Partei in Spanien verantwortlich war, reagieren die attackierten Parteiführer überhaupt nicht oder ausweichend. ... Dabei wäre eine klare Trennung der von persönlichen Attacken und Haß motivierten Anschuldigungen Semprúns von den sachlichen Vorwürfen, die eine Antwort verlangen, eine wichtige und dringende Aufgabe der Partei. Semprún hat immerhin seine eigene stalinistische Epoche schonungslos dargestellt.« – Vgl. Haubrich, W., *Die Kommunistische Partei Spaniens und der Eurokommunismus*, in: *Berichte zur Entwicklung in Spanien, Portugal und Lateinamerika*, 15, (1978), S. 31-48, hier S. 44f.

414 Vgl. Carrillo, S., *Ante la ofensiva antidemocrática contra el PCE: No nos moverán*, in: *Mundo Obrero*, 19.1.1978, S. 1-3 und ders., in: Perfecto Conde, S., *Carrillo: »La campaña contra el PCE, ahora proviene de gente que se denomina de izquierdas*, in: *El País*, 6.1.1978, S. 12. Vgl. hierzu ebenfalls die Berichterstattung in *El País*, 11.1.1978, S. 1 und *El País*, 20.1.1978, S. 12 sowie die Reaktion des Direktors der kommunistischen Parteizeitung, F. Melchor; vgl. ders., *El libelo, en libelo se queda*, in: *Mundo Obrero*, 12.1.1978, S. 5 und Carrillos polemische Äußerungen in: Salas, J.T. de, Oneto, J., *Suárez, te quiero. Confesiones de Carrillo*, in: *Cambio 16*, 330 (2.4.1978), S. 14-17. Preston vermerkt hierzu treffend: »The party's reaction to Sempruns book showed a somewhat ham-fisted determination not to let past issues tarnish the newly won image.« Preston, P., *Quarreling with Carrillo*, a.a.O.

415 Den gleichen Vorwurf erhebt auch J. Vidal Beneyto; vgl. ders., *El anticomunismo como destino*, in: *El País*, 12.1.1978, S. 12.

416 Vgl. Semprún, J., in: Braucourt, G., *La clandestinité ...*, a.a.O., und in: Behr, E., a.a.O.

prun zufolge gar soweit, daß König Juan Carlos aus Furcht vor einer Gefährdung der Regierungspolitik den Einfluß des Buches einzudämmen versuchte. Durch die Unterzeichnung des Moncloa-Paktes, jenes Allparteien-Stillhalteabkommens zur Sicherung des von Premierminister Adolfo Suárez geleiteten Demokratisierungsprozesses, war Carrillo auch in bürgerlichen Kreisen hoffähig geworden. Er galt nunmehr als Garant für die Einhaltung des sozialen Friedens, sein durch den »asunto Semprún« erlittener Prestige-Verlust kam daher offenbar nicht nur den führenden KP-Funktionären ungelegen.[417]

Nicht zuletzt auf den Einfluß des *Sánchez* ist es auch zurückzuführen, daß auf dem IX. Parteitag des PCE im April 1978, dem ersten, der seit Ende des Bürgerkrieges wieder legal in Spanien abgehalten werden konnte, massive Kritik an Carrillo und an undemokratischen, als stalinistisch bezeichneten internen Strukturen geäußert wurde.[418] Es ist darüber hinaus auch das Verdienst Fernando Claudíns, daß die von Semprún eröffnete Debatte versachlicht und vertieft wurde. Mit der Publikation von Dokumenten zur 64er Krise des PCE ermöglichte er der interessierten Öffentlichkeit, sich eigenständig ein Urteil über Inhalt und Form der damaligen Auseinandersetzungen zu bilden.[419]

Mehr als zwei Jahre nach der Polemik um den *Sánchez* kündigte Semprún in der spanischen Presse die Publikation eines neuen Buches an, das die gleiche Thematik behandle, aber sowohl »persönlicher und literarischer« als das vorangegangene sei. Sein Ziel sei es, einerseits die Diskussion über die Parteigeschichte neu zu beleben und zu vertiefen, andererseits aber auch einige Angaben des *Sánchez* zu präzisieren – zu einer grundsätzlichen Revision bestehe allerdings kein Anlaß: Bis auf minimale Details entspreche alles, was er dort geschrieben habe, der Wahrheit.[420] Bislang ist dieses Buch jedoch noch nicht erschienen; es gehört offensichtlich zum reichhaltigen Fundus jener Werke, die der Autor, eigenen Angaben zufolge, zwar begonnen, aber noch nicht beendet hat.[421] Javier Pradera, dem die *Autobiografía de Federico Sánchez* gewidmet ist, kann dies zwar im wesentlichen bestätigen, dennoch be-

---

417 Vgl. Semprún, J., in: Kohut, K., *Escribir ...*, S. 191 sowie *El País*, 11.1.1978, S. 1.

418 Vgl. hierzu insbesondere die Berichterstattung in: *Cambio 16*, 333 (23.4.1978), S. 22-27; in: *Cambio 16*, 334 (30.4.1978), S. 54-62; López Agudín, F., *Entre la renovación y el continuismo*, in: *Triunfo*, 795 (22.4.1978), S. 29ff. sowie die Kommentare Sempruns und Claudíns –Σemprún, J., *Primeros pasos o canto del cisne?*, in: *Cambio 16*, 334 (30.4.1978), S. 52f. und Claudín, F., *Las tesis del PCE*, in: *Triunfo*, 795 (22.4.1978), S. 32f.

419 Vgl. Claudín, F., *Documentos de una divergencia comunista*, a.a.O.; ders. in: Ruipérez, M., *»La alternativa de la izquierda es un bloque social y politico«*, in: *Triunfo*, 788 (4.3.1978), S. 34ff. und in: Martínez, J.L., *Con la mosca ...*, a.a.O. sowie die zeitgeschichtlichen Zeugnisse von Chicharro, M., Palacios, F., Santamaría, J., *Cómo el P.C.E. sacrificó a algunos de los suyos*, in: *Cuadernos para el diálogo*, 258 (8.4.1978), S. 20ff.

420 Vgl. Semprún, J., in: N.N., *»El Eurocomunismo está muerto«. Entrevista con Jorge Semprún*, in: *Cambio 16*, 443 (1.6.1980), S. 49-52, hier S. 49.

421 Vgl. ders., in: Cortanze, G. de, a.a.O., S. 15.

zichtigt er Semprún der Unaufrichtigkeit in einigen Punkten:

> ... Jorge ha montado, sobre esos hechos reales, una historia en la que la acumulación de verdades parciales no da como producto final, paradójicamente, un libro veraz. La mayor parte de las cosas que cuenta y de las que yo tengo conocimiento son ciertas, pero su memoria es excesivamente selectiva y confiere al libro un carácter unilateral. Cuando se protesta por la falta de memoria de los demás hay que ser muy escrupuloso con la propia.[422]

So wirft Pradera Semprún insbesondere vor, eigene stalinistische Praktiken aus seiner Zeit als Führungsmitglied der Partei keiner Selbstkritik zu unterziehen. Als Beispiel führt er an, Semprún habe sich noch 1959 in dogmatischer Weise hinter die Politik des Generalstreiks gestellt und sein, Praderas, Aufbegehren gegen den offiziellen Triumphalismus des PCE als parteischädigendes Verhalten scharf verurteilt. Auch habe Semprún die kommunistische Infiltration der ASU (Agrupación Socialista Universitaria), welche sich bewußt außerhalb der traditionellen Exilparteien konstituiert hatte, persönlich initiiert und geleitet, schweige sich aber zu diesen, wie Pradera sich ausdrückt, hinterlistigen Vorgängen völlig aus.[423]

In ähnlicher Weise äußert sich auch Carlos Semprún Maura, der unter der Verantwortlichkeit seines Bruders Jorge ebenfalls eine zeitlang als klandestiner PCE-Funktionär in Spanien tätig war, aber bereits 1957 aus der Partei austrat und sich über verschiedene linke Splittergruppen schließlich den Anarchisten näherte.[424] In seinem Buch *Franco est mort dans son lit* berichtet er zum Beispiel, daß Jorge ganz entgegen seiner Selbstdarstellung vom XX. Parteitag der KPdSU keineswegs in seinem Selbstverständnis erschüttert wor-

---

422 Pradera, J., *Las verdades parciales de Semprún*, in: Cambio 16, 317 (8.1.1978), S. 16: »... Jorge hat auf diese realen Fakten eine Geschichte aufgebaut, in der die Anhäufung von partiellen Wahrheiten paradoxerweise als Endprodukt nicht ein wahrheitsgerechtes Buch ergibt. Der größte Teil dessen, was er erzählt und von dem ich Kenntnis habe, ist wahr, aber seine Erinnerung ist über die Maßen selektiv und verleiht dem Buch einen einseitigen Charakter. Wenn man gegen die Erinnerungsdefizite der anderen protestiert, muß man es mit der eigenen Erinnerung sehr genau nehmen.« (Übers. d. Verf.).

423 Vgl. ebenda. Mit dieser Einschätzung geht ein weiterer Beteiligter konform, nämlich P.R. Moliner; vgl. ders., *Federico Sánchez, cazado*, in: *Cambio 16*, 317 (8.1.1978), S. 15.

424 Seine politischen Positionen sind u.a. an seinen vier essayistischen Arbeiten abzulesen: *Révolution et contre-révolution en Catalogne: 1936-1937*, Tours 1974; *¿Quién es y qué pretende Santiago Carrillo?*, in: Domingo, X., López Campillo, A., Domingo, E., Semprún, Maura, C., *De Carrero Blanco a Eva Forest*, Paris 1975, und *Franco est mort dans son lit*, Paris 1980. Das letztgenannte Buch stellt eine Mischung aus Autobiographie und zeitgeschichtlichem Essay dar. Darüber hinaus wurde Carlos Semprún Maura als Theaterautor und Romancier bekannt. Seine wichtigsten Stücke sind: *L'accident* (1958), *La salle d'attente* (1967) und *L'homme couché* (1971); seine Romane: *Un chapeau qu'on met le dimanche pour voir les siens*, Paris 1968; *L'an prochain à Madrid*, Paris 1975; *Le jour où j'ai été tué*, Paris 1967. *Le voleur de Madrid*, Paris 1981, *Les barricades solitaires*, Paris 1984 und *Par des chemins rouges*, Paris 1987.

den sei.[425] Des weiteren stimme die in der *Autobiografía* aufgestellte Behauptung nicht, daß die Madrider Studentenunruhen des Jahres 1956 in erster Linie auf den Einfluß der von ihm, Jorge, geleiteten kommunistischen Zellen zurückgehe.[426] Auch wenn diese Kritik sicherlich nicht frei von innerfamiliärer Rivalität ist – Carlos gesteht sich zum Beispiel seine frühe, mit Neid gemischte Bewunderung für den älteren Bruder ein, sieht in ihm allerdings auch den Hauptverantwortlichen für seine eigene »Stalinisierung«[427] –, gemeinsam mit den oben erwähnten Äußerungen J. Praderas legen sie doch den Verdacht nahe, daß J. Semprún in der Tat im Hinblick auf seine Aktivitäten als KP-Führer weniger selbstkritisch ist, als er dies von anderen erwartet.

425 Vgl. Semprún Maura, C., *Franco* ..., a.a.O., S. 51f. und 192.

426 Vgl. ebenda, S. 82f. Bereits aus Carlos Sempruns autobiographischem Roman *L'an prochain à Madrid* ließ sich deutlich eine Kritik an der kommunistischen Linientreue seines Bruders herauslesen, der dort unter dem Namen Javier erscheint; vgl. insbesondere S. 49-53 und 132f.

427 Vgl. ders., *Franco* ..., a.a.O., S. 43f.

7.
Quel beau dimanche!
(Was für ein schöner Sonntag!)

Siebzehn Jahre nach dem Erscheinen von *Le grand voyage* knüpft Semprún in *Quel beau dimanche!* thematisch wieder an sein Erstlingswerk an: Ebenso wie dort steht hier die Zeit seiner Deportation im Zentrum der literarischen Darstellung. Man könnte mit Max Gallo geneigt sein zu glauben, nach der Fülle an autobiographischen Werken Semprúns nunmehr alles Wichtige über den Autor zu wissen[428] – und doch: *Quel beau dimanche!* setzt neue Akzente, die das Buch keinesfalls nur als veränderte Neuauflage oder Fortsetzung seines ersten Romans erscheinen lassen. Es ist vielmehr Ausdruck einer tiefgreifenden Einstellungsänderung und spiegelt eine neue Sicht der im KZ Buchenwald gemachten Erfahrungen wider. Anders als in *Le grand voyage* spricht Semprún hier zum überwiegenden Teil unmittelbar in eigenem Namen, wo dies der Fall ist, liegt folglich ein »autobiographischer Pakt« im Sinne Lejeunes vor.[429]

Im November 1962 erschien in Moskau Alexander Solchenitsyns Roman *Ein Tag im Leben des Iwan Denissowitsch*, der das Leben eines Gulag-Häftlings im hohen Norden der Sowjetunion beschreibt. Bekanntlich fand dieses Buch nicht nur im Osten ein großes Echo; bald in mehrere Sprachen übersetzt[430], lenkte es das Interesse der gesamten Weltöffentlichkeit auf die lange totgeschwiegene Existenz der sowjetischen Strafgefangenenlager. *Le grand voyage* befand sich bereits im Druck, als Semprún den Bericht Solschenitsyns las. In *Quel beau dimanche!* schildert er, ihm sei unmittelbar nach dieser Lektüre bewußt geworden, daß er sein soeben beendetes Buch später einmal werde neu schreiben müssen:

---

428 Vgl. Gallo, M., *Semprun: un très beau dimanche*, in: *L'Express*, 23.2.1980, S. 74ff., hier S. 74.

429 Vgl. Lejeune, Ph., *Le pacte autobiographique*, a.a.O., S. 13-46. Zu den fiktionalen Anteilen des Werks vgl. die Ausführungen weiter unten, S. 214ff.

430 Die französische Übersetzung erschien 1963 in Paris.

> Tout mon récit dans *le Grand Voyage* s'articulait silencieusement, sans en faire état, sons en faire un plat ni des gorges chaudes, à une vision communiste du monde. Toute la vérité de mon témoignage avait pour référence implicite, mais contraignante, l'horizon d'une société désaliénée: une société sans classes où les camps eussent été inconcevables. Toute la vérité de mon témoignage baignait dans les huiles saintes de cette bonne conscience latente. Mais l'horizon du communisme n'était pas celui de la société sans classes, je veux dire: son horizon réel, historique. L'horizon du communisme, incontournable, était celui du Goulag. Du coup, toute la vérité de mon livre devenait mensongère. Je veux dire qu'elle le devenait pour moi. ... ni moi, ni aucun lecteur communiste ... ne pouvions plus admettre, telle quelle, la vérité de mon témoignage sur les camps nazis.[431]

Indem Semprún diesen Bewußtwerdungsprozeß im Werk reflektiert, gibt er es implizit als jenes Buch zu erkennen, das er 1963 zu schreiben beschlossen hatte. Bereits in *L'évanouissement* und in einer Erzählung mit dem Titel *Evasions de printemps* finden sich Ansätze, die Erlebnisse der Résistance und der KZ-Haft im Licht der späteren politischen Desillusionierung neu zu interpretieren.[432] Doch erst in *Quel beau dimanche!* steht diese Intention im Mittelpunkt.

Ebenso wie in seinen früheren Werken nimmt Semprún hier das Erzählte zum Anlaß einer politischen und autobiographischen Reflexion. Die Parallelen zwischen der von ihm erlebten Wirklichkeit des deutschen Konzentrationslagers und den Berichten Solschenitsyns, Schalanows und Herlings[433] über die sowjetischen Gulags führen ihn zu der Frage nach der Natur des »real existierenden Sozialismus« – einer Frage, welche die nach dem Sinn und der Verantwortlichkeit seines eigenen Engagements im KZ und später als PCE-Funktionär miteinschließt. Daneben finden sich Überlegungen zu den psychischen Belastungen und Nachwirkungen des Exils beziehungsweise der Lagerhaft sowie zu den Schwierigkeiten, die in diesen Zusammenhängen gemach-

---

431 BD 384f.; WSS 391: »Meine ganze Schilderung in *Le grand voyage* äußerte sich still, ohne Aufhebens zu machen, ohne den Gaumen zu kitzeln, um eine kommunistische Auffassung von der Welt zu geben. Die ganze Wahrheit meiner Zeugenaussage bezog sich implizit, aber zwingend auf den Horizont einer nicht mehr entfremdeten Gesellschaft, auf eine klassenlose Gesellschaft, in der Lager unvorstellbar waren. Die ganze Wahrheit meiner Zeugenaussage badete sich in dem heiligen Öl des latenten guten Gewissens. Aber der Horizont des Kommunismus war nicht der der klassenlosen Gesellschaft, ich meine damit: sein realer historischer Horizont. Der unumreißbare Horizont des Kommunismus war der des Gulag. Auf einmal wurde die Wahrheit meines Buches verlogen. Ich meine damit: für mich. ... weder ich noch irgendein kommunistischer Leser ... keiner konnte mehr die Wahrheit meines Buches über die Nazilager einfach zugeben.«

432 Vgl. EV 156f. bzw. Semprún, J., *Evasions de printemps*, in: *Les Nouvelles littéraires*, 220 (27.11.1969), S. 6.

433 Vgl. Schalanow, W., *»Artikel 58«. Die Aufzeichnungen des Häftlings Schalanow*, Köln 1967 und Herling, G., *A world apart*, London 1951.

ten Erfahrungen der Außenwelt mitzuteilen. Auf diese Weise wird wiederum der Textaufbau im Buch selbst reflektiert.

In formaler Hinsicht unterscheidet sich *Quel beau dimanche!* nicht wesentlich von den anderen Erzählwerken Semprúns. Ähnlich wie in *Le grand voyage* ist die Darstellung deutlich auf ein Zentrum hin strukturiert: War es dort die Fahrt ins KZ, so ist es hier ein Sonntag im Dezember 1944, dessen Schilderung die Erzählung dominiert. Die Zeitspanne dieses Tages, vom Morgenappell, den Semprúns Freund und Mitgefangener Barizon[434] mit dem sarkastisch anmutenden Ausruf kommentiert, der zugleich den Titel des Buchs bildet, bis zum Abend, wird jedoch nicht in einem zusammenhängenden Textteil, sondern in einer Vielzahl von Einzelpassagen dargestellt. Diese nehmen insofern eine privilegierte Stellung in der Gesamtstruktur des Werks ein, als sie nahezu durchgängig Anfang und Ende der einzelnen Kapitel bestimmen.[435] Die Erzählung wird so von einem spiralförmigen Verlauf gekennzeichnet, innerhalb dessen nach dem assoziativen Muster der Erinnerung Begebenheiten geschildert werden, die sich auf unterschiedlichen zeitlichen Ebenen ansiedeln. Dies führt erneut zu jener »teleskopischen« Erzählstruktur, die uns bereits aus den früheren Werken Semprúns bekannt ist. Wichtige Ausgangspunkte der rückblickenden Betrachtung sind hierbei, neben der Zeitebene der Textabfassung, die Wiederbegegnung des Autors mit Barizon in den Jahren 1960 und 1964.

Nicht allein seine literarische Form, auch sein Inhalt rückt das Buch an verschiedenen Stellen in die Nähe eines fiktionalen Werks. Am offensichtlichsten wird dies in einem Pastiche auf die berühmten Gespräche Goethes mit Eckermann, in dem der deutsche Dichter als Augenzeuge das KZ Buchenwald kommentiert.[436]

Auf diese Weise vermengen sich in *Quel beau dimanche!* wiederum Fiktion und Realität, Narration und Reflexion, was dem Buch eine ähnliche Vielschichtigkeit verleiht, wie sie zuvor – dort allerdings in noch größerem Maße – die *Autobiografía de Federico Sánchez* auszeichnete: Es ist zugleich Autobiographie, zeitgeschichtliches Zeugnis, historisch-politischer Essay und Roman. Entsprechend komplex ist daher auch das Bedeutungsgefüge des Werks; in seinem wenig hierarchischen Aufbau bildet es ein Netz eng miteinander verknüpfter Aspekte. Manche der in *Quel beau dimanche!* vermittelten Begebenheiten oder Gedanken sind schon in früheren literarischen Arbeiten des Autors enthalten. Im folgenden werde ich mich daher im wesentlichen auf

434 Nach Angaben des Autors handelt es sich hierbei um eine reale Person, deren Namen er allerdings zur Wahrung der Anonymität des Betroffenen geändert habe; vgl. BD 109f. bzw. WSS 109.

435 Als Ausnahmen sind lediglich die Schlußpassagen in den ersten beiden Kapiteln zu erwähnen.

436 Vgl. S. 214.

jene Gesichtspunkte konzentrieren, die eine neue Sicht der politischen und privaten Geschichte widerspiegeln.

Zur politischen Revision der KZ-Erfahrung

Als Semprún *Le grand voyage* schrieb, war er bekanntlich noch leitendes Mitglied der KP Spaniens. Parteiintern opponierte er zwar schon damals gegen das weitgehend ungebrochene Verhältnis, welches die Führung des PCE ihrer stalinistischen Vergangenheit gegenüber offenbarte. Dennoch stellte auch er im literarischen Werk die eigene Entwicklung als völlig bruchlos dar.[437] So wurde die als freudvoll beschriebene Entschlossenheit, den Kampf für den Kommunismus nach der Rückkehr aus der Deportation fortzusetzen, an keiner Stelle in Beziehung zur sinistren Rolle der Partei gesetzt, in der der Autor seine Ziele zu verwirklichen dachte. Trotz der Schilderung von den Schrecken der Gefangenschaft und Folter war das Buch dementsprechend von großem politischen Optimismus durchdrungen. Die Schilderung der Freude über die Befreiung Buchenwalds verlieh der Darstellung stellenweise gar einen euphorischen Charakter.

Demgegenüber steht in *Quel beau dimanche!* jene politische Desillusionierung im Vordergrund, der Semprún zuvor bereits insbesondere im *Sánchez* Ausdruck verliehen hatte. Der Blickwinkel, unter dem er seinen Bewußtwerdungsprozeß erläutert und begründet, ist jedoch jeweils ein anderer: Waren es dort seine Aktivitäten als Federico Sánchez im PCE, so sind es nunmehr diejenigen als Gérard Sorel in der Résistance beziehungsweise im KZ-internen Widerstand, die Semprún selbstkritisch hinterfragt. Zwar zieht er auch hier die Berechtigung des antifaschistischen Engagements keineswegs in Zweifel, wohl aber distanziert er sich von seiner früheren kommunistischen Orthodoxie.

Zum besseren Verständnis von Semprúns Betrachtungen sei zunächst auf die spezifischen Bedingungen seiner Lagererfahrung verwiesen. Buchenwald stellte bekanntlich im System der deutschen KZs insofern einen Sonderfall dar, als es dort den politischen Häftlingen, unter ihnen vor allem den Kommunisten, mehr als in anderen Lagern gelang, die gewöhlichen Kriminellen aus den entscheidenden Posten der Selbstverwaltung zu verdrängen und so ein Gegengewicht zur totalen SS-Kontrolle zu schaffen.[438] Auch Antifaschisten

437 Ihr Bestätigung findet diese Interpretation in den Äußerungen des Autors; vgl. obiges Zitat BD 361f. bzw. WSS 391.

438 Vgl. BD 203ff.; WSS 204ff. sowie Drobisch, K, *Widerstand in Buchenwald*, Frankfurt/M. 1978; Kühn, G., Weber, W., *Stärker als die Wölfe. Ein Bericht über die illegale militärische Organisation im ehemaligen Konzentrationslager Buchenwald und den bewaffneten Aufstand*, Berlin (DDR) 1976; *Bu-*

aus den im Krieg besetzten Gebieten wurden in die Untergrundorganisation aufgenommen und bevorzugt Arbeitsstellen zugewiesen, an denen sie für den lagerinternen Widerstand von Nutzen sein konnten. Dessen Ziel bestand vor allem darin, die Rüstungsproduktion in den dem KZ Buchenwald angegliederten Fabriken weitestgehend zu verlangsamen und durch Sabotageakte zu schwächen.[439] Der Ort, an dem die Häftlinge den einzelnen Arbeitskommandos zugeteilt wurde, war das Amt für Arbeitsstatistik.[440] Auf Betreiben der spanischen Genossen erhielt Semprún dort einen Posten, da er aufgrund seiner guten Deutschkenntnisse als einziger dazu befähigt war, die Interessen des PCE in dieser wichtigen Position zu vertreten. Damit kam er in den Genuß besonderer Vergünstigungen: So waren die Schreibkräfte von der Strapaze des Morgenappells befreit, hatten auch im Winter einen warmen Arbeitsplatz und mußten nicht damit rechnen, kurzfristig einem der gefürchteten Außenkommandos zugewiesen zu werden. Die Parteizugehörigkeit erwies sich folglich für den Autor in Buchenwald von unschätzbarem Wert. Die Risiken, die er mit seiner Tätigkeit einging, waren demgegenüber vergleichsweise gering.[441] Die Erfahrung in und mit der Partei im KZ nehmen in Semprúns erzählender und argumentativer Darstellung in *Quel beau dimanche!* eine zentrale Stellung ein. Daneben bilden die Fragen, welche vom Verhalten der Juden beziehungsweise der Russen im Lager aufgeworfen wurden, zwei weitere thematische Schwerpunkte. Auf diese Weise finden die Problematik von Antisemitismus und Zionismus zum einen sowie die Frage nach der realen Natur des Sowjetstaates zum anderen Eingang in das Werk.

Gegenüber den Genossen in Buchenwald bringt Semprún eine ähnlich ambivalente Haltung zum Ausdruck, wie dies zuvor, den PCE betreffend, im *Sánchez* zu beobachten war. So weiß er durchaus anzuerkennen, was er der Partei als Solidargemeinschaft zu verdanken hat; dies äußert sich insbesondere in einer Passage, in der Semprún erzählt, wie die klandestine kommunistische Organisation im Lager den ersten Kontakt mit ihm aufnahm, ihn somit

chenwald – Mahnung und Verpflichtung, Frankfurt/M. 1960; Kogon, E., *Der SS-Staat*, München 1946, S. 277-286. Olga Wormser-Migot behauptet allerdings, daß die Bedeutung des lagerinternen Widerstands übertrieben dargestellt werde, vgl. dies., *Le système concentrationnaire Nazi*, Paris 1968, S. 493. Paul Rassinier, ein ehemaliger Buchenwald-Häftling, negiert sogar die Existenz eines organisierten Widerstandes im Lager; vgl. ders., *Le mensonge d'Ulysse*, Paris 1950.

439 Des weiteren baute die Untergrundorganisation ein geheimes Waffendepot auf, um sich später in einem Aufstand selbst befreien zu können – was am 11.4.1945 kurz vor dem Eintreffen der alliierten Truppen auch gelang. Neben den oben zitierten Werken vgl. hierzu: *»Un texte inédit sur la libération de Buchenwald«*, in: Rousset, D., *Les jours de notre mort*, Paris 1947, S. 765-769; Burney, C., *The Dungeon Democracy*, London/Toronto 1945, S. 80-85; die Schilderung Charles Hauters in: Wormser, O, Neri, M., *Tragédie de la déportation*, Paris 1954, S. 484-490.

440 Vgl. Kogon, E., a.a.O., S. 33f.

441 Vgl. BD 34, 200-206, 90f., 110f.; WSS 32, 201-207, 89f., 110f.

aus der Isolation befreite und in eine große politische »Familie« integrierte.[442] Auch kann er im nachhinein die umstrittene Beteiligung von Kommunisten an der Lagerselbstverwaltung rechtfertigen. Moralische Einwände, die in intellektuellen Diskussionen nach dem Kriege immer wieder geltend gemacht worden seien – schließlich mußten die politischen Häftlinge doch andere Mitgefangene in den nahezu sicheren Tod schicken, wenn sie die eigenen Genossen schützen wollten –, weist Semprún zurück. Seiner Ansicht nach birgt die politische Notwendigkeit dieser Strategie zur Stärkung des Widerstands ihre moralische Rechtfertigung bereits in sich. Als Fazit seiner Überlegungen formuliert er:

> Il fallait résister, voilà le premier point. A cette fin, il fallait utiliser toutes les possibilités, pour étroites qu'elles fussent, que pouvait offrir l'ordre imposé par les S.S. eux-mêmes, voilà le deuxième point. Donc, les communistes allemands de Buchenwald avaient eu raison, historiquement, de conquérir des parcelles de pouvoir dans l'administration interne du camp. ... En somme, il faut oser lutter, savoir lutter par tous les moyens, y compris les moyens légaux.[443]

So eindeutig positiv wie die Bewertung der politischen Solidarität ist hingegen das Bild, das Semprún von der menschlichen Gemeinschaft der Kommunisten im Lager zeichnet, keineswegs. Mit Bitterkeit berichtet er von unsozialen Verhaltensweisen insbesondere der deutschen Genossen.

Der Darstellung in *Quel beau dimanche!* zufolge gab es in Buchenwald eine interne Hierarchie der Häftlinge, die sich weniger nach politischen als vielmehr nach nationalen Kriterien richtete. An der Spitze standen die Deutschen, ihnen nahezu gleichgestellt waren die Tschechen aus dem »Protektorat Böhmen und Mähren«, gefolgt von den Deportierten aus den besetzten Gebieten des Westens und schließlich den Polen und Russen, welche die Plebs des Lagers bildeten.[444] Diese Rangordnung folgte zum einen den damals in Deutschland herrschenden rassistischen Voruteilen – was die SS-Aufseher insofern unterstrichen, als sie ihren Landsleuten bestimmte Privilegien einräumten[445] – und zum anderen dem Anciennitätsprinzip. Die Deutschen wa-

---

442 Vgl. BD 32ff., 90f., 127; WSS 31f., 89f., 126f.

443 BD 213f.; WSS 215: »Erstens: man mußte sich widersetzen. Zweitens: man mußte dazu alle Möglichkeiten nutzen, so begrenzt sie auch waren, die der von der SS auferlegte Befehl bot. Also hatten die deutschen Kommunisten in Buchenwald historisch doch recht gehabt, die Machtparzellen in der internen Verwaltung des Lager zu besetzen. ... Kurzum, man muß den Kampf wagen, mit allen Mitteln zu kämpfen wissen, einschließlich der legalen Mittel.«
Vgl. hierzu die ebenfalls positive Einschätzung E. Kogons, a.a.O., S. 33 und S. 252-274.

444 Vgl. BD 191, 81; WSS 192, 80.

445 Semprún nennt als Beispiel die Tatsache, daß nur die sogenannten Reichsdeutschen das Recht auf das zweifelhafte Vergnügen eines Besuchs im Lagerbordell hatten; vgl. BD 251 und 356ff. bzw. WSS 253

ren zum überwiegenden Teil bereits am Aufbau des Lagers beteiligt gewesen und hatten dementsprechend auch die wichtigen Stellen in der internen Administration besetzt. Semprún schreibt, daß ein Großteil von ihnen unter dem Druck der außergewöhnlichen psychischen Belastungen besonders der Anfangsjahre, wie er sich ausdrückt, »verrückt« geworden sei.[446] Dies entschuldigt in seinen Augen allerdings nicht, daß sie, die im Gegensatz zur Mehrzahl der ausländischen Gefangenen Lebensmittelpakete ihrer Familien erhalten konnten, ihre Vorräte strikt für sich behielten und sogar verkommen ließen, anstatt sie mit denen zu teilen, die, wie er, auf die äußerst kargen Essensrationen angewiesen waren und fast ständig unter Hunger litten.[447] Die damaligen Empfindungen von Neid, Wut und Haß sind immer noch lebendig, wenn Semprún schreibt:

> Ils s'installent à la longue table, ils bouffent. Chacun pour soi. Ils bouffent chacun dans son coin, en solitaires. Jamais nous ne les avons vus organiser un repas en commun, se faire une fête. Ils ne partagent même pas entre nantis. ... Leur chemin vers le pouvoir est jonché de cadavres, ennemis et amis. ... Maintenant ils bouffent. Ils ont conquis ce droit, croient-ils, ce privilège d'anciens combattants. ... Je regarde les taches verdâtres des moisissures sur leur pain blanc. Et il me vient des envies de tuer quelqu'un. Des bouffées de haine.[448]

Ähnliche Gefühle werden auch sichtbar, wenn Semprún von dem offen antisemitischen Verhalten eines alten deutschen Kommunisten von der »Arbeitsstatistik« berichtet, der gegenüber einer Gruppe von polnischen Juden seine Machtposition ausgenutzt hatte, sich wie ein SS-Offizier zu gebärden.[449] Jene jüdischen Häftlinge – es handelte sich um einen der ersten Transporte, die aus dem Osten in Buchenwald ankamen – setzten ihn damals, so schreibt Semprún, mit ihrer schicksalsergebenen Unterwürfigkeit und Wehrlosigkeit in großes Erstaunen. Völlig verständnislos reagierte er gar auf

---

und 361ff. Kogon berichtet, daß die politischen Häftlinge dieser Einrichtung aus moralischen Gründen zumeist allerdings ferngeblieben: vgl. ders., a.a.O., S. 148ff. Zu der Sonderbehandlung, welche die Deutschen seitens der SS erfuhren vgl. Rousset, D., *L'univers concentrationnaire*, Paris 1946, S. 157.

446 Vgl. BD 190; WSS 191.

447 Von anderen Erfahrungen berichtet demgegenüber David Rousset; vgl. ders., *L'univers* ..., a.a.O., S. 161-171.

448 WSS BD 247f.; 249ff.: »Sie setzen sich an den langen Tisch und fressen. Jeder für sich. Jeder von ihnen frißt einsam in seiner Ecke. Niemals haben wir sie eine gemeinsame Mahlzeit organisieren, ein Festessen veranstalten sehen. Sie teilen nicht einmal unter Wohlversorgten. ... Ihr Weg zur Macht ist übersät mit Leichen, Feinden und Freunden. ... Jetzt fressen sie. Sie haben dieses Recht erobert, glauben sie, dieses Privileg alter Kämpfer. ... In manchen Fällen verschimmelt gelegentlich das Brot. Ich betrachte die grünen Flecke auf ihrem Weißbrot. Und ich bekomme Lust, irgend jemanden zu töten. In Anwandlungen von Haß.«

449 Vgl. BD 256; WSS 258.

das, was ihm einer von ihnen über die Hintergründe ihrer Evakuation schilderte: Obwohl ihr Lager bei Tschenstochau vor der heranrückenden Roten Armee von den deutschen Bewachern bereits verlassen worden war, hatten sie sich freiwillig erneut in deutsche Gefangenschaft begeben und in den Westen evakuieren lassen, weil sie den Antisemitismus der Russen mehr fürchteten als den der Nazis. Erst später, vor dem Hintergrund genauerer Informationen über die Diskriminierung und Unterdrückung der Juden in der UdSSR, habe er die Haltung jener Häftlinge besser verstehen können. Die Erinnerung an sie sei es vor allem gewesen, die ihn zur Mitarbeit an dem internationalen Komitee zur Freilassung Eduard Kusnezows motivierte, der als kämpferischer Vertreter des Judentums in einem sowjetischen Gulag interniert war.[450]

Neben der Erfahrung des grausamen Unrechts, das den Juden besonders in diesem Jahrhundert angetan wurde und zum Teil noch heute angetan wird, ist es auch das Erlebnis des eigenen Exils, das den Autor dazu führt, sich mit den Forderungen des Zionismus zu solidarisieren und nachdrücklich für das Existenszrecht des Staates Israel einzutreten:

> ... le sionisme est, en effet, l'une des façons – la pricipale, sans doute, aux époques de déréliction massive, de persécution planétaire, de génocide – d'affirmer l'identité juive, de la projeter dans l'avenir, de l'enranciner dans le sang du futur, qui n'est pas celui de la Terre promise, bien sûr, qui est simplement celui d'une terre, d'une mère patrie – ou bien, dans le cas de Kouznetsov, qui avait choisi volontairement une autre filiation juive, d'une père matrie – d'un lieu lare, en tout cas. ... l'un des rares lieux du monde où aucun compromis n'est acceptable, l'existence d'Israël étant la pierre de touche de l'inhumanité ou de l'humantié de l'espèce, étant aussi la condition ... de l'émergence possible d'une Palestine arabe qui soit davantage qu'un enjeu pétrolier ... qui soit, donc, une patrie palestinienne, un lieu lare pour les Arabes palestiniens ...[451]

Semprún denkt die Situation der Juden, des Volks des Exils *par excellence*, in den Begriffen der eigenen Erfahrungswelt und gelangt so zu einer umfas-

450 Vgl. BD 251-271; WSS 254-274.

451 BD 263f.; WSS 266: »... der Zionismus (ist) tatsächlich eine der Formen ... – wohl die wichtigste, in Epochen der massiven Isolierung, der weltweiten Verfolgung, des Völkermords, die jüdische Identität zu bestätigen, sie in die Zukunft zu projizieren, sie im Blut der Zukunft zu verwurzeln, die sicher nicht die des Gelobten Landes ist, sondern einfach die eines Landes, eines mütterlichen Vaterlandes – oder im Fall von Kusnezow, der freiwillig eine andere jüdische Abstammung gewählt hatte, eines väterlichen Mutterlandes –, jedenfalls einer Heimat. ... Sicherlich ein geschichtlich absolut notwendiger Staat, den es gegen jede Aggression zu verteidigen gilt, eine der seltenen Regionen auf der Welt, wo keinerlei Kompromiß akzeptabel ist, da die Existenz Israels der Prüfstein der Unmenschlichkeit oder der Menschlichkeit ist und zudem die Voraussetzung ... für die mögliche Entstehung eines arabischen Palästinas, das ... ein palästinensisches Vaterland, eine Heimat für die Palästinenser, die Gegenrichtung des Zionismus, seine bedeutungsvolle Umkehrung wäre.«

senden Identifikation mit ihrer Suche nach einer territorialen Heimat. Die Erlebnisse von Buchenwald wirken zudem in dem Enthusiasmus nach, mit dem er das militärische Engagement der Haganah gegen die arabischen Truppen Glubb Paschas beschreibt[452]: Er sieht die Kampfbereitschaft der zionistischen Milizen als die Negation jener Duldsamkeit der jüdischen Mitgefangenen im Lager und somit als späte Erfüllung seiner damals auf sie gerichteten Wünsche an.

Semprún weist zwar zu Recht darauf hin, daß es auch ein Zeichen von Antisemtitismus ist, Juden nur als Opfer zu akzeptieren, um sie alsdann um so besser bedauern zu können.[453] Er bleibt in dieser Frage allerdings einer Sicht verhaftet, die einseitig von den Erfahrungen der Vergangenheit determiniert ist und so nicht hinreichend bedenkt, daß die Opfer von gestern im Konflikt mit ihren arabischen Nachbarn nunmehr ihrerseits oft zu Unterdrückern geworden sind. Seine Argumentation geht nicht über den Rahmen hinaus, der implizit durch die Opposition von Antisemitismus und Affirmation jüdischer Identität vorgegeben ist. Das Festhalten an einer solchen dualistischen Betrachtungsweise findet eine Erklärung in der Tatsache, daß Semprún die emotionalen Aspekte seiner Parteinahme hier nicht in seine Überlegungen einbezieht.[454]

Verständnis bringt der Autor allerdings auch für eine andere politische Fraktion innerhalb der jüdischen Kultur der Gegenwart auf, welche sich positiv über ihre geistig-religiöse Tradtion und negativ als Volk der Heimatlosen, Ausgestoßenen und somit als Randgruppe *per se* definiert. Diese Ausrichtung, als deren jüngsten Wortführer er Pierre Goldman nennt[455], ist hingegen durch den Zionismus und die Staatsgründung Israels virtuell in ihrer Existenz bedroht.[456] Die hier aufgezeigten Gegensätze jüdischer Positionen finden ihre Entsprechung in jener bereits im Zusammenhang mit der *Autobiografía de Federico Sánchez* erwähnten inneren Widersprüchlichkeit des Autors im Hin-

452 Vgl. BD 265f.; WSS 268f.

453 Vgl. BD 259; WSS 262.

454 In einem Interview zu der US-amerikanischen Fernsehserie *Holocaust* zeichnet Semprún indes ein differenzierteres Bild der Nahostproblematik. Dort gibt er seinen Standpunkt zudem explizit als generationsbedingt zu erkennen; vgl. Semprún, J., in: Chao, R., *»Por debajo de la realidad«. Jorge Semprún enjuicia »Holocausto«*, in: *Triunfo*, 857 (30.6.1979), S. 61-65, hier S. 65: »Además es una cuestión también de generación. Para los más jovenes es más difícil entender eso. ... La experiencia de la juventud intelectual progresista, por usar términos así, bastardos, hoy en Europa, ¿cuál es?: es la experiencia del movimiento palestino. Mi experiencia no es ésta. Mi experiencia es la del genocidio contra los judíos.« (Außerdem ist es auch eine Generationenfrage. Für die Jüngeren ist es schwer, das zu verstehen. ... Worin besteht die Erfahrung der progressiven intellektuellen Jugend, um so abgeschmackte Begriffe zu verwenden, im Europa von heute? In der Erfahrung der palästinensischen Bewegung. Meine Erfahrung ist eine andere. Nämlich die des Völkermords an den Juden. – Übers. d. Verf.).

455 Vgl. Goldmans faszinierenden Bericht *Souvenirs obscurs d'un Juif polonais né en France*, Paris 1975.

456 Vgl. BD 263f.; WSS 266f.

blick auf seinen eigenen nationalen Status: Hatte er zunächst bekanntlich am Vorhaben einer Rückkehr nach Spanien festgehalten, wird ihm gegen Ende der siebziger Jahre, in den *Quel beau dimanche!* entstand, bewußt, daß seine Heimat nur eine geistige, keine nationale sein könne.[457]

Ähnlich wie im Fall der Juden aus Tschenstochau nimmt der Autor das ihm sehr fremdartige Verhalten der Russen im Lager zum Ausgangspunkt einer auf die Gegenwart gerichteten politischen Reflexion. Im Gegensatz zu seiner Erwartungshaltung beziehungsweise derjenigen der westeuropäischen Kommunisten insgesamt entsprachen diese in ihrer großen Mehrzahl keineswegs dem Ideal vom »Neuen Menschen«, vom klassenbewußten Kämpfer für den Sozialismus. Sie schienen ihm und seinen Mithäftlingen vielmehr »von einem anderen Planeten« zu kommen; er beschreibt sie als »fremde feindselige Masse junger Wilder«, die, völlig undiszipliniert, eher anarchistisch wirkten.[458]

Um dies zu illustrieren, schildert Semprún in enger Anlehnung an die oben bereits erwähnte kurze Erzählung *Evasions de printemps*[459], wie Russen vor allem im Frühjar bei Arbeiten in Außenkommandos individuell, spontan und scheinbar völlig unmotiviert ihr Werkzeug weggeworfen hätten und mit einem Schrei der Befreiung gen Osten geflüchtet seien. Der Frühlingsduft der Erde habe in ihnen, die überwiegend bäuerlicher Herkunft waren, das Heimweh plötzlich unwiderstehlich werden lassen. Obwohl es kaum eine reale Chance gegeben habe, auf diese Weise zu entkommen – die meisten seien entweder auf der Flucht erschossen oder gefangen und öffentlich hingerichtet worden –, seien solche Fälle sehr häufig vorgekommen. Mit Erstaunen habe er später in Schalanows Berichten gelesen, daß die russischen Bauern in den sowjetischen Lagern der Kolyma ebenfalls beim Herannahen des Frühjahrs das gleiche, letztlich selbstmörderische Verhalten an den Tag gelegt hätten.[460]

Was die Widerstandskämpfer in Buchenwald Semprún zufolge noch mehr verwunderte als diese brüsken Fluchtversuche, war die Tatsache, daß die Russen generell – mit Ausnahme der Kriegsgefangenen der Roten Armee, die separat interniert waren – wenig politisches Interesse zeigten. Darüber hinaus schienen sie auf merkwürdige Weise mit dem sozialen System des Lagers, seinen offenen und verdeckten Machtstrukturen, vertraut zu sein, so als habe ihre Gesellschaft sie auf ein solch spezifisches Universum bereits bestens

457 Vgl. S. 175.

458 Vgl. BD 91; WSS 90.

459 Die zum Teil wörtliche Übernahme ganzer Textpassagen dieser Erzählung in *Quel beau dimanche!* hat der Autor als solche allerdings nicht kenntlich gemacht. Vgl. insbesondere BD 28f.; WSS 26f.

460 Vgl. BD 118ff.; WSS 117ff. und *Evasions de printemps*, a.a.O.

vorbereitet. In kleinen Banden um einen zumeist jugendlichen Chef organisiert, kontrollierten sie zum Beispiel unangefochten den Schwarzmarkt des Lagers. Der Gefangenensektion der KPdSU gegenüber manifestierten sie allerdings einen ähnlich mißtrauischen Respekt wie vor staatlichen Machtorganen. Ihr Verhältnis zur Autorität illustriert der Autor an einer Anekdote: Schon am Morgen nach der Befreiung Buchenwalds hatten sie, um den parteitreuen Mitgefangenen und potentiellen neuen Herren ihre Loyalität zu demonstrieren, die von ihnen belegten Baracken mit überlebensgroßen Stalinporträts geschmückt, die sie in der Nacht zuvor in aller Eile, aber mit großer Sorgfalt im Stil des sozialistischen Realismus gemalt hatten.[461]

Vor dem Hintergrund dieser Erlebnisschilderung macht Semprún Aussagen zum Sowjetstaat einerseits und zu Verleugnungsmechanismen seitens vieler Kommunisten andererseits. Seine Ausführungen legen dar, daß das beschriebene Verhalten der Russen im Lager indirekt einen Einblick in das soziale System des Stalinismus gewähre.[462] Am Ende des Buches kommt er zu der Schlußfolgerung:

> Tu avais fini par comprendre que ... les Russes étaient tout à fait l'aise dans l'univers de Buchenwald parce que la société dont ils parvenaient les y avait parfaitement préparés. Elle les y avait préparés par son arbitraire, par son despotisme, par la hiérarchisation rigide des privilèges, par l'habitude de survivre en marge des lois, par l'habitude de l'injustice. ... Le propre des rapports sociaux capitalistes ... c'est la division, la lutte, l'antagonisme des classes ... Et sans doute y avait-il des différences de classe, ou tout au moins de rang ... à Buchenwald. Mais cette stratification ne se fondait pas sur la lutte, l'échange et la propriété, comme dans la société capitaliste: elle se fondait sur la fonction, sur le rôle joué par chacun dans une structure bureaucratique, pyramidale, dont résultait une appropriation differente, comme dans la société soviétique.
>
> En fait, les camps nazis n'étaient pas le miroir déformant de la société capitaliste ... ils étaient un miroir assez fidèle de la société stalinienne.[463]

---

461 Vgl. BD 91ff.; WSS 90ff.

462 Vgl. BD 100-103; WSS 99-102.

463 BD 375f.; WSS 381f.: »Du hattest schließlich begriffen ..., daß die Russen sich in der Welt von Buchenwald ganz heimisch fühlten, weil die Gesellschaft, aus der sie stammten, sie völlig darauf vorbereitet hatte. Sie hatte sie durch ihre Willkür, durch ihren Despotismus, durch die strenge Hierarchie der Privilegien, durch die Gewohnheit, am Rande der Gesetze zu überleben, durch die gewohnte Ungerechtigkeit darauf vorbereitet. ... Die Eigenheit der gesellschaftlichen Verhältnisse im Kapitalismus ist tatsächlich die Trennung, der Kampf, der Antagonismus der Klassen. ... Und sicherlich gab es Klassenunterschiede, zumindest Rangunterschiede, Unterschiede bei dem lebenswichtigen Konsum, sicherlich gab es all das in Buchenwald. Aber diese Abstufung beruhte nicht auf dem Kampf, dem Austausch und dem Eigentum, wie in der kapitalistischen Gesellschaft; sie beruhte auf der Funktion, auf der Rolle, die jeder in einer bürokratischen, pyramidalen Struktur hatte, aus der eine unterschiedliche Anpassung her-

Diese Erkenntnis sei ihm, so Semprún, allerdings erst viele Jahre nach der Haft gekommen. Im Lager selbst habe er indes ebenso wie seine westeuropäischen Genossen alle Zweifel am fortschrittlichen Charakter der Sowjetgesellschaft, welche das von erschreckend geringer politischer Reife zeugende Verhalten der Russen in ihnen geweckt hatte, schlichtweg zerredet. In langen Diskussionen sei es ihnen damals gelungen, mit Hilfe der Dialektik Erklärungsmodelle zu entwickeln, die ihr bestehendes Weltbild nicht in Frage stellten, um sich so – durch die eigene ideologische Verblendung – vor neuer Erkenntnis zu schützen.[464] Daß ein solch inauthentischer Umgang mit unangenehmen historischen Wahrheiten unter den KP-treuen Widerstandkämpfern und darüber hinaus unter Kommunisten generell eher als Regel denn als Ausnahme zu betrachten sei, versucht Semprún an einem weiteren Beispiel zu verdeutlichen: So hätten er und seine Buchenwalder Genossen sich ebenfalls einer nüchternen Einschätzung des unverständlich erscheinenden Verhaltens der UdSSR gegenüber der kommunistisch orientierten griechischen Widerstandsgruppe ELAS versperrt. Stalin hatte bekanntlich die militärische Vernichtung dieser Partisanenorganisation durch die britischen Truppen Ende 1944 stillschweigend hingenommen oder gebilligt, da er – entgegen der offiziell proklamierten internationalistischen Ausrichtung seiner Politik – aus eigenen nationalen Interessen eine Kontroverse mit dem Vereinigten Königreich vermeiden wollte.[465] Auch in dieser Frage hätten die Kommunisten in Buchenwald eine, wie Semprún formuliert, »pseudo-dialektische« Erklärung gefunden, welche den Widerspruch theoretisierte und so für sie erträglich machte, die wahren Hintergründe allerdings verdeckte.

Bemerkenswert ist in diesem Zusammenhang, daß Semprún erstmalig Kritik an dialektischen Argumentationsverfahren äußert, wobei nicht klar zu erkennen ist, ob er darin die Begründung dieser Methodik bei Hegel und Marx einschließt oder nur deren verfälschende Anwendung in der politischen Auseinandersetzung meint.[466] Treffend stellt er fest, daß sie von kommunistischer Seite nur allzuoft nicht zum Zweck möglichst allseitiger Erkenntnis gesellschaftlicher Prozesse, sondern im Gegenteil zu deren Verschleierung herange-

---

vorging, wie in der sowjetischen Gesellschaft.
Tatsächlich waren die Nazilager kein Zerrspiegel der kapitalistischen Gesellschaft ..., sie waren ein recht getreuer Spiegel der stalinistischen Gesellschaft.« Vgl. auch Semprúns Darstellung in: Kohut, K., *Escirbir* ..., a.a.O., S. 184-188.

464 Vgl. BD 100-103; WSS 99-102.

465 Vgl. BD 31, 235ff.; WSS 29f., 238ff. sowie Woodhouse, C.M., *The Struggle for Greece 1941-1949*, London 1976, S. 111-138; Iatrides, J.O., *Revolt in Athens. The Greek Communist »Second Round« 1944-1945*, Princeton 1972; O'Ballance, E., *The Greek Civil War 1944-1949*, London 1966, S. 87-110; Chandler, G., *The Divided Land. An Anglo-Greek Tragedy*, London 1959, S. 26-43 und Sarafis, S., *Greek Resistance Army. The Story of ELAS*, London 1951, S. 286-323.

466 Vgl. BD 85, 102f., 300; WSS 84, 101f.

zogen werde. Auf diese Weise desavouiere sich der Marxismus zur Legitimationstheorie einer rein pragmatischen Partei- oder Staatspolitik. In Anlehnung an Barizons saloppe Adhoc-Definition der Dialektik[467] kommt Semprún zu dem Schluß:

> Si j'en crois les textes qui se réclament aujourd'hui du marxisme, et quelles que soient les contradictions entre les diverses interprétations de la Doctrine, le marxisme semble être ... une activité idéologique dont la fonction essentielle consisterait à produire des concepts capables d'occulter la réalité, de mythifier l'histoire, d'escamoter le grossier impact des faits historiques. Le marxisme semble réduit à n'être plus que l'art et la manière de justifier le cours des choses.[468]

Gegen einen solchen Marxismus und die mit ihm implizierte interessegeleitete Fehlinterpretation von Geschichte richtet sich das politische Engagement Sempruns in *Quel beau dimanche!*. Wie eingangs erwähnt, bildete die Lektüre von Solschenitsyns Berichten über die sowjetischen Gulags einen wichtigen auslösenden Faktor in seinem eigenen Bewußtwerdungsprozeß. Die Darstellung im Werk läßt dementsprechend das Bemühen erkennen, aus diesen Leseerfahrungen in um so radikalerer Weise Lehren zu ziehen, als er sich hinsichtlich seiner Erlebnisse in Buchenwald eine Selbstzensur der Wahrnehmung vorwerfen muß.

In der Behandlung der russischen Lagerliteratur geht Semprún daher nicht nur auf die Frage nach der realen Natur des Sowjetstaates, sondern auch auf den Umgang insbesondere der westeuropäischen Kommunisten mit den für sie unangenehmen Informationen ein.

Die große Bedeutung, welche die Augenzeugenberichte über die Gulags für ihn besitzen, erklärt Semprún aus der Analogie des dort beschriebenen Universums zu der von ihm selbst erfahrenen KZ-Wirklichkeit.[469] Aufgrund seiner persönlichen Betroffenheit kann er die Lage der sowjetischen Lagerinsassen sehr gut nachempfinden, muß sich rückhaltlos mit ihnen solidarisieren, was wiederum bedeutet, daß er zum politischen System der UdSSR eine ähnliche Oppositionshaltung einnimmt wie damals dem Nazi-Regime gegenüber.

467 »C'est l'art et la manière de toujours retomber sur ses pattes ...« (Das ist die Kunst und die Methode, immer auf die Beine zu fallen ...) – BD 100; WSS 99.

468 BD 315; WSS 320ff.: »Wenn ich den Texten glauben darf, die sich auf den Marxismus berufen, was immer auch die Widersprüche zwischen den verschiedenen Auslegungen der Lehre sein mögen, so scheint mir der Marxismus ... eine ideologische Aktivität zu sein, deren wesentliche Funktion darin bestehen soll, Begriffe zu schaffen, die imstande sind, die Realität zu verdunkeln, die Geschichte zu mystifizieren, den harten Zusammenprall geschichtlicher Tatsachen zu vertuschen. Der Marxismus scheint sich nur noch darauf zu beschränken, die Kunst und die Methode zu sein, den Lauf der Dinge zu rechtfertigen.«

469 Vgl. BD 382f.; WSS 389.

An ausführlichen Zitaten aus Schalanows Schilderungen zeigt Semprún Parallelen zwischen der Welt der russischen beziehungsweise der deutschen Lager auf. Eine grundlegende Gemeinsamkeit beider Repressionssysteme sieht er in der zweifachen Funktion, die der Zwangsarbeit in beiden Fällen zukommt: Unter dem Deckmantel einer pädagogischen Intention – die Häftlinge nämlich zu arbeitsamen und »nützlichen« Mitgliedern der Gesellschaft zu erziehen – bezweckt sie gleichfalls deren wirtschaftliche Ausbeutung.[470]

Semprún zitiert in diesem Zusammenhang eine Bemerkung Hegels, der im Gefängniswesen seiner Zeit bereits die genannte Doppelfunktion erkannt und heftig kritisiert hatte.[471]Als »ärgste Tyrannei«, zu der nach Hegel ein Staat sich entwickelt, der seinen Strafvollzug auf diese Weise verwirklicht, muß Semprún in besonderem Maße der Sowjetstaat erscheinen, da dieser in der gesamten Volkswirtschaft mit hohen Arbeitsnormen einen Zwang ausübt, der nicht nur die Steigerung der Produktion, sondern auch die politische Disziplinierung der Bevölkerung zum Ziel hat. In den Lagern der Kolyma wurde, der in *Quel beau dimanche!* zitierten Darstellung Schalanows zufolge, die Nichteinhaltung des Produktionsplans gar als konterrevolutionäre Agitation gewertet und in Tausenden von Fällen mit dem Tod bestraft.[472] Was die Situation eines Gulag-Häftlings Semprúns Ansicht nach jedoch vor allem noch schwerer erträglich macht als die eines militanten Antifaschisten in einem deutschen KZ, ist die Tatsache, daß dieser genau wußte, warum er inhaftiert war, jener in der Regel aber nicht.[473] Denn die große Masse der in den russischen Lagern Internierten seien keineswegs Gegner des Sowjetsystems, sondern vielfach sogar aktive Mitglieder der KP gewesen. Während die Kommunisten in der Nazi-Gefangenschaft ein klares Feindbild vor Augen gehabt hätten, dem sie das »Wir-Gefühl« einer starken politischen Gemeinschaft entgegensetzen konnten, habe ihren Genossen in den Gulags jegliche politische Identität, die ihnen einen moralischen Halt hätte geben können, gefehlt.[474] Auch wenn die sowjetischen Lager nicht in gleichem Maße aus dem Marxismus abzuleiten seien wie die deutschen KZs aus der Nazi-Ideologie, lasse sich, wie Semrpún schlüssig ausführt, bereits bei Marx die Grundlage für die Entstehung des Stalinismus und seiner Repressionsorgane finden.[475] Dessen vermeintlich wissenschaftlich gesicherte Prognose, daß der Klassenkampf

470 Vgl. hierzu die sehr informative Darstellung Michel Hellers in: ders., *Le monde concentrationnaire et la littérature soviétique*, Lausanne 1974. Wie schon der Titel andeutet, bespricht Heller auch die literarischen Arbeiten Schalanows und Solschenitsyns.

471 Vgl. BD 141ff.; WSS 141ff.

472 Vgl. BD 146f.; WSS 146ff.

473 Vgl. BD 215-219; WSS 216-220.

474 Vgl. BD 217; WSS 219.

475 Vgl. BD 149-155; WSS 150-155.

notwendigerweise zur Diktatur des Proletariats führen und schließlich in die klassenlose Gesellschaft einmünden werde, liefere *a priori* die Rechtfertigung aller Unterdrückungsmaßnahmen eines Staates, der sich als Übergangsstadium zum Kommunismus begreife:

> Et c'est ici, sur ce point précis de la théorie marxienne de la dictature du prolétariat, comme transition inévitable vers la société sans classes, que s'articule la folie mortifère du bolchevisme. C'est en ce lieu théorique que prend ses racines et que se nourrit la Terreur. ... C'est au nom de cette mission historique du prolétariat qu'ils ont écrasé, déporté, dispersé par le travail, libre ou forcé, mais toujours correctif, des millions de prolétaires.[476]

Zu Recht weist Semprún darauf hin, daß die Geschichte den Irrtum der Marxschen Vorhersage nachgewiesen habe. Der sogenannte Übergangsstaat tendiere keineswegs dazu, sich aufzulösen, er verstärke im Gegenteil ständig den Einfluß, werde übermächtig. Marxens Idee einer universellen Klasse muß der Autor dementsprechend im nachhinein als »wishful thinking«, als Mythos betrachten – der stalinistische Terror bleibt so jeder historischen Legitimation ledig.[477] Er schließ sich daher Franco Fortini an, der die russische Revolution als »historische Katastrophe« bezeichnet hatte.[478] An der Solschenitsyn-Rezeption im Westen zeigt Semprún auf, wie groß der Widerstand gegen die Vorstellung vom Scheitern der sowjetischen Revolution unter der westeuropäischen Linken nach wie vor ist. Heftig attackiert er zum Beispiel Vertreter der Pariser Intelligenzija, die auf verschiedenerlei Weise die Bedeutung von Solschenitsyns Berichten herunterzuspielen versucht hätten; Kritik an deren literarischen Qualitäten habe nur den Zweck verfolgt, die Authentizität des Zeugnisgehalts ins Zwielicht zu rücken. In einer Broschüre des PCF werde, so schreibt Semprún, gar gefordert, das Wort Gulag aus dem Sprachgebrauch zu streichen, da es die Debatte emotionalisiere und einem Verständnis der sowjetischen Realität im Wege stehe.[479]

Diese und ähnliche Reaktionen sieht Semprún als Versuche an, einer ernst-

---

476 BD 153; WSS 153f.: »Und eben hier, genau bei diesem Punkt der Marxschen Theorie über die Diktatur des Proletariats als unweigerlicher Übergang zur klassenlosen Gesellschaft, artikuliert sich der mörderische Wahn des Bolschewismus. In diesem theoretischen Punkt wurzelt der Terror und nährt sich davon. ... Im Namen dieser historischen Mission des Proletariats haben sie Millionen von Proletariern durch die freiwillige oder erzwungene, aber immer der Besserung dienenden Arbeit zermalmt, deportiert, auseinandergerissen.«

477 Vgl. BD 153, 381; WSS 153, 387.

478 Vgl. Fortini, F., *Del disprezzo per Solzenicyn, in: ders., Questioni di frontiera. Scritti di politica e di letteratura 1965-1977*, Turin 1977, S. 155-167, hier S. 159, zitiert in BD 371 bzw. WSS 377. Zu Semprúns Aussage vgl. BD 383 bzw. WSS 389.

479 Vgl. BD 144f., 369ff.; WSS 144f., 374-377.

haften Infragestellung des sowjetischen Kommunismus und seiner angeblich »global positiven Bilanz« auszuweichen. Hier zeige sich eine ähnliche Hypokrisie, wie sie auch diejenigen gekennzeichnet hätte, die damals den Geheimbericht Chruschtschows auf dem XX. Parteitag der KPdSU als theoretisch unzureichend kritisierten, um so die politische Brisanz der in ihm enthaltenen Informationen zu schmälern.[480] In beiden Fällen werde die Wahrheit den kurz- bis mittelfristigen Erfordernissen einer Pragmatik der Macht geopfert.

In diesem Kontext ist auch die von Semprún angesprochene generelle Frage zu sehen, welche Haltung insbesondere der Intellektuelle zur politischen Macht einnehmen solle beziehungsweise *realiter* einnehme. Diese Thematik findet sich vor allem in den Reflexionen der Semprúnschen Romanfigur Goethe behandelt. Dort heißt es, Intelligenz und Macht seien einander dem Wesen nach fremd, der Intellektuelle solle sich zwar mit der Politik auseinandersetzen, dürfe sich jedoch nicht unmittelbar an der Ausübung der Macht beteiligen. Andernfalls bliebe ihm nur die Wahl, entweder an den eigenen Idealen festzuhalten und dementsprechend an den Widersprüchen der sozialen Wirklichkeit zu scheitern oder die ursprünglichen politischen und moralischen Zielvorstellungen aufzugeben und so zum Theoretiker der Tyrannei zu werden.[481] Im Gegensatz zu seinem satirisch gezeichneten Goethe, den diese Einstellung zu einer »wohlwollenden Neutralität« und damit zu einer Komplizenschaft mit dem NS-Schreckensregime führt, offenbart Semprún selbst eine radikal kritische Distanz zur Macht – und dies auf der Grundlage derselben Überlegungen. Denn ganz offensichtlich schlägt sich in diesen Gedanken die Lebenserfahrung des Autors nieder: Als Intellektueller im PCE stand er schließlich vor der genannten Alternative. Seine damalige Rolle in der Gefolgschaft Carrillos sowie seine neue Rolle charakterisiert er an anderer Stelle des Werks wie folgt:

> ... lorsque les Grands Timoniers sont des autodidactes façonnés par l'appareil, comme Carrillo, ce sont des intellectuels qui tiennent habituellement la chandelle, dans les antichambres du pouvoir et les ruelles de lit des despotes éclairés. Certains la tiennent ainsi jusqu'à la fin de leur vie, voyeurs fascinés par le spectacle de leur propre fascination. Ils se donnent pour prétexte la fidélité à la Cause (de la classe ouvrière, du peuple, des humiliés et offensés), alors qu'ils ne sont fidèles qu'aux despotes successifs et à leur propre absence de fidélité à l'essentiel. D'autres décident un jour, toujours trop tard d'ailleurs, de sauver leur âme, de redevenir ce

480 Nach Carlos Semprún Maura argumentierte 1956 auch sein Bruder Jorge so; vgl. ders., *Franco ...*, a.a.O., S. 51 sowie S. 182.

481 Vgl. BD 285f.; WSS 288f.

> qu'ils sont. Ils soufflent la chandelle et retournent dans la nuit de leur quête solitaire.[482]

Mit der Beschreibung der letztgenannten Kategorie zeichnet Semprún ein Porträt seiner selbst. Seine »einsame Suche« außerhalb der KP hat ihn, wie *Quel beau dimanche!* trotz der dort erstmalig in seinem literarischen Werk geäußerten Kritik am Marxismus[483] zeigt, nicht gänzlich zum Renegaten werden lassen. In seinen politischen Reflexionen bedient er sich auch weiterhin der Methodik und Terminologie einer marxistischen Gesellschaftsanalyse. So zeugen seine Äußerungen zu den Hintergründen und Zielen der auf dem XX. Parteitag der KPdSU eingeleiteten Entstalinisierungskampagne von einer im positiven Sinn dialektischen Betrachtungsweise: An inneren Widersprüchen der Chruschtschowschen Reformbemühungen zeigt er die Ursachen für die Begrenztheit des damaligen Wandels auf, nicht um den Lauf der Geshichte zu rechtfertigen, sondern im Gegenteil, um zu einem kritischen Verständnis derselben zu gelangen.[484]

Die Zukunftsvision allerdings, welche der Marxismus enthält, hat sich für den Autor definitiv als »blutiger Mythos« erwiesen.[485]

Sempruns politische Stellungnahmen in *Quel beau dimanche!* müssen auf einen orthodoxen Kommunisten noch heute wie ein Schock wirken, insbesondere wenn er der Sowjetunion der Stalin-Ära eine ähnliche Sozialstruktur zuschreibt, wie sie die deutschen Konzentrationslager kennzeichnete – und sicherlich trägt dieser Vergleich auch bewußt provokative Züge. Indem Semprún seine Thesen aus der eigenen Erfahrung ableitet, kann er seiner Darstellung zugleich aber einen hohen Grad an Authentizität verleihen. Auf diese Weise wirken seine Aussagen keineswegs belehrend, auch wenn er sie vielfach in mehr theoretischer Form erläutert und begründet.

In der Reflexion des eigenen politischen Werdegangs manifestiert sich darüber hinaus an vielen Stellen des Werks offene Selbstkritik. Das Bemühen um eine ernsthafte Auseinandersetzung mit den früheren Einstellungen und Ver-

---

482 BD 67; WSS 65: »... wenn die Großen Steuermänner vom Parteiapparat geprägte Autodidakten sind, wie Carrillo, sind es die Intellektuellen, die im allgemeinen die Kerzen in den Vorzimmern der Macht und den Gängen der aufgeklärten Despoten zwischen Bett und Wand halten. Manche halten sie bis zu ihrem Lebensende, vom Schauspiel ihrer eigenen Faszination faszinierte Voyeurs. Als Vorwand dient ihnen die Treue zur *Sache* (der Arbeiterklasse, des Volkes, der Gedemütigten und Gekränkten), während sie nur den sich ablösenden Despoten und ihrem eigenen Mangel an Treue zum Wesentlichen treu sind. Andere entscheiden sich eines Tages, übrigens immer zu spät, ihre Seelen zu retten, wieder das zu werden, was sie sind. Sie blasen die Kerzen aus und kehren in das Dunkel ihrer einsamen Suche zurück.«

483 Zuvor hatte er sich bekanntlich zunächst nur gegen den Stalinismus, später dann auch gegen den Leninismus gewandt; vgl. S. 106, 159ff.

484 Vgl. BD 165f., 319-322; WSS 166f., 324-327 und die Ansätze zu einer sozio-ökonomischen Analyse der Sowjetgesellschaft in BD 71 bzw. WSS 69f.

485 Vgl. BD 132; WSS 132.

haltensweisen läßt oft emotionale Betroffenheit spürbar werden.[486] An strukturell wichtiger Stelle gegen Ende des Buchs kommt zum Beispiel vage Nostalgie zum Ausdruck:

> »Tu vois, Gérard«, dit Barizon après ce long silence, »le communisme n'est pas la jeunesse du monde, c'est clair maintenant. Mais il était quand même la nôtre, de jeunesse.«
> Nous trinquons silencieusement à notre jeunesse.[487]

Der Nachsatz läßt erkennen, daß Semprún in Barizons Formulierung einstimmt. Ihre Jugend besaß den unbestreitbaren Reiz einer sehr kohärenten Weltsicht, in der Gut und Böse klar voneinander getrennt waren, in der zudem eine radikale Veränderung der geschichtlichen Entwicklung möglich schien.[488] Die Erkenntnis des illusorischen Charakters dieser Vorstellung bedeutet zwar den Beginn einer neuen Phase politischer Reife, diese kann jedoch nicht eine vergleichbare Attraktivität erreichen. Anders als im *Sánchez* ist Semprúns Ablösungsprozeß von der Faszination seiner früheren Militanz in *Quel beau dimanche!* allerdings weitgehend abgeschlossen: Auch wenn der Blick zurück von leichter Wehmut erfüllt ist, der Standpunkt der Betrachtung ist eindeutig jenseits der evozierten Erfahrung angesiedelt.

Was dem Autor in diesem Bereich eine emotionale Distanzierung erleichtert, ist die Tatsache, daß er die genannten Erfahrungen der politischen Desillusionierung, so schmerzhaft sie auch waren, selbst bewußt steuern konnte. Im Gegensatz dazu konfrontierten ihn die Vertreibung aus der Heimat und die Deportation ins KZ von außen mit zum Teil äußerst bedrohlichen Situationen, deren er nicht in vergleichbarem Maße Herr werden konnte. Vor allem die Erfahrungen der Lagerhaft nahmen einen nahezu traumatischen Charakter für ihn an.

Zur psychischen Verarbeitung von Gefangenschaft und Exil

Semprúns Reaktionsweisen auf Heimatverlust und Haft waren bekanntlich schon Gegenstand von *Le grand voyage*, in *Quel beau dimanche!* erfährt dies Themengebiet jedoch eine spezifische Akzentuierung. Mehr als dort vermittelt Semprún hier auch Einblicke in seine aktuelle Empfindungen und Gedan-

---

486 Vgl. BD 53, 75-78, 140, 219, 236f., 380-385; WSS 51, 73-77, 140, 220, 239f., 386-391.

487 Vgl. BD 385; WSS 392: »'Du Gérard', sagt Barizon nach diesem langen Schweigen, 'der Kommunismus ist nichts mehr für die heutige Jugend, das steht jetzt fest. Aber er war immerhin etwas für unsere Jugend!'
Wir stoßen auf unsere Jugend an.«

488 Vgl. BD 315 bzw. WSS 320.

ken. Ferner sei daran erinnert, daß *Le grand voyage* die Wirklichkeit des Lagers selbst thematisch weitgehend aussparte, wohingegen sie in *Quel beau dimanche!* im Zentrum steht. Dennoch läßt sich eine Vielzahl von Parallelen zwischen beiden Büchern ziehen, zumal die Erlebnisse der langen Fahrt im Viehwaggon in extremer Weise bereits die des späteren Lagerlebens vorzeichneten. Ich werde im folgenden zunächst auf die im Werk vermittelte Sicht der betreffenden Erfahrungen eingehen, um sodann die Beziehungen zwischen inhaltlicher Aussage und literarischer Form näher zu beleuchten.

Von den äußeren Bedingungen, denen Semprún sich im KZ ausgesetzt sah, stellt er neben Nahrungs- und Schlafmangel vor allem die ständige Präsenz von Mitgefangenen und die daraus resultierende Schwierigkeit, sich eine Privatsphäre zu erhalten, als besonders belastend dar.[489] Dieser Umstand kann nicht verwundern, da es bekanntlich ein wichtiges Ziel der SS war, die Persönlichkeit der Häftlinge zu brechen, ihnen das Bewußtsein des eigenen Werts zu nehmen und sie zu einer gefügigen Masse zu formen, die zu keinerlei individuellem oder kollektivem Widerstand mehr fähig wäre.[490] Obwohl der Autor eigenen Angaben nach an seinem Wertesystem festhielt und in der Gemeinschaft der Untergrundgruppe Rückhalt fand, erlebte auch er das Lager als eine völlig fremde Welt, in der die Maßstäbe des früheren Lebens kaum noch Geltung hatten. Unter der ständigen Bedrohung des Lebens, den Willkürmaßnahmen der Aufseher schutzlos ausgesetzt, befiel ihn bald, wie schon für die Zugfahrt beschrieben[491], ein Eindruck der Irrealität; er konnte zwischen Traum und Wirklichkeit nicht mehr klar differenzieren und zweifelte sogar an der Realität der eigenen Existenz:

> Ne suis-je qu'un rêve de future fumée, prémonition rêveuse, en quelque sorte, de cette inconsistance fumeuse que serait la mort? La vie? Ou encore, tout ceci, cet univers du camp, ... toute cette vie grouillante n'estelle qu'un rêve dont je ne serais que l'un des personnages et dont quelqu'un, un jour, celui qui l'aura rêvé, peut-être, pourra se réveiller? ... Ce n'est pas inquiétant. Ce n'est même pas désagréable. Il n'y a plus de critère de réalité, tout simplement.[492]

---

489 Vgl. in erster Linie BD 28f., 221ff.;WSS 26f., 223f.

490 Vgl. hierzu Bettelheim, B., *Erziehung zum Überleben*, Stuttgart 1980, hier zitiert nach München 1982, S. 59, 70f. und 93f. Bettelheim vertritt dort die These, die Bemühungen der Nazis seien darauf ausgerichtet gewesen, in der Bevölkerung, insbesondere aber unter den Lagerhäftlingen, infantile Abhängigkeitshaltungen zu erzeugen.

491 Vgl. S. 51.

492 BD 170; WSS 171: »Bin ich nicht nur irgendwie ein Traum künftigen Rauchs, träumerischer Vorahnung, jener rauchigen Unbeständigkeit, der der Tod wäre? Das Leben? Oder ist all das, diese Welt des Lagers ... dieses ganze wimmelnde Leben nur ein Traum, in dem ich bloß eine der Figuren wäre und aus dem irgend jemand eines Tages, nähmlich derjenige, der ihn geträumt hat, vielleicht erwachen könnte? ... Das ist nicht beunruhigend. Das ist nicht einmal unangenehm. Es gibt einfach kein Reali-

Dies ist ein Phänomen, das in verschiedenen Berichten und Studien über die Lager beschrieben, selbst von psychologischer Seite jedoch sehr unterschiedlich interpretiert wird. So schreibt Bettelheim, der selbst von 1937 bis 1938 in Dachau und Buchenwald interniert war, diese Reaktion stelle den Versuch dar, die Realität des Lagers zurückzuweisen und die Integrität der Persönlichkeit zu bewahren. Viktor Frankl hingegen, ebenfalls Psychologe und ehemaliger KZ-Häftling, sieht in diesem Verhalten das Zeichen einer letztlich suizidären Selbstaufgabe.[493] Semprún bezeichnet seine Wahrnehmung demgegenüber weder als beunruhigend noch als Zeichen eines Selbstschutzes; er konstatiert sie gleichsam von außen, so als zerfalle er in zwei getrennte Entitäten, einen Beobachter und einen Beobachteten. An anderer Stelle schreibt Semprún, er sei den Erfahrungen des Lager mit einer Art von Neugier begegnet.[494] Doch aus *Le grand voyage* wissen wir bereits, daß es ihm oft schwerfiel, die hierzu notwendige Distanz zu sich selbst herzustellen. Ähnlich wie der Blick auf das Moseltal, der ihm während des Transports nach Buchenwald das Gefühl der Stärke vermittelte, ist es in *Quel beau dimanche!* die Kontemplation eines Baumes in der das Lager umgebenden Winterlandschaft, die ihn an die äußere Welt bindet und mit Freude erfüllt. Die Schilderung dieser Episode nimmt bezeichnenderweise strukturell wichtige Positionen zu Anfang, in der Mitte und am Ende des Buches ein.[495] Sie enthält einen wesentlichen Schlüssel zum Verständnis von Semprúns Haltung zur Extremsituation des Lagers.

An jenem Sonntag im Dezember 1944, der im Zentrum der Darstellung steht, weicht Semprún auf der Rückkehr von einem Dienstgang vom vorgeschriebenen Weg ab, um sich eine alleinstehende, schneebedeckte Buche von nahem anzusehen. Fasziniert von ihrer Schönheit, verharrt er dort eine Weile, bis er schließlich von einem SS-Mann aus der Betrachtung gerissen wird, der ihn mit schußbereiter Waffe am vermeintlichen Fluchtversuch zu hindern sucht. Trotz der objektiven Bedrohlichkeit dieser Situation bleibt Semprún völlig ruhig und furchtlos, gestärkt durch die vorherige Meditation. Ähnlich wie in *Le grand voyage* beschrieben, hatte der Anblick der Natur ihn mit der Kontingenz seiner Existenz konfrontiert. Von sich selbst in der 3. Person Singular erzählend, schreibt er:

---

tätskriterium mehr.«
Vgl. ebenfalls BD 115 bzw. WSS 113f.

493 Vgl. Bettelheim, B., a.a.O., S. 73; Frankl, V., in: Des Prés, T., *The Survivor. An Anatomy of Life in the Death Camps*, New York 1976, S. 84. Vgl. auch ebenda, S. 78-85; Cayrol, J., *Lazare parmi nous*, Neuchâtel/Paris 1950, S. 25ff.; Adamov, A., in: Haft, C., a.a.O., S. 46; Levi, P., *Die Atempause*, Hamburg 1964, S. 237f.

494 Vgl. BD 126; WSS 125.

495 Vgl. BD 11-15, 170-175, 387; WSS 9-13, 170-176, 394.

> Il pensait, immobile, toute sa vie devenue regard méticuleux, que le bourgeon niait l'hiver, et la fleur le bourgeon, et le fruit la fleur. ... Le bourgeon éclaterait, portant à son terme la vérité profonde de l'hiver. Et il serait mort. Non, même pas mort: évanoui. Il serait absent, parti en fumée, et le bourgeon éclaterait, boule pleine de sève. C'était fascinant à imaginer. ... Il n'avait jamais éprouvé le besoin d'affirmer sa propre existence en niant les beautés éphémères du monde.[496]

Sich auf Hegel berufend, sieht Semprún den Baum als Inkarnation einer Zeit, die auch ohne ihn fortschreitet, was die Bedeutung seines eigenen Lebens und damit auch seines möglicherweise unmittelbar bevorstehenden Todes relativiert. Die Schönheit und Kraft der Buche stehen in krassem Gegensatz zur Realität des Lagers. Durch ein Vergegenwärtigen ihrer naturhaften Qualitäten kann der Autor die Schrecken des KZ in seinem Bewußtsein negieren und sich so den Blick von »außen« aneignen – Semprún nennt ihn an einer Stelle einen »Blick von jenseits des Todes«[497]. Zugleich behauptet er auf diese Weise die Autonomie seines Denkens und Empfindens gegenüber dem schleichenden Anpassungsprozeß an eine von psychischer Primitivierung gekennzeichnete typische Lagermentalität.[498] Das Bewußtsein dieser individuellen geistigen Freiheit bedarf zu seiner Erhaltung und Stärkung jedoch immer wieder eines Halts in der externen Wirklichkeit. Dieser muß nicht notwendigerweise die dingliche Konsistenz eines Baumes besitzen, auch die Erinnerung an Erlebnisse aus der Welt »draußen« oder literarische Reminiszenzen können diese Funktion erfüllen.[499] Mit der Evokation eines so erreichten Glücksgefühls schließt Semprún das Buch: Rückblickend kann er den betreffenden Sonntag im KZ als einen schönen Tag bezeichnen.

Was die Zeit des frühen Exils anbetrifft, weist Semprúns Verhalten in der erzählten Wirklichkeit dieselben Selbstschutzmechanismen auf. Die Probleme, mit denen er sich in diesem Zusammenhang konfrontiert sah, gleichen zudem jenen, vor die ihn das Leben im KZ stellte. In beiden Fällen manifestiert sich eine Art Existenzangst, die einhergeht mit einem Gefühl des Iden-

---

496 BD 13; WSS 11: »Er dachte, ohne sich zu rühren, während sein ganzes Leben prüfender Blick geworden war, daß die Knospe den Winter verneinte, und die Blüte die Knospe, und die Frucht die Blüte. ... Die Knospe würde hervorbrechen und die tiefe Wahrheit des Winters vollenden. Und er würde tot sein. Nein, nicht einmal tot: verflüchtigt. Er würde verschwunden, in Rauch aufgegangen sein, und die Knospe würde hervorbrechen, eine Kugel prall von Saft. Diese Vorstellung war faszinierend. ... Er hatte niemals das Bedürfnis verspürt, seine eigene Existenz zu bestätigen, indem er die vergänglichen Schönheiten der Welt verneinte.«
Vgl. auch BD 174 bzw. WSS 175f.

497 Vgl. BD 387; WSS 194.

498 Vgl. hierzu Kogon, E., a.a.O., S. 308f.; Frankl, V., *... trotzdem Ja zum Leben sagen. Ein Psychologe erlebt das Konzentrationslager*, München 1977, hier zitiert nach München 1982, S. 102-110.

499 Vgl. BD 386ff.; WSS 392-395 bzw. GV 73f. bzw. GR 73f. sowie S. 52f.

titätsverlusts, das ihn nahezu völlig paralysiert. Diese Empfindungen betrachtet Semprún allerdings weniger als situationsbedingt, sondern mehr als grundlegend existentielles Phänomen. Dies zeigt sich insbesondere an einer Episode, die sich im Frühjahr 1942 ansiedelt. Unbeweglich auf der »Place de la Contrascarpe« stehend, bemüht sich der junge Semprún, ein unvermittelt aufgetretenes Gefühl von Verunsicherung und vager Lebensangst zu bewältigen. Bezeichnenderweise richtet er seine Gedanken nicht auf mögliche Ursachen der Mißstimmung, er sucht vielmehr Halt in einer Konzentration auf die äußeren Bedingungen seiner Existenz. In einer minutiösen Beschreibung vergegenwärtigt er sich beispielsweise die Beschaffenheit seines Zimmers, um so Ordnung in seinen Verstand zu bringen.[500] Gemeinsam mit der lauten Rezitation eines Textes von Antonin Artaud mit dem Titel *Description d'un état physique*[501], löst dies schließlich die Verkrampfung, befreit ihn von der Angst. Durch das Benennen des von Artaud beschriebenen und von ihm intensiv nacherlebten Zustandes gelingt es Semprún, seine Empfindungen zu exteriorisieren und sich somit wiederum von »außen« zu sehen. Das von Artaud gewählte Verfahren, seelischen Schmerz in seinen körperlichen Manifestationen zu erfassen, kommt diesem Bemühen zudem sehr entgegen. Die Parallelen zur oben beschriebenen Haltung gegenüber den psychischen Belastungen des Konzentrationslagers sind augenfällig: In beiden Kontexten ist eine Abwehr gegenüber psychologischer Introspektion zu beobachten.

Anders als in der Darstellung der Exil-Erfahrung gibt Semprún in *Quel beau dimanche!* auch Hinweise zu den Spätfolgen seiner traumatischen KZ-Erlebnisse. Er beschreibt, wie ihn – analog zu dem oben erwähnten Realitätsverlust während der Haft – selbst bis in die Gegenwart hinein oft Zweifel an der Wirklichkeit seiner Existenz befallen. In mehreren Passagen des Buchs versucht er, dieses Bewußtseinsphänomen sprachlich zu fassen. An einer Stelle heißt es:

> ... ce n'est pas le monde, en somme, autour de moi, qui me semblait irréel. ... La vie n'était pas un songe, ô non! c'est moi qui l'étais. Et d'avantage: le songe de quelqu'un qui serait mort depuis longtemps. J'ai déjà nommé, malgré son innommable indécence, cette sensation qui m'a parfois assailli au cours des ans. Cette certitude sereine et totalement désespérée de n'être que le fantasme rêveur d'un jeune mort d'autrefois.[502]

---

500 Ähnliche Vorgehensweisen waren bekanntlich schon in *Le grand voyage* zu beobachten; vgl. S. 51ff.

501 Vgl. BD 244f.; WSS 247. Dieser Text (zu deutsch: *Beschreibung eines körperlichen Zustandes*) ist im ersten Band der Artaudschen Werkausgabe enthalten; vgl. Artaud, A., *Oeuvres complètes*, Bd. 1, Paris [11]1956, S. 60-64.

502 BD 138; WSS 137: »Es ist ... nicht meine Umwelt, die mir irreal vorkam. Allem Anschein nach war es ich selbst. Es ist mein Gedächtnis, das mich in der Irrealität eines Traumes verankerte. Das Leben ist

Obwohl Semprún diese Wahrnehmung als »schizophren« und als »Krankheit der Seele« bezeichnet, gesteht er doch ein, nicht nur unter ihr zu leiden, sondern sich bisweilen auch im Bewußtsein ihrer Außergewöhnlichkeit zu gefallen.[503] Den Ursprung dieser Zwangsvorstellung vermag er in *Quel beau dimanche!* noch nicht zu erhellen. Erst später in *L'Algarabie* und in Äußerungen gegenüber der Hamburger Wochenschrift *Die Zeit* führt er sie, allerdings nur indirekt, auf ein Überlebensschuldgefühl zurück, indem er jene bekannte Passage aus Adornos *Negative Dialektik* zitiert, in der es heißt:

> ... darum mag falsch gewesen sein, nach Auschwitz ließe kein Gedicht mehr sich schreiben. Nicht falsch aber ist die minder kulturelle Frage, ob nach Auschwitz sich noch leben lasse, ob vollends es dürfe, wer zufällig entrann und rechtens hätte umgebracht werden müssen. Sein Weiterleben bedarf schon der Kälte, des Grundprinzips der bürgerlichen Subjektivität, ohne das Auschwitz nicht möglich gewesen wäre: drastische Schuld des Verschonten. Zur Vergeltung suchen ihn Träume heim wie der, daß er gar nicht mehr lebe, sondern 1944 vergast worden wäre, und seine ganze Existenz danach lediglich in der Einbildung führte, Emanation des irren Wunsches eines vor zwanzig Jahren Umgebrachten.[504]

Die These von einem Schuldkomplex der KZ-Überlebenden wird seitens der Psychologen insbesondere von Bruno Bettelheim vertreten. Gestützt auf Selbstbeobachtung und empirische Untersuchungen an anderen Opfern des Holocaust führt dieser aus, daß sich die ehemaligen KZ-Häftlinge generell – bewußt oder unbewußt – der Tatsache anklagten, nicht wie die übergroße Mehrzahl ihrer Leidensgenossen gestorben zu sein und somit indirekt von deren Tod profitiert zu haben. Des weiteren unterstreicht Bettelheim, daß die KZ-Erfahrung derart traumatisch war, daß sie die »Persönlichkeitsintegration der Gefangenen ganz oder zu einem sehr erheblichen Teil« erschüttert habe.[505] Er gelangt zu dem Fazit:

---

kein Traum, oh nein, ich war einer. Und zudem: der Traum von irgend jemandem, der seit langem tot sein sollte. Ich habe bereits, trotz seiner unbeschreiblichen Anstößigkeit, jenes Gefühl erwähnt, das mich im Laufe der Jahre mitunter befällt. Die ruhige und völlig verzweifelte Gewißheit, nur ein Traumgespinst eines jungen Toten von einst zu sein.«
Vgl. auch BD 58, 97, 262, 313; WSS 56f., 96, 264f., 318.

503 Vgl. Wörtlich spricht Semprún, eine Formulierung Kusnezows aufgreifend, der von ähnlichen Halluzinationen berichtet, von »tentatives subtilement schizophréniques« und von einer «maladie de l'âme« – vgl. BD 262 bzw. WSS 265.

504 Adorno, Th.W., *Negative Dialektik*, in: ders., *Gesammelte Schriften*, Bd. 6, Frankfurt/M. 1966, S. 355f. Vgl. auch *L'Algarabie* (1981, im folgenden AL und Seitenzahl), S. 142 bzw. *Algarabía oder Die neuen Geheimnisse von Paris* (im folgenden AGP und Seitenzahl), S. 142 sowie Strausfeld, M., *»Ich bin das Traumgespinst eines Toten von einst« – Ein Zeit-Gespräch mit Jorge Semprún*, in: *Die Zeit*, 46 (12.11.1982), Literatur S. 4.

505 Vgl. Bettelheim, B., a.a.O., S. 34-37.

> Die psychische Reaktion des Überlebenden auf dieses Versagen seiner Integration ist nie ganz bewußt; sie wird im Gegenteil weitgehend von unbewußten Faktoren bestimmt, beispielsweise von unbewußten Reaktionen auf die KZ-Erfahrung und auf die vorherige Existenz. Im Grunde sind nur drei verschiedene psychische Reaktionen auf die Erfahrung, daß die Integration ganz oder teilweise versagt, möglich. Welche davon im Leben des Überlebenden vorherrschte, bestimmte größtenteils seine Existenz nach der KZ-Zeit.[506]

Die drei möglichen Reaktionsweisen leitet Bettelheim aus seinen Beobachtungen ab: Eine Gruppe von Überlebenden habe sich von den Erlebnissen zerstören lassen, eine weitere habe den Geschehnissen jegliche fortdauernde Wirkung abgesprochen, und eine dritte habe sich in eine lebenslange Auseinandersetzung mit den erfahrenen Schrecken eingelassen, um sie psychisch zu bewältigen.[507]

Konfrontiert man die expliziten und impliziten Aussagen der literarischen Selbstdarstellung Sempruns mit den hier wiedergegebenen Thesen Bettelheims, fällt folgendes auf: Ohne eine Aussage darüber treffen zu wollen, ob Sempruns Persönlichkeitsintegration ganz oder nur teilweise erschüttert wurde, bleibt festzuhalten, daß seine Erinnerungen eine relative psychische Stabilität erkennen lassen.[508] Sie erklärt sich zumindest partiell aus der Tatsache, daß der Autor, ebenso wie die politischen Häftlinge generell, den Repressalien der SS besser gewachsen war als die Mehrzahl der Juden im KZ. Im Gegensatz zu diesen hatten sie in der Regel die Verhaftung und selbst den Tod bewußt als mögliche Konsequenzen ihres politischen Handelns einkalkuliert. Sie konnten zudem Zuversicht aus dem Wissen um die Existenz einer internationalen antifaschistischen Front ziehen, was ihrem Leiden einen bestimmten Sinn gab. Durch die Privilegien seines besonderen Arbeitsplatzes war Semprún zudem weniger gefährdet als andere Mithäftlinge. Darüber hinaus war er durch die Erlebnisse des Bürgerkriegs, der Flucht und des Exils auf die Extremsituation des Lagers in gewisser Weise bereits vorbereitet. Die dort entwickelten Strategien zur Bewältigung psychischer Krisen konnte er, wie oben aufgezeigt, auch später in Buchenwald anwenden.

In diesem Punkt stimmen die an *Quel beau dimanche!* gemachten Beobachtungen mit denjenigen Bettelheims überein, der ja von einer Kontinuität der Reaktionsmuster auf Erfahrungen vor, während und nach der Haft

---

506 Ebenda, S. 37.

507 Vgl. ebenda.

508 Dieser Ansicht ist auch Walter Haubrich; vgl. ders., *Die drei Leben des Semprún. Der Schriftsteller als Mann der Tat*, in: *Frankfurter Allgemeine Zeitung*, 240 (15.10.1983).

spricht.[509] Was dessen Typologie von Verhaltensweisen der Überlebenden anbetrifft, läßt sich Semprún – soweit dies aus seinem literarischen Werk zu entnehmen ist – zunächst der zweiten Kategorie zuordnen. Bettelheim präzisiert, daß das distinktive Merkmal dieser Gruppe ehemaliger NS-Opfer der Wunsch sei, die Schrecken der Haft zu vergessen, das heißt zu verdrängen und bruchlos an ihr vorheriges Leben anzuknüpfen. Die Mehrzahl von ihnen sei auf diese Weise relativ symptomfrei:

> Überlebende, die es leugnen, daß ihr Lager-Erleben ihre Integration zerstört hat, die Schuld und das Gefühl einer besonderen Verpflichtung verdrängen, meistern das Leben oft ganz gut, wenigstens dem Anschein nach. Emotionell aber leiden sie Mangel, weil ein großer Teil ihrer Lebensenergie zum fortdauernden Verleugnen und Verdrängen verbraucht wird, und weil sie nicht mehr zuversichtlich sein können, daß ihre innere Integration, die sie schon einmal im Stich gelassen hat, ihnen in einer neuerlichen Prüfung Sicherheit bieten wird.[510]

Aus *Le grand voyage* war bereits zu entnehmen, daß Semprún in der Nachkriegszeit darum bemüht war, die KZ-Erfahrung zu vergessen. Dieses Bestreben konnte als psychischer Abwehrmechanismus und somit als Manifestation von Verdrängung angesehen werden. Daß sich Semprún mit der Fortsetzung des politischen Kampfes in der antifrankistischen Illegalität erneut massiver Gefahr aussetzte, mag – wie sich in Anlehnung an Bettelheim interpretieren ließe – nicht allein von den bewußten, politischen Beweggründen, sondern partiell zugleich von dem unbewußten Wunsch diktiert gewesen sein, das Überleben nicht definitiv zu akzeptieren, um so einem Schuldkomplex entgegenzuwirken. Vor diesem Hintergrund läßt sich Semprúns Zwangsvorstellung, nur noch »das Traumgespinst eines Toten von einst« zu sien, als Zeichen einer maskierten Wiederkehr des Verdrängten, als Ausdruck eines Schuldempfindens und als unbewußte Selbstbestrafung deuten – auch Adorno spricht bekanntlich von »Vergeltung«.

In enger Verbindung zu diesem Aspekt ist der Umstand zu sehen, daß Semprún – ähnlich wie zuvor in der *Autobiografía de Federico Sánchez* – auch in *Quel beau dimanche!* von übersinnlichen Wahrnehmungen im Zusammenhang mit dem Tod berichtet. So schildert er z.B., wie ihm der Tod in Gestalt einer unbekannten Frau oder einer an einen Leichenwagen erinnernden schwarzen Limousine begegnet sei.[511] Er selbst führt diese Sensibilität für Vorankündigungen des Todes auf die Beeinflußung durch die Lektüre

509 Vgl. Bettelheim, B., a.a.O., S. 37 und 41f.

510 Ebenda, S. 42.

511 Vgl. BD 175-180, 198f.; WSS 176-181, 200f.

Giraudoux' zurück, aus der er in seiner Jugend alles Lebenswichtige gelernt habe.[512] Dies erklärt jedoch nicht, warum die Todesthematik in seinem literarischen Werk zunehmend an Bedeutung gewinnt und verstärkt irrationale Elemente als Zeichen un- oder vorbewußter Regungen aufweist. Einleuchtend ist vielmehr, daß der Prozeß des Alterns die Möglichkeit eines raschen Todes für Semprún immer konkreter und bedrohlicher werden läßt und ihn, den Bettelheimschen Thesen entsprechend, daran erinnert, daß seine Persönlichkeitsintegration schon einmal dieser Konfrontation nicht gänzlich hat standhalten können. Ferner liegt der Schluß nahe, daß die Praxis der kommunistischen Militanz und ihre Idealisierung neben allen rational begründeten Elementen für den Autor auch Züge einer psychischen Abwehr gegenüber den Erschütterungen des KZ-Traumas besaß. Dementsprechend wird verständlich, warum der Prozeß der allmählichen Abkehr vom Kommunismus in Semprúns Werk einhergeht mit dem Wiederauftauchen zuvor verdrängter Bewußtseinsinhalte. Diese Entwicklung setzt sich bezeichnenderweise mit *L'Algarabie* fort; in dem ZEIT-Interview von 1982 gibt Semprún darüber hinaus an, daß die beschriebenen Zwangsvorstellungen mit wachsender Nähe des eigenen Todes an Intensität noch zunähmen.[513] Indem Semprún sich diese Spätfolgen der KZ-Haft eingesteht, nähert er sich zugleich der dritten von Bettelheim beschriebenen Kategorie von Überlebenden an.

Auf der Grundlage dieser Interpretation ist auch die große Bedeutung zu sehen, welche die Lektüre von Solschenitsyns Berichten für Semprún hatte. Wie eingangs erwähnt, macht er sich heftige Selbstvorwürfe, klagt sich an, zu lange an der falschen Unschuld seiner Erinnerung festgehalten zu haben. Das Bewußtsein, im Dienst einer Ideologie gestanden zu haben, die ihrerseits schlimmere Konzentrationslager als das von Buchenwald hervorgebracht hat, ist derart mit Schuldgefühlen besetzt, daß er sich in extremer Weise mit den Gulag-Häftlingen identifiziert und sich schließlich ihre Erinnerungen, sofern sie ihm aus literarischen Darstellungen bekannt sind, gänzlich zu eigen macht. Er beschreibt diese Empfindungen mit folgenden Worten:

> ... ce soir-là j'allais franchir un nouveau pas, j'allais descendre une nouvelle marche dans le tunnel qui me conduisait, inexorablement peut-être, vers une folie solitarie, vers la flamme vacillante de ma propre déraison, qui ne serait pourtant que le reflet de l'incendie barbare qui aura ravagé ce siècle. J'allais tout à coup cesser d'être la mémoire d'un mort, le rêve désespéré et lucide d'un jeune mort d'autrefois, qui aurait pourtant été moimême ... j'allais abandonner mon être, même irréel, pour commencer à

---

512 Vgl. BD 175; WSS 176f.

513 Vgl. Semprún, J., in: Strausfeld, M., a.a.O.

> habiter, ou à être habité, plutôt, par une autre vie, investi par une autre mémoire: celle d'Ivan Denissovitch, tout d'abord, et puis, les années passant, les lectures y aidant, celle de tous les *zeks* des camps du Goulag ...[514]

Daß Semprún seiner Darstellung in *Quel beau dimanche!* zufolge noch an dem genannten Abend den Entschluß faßt, sein soeben beendetes Buch neu zu schreiben, muß als unbewußter Akt der Reue erscheinen. Die erneute literarische Auseinandersetzung stellt der Autor als die einzige Möglichkeit dar, die Unschuld seiner Erinnerung zu zerstören, denn nur auf diese Weise sei es ihm möglich, die damaligen Erlebnisse vor dem Hintergrund seiner desillusionierenden Erkenntnis neu zu durchleben.[515]

Zu Funktion und Form der literarischen Darstellung

Mit dem Schreiben verbindet Semprún neben der implizit erkennbaren Tendenz zur Wiedergutmachung beziehungsweise Selbstbestrafung eine weitere, ebenfalls auf sich selbst gerichtete Intention. Explizit führt er aus, daß er sich auf die bewußt gelenkte Erinnerung stütze, um die beängstigende Manifestationen eines Realitätsverlusts zu bekämpfen; in ihr hofft er die Sicherheit der eigenen Identität wiederzugewinnen:

> La mémoire est le meilleur recours, même si cela paraît paradoxal à première vue. Le meilleur recours contre l'angoisse du souvenir, contre la déréliction, contre la folie familière et sourde. La criminelle folie de vivre la vie d'un mort.[516]

Der Versuch, schreibend die Schrecken der Vergangenheit psychsich zu bewältigen, läßt sich als generelles Phänomen unter den Überlebenden der Nazi-Lager beobachten. Viele, die weder vorher noch nachher als Schriftsteller in Erscheinung getreten sind, haben ihre Erinnerungen an die Zeit im Konzentrationslager zu Papier gebracht und veröffentlicht, so daß hier bereits von

---

514 BD 138; WSS 138: »An diesem Abend ... sollte ich eine neue Schwelle überschreiten, einen neuen Schritt in den Tunnel machen, der mich, vielleicht unerbittlich, zu dem einsamen Wahn, zu der flackernden Flamme meiner eigenen Unvernunft führte, der jedoch nur der Widerschein des barbarischen Brandes sein mochte, der dieses Jahrhundert verwüstet. Ich sollte plötzlich aufhören, das Gedächtnis eines Toten zu sein, der verzweifelte und hellseherische Traum eines jungen Toten von einst, der ich freilich selbst gewesen wäre. ... ich wollte mein Sein, sogar mein irreales, aufgeben, um damit anzufangen, ein anderes Leben in einem anderen Gedächtnis zu bewohnen oder eher von ihm bewohnt zu werden: dem Iwan Denissowitschs erst einmal und dann, im Laufe der Jahre, wobei die Lektüre mithalf, dem aller *zeks* in den Gulag-Lagern ...«

515 Vgl. BD 384; WSS 391.

516 BD 97f.; WSS 96f.: »Die Erinnerung ist die beste Zuflucht, sogar wenn das auf den ersten Blick paradox erscheint. Die beste Zuflucht vor der Qual des Zurückdenkens, vor der Verlassenheit, vor dem vertrauten und dumpfen Wahn. Dem verbrecherischen Wahn, das Leben eines Toten zu leben.«

einem »inneren Zwang, Zeugnis abzulegen« gesprochen wurde.[517] Auch Semprún berichtet von sich, er habe schon im Lager den Wunsch verspürt, später ein Buch über seine Eindrücke der Gefangenschaft zu schreiben, um die Erlebnisse vor dem Vergessen der Geschichte zu bewahren. Ein Theaterstück mit dem Titel *Les Beaux Dimanches* (Die schönen Sonntage), an dem er 1950 gearbeitet hatte, blieb jedoch ebenso unvollendet wie jenes Romanprojekt, von dem in *L'évanouissement* die Rede ist.[518] Sein anfänglicher Irrtum bestand unter anderem darin, zu glauben, er könne in nahezu pädagogischer Weise die Gesamtheit seiner Impressionen und Erlebnisse literarisch zum Ausdruck bringen.[519] In *Quel beau dimanche!* hingegen äußert er die Überzeugung, daß alle Berichte über die Lager notwendigerweise fragmentarisch blieben; selbst ein gesamtes Leben reiche nicht aus, dieses Thema erschöpfend zu behandeln. Dies sei ihm vor allem an den Schilderungen seiner Freunde F. Barizon und M. Azaustre klargeworden. Mit ihrer wenig strukturierten und sehr weitschweifigen Erzählweise hätten sie das Gegenteil des eigentlich Beabsichtigten bewirkt, indem sie ihre Zuhörer ermüdeten und verwirrten, statt ihnen die Welt der Konzentrationslager nahezubringen. Neben sozio-kulturellen Faktoren, wie insbesondere der literarischen Vorbildung des Erzählers, sind es nach Ansicht Semprúns die besonderen Schwierigkeiten der Thematik, die hier von ausschlaggebender Bedeutung sind. Die Extremsituation des Lagerlebens hat bei den Betroffenen Eindrücke hinterlassen, die so spezifisch und intensiv sind, daß sie von Außenstehenden, wenn überhaupt, so nur äußerst schwer zu verstehen, geschweige denn nachzuvollziehen seien.[520] Bettelheim verweist auf die Tatsache, daß die ehemaligen Lagerinsassen in der Regel sowohl bei sich selbst als auch bei ihren Zuhörern beziehungsweise Lesern auf eine Mauer psychischer Abwehrmechanismen stießen, die eine echte Verständigung in hohem Maße erschwerten.[521] Bezeichnenderweise wartete Semprún mit der Thematisierung seiner Scham über die falsche Unschuld seiner Erinnerung erneut so lange wie mit der Schilderung seiner Deportation in *Le grand voyage*. Offensichtlich benötigte er auch in diesem Fall einen relativ großen zeitlichen Abstand, um sich der generellen Problematik, die mit seinem persönlichen Erleben verknüpft ist, in vollem Umfang bewußt zu werden und sie allgemeinverständlich zum Ausdruck bringen zu können. Die literarische Darstellung reflektiert in beiden genannten thematischen Schwerpunkten jenes Bemühen, das Semprúns Verhalten bereits in den ge-

517 Vgl. Bettelheim, B., a.a.O., S. 23 sowie Haft, C., a.a.O., S. 9-15.

518 Vgl. BD 230-235; WSS 232-237 beziehungsweise EV 174 sowie S. 85.

519 Vgl. Semprúns Äußerungen in Lapouge, C., *Jorge Semprun* ..., a.a.O.

520 Vgl. BD 59-63; WSS 57-61.

521 Vgl. Bettelheim, B., a.a.O., S. 32f.

schilderten Krisensituationen erkennen ließ: Er versucht, die eigenen psychischen Konflikte zu rationalisieren, um so auch emotional Abstand zu ihnen zu gewinnen. Was in bezug auf *Le grand voyage* zum »dédoublement de soi« des Erzählers von Lager-Berichten und den daraus resultierenden »creation of myth« gesagt wurde[522], gilt dementsprechend auch für *Quel beau dimanche!*.

Die stilistischen Verfahren, deren sich Semprún hier bedient, sollen im folgenden, zu vier Punkten zusammengefaßt, in ihren wesentlichen Zügen skizziert werden.

Als erstes ist die sehr kompliziert konstruierte *Erzählstruktur* zu erwähnen, die von zwei konträren Tendenzen bestimmt wird: von der Zentrierung auf die Schilderung eines Sonntags im Dezember 1944 zum einen und von der assoziativen Verknüpfung verschiedenartiger und auf unterschiedlichen Zeitebenen angesiedelter Erinnerungen des Autors zum anderen. Die Wahl des obengenannten Ausschnitts ist, Semprúns späteren Angaben zufolge, keineswegs zufällig. Mit diesem Datum verbindet er die Erinnerung an die Ankunft des ersten Transports jüdischer Häftlinge aus den Lagern des Ostens, an die Nachricht von der Vernichtung der griechischen Widerstandsgruppe ELAS und darüber hinaus an den Schnee in Buchenwald, der in ihm wiederum die Assoziation an die sowjetischen Gulags weckt.[523] Die Evokation jenes Tages erlaubt ihm so bereits eine Erweiterung der Perspektive auf die oben diskutierten übergreifenden Fragestellungen von Antisemitismus und Zionismus beziehungsweise Stalinismus und Revolution.

Ich hatte eingangs darauf hingewiesen, daß die Erzählstruktur auch in diesem Werk von jenem »Babuschka-Prinzip« bestimmt ist, das schon aus dem *Sánchez* bekannt ist.[524] Wie Max Gallo treffend beobachtet, gelingt es Semprún so, den Leser nahezu unmerklich in die eigenen Gedankengänge einzuführen, ihn in hohem Maße Anteil am Beschriebenen nehmen zu lassen:

> Si le livre de Semprun ... nous étreint souvent, c'est qu'il invente sa propre liberté narrative, qu'il déploie une logique singulière qui n'appartient qu'à lui – qui est sa vie même devenue mode d'écriture et réflexion sur cette manière de raconter ce qu'il a vécu. Refus du roman, donc ... Mais ... choix d'une stratégie romanesque, avec ses temps brisés, cette constitution chez le lecteur, sans qu'il s'en rende compte, d'une mémoire, si bien

522 Vgl. S. 56f.

523 Vgl. Semprún, J., in: Géniès, B., *L'expérience de J. Semprun à Buchenwald*, in: *La Quinzaine littéraire*, 15.3.1980, S. 24.

524 Vgl. S. 146. Paul Preston sieht in dieser Hinsicht dagegen einen großen Unterschied zwischen beiden Werken, ohne dies allerdings näher auszuführen; vgl. ders., *Out of Franco's frying-pan* ..., in: *The Times Literary Supplement*, 4052 (28.11.1980), S. 1348.

> que les scènes fragmentées peu à peu se rassemblent, comme si nous étions vraiment les découvreurs en nous de ce que Semprun a vécu.[525]

Semprún bringt dem Leser nur eine Sichtweise nahe, die seinige, und lädt ihn so scheinbar dazu ein, sich gänzlich mit ihm zu identifizieren – sogar die dialogischen Textteile dienen fast ausschließlich der Selbstdarstellung des Autors. Andererseits stehen dieser Wirkung vielfach andere Stilzüge entgegen, die nachgerade zu einer distanzierten Betrachtung herausfordern. Neben der Vermittlung politisch-historischer Reflexionen ist als wichtigstes Moment in diesem Zusammenhang der *Wechsel der Erzählperspektive* zu sehen. Abweichend von der vorherrschenden Erzählsituation in der Ich-Form finden sich vielfach an Selbstgespräche erinnernde Textpassagen in der 2. Person Singular; andernorts betrachtet sich der Autor gleichsam gar als fiktionale Figur, indem er die distanzierte Erzählsituation der Er-Form wählt.[526] In beiden Fällen setzt der Autor die Selbstobjektivierung erzähltechnisch um und verweist zugleich implizit auf den literarischen Charakter des Werks. Explizit geschieht letzteres zudem in einer Vielzahl von Passagen, in denen Semprún, unmittelbar an den Leser gewandt, den Akt der Textkonstruktion kommentiert; so erinnert er stets daran, die künstlerisch gestaltete Welt nicht für ein Äquivalent der gelebten Wirklichkeit zu halten, sondern vielmehr als autonome Realität zu erkennen.

Diese Bemerkungen Semprúns zeigen häufig eine unverkennbare Vorliebe für *Wortspiele*, die ich als dritten der genannten Stilzüge herausstellen möchte. Indem sie eine Distanz des Autors sowohl zur sprachlichen Form seiner Darstellung als auch zu sich selbst offenbaren, übertragen sie eine ähnliche Haltung tendenziell auch auf den Leser. Als Beispiel sei folgende Textstelle genannt, die einen Wechsel in die Erzählsituation der Er-Form einleitet:

> Mais seize ans après, à Nantua, ça me fait sursauter, que Barizon m'appelle encore Gérard. C'est comme si je cessais d'être moi, d'être Je, pour devenir le personnage d'un récit qu'on ferait à propos de moi. Comme si je cessais d'être le Je de ce récit pour en devenir un simple Jeu, ou Enjeu, un Il. Mais lequel? Le Il du Narrateur qui tient les fils de ce ré-

525 Gallo, M., *Semprun: un très beau dimanche*, a.a.O., S. 75: »Wenn Semprun uns in seinem Buch oft packt, so liegt das daran, daß er seine eigene erzählerische Freiheit erfindet, daß er eine einzigartige Logik entfaltet, die nur ihm zu eigen, die sein Leben ist, ein Leben, das im Schreiben und in der Reflexion über diese Art, das Erlebte zu erzählen, aufgeht. Absage an den Roman, folglich ... Aber ... Wahl einer Romanstrategie mit ihren durchbrochenen Zeiten, dieser Konstitution eines Gedächtnisses beim Leser, ohne daß dieser sich dessen bewußt wäre, so daß die fragmentarischen Szenen sich nach und nach wieder zusammenfügen, als ob wir selbst in uns das entdeckten, was Semprún erlebt hat.« (Übers. d. Verf.).

526 Vgl. BD 192-200, 241-245, 259f., 368-376; WSS 193-201, 243-248, 261-274, 364f., 374-382 bzw. BD 11-15, 96-99, 100f.; WSS 9-13, 95-99, 106.

> cit? Ou le Il d'une troisième personne, personnage de ce récit? Quoi qu'il en soit, je ne vais pas me laisser faire, bien sûr, puisque je suis le rusé Dieu le Père de tous ces fils et tous ces ils. La Première Personne par antonomase, donc, même lorsqu'elle s'occulte dans la figure hégélienne de l'Un se divisant en Trois, pour la plus grande joie du lecteur sensible aux ruses narratives, quelle que soit par ailleurs son opinion sur la délicate question de la dialectique.[527]

Mit derart gelehrten Anspielungen unterstellt Semprún seinen Lesern quasi augenzwinkernd, über dieselben kulturellen Codes zu verfügen wie er selbst. Darüber hinaus trägt *Quel beau dimanche!* in dem eingangs erwähnten Pastiche auf Eckermanns Gespräche mit Goethe auch deutlich parodistische Elemente. Die bereits im Original augenfällige Feierlichkeit und der devote Tonfall Eckermanns finden sich stellenweise hier in verzerrter Form imitiert.[528]

Diese Passagen enthalten zugleich die am deutlichsten fiktionalen Elemente des Buchs, was zum vierten der oben erwähnten Stilmittel überleitet: der Verbindung nämlich von *Fiktion* und *historischer Wirklichkeit*. Die Grundlage ihrer Verknüpfung im Werk bildet eine Reihe von geschichtlichen Koinzidenzen, die der Autor in einer Art Exposition aufzeigt, welche als Kapitel ZÉRO der eigentlichen Erzählung vorangestellt ist. Die hier manifeste, dokumentarisch belegte Faktentreue kontrastiert in krasser Weise mit dem rein imaginären Charakter der fiktionalen Textteile. Als gemeinsamen Ausgangspunkt der verschiedenen Handlungskontexte stellt Semprún das Datum des 3. Juni 1936 heraus. An diesem Tag leitet ein hoher NS-Funktionär, Inspektor der Konzentrationslager und Führer der SS-Totenkopfverbände, administrative Schritte in die Wege, welche die Errichtung des späteren KZ Buchenwald auf dem Ettersberg bei Weimar zur Folge haben werden.[529] Dieser Standort ist wiederum verbunden mit dem Andenken an Goethe, der zum Teil hier seine Gespräche mit Eckermann führte. Auch befindet sich auf dieser Anhöhe jener berühmte Baum, in den Goethe seine Initialen eingravierte.[530] Der besagte 3.

527 BD 96; WSS 95: »Aber sechzehn Jahre später, in Nantua, läßt es mich zusammenfahren, daß Barizon mich immer noch Gérard nennt. Es ist so, als hätte ich aufgehört, ich zu sein, um die Figur einer Erzählung über mich zu werden. Als hätte ich aufgehört, das Ich dieser Erzählung zu sein, um ein bloßes Spiel, ein Einsatz, ein Er zu werden. Aber welches? Das Er des Erzählers, der die Fäden zusammenhält? Oder das Er einfach der dritten Person der Erzählung? Wie dem auch sei, ich lasse mir natürlich nichts gefallen, denn ich bin der listige Gottvater all dieser Fäden und all dieser Ers. Die Erste Person also durch Eigengesetzlichkeit, sogar wenn sie in der hegelianischen Zahl der Eins, die sich in Drei teilt, versteckt, zur großen Freude des für erzählerische Listen empfänglichen Lesers, wie auch immer seine Meinung über die delikate Frage der Dialektik sein mag.«

528 Vgl. BD 171ff., 280-289, 295-300; WSS 172ff., 283-292, 299-304.

529 Die Richtigkeit der Semprúnschen Angaben läßt sich nachprüfen u.a. an: Wormser-Migot, O., *Buchenwald – Mahnung und Verpflichtung*, a.a.O., S. 32-48.

530 Vgl. Eckermann, J.P., *Gespräche mit Goethe in den letzten Jahren seines Lebens*, Wiesbaden 1955 (neue Ausgabe, herausgegeben von F. Bergmann) S. 602. Vgl. auch BD 128f., 188, 296 bzw. WSS 128,

Juni 1936 ist zudem der Vorabend von Léon Blums Regierungsbildung zum ersten Volksfront-Kabinett in Frankreich. Als Autor der *Nouvelles Conversations de Goethe et Eckermann* (Paris 1901) und als späterer Sonderhäftling in Buchenwald ist Blum der Ettersberg auf zweierlei Weise vertraut.[531] Semprún selbst hingegen war, wie er in diesem Zusammenhang anführt, zu jener Zeit erst zwölf Jahre alt und erlebte in seiner Heimatstadt Madrid die sozialen Unruhen, die bereits den kommenden Bürgerkrieg und damit indirekt sein Exil vorzeichneten. Diese Aufzählung mündet ein in die Feststellung:

> En somme, ce mercredi 3 juin 1936, comme dans toute tragédie bien agencée, le destin vient de faire son apparition – distraitement, administrativement même – et aucun des personnages n'est encore en mesure de reconnaître son visage, son sourire désabusé, son clin d'oeil ironique ou apitoyé.[532]

Auffällig ist, daß den hier gezeigten Verknüpfungen in der eigentlichen Erzählung später eine geringere Bedeutung zukommt, als es die Ausführlichkeit der einleitenden Äußerungen vermuten läßt. Die genannten NS-Funktionäre und die von ihnen eingeleiteten verwaltungstechnischen Schritte finden keine weitere Erwähnung im Text, und selbst die Passagen um Goethe und Blum liefern kaum wesentliche Beiträge zu den von Semprún ins Zentrum seiner Darstellung gerückten Thesen.[533] Die Gründe, die Semprún dazu bewogen haben, sie dennoch in sein Buch aufzunehmen, liegen vermutlich vor allem in dem, was er an einer Stelle als einen nahezu obsessiven Hang für Koinzidenzen andeutet.[534] Ein ähnliches Phänomen war auch in *Le »Stavisky« d'Alain Resnais* zu beobachten[535], in beiden Fällen ist es die Entdeckung von historischen Querverbindungen, die den Autor dazu motivieren, scheinbar völlig unterschiedliche Themenbereiche in einem literarischen Werk zu vereinen.

Während Semprún die fiktionalen Elemente hier offen als solche zu erken-

188f., 290. Dieser Baum wurde bei den Rodungsmaßnahmen für das Konzentrationslager verschont, jedoch bei einem Bombenangriff im August 1944 schwer getroffen. Zur Bedeutung, die dies Ereignis für die Gefangenen hatte, vgl. Wormser-Migot, O., *Quand les Alliés ouvrirent les portes*, Paris 1965, S. 34.

531 Vgl. Lacouture, J., *Léon Blum*, Paris 1977, S. 29-35 beziehungsweise S. 494-506.

532 BD 22; WSS 20: »Kurzum, an jenem Mittwoch, dem 3. Juni 1936, ist, wie in jeder gut aufgebauten Tragödie, das Schicksal gerade in Erscheinung getreten – zerstreut, sogar administrativ – und keine der Figuren ist imstande, schon sein Gesicht, sein blasiertes Lächeln, sein ironisches oder mitleidiges Augenzwinkern zu erkennen.«

533 Auf die unzureichende Integration dieser Passagen in den Gesamtrahmen des Werks macht auch E. Le Roy Ladurie aufmerksam; vgl. ders., *Jorge Semprun dévisage son histoire*, in: *Le Monde*, 22.9.1980, S. 15 und 17, hier S. 17. R. Boyers sieht sie demgegenüber als bewußt intendierte Illustration der Tatsache, daß jeder historisch-politische Diskurs notwendigerweise fragmentarisch und in den Beschränkungen einer subjektiven Perspektive verhaftet bleiben müsse; vgl. ders., *Remembrance of things to come*, in: *The Times Literary Supplement*, 4206 (11.11.1983), S. 1253f., hier S. 1254.

534 Vgl. BS 193; WSS 194.

535 Vgl. Anm. 260.

nen gibt, bedient er sich ihrer an anderen Stellen in versteckter Form, um im Gegenteil die Authentizität seiner Darstellung zu erhöhen:

> Il m'est arrivé d'inventer d'autres choses, dans ce récit. On n'arrive jamais à la vérité sans un peu d'invention, tout le monde sait cela. Si on n'invente pas un peu la vérité, on passe à travers l'histoire, surtout celle qui vous est arrivée à vous-même, comme Fabrice à travers la bataille de Waterloo. L'histoire est une invention, et même une réinvention perpétuelle, toujours renouvelable, de la vérité. D'ailleurs, Fabrice lui-même est une invention de Beyle.[536]

Es wäre müßig, im Text nach Elementen zu suchen, die der Autor lediglich aus Motiven der erzählerischen Kohärenz in seine Darstellung eingefügt hat. Dies ist im einzelnen nicht nachprüfbar. Wie schon an der literarischen Gestaltung des *Sánchez* ersichtlich[537], zieht Semprún in der Darstellung seiner Erinnerung keine klare Grenze zwischen Fiktion und Realität. »Sich selbst als Fiktion begreifen«, so charakterisierte Schmigalle treffend die Einstellung Semprúns.[538] In welch hohem Maße *Quel beau dimanche!* für den Autor wahrhaftig ist, verdeutlicht die Tatsache, daß er, eigenen Angaben nach, sein Leben mit dem Buch identifizierte und dies daher über lange Zeit gar nicht abschließen mochte.[539]

Er liefert zugleich eine Erklärung für die extrem autobiographische Ausrichtung seiner Werke, wenn er in anderem Zusammenhang schreibt:

> Ma vie n'est pas un flux temporel ... Elle est une suite hasardeuse d'immobilités, d'instantanés, une succession discontinue de moments fugaces, d'images qui scintillent passagèrement dans une nuit infinie. Seul un effort surhumain, un espoir parfaitement déraisonnable fait tenir, fait tout au moins semblant de tenir tout cela ensemble, ces brindilles et ces brandons éparpillés.[540]

---

536 BD 357; WSS 362: »In dieser Geschichte habe ich gelegentlich das eine oder andere erfunden. Ohne ein bißchen Erfindung gelangt man nie zur Wahrheit, das weiß jeder. Wenn man die Wahrheit nicht ein bißchen erfindet, geht man quer durch die Geschichte hindurch, vor allem durch die, die man selbst erlebt hat, wie Fabrice durch die Schlacht von Waterloo. Die Geschichte ist eine Erfindung und sogar eine ständige Neuerfindung der Wahrheit. Übrigens ist Fabrice selbst eine Erfindung von Stendhal.«

537 Vgl. S. 176.

538 Vgl. Schmigalle, G. in Anlehnung an eine Formulierung M. Feths, in: a.a.O., S. 7.

539 Vgl. BD 260; WSS 262.

540 BD 325; WSS 330f.: »Mein Leben ist kein zeitliches Fließen ... Es ist eine Folge von Unbeweglichkeiten, von Momentaufnahmen, eine unzusammenhängende Aneinanderreihung vergänglicher Augenblicke, bloß vorübergehend in einer endlosen Nacht flimmernder Bilder. Nur eine übermenschliche Anstrengung, eine völlig unvernünftige Hoffnung halten diese verstreuten Kienspäne und Strohfackeln zusammen, erwecken wenigstens den Anschein, all das zusammenzuhalten.«
Vgl. hierzu auch EV 124 sowie S. 85f.

Da mit Fortschreiten der Zeit sich die Sicht des eigenen Lebens wandelt, ergibt sich immer aufs neue die Notwendigkeit, der Desintegration des Selbstbildes schreibend entgegenzuwirken; die literarische Auseinandersetzung mit der eigenen Vergangenheit ist so für den Autor ein lebenslang fortdauernder Prozeß der Selbstaffirmation. Idirekt bestätigt er dies, wenn er in einem Interview von 1981 das Schreiben für sich als Mittel bezeichnet, den Tod zu vergessen.[541] Der Mangel an innerem Zusammenhalt, von dem Semprún oben spricht, ließ sich zwar einerseits auf die besonderen Lebensumstände von Exil und KZ-Gefangenschaft zurückführen und in seiner hier manifesten extremen Ausbildung zumindest teilweise auch als Zeichen einer Störung der Persönlichkeitsintegration im Bettelheimschen Sinne interpretieren. Wer jedoch von einer »Störung« spricht, geht implizit von einem bestimmten Verständnis von »Normalität« aus. Hier wäre es illusorisch, eine völlig ungebrochene Sicht der eigenen Persönlichkeit als Maßstab zu setzen. Vielmehr ist Semprún zuzustimmen, wenn er die Vorstellung vom Leben als Fluß, als perfektem Kontinuum, für eine Fiktion hält und daraus die generelle Ablehnung einer chronologischen, im herkömmlichen Sinne »romanesken« Erzählweise ableitet.[542] Er erteilt damit zugleich jener vom Entwicklungsdenken geprägten psychologischen Betrachtungsweise, welche die Erzählliteratur des 19. Jahrhunderts kennzeichnete, eine Absage. Quasi leitsatzartig stellt er seinem Buch ein Zitat André Bretons voran, in dem es heißt:

> »... Fort heureusement les jours de la littérature psychologique à affabulation romanesque sont comptés.«[543]

Die Sicht der eigenen Vergangenheit als einer ungeordneten Folge von Momentaufnahmen spiegelt sich in augenfälliger Weise in der »teleskopischen«, extrem fragmentarischen Erzählstruktur von *Quel beau dimanche!*. Im Werk wie im Leben ist es die Erinnerung, die Semprún eine Verbindung der verschiedenen Bilder seines Gedächtnisses herzustellen erlaubt.[544]

Neben dem oben wiedergegebenen Satz Bretons führt Semprún an gleichem Ort zwei Aussagen osteuropäischer Dissidenten an, mit denen er deutlich auf die politische Wirkungsabsicht seines Werks hinweist. Während er mit einem Solschenitsyn-Zitat vor allem seine Solidarität mit den Gefangenen der Gulags bekundet, hat die Bemerkung Milan Kunderas zugleich programmatischen Charakter; sie könnte als Motto über dem Semprúnschen Gesamt-

541 Vgl. Semprún, J., in: Kohut, K., *Escribir* ..., a.a.O., S. 192.

542 Vgl. BD 325; WSS 330f.

543 BD 9; WSS 7: »'... Zum Glück sind die Tage der psychologischen Literatur mit romanhafter Fabel gezählt.'«

544 Vgl. die Besprechung von *L'évanouissement*, S. 85f.

werk stehen:

> »... la lutte de l'homme contre le pouvoir est la lutte de la mémoire contre l'oubli.«[545]

Dieser Aspekt kam bekanntlich schon in der Besprechung des *Sánchez* ausführlich zur Sprache.[546] Die dort getroffenen Feststellungen lassen sich auch auf *Quel beau dimanche!* übertragen, mit dem Unterschied allerdings, daß hier die unmittelbare Intention weniger im Vordergrund steht und statt dessen die formale, ästhetische Komponente stärker gewichtet ist. Doch auch diese hat wiederum eine politische Implikation: Indem der Aufbau des Buchs dem assoziativen Prinzip der Erinnerung folgt, weist es eine offene Struktur auf und bildet so auf formaler Ebene einen Kontrast zur dargestellten Welt des Konzentrationslagers. M. Gallo deutet dies bereits an, wenn er schreibt:

> En refusant ... l'illusion d'un récit clos, en rejetant l'abstraction de la mémoire rectiligne, Semprun refuse l'arbitraire d'une forme littéraire qui serait une prison, un camp avec ses règles.[547]

Form und Inhalt des Werks konvergieren so in der Ablehnung willkürlich gesetzter Grenzen und damit in einem Plädoyer für die einander bedingende künstlerische und politische Freiheit.

545 BD BD 9; WSS 7: »'... der Kampf des Menschen gegen die Macht ist der Kampf der Erinnerung gegen das Vergessen.'«

546 Vgl. S. 161ff.

547 Gallo, M., *Semprun* ..., a.a.O., S. 74: »Indem er die Illusion eines geschlossenen Berichts ablehnt und die Abstraktion der geradlinigen Erinnerung zurückweist, verweigert sich Semprún der Beliebigkeit einer literarischen Form, die ein Gefängnis, ein Lager mitsamt seinen Vorschriften wäre.« (Übers. d. Verf.).

8. *L'Algarabie* (Algarabía oder Die neuen Geheimnisse von Paris)

»Die schlaflose Nacht des Exils« – so schrieb Semprún in *Quel beau dimanche!*[548] – »ist eine babylonische Nacht.« In *L'Algarabie* nun greift er das Motiv der Sprachverwirrung des Exils auf und gestaltet es über seine rein linguistische Komponente hinaus zu einer Versinnbildlichung der Unverständlichkeit existentieller Gegebenheiten generell. Waren seine früheren Werke letztlich stets von einer Suche nach begrifflicher Klarheit über die ihn bewegenden politischen und persönlichen Fragen dominiert, so ist der hier vorliegende Roman Ausdruck einer Art resignativer Einsicht in die Grenzen rationaler Erkenntnis und einer Faszination zugleich für alles Mysteriöse, Unerklärbare.

Diese Thematik deutet sich bereits im Titel an: *Algarabie* ist eine Französisierung des spanischen Wortes *algarabía*, das seinerseits eine arabische Eymologie aufweist (*algharabiya* = Sprache des Westens, Sprache der Berber), im Spanischen einen semantischen Wandel durchgemacht hat und nunmehr zur Bezeichnung für eine unverständliche Sprache, für *Kauderwelsch*, *Gezeter*, für das Sprachengewirr Babels geworden ist. In einer Vorankündigung des Werks geht Semprún auf die Semantik seines französischen Neologismus ein und fügt erläuternd hinzu:

> Au fond, cela dépasse la simple problématique de l'écrivain: il s'agit du problème plus vaste du rapport de l'écrivain avec le monde et puis de l'homme tout court avec le monde. Tout ne serait-il pas un peu de l'*algarabie*, ou, comme dirait l'autre, du bruit et de la fureur ...[549]

Im Zentrum der erzählten Welt steht eine Gruppe von spanischen Exilanten in Paris, die nach den langen Jahren der Trennung von der Heimat auch ihre sprachliche Verwurzelung großenteils verloren und eine Mischsprache ent-

548 Vgl. BD 105; WSS 105.

549 Semprún, J., in: Cortanze, G. de, a.a.O., S. 16 (Auslassungszeichen im Original): »Im Grunde geht es über die einfache Problematik des Schriftstellers hinaus um das umfassendere Problem der Beziehung des Schriftstellers zur Welt und schließlich des Menschen schlechthin zur Welt. Ist nicht alles ein wenig *algarabía*, oder, wie es bei jemand anderem heißen würde, Schall und Wahn ...« (Übers. d. Verf.). Mit dem letzten Satz spielt Semprún auf Faulkners *The Sound and the Fury* an.

wickelt haben, die für Außenstehende kaum noch verständlich ist. Die Haupthandlung ist zeitlich genau lokalisiert, sie umfaßt einen Tag, den 31. Oktober 1975. Während in Madrid der greise Diktator Franco im Sterben liegt, versucht der Protagonist des Romans, Rafael Artigas, einen Paß zu erhalten, der ihm die Rückkehr in das Land seiner Kindheit ermöglicht. Durch eine Bande jugendlicher Desperados, denen er schon am Morgen nur durch Gebrauch seines Revolvers entkommen war, findet er jedoch gewaltsam den Tod.

Anders als in *La deuxième mort de Ramón Mercader*, wo die fiktive Handlung in einem realen historischen Rahmen verankert war, ist hier auch dieser in wesentlichen Teilen frei erfunden: Die Vorgeschichte der dargestellten Ereignisse beginnt mit den Pariser Mai-Unruhen von 1968, die allerdings einen anderen Ausgang nehmen als in der historischen Wirklichkeit. Denn im Roman verunglückt de Gaulle auf der Rückkehr von seinem gerüchteumwobenen Blitzbesuch bei General Massu tödlich. Von dem so entstandenen Machtvakuum profitiert die Oppositionsbewegung; durch ihren Druck wird eine Regierung mit Mendès France an der Spitze gebildet, die jedoch, da ihr die Kommunisten die Unterstützung verweigern, bereits nach kurzer Zeit zurücktritt. Die Macht geht auf die Straße über, Paris erlebt fast hundert Jahre nach der ersten seine zweite Kommune, die Staatsführung – diesmal von einer gaullistisch-kommunistischen Allianz getragen – weicht nach Versailles aus und schlägt in einem langen Bürgerkrieg die überall im Lande entstandenen Kommunen beziehungsweise nationalistischen Bewegungen nieder. Durch ein 1973 geschlossenes Abkommen, dessen Einhaltung von schwarzafrikanischen UNO-Truppen überwacht wird, kann allein die Pariser Kommune ihre Autonomie wahren, muß jedoch eine Begrenzung ihres Territoriums auf das Quartier Latin und Teile des ersten Arrondissements hinnehmen. Von der Versailler Zentralregierung wird dies Gebiet fortan »Z.U.P.« genannt, wobei diese Abkürzung nicht etwa, wie im heutigen Frankreich, für »Zone à urbaniser en priorité« sondern für »Zone Urbaine de Pénurie« steht. Die Kommunarden greifen dieses Sigle auf, füllen es jedoch je nach ihrer politischen Couleur mit neuen Inhalten, wie etwa »Zone d'Utopie Populaire« (für die Anarcho-Spontaneisten), »Zone Urbaine Prolétarienne« (für die Maoisten) oder »Zone où s'Unifiera le Peuple«.[550] Durch eine Mauer vom Rest der Stadt getrennt, kann das Viertel zwar durch einen regen Revolutions-Tourismus wirtschaftlich überleben, die eigentliche Gefahr für sein Fortbestehen geht nunmehr allerdings von inneren Zwistigkeiten aus. Die

550 Vgl. AL 63;AGP 62f.
Die deutschen Entsprechungen für die verschiedenen Auslegungen des Sigle wären, in der Reihenfolge ihrer Erwähnung: »Vorrangig zu urbanisierende Zone«, »Städtische Armutszone«, »Volksutopiezone«, »Proletarisches Stadtgebiet« bzw. »Zone, in der das Volk sich vereinigen wird«.

Kommune zerfällt anarchisch in politisch rivalisierende Clans, die mit Waffengewalt brutale Machtpolitik betreiben. So stehen der mit Sympathie beschriebenen spanischen Kolonie eine Kriminellen-Gang um den Korsen Jo Aresti, eine maoistische Gruppe um den ehemaligen bretonischen Bauernführer Le Mao sowie vagabundierende Banden jugendlicher Rowdies, »noctards« genannt, gegenüber. Schießereien, Entführungen und Vergewaltigungen kennzeichnen das Bild eines sozialen Lebens, das von keinerlei gesellschaftlicher Hoffnung mehr inspiriert wird. Unter nicht näher beschriebenen Umständen löst sich die Kommune daher in der zweiten Hälfte der siebziger Jahre auf und kehrt zum traditionellen politischen System zurück.[551]

Das Werk präsentiert sich als eine Art Anti-Utopie, die Vergleichspunkte mit den politischen Visionen Zamjatins, Huxleys oder Orwells aufweist. Anders als in *Brave New World* oder *1984* etwa, ist es hier allerdings nicht der technische Fortschritt in Verbindung mit einer autoritären Staatsmacht, sondern die von der Linken verbreitete Ideologie des politischen Fortschritts selbst, die in ein bedrückendes Gesellschaftsgefüge einmündet und sich somit *ad absurdum* führt.

Trotz seiner rein fiktionalen Grundstruktur ist das Werk gleichfalls in hohem Maße autobiographisch. Ganz offensichtlich stellt der Protagonist Rafael Artigas nämlich erneut ein *alter ego* des Autors dar. Er trägt einen von diesem im Madrider Untergrund verwendeten Decknamen, ist ebenfalls Schriftsteller, war KZ-Häftling in Buchenwald und besitzt auch sonst alle von Semprún bekannten biographischen Merkmale. Darüber hinaus weisen noch andere Personen des Romans Ähnlichkeiten mit dem Autor auf; in erster Linie ist hier Carlos Bustamante zu nennen – auch dies ein früherer Name Semprúns in der Klandestinität –, der als enger Freund Artigas' einen wichtigen Platz in der Handlung einnimmt.[552] Gerade die Tatsache, daß Semprún hier nicht wie im *Sánchez* oder in *Quel beau dimanche!* im eigenen Namen spricht, sondern sich hinter der Maske fiktionaler Figuren verbirgt, erleichtert es ihm, vergleichsweise intimere Gedanken, Wünsche und Erinnerungen zum Ausdruck zu bringen.[553]

Mehr noch als die früheren Werke Semprúns ist *L'Algarabie* von romantheoretischen Äußerungen durchzogen, die den Schreibakt reflektieren und kommentieren. Dies ist einer der Faktoren, die dem Roman eine Komplexität verleihen, welche sogar die des *Mercader* noch übertrifft. So ist die Haupthandlung um Rafael Artigas wiederum von einer Vielzahl von Nebenhandlun-

551 Vgl. AL 271; AGP 272.

552 Vgl. Semprún, J., in: Montero, R., *Jorge Semprún* ..., a.a.O., S. 6.

553 Vgl. Semprúns Äußerungen in: Kohut, K., *Escribir* ..., a.a.O., S. 1982.

gen durchschnitten, die zusammenzufassen schlechterdings unmöglich ist. Ergänzt wird die dargestellte Welt auch hier durch Episoden der Vergangenheit, die aus der Perspektive einzelner Personen evoziert werden, sowie durch eine unüberschaubare Anzahl von Digressionen geschichtlicher, politischer, literarischer und linguistischer Natur. Was dem Leser vollends den Eindruck eines Labyrinths vermittelt, ist schließlich die Tatsache, daß der Roman mehrere Erzähler ausweist, die ihre Identität erst am Ende des Buchs zu erkennen geben.

Die Geschichte als Farce

In *Quel beau dimanche!* formulierte Semprún bekanntlich schon einen radikalen Bruch mit der Ideenwelt des »real existierenden Sozialismus« und so zugleich mit der eigenen Orthodoxie früherer Jahre. *L'Algarabie* nun, ein Jahr später erschienen, markiert zwar keine neue Etappe im politischen Entwicklungsprozeß des Autors, dennoch nimmt das Thema der Revolution auch hier eine zentrale Stellung ein – mit einem anderen inhaltlichen Schwerpunkt allerdings und in anderer literarischer Gestaltung.

Stand bislang vor allem die Kritik an Strategie und Ideologie der traditionellen Kommunistischen Parteien im Vordergrund, so wendet Semprún sich nunmehr gegen all jene Strömungen der »Neuen Linken«, die mit dem Pariser Mai 1968 ihren Höhepunkt erlebten. Um zu illustrieren, daß auch sie nicht Träger einer berechtigten gesellschaftlichen Hoffnung sein können, malt er in der Fiktion das Bild einer sozio-politischen Wirklichkeit, wie sie bei einem Erfolg der damaligen revolutionären Bewegung hätte entstehen können. Diese hypothetisch gesetzte Gesellschaft vermag hingegen den Menschen ebensowenig die erhoffte allseitige Befreiung zu bringen wie die sozialen Systeme der Länder Osteuropas. Hier wie dort werden vielmehr die alten Zwänge reproduziert, zum Teil treten gar neue hinzu und verweisen implizit auf die ihnen zugrundeliegenden politisch-ideologischen Fehlannahmen.

Das von Marx entlehnte Motiv der farcehaften Wiederholung geschichtlicher Tragödien bildet hier, wie bereits in *La deuxième mort de Ramón Mercader*, den Grundgedanken, um den das Werk konzipiert ist. Anders als dort, wo Trauer und Bitterkeit dominierten, bestimmt in *L'Algarabie* das Possenhafte auch den Ton der Darsteliung. In satirischer Weise mokiert sich Semprún von der Warte der eigenen Desillusionierung über all jene, die den Traum vom Endsieg der Revolution noch immer nicht ausgeträumt haben und sich dabei im Alleinbesitz des richtigen Weges wähnen. Zwar richten sich seine Angriffe vor allem gegen die veschiedenen Orthodoxien der »Neuen

Linken«, sie gelten weitergehend aber auch der Heilserwartung des Kommunismus insgesamt, was notwendigerweise eine gewisse Dosis Selbstironie beinhaltet.

Dieser zweite Aspekt kommt insbesondere in der Konstruktion des fiktiven historischen Kontexts zum Ausdruck. Das Motiv der Wiederholung historischer Ereignisse spricht für sich genommen schon jedem politischen Fortschrittsdenken hohn. Ihren Farcecharakter offenbart die Geschichte der Revolutionsbewegung jedoch vor allem in den im Vergleich zum ursprünglichen Projekt des Kommunismus lächerlich geringen Dimensionen ihrer Errungenschaften. Carlos Bustamante bringt dies treffend zum Ausdruck, wenn er sagt:

> »... nous ne sommes plus que les vestiges archaïques d'une Commune singeant les espérances du XIXe siècle, répétitives comme une farce macabre. Nous avons connu la dérision du socialisme dans un seul pays, à la place de la révolution prolétarienne universelle. C'est encore plus triste, désormais: ce n'est même plus un seul pays, ce sont deux ou trois quartiers d'une seule ville, c'est la Commune de la Rive Gauche, en lieu et place d'une illusion planétaire!«[554]

Das Groteske dieser Entwicklung wird noch unterstrichen durch eine Vielzahl und Vielfalt von versteckten Anspielungen im Text. So weisen die Wirren des fiktiven Bürgerkriegs beispielsweise Bezüge zum Hundertjährigen Krieg, zur Kommune von 1871 sowie zum gegenwärtigen politisch-kulturellen Panorama Westeuropas auf. Da rächen sich zum Beispiel walisische UNO-Einheiten im Kampf gegen Truppen der französischen Zentralregierung für eine Niederlage ihrer Rugby-Nationalmannschaft im Fünf-Nationen-Turnier, belagern die Stadt Orléans, werden jedoch von einer Armee von CRS, mobiler Gendamerie und ähnlichem unter dem Kommando der Filmschauspielerin Mireille Darc besiegt. Dies führt ihrerseits den neuen Staatspräsidenten, dessen Beschreibung an eine Mischung aus Georges Pompidou und Jacques Chirac erinnert, nach Versailles und legt so den Grundstein einer erneuerten »Grandeur française«. Die Mauer, welche die Pariser Kommune vom Rest der Hauptstadt isoliert, karikiert mit ihrem »Check Point-Danny« die Teilung Berlins, wobei »Danny« selbstverständlich für Daniel Cohn-Bendit, den »Helden« der Mai-Unruhen, steht, von dem es heißt, er habe sich ins

554 AL 80f.; AGP 79: »'... wir sind nur noch die archaischen Überreste einer die Hoffnungen des 19. Jahrhunderts nachäffenden Commune, die sie als makabre Farce wiederholt. Wir haben den Schmarren des Sozialismus in einem Land an der Stelle der proletarischen Weltrevolution erlebt. Das ist jetzt noch trauriger: das ist nicht einmal mehr ein einziges Land, es sind drei oder vier Viertel einer einzigen Stadt, es ist die Commune de la Rive Gauche an der Stelle einer planetarischen Illusion!'«

ruhigere Bayern abgesetzt und betreibe dort eine Gastwirtschaft mit dem nostalgischen Namen »Im wunderschönen Monat Mai«.[555]

Geradezu unverhohlener Spott charakterisiert hingegen die Darstellung der Maoisten. In erster Linie ist hier die Figur des Auguste Le Mao zu nennen. Er wird als starrköpfiger Dogmatiker beschrieben, dessen Traum von einer unabhängigen, zu vorindustriellen Lebensformen zurückkehrenden Bretagne sich mit den Lehrsätzen Mao Tse Tungs zu einer völlig realitätsfernen, quasireligiösen Vorstellungswelt verbindet, in der er sich als charismatische Führerfigur sieht. Die Lächerlichkeit seines Fanatismus ist zum einen als Satire auf den Maoismus zu sehen, der sich mehr zur Glaubenslehre als zum Instrument politischer Analyse eignet und sich ebenso wie der Nationalismus auf irrationale Motive gründet. Darüber hinaus verweist die karikierende Darstellung indes auch auf das Phänomen eines religiösen Politikverständnisses generell. Im Anschluß an ein Porträt Le Maos heißt es hierzu im Text:

> Chacun de nous a rencontré cette sorte d'hommes illuminés, dans la seconde moitié du XXe siècle. On en a trouvé dans les rangs du clergé catholique, bien souvent, guérilleros en Amérique latine, porteurs de valises tiers-mondistes en Europe, membres des commissions ouvrières en Espagne ... Heureux les pays qui ont connu la Réforme! pensait Artigas ... pays froids et sévères, sans doute, mais où le désespoir individuel ne trouve pas l'exutoire terrifiant des doctrines sotériologiques, mais, tout bêtement, et bien plus innocemment, celui de l'alcoolisme ou de l'adultère, dont nul ne pourra contester, en toute bonne foi, que les ravages en sont insignifiants si on les compare avec ceux de la furie hystérique et contagieuse du marxisme-léninisme.[556]

Konkreter und persönlicher wird die Satire allerdings im Fall der fiktionalen Figuren Alain Malabar und Etienne Badadiou, die als führende theoretische Vertreter des Maoismus an der Sorbonne lehren. Die Anspielung auf die französischen Philosophen Alain Badiou und Etienne Balibar ist hier ganz offensichtlich. In gelungener Komik stellt Semprún eine Verbindung zwischen den formelhaften Lehrsätzen Mao Tse Tungs und dem grotesken Verhalten des Professors Badadiou her: Jahrelang propagiert dieser seine Ansichten vor

---

555 Vgl. AL 100ff., 62f.; AGP 97-100, 61.

556 AL 321; AGP 324: »Jeder von uns hat in der zweiten Hälfte des 20. Jahrhunderts solche Schwarmgeister getroffen. Man ist in den Reihen des katholischen Klerus oft welchen begegnet, die in Lateinamerika Guerilleros, in Europa Kofferträger der Dritten Welt, in Spanien Mitglieder der Arbeiterkommission waren ... Glücklich die Länder, die die Reformation erlebt haben! dachte Artigas ..., kalte und strenge Länder zwar, aber wo die individuelle Verzweiflung nicht das entsetzliche Ventil der soteriologischen Doktrinen findet, sondern ganz blöde, aber viel unschuldiger als das des Alkoholismus oder des Ehebruchs, von denen niemand ernsthaft wird bestreiten können, daß ihre Verheerungen unbedeutend sind im Vergleich zu denen der hysterischen und ansteckenden Furie des Marxismus-Leninismus!«

leeren Hörsälen in der hartnäckigen Hoffnung, daß seine Reden einmal der Funke sein würden, der nach den bildreichen Worten des »Großen Vorsitzenden« ausreiche, um die gesamte Ebene in Brand zu setzen, sprich: die »Volksmassen« für die eigenen Ziele zu mobilisieren.[557]

Ferner enthält *L'Algarabie* eine Reihe ironischer Anspielungen auf die ideologische Ausrichtung der Intellektuellengruppe um die Zeitschrift *Tel Quel*, auf das Vertrauen der Trotzkisten in eine Erneuerung der traditionellen kommunistischen Bewegung sowie auf den Nationalismus des PCF.[558]

Als eigentliche Ursache für das Scheitern der fiktiven Revolution erscheinen die Fehler der einzelnen politischen Organisationen dennoch nicht. Umgekehrt würde dies schließlich bedeuten, daß eine Reform der Parteien ausreichte, um eine berechtigte gesellschaftliche Hoffnung zu begründen. Das Buch vermittelt implizit statt dessen eine eher fatalistische Sicht, wie sie sich im repetitiven Charakter der vom Autor entworfenen Geschichte niederschlägt. An verschiedenen Stellen nimmt der Roman darüber hinaus in expliziter und ernster Weise Bezug auf die reale Geschichte, so insbesondere auf die Entwicklung der kubanischen Revolution. Sowohl aus personaler als auch aus auktorialer Perspektive wird von ihr ein deprimierendes Bild entworfen. Mit der Angleichung an das Modell der UdSSR hätten auch hier die Zwänge einer lebens- und lustfeindlichen Arbeits- und Sexualmoral Einzug gehalten. Des weiteren kopierten die politischen Prozesse in makabrer Weise die Gepflogenheiten des Stalinismus und illustrierten so das definitive Scheitern des kubanischen Experiments.[559]

Die Thematik von Tod, Exil und Rückkehr

Ähnlich wie in *La deuxième mort de Ramón Mercader* setzt Semprún in *L'Algarabie* das Scheitern der Revolution in Beziehung zum individuellen Tod. So erscheint das Ableben der bekannten lateinamerikanischen Schriftsteller J.-M. Arguedas, J. Revueltas und R. Walsh, von denen es heißt, Artigas habe sie 1968 anläßlich einer Tagung des Preiskommitees der »Casa de las Américas« auf der kubanischen Insel Isla de Pinos (bzw. Isla de la Juventud, wie ihr offizieller Name seit einigen Jahren lautet) getroffen, durch die politische Situation des Gastgeberlandes durch den »eisigen Schatten des Todes« über der kubanischen Revolution, bereits vorgezeichnet.[560]

557 Vgl. AL 207f., 225ff.;AGP 208, 233-236.

558 Vgl. AL 42, 271-276, 120f., 64f.;AGP 41, 272-277, 119f., 63.

559 Vgl. AL 53, 181f., 262f.; AGP 52, 181, 261ff.

560 Vgl. AL 181; AGP 181.

Noch offensichtlicher ist diese Verbindung von individuellem und kollektivem Schicksal im Fall des Protagonisten Artigas selbst. Auf ebenfalls mysteriöse Weise – durch einen Schimmer im linken Auge – kündigt sich dessen Tod zum ersten Mal bei demselben Schriftstellertreffen in Kuba an und symbolisiert bei seinem faktischen Eintreffen zugleich das Ende der Kommune.[561] Eine besondere Akzentuierung erhält dieses Motiv durch den Verweis auf die gleichzeitige Agonie Francos in Madrid. Der natürliche Tod des Caudillo besiegelt bekanntlich die Niederlage der republikanischen Kräfte des Exils und des »Innern«, die – wie einleitend ausgeführt[562] – noch bis in die siebziger Jahre versuchten, das Regime durch einen Volksaufstand zum Sturz zu bringen. Das Ende des Diktators macht statt dessen den Weg frei für eine evolutionäre Veränderung der spanischen Gesellschaft und stellt so tendenziell die Daseinsberechtigung des Exils und damit die ideelle Existenzgrundlage der im Werk gezeichneten spanischen Exilanten in Frage. Für sie stirbt in jenem Herbst 1975 nicht allein die Illusion eines herrschaftsfreien politischen Systems, sondern zugleich auch die einer triumphalen Rückkehr nach Spanien. Die menschliche Tragik des republikanischen Exils wird darüber hinaus an der Figur des Eleuterio Ruiz, des todkranken Oberhaupts der spanischen Kolonie in Paris, verdeutlicht. Die Vorstellung, noch vor Franco zu sterben, ist ihm unerträglich; mit aller Kraft konzentriert er sich darauf, den Erzfeind zu überleben und den langen, erfolglosen Jahren der politischen Emigration zumindest subjektiv doch einen Sinn zu verleihen.[563] Demgegenüber erlebt Artigas selbst den Moment des Sterbens als Affirmation seiner Autonomie. Er stellt sich der Herausforderung seiner Angreifer und kann der bedrohlichen Situation sogar tragikomische Züge abgewinnen:

> *Solo ante el peligro,* pensa-t-il. Il rit tout seul, d'un rire muet que nul n'entendrait plus désormais, qui ne marquerait plus rien de son ironie grinçante. Il rit tout seul, dans un éclair silencieux, en se disant le titre espagnol de ce western, un classique du genre, où un homme seul affronte tous les dangers. ... Il était dans la rue, seul, face aux méchants noctards de ce mauvais film de l'Ouest. A qui tirerait le premier, bien sûr. ...
> Mais oui, c'était exactement comme dans un vieux film de l'Ouest. Il vit la longue flamme qui jaillissait du canon de son arme. Il vit deux des noctards sauter en arrière, littéralement soulevés par l'impact des projectiles du 11,43. Mais il avait raté le petit chef. Il sentit en même temps la

561 Vgl. AL 254ff., 268, 432; AGP 255f., 269, 435.

562 Vgl. S. 37f.

563 Vgl. AL 383; AGP 385f.
Sempruns Angaben zufolge war diese Einstellung bei einer Vielzahl von alten Exilanten in jenen Jahren zu beobachten; vgl. ders., in: Kohut, K., *Escribir* ..., a.a.O., S. 167.

brûlure lancinante des balles qui lui traversaient le corps. Gary Cooper, tu es foutu.[564]

Erneut läßt sich hier das Motiv der Wiederholung als Farce beobachten, insofern der Tod des Protagonisten lediglich als Kopie eines Western erscheint. Der wichtigste in diesem Zusammenhang zu erwähnende Aspekt ist allerdings die Aura des Übernatürlichen, welche der Todesthematik im Werk anhaftet. Sie manifestiert sich insbesondere in den rational nicht erklärbaren Todesvorzeichen. Diese nehmen im Verlauf des Romans an Intensität zu und bilden so zugleich ein bedeutendes Element im Spannungsaufbau der Handlung.[565]

Auf denkwürdige Weise ist nicht allein Artigas, sondern auch Carlos María Bustamante von diesen Vorankündigungen betroffen. Dieser beobachtet an sich in zunehmendem Maße halluzinatorische Bewußtseinszustände, in denen er, der realen Umgebung gedanklich völlig entrückt, sich von der Erinnerung eines fremden Menschen in Besitz genommen fühlt. Erst allmählich findet er heraus, daß es sich hierbei um Bruchstücke aus dem Gedächtnis seines Freundes Artigas handelt. Dieses als spirituelle Transmigration bezeichnete Phänomen, dessen wahre Bedeutung die Betroffenen allenfalls erahnen, wird im Roman als Zeichen dafür gedeutet, daß Seele und Geist des Protagonisten in Erwartung des nahenden Todes zum Zweck eines zumindest partiellen Weiterlebens auf einen Jüngeren übergehen. Dessen Leben erscheint als vom Schicksal für diese Funktion bereits vorherbestimmt zu sein, da sein Geburtsdatum just mit dem Beginn von Artigas' Exil zusammenfällt – einem Tag folglich, an dem für diesen eine Existenz zusammenbricht, der ihm »die Wege der Einsamkeit und des Todes« öffnet.[566]

Stärker noch als im *Sánchez* erscheinen in *L'Algarabie* Tod und Erotik eng miteinander verknüpft. So erlebt Carlos Bustamante jene Absencen, in denen

564 AL 432; AGP 435f.: »*Solo ante el peligro*, dachte er. Er lachte vor sich hin, mit einem stummen Lachen, das von nun an niemand mehr hören würde, das nichts mehr von seiner beißenden Ironie wiedergeben würde. Er lachte vor sich hin, in einem stillen Aufleuchten, und er sagte sich den spanischen Titel dieses Westerns, eines Klassikers der Gattung, wo sich ein Mann allein allen Gefahren stellt. Wie war der englische Titel? Gut, das ist egal. Er stand auf der Straße, allein, den bösen Noctards dieses schlechten Wildwestfilms gegenüber. Der schnellere gewinnt. ...
Aber ja, es war genau wie in einem alten Wildwestfilm. Er sah das lange Mündungsfeuer, das aus dem Lauf seiner Waffe herausschoß. Er sah zwei von den Noctards nach hinten springen, buchstäblich hochgerissen von dem Aufschlag der 11,43iger Projektile. Aber er hatte den kleinen Anführer verfehlt. Er fühlte gleichzeitig das stechende Brennen der Kugeln, die durch seinen Körper drangen. Gary Cooper, du bist erledigt.«

565 Vgl. AL 158f., 188, 203, 255, 301, 393; AGP 158, 188, 203, 255, 303, 395.

566 Vgl. AL 299ff., 386f.; AGP 301ff., 389f.; Semprún schildert, daß Artigas ebenso wie er, der Autor, selbst nach der Rückkehr aus dem deutschen KZ sich bisweilen der Realität des eigenen Lebens nicht mehr sicher ist, statt dessen glaubt, nur noch der Traum eines Toten zu sein. Vgl. AL 140-143, 413; AGP 139-144, 415 sowie S. 201f.

sich die Erinnerung seines Freundes seiner bemächtigt, ausschließlich nach amourösen Abenteuern[567], und Artigas selbst hatte in einem bereits 1945 verfaßten Gedicht, von dem einige Bruchstücke im Roman wiedergegeben werden, ein intim-erotisches Verhältnis zum Tod zum Ausdruck gebracht:

> *Et depuis ce temps-là/ vivons ensemble/ elle et moi/ La mort et moi/ ma vie* ... Mais ce n'était pas pour la fin de ce poème qu'il (gemeint ist Carlos B.) s'en était souvenu, c'était pour le début: *La mort/ a le visage aigu des filles nubiles*. Celui de Perséphone, qui sait?[568]

Der Nexus von Eros und Tod erscheint im Roman insbesondere in der von Carlos evozierten Perséphone personifiziert – einer fiktionalen Gestalt, die eindeutig der gleichnamigen griechischen Göttin des Totenreichs nachempfunden ist. Sie, die achtzehnjährige Tochter der Demetria und Zwillingsschwester der Proserpine, wird an jenem Tag, der im Zentrum der Semprúnschen Erzählung steht, von ihren Eltern und Freunden vermißt. In der Kommune kursiert das Gerücht, Jo Aresti, der bereits erwähnte korsische Bandenchef, habe sie in sein in den Kellergewölben der Kirche St. Sulpice gelegenes Bordell entführt, das bezeichnenderweise den Namen »Envers du Paradis« trägt, um sich dort mit ihr zu vermählen.[569] In Wirklichkeit aber war Perséphone aus eigenem Antrieb dem elterlichen Heim entflohen, nachdem Eleuterio Ruiz ihr anvertraut hatte, daß nicht er, sondern Artigas ihr leiblicher Vater sei. Diese Enthüllung trifft auch letzteren völlig unvorbereitet, da er seine lange zurückliegende Liaison mit Demetria bis dahin als folgenloses Abenteuer betrachtet hatte. Der Umstand, daß er, der Protagonist, eben an jenem Tage stirbt, an dem er von seiner Vaterschaft erfährt und Perséphone im übertragenen Sinn zur Herrscherin der »Unterwelt« des »Envers du Paradis« wird, muß zunächst als obskure Fügung des Schicksals erscheinen. Semprún deutet eine übernatürliche Verbindung zwischen diesen Vorfällen lediglich an, läßt sie bewußt aber im unklaren. Es ist vielmehr der Charakter des Mysteriösen selbst, den das Werk, den Tod und das Mädchen gleichermaßen

567 Vgl. AL 118; AGP 116.

568 AL 442; AGP 444: »*Et depuis ce temps-là / vivons ensemble / elle et moi / La mort et moi / ma vie* ... 'Und seit jener Zeit / leben wir zusammen / er und ich / der Tod und ich / mein Leben ...' Aber nicht wegen des Endes dieses Gedichts hatte er sich daran erinnert, sondern wegen seines Anfangs: 'Der Tod / hat das spitze Gesicht der geschlechtsreifen Mädchen.' Das von Perséphone, wer weiß?«

569 Die Parallelen zur klassischen Mythologie liegen auf der Hand: Demeter ist bekanntlich die Mutter der Persephone (bzw. der Proserpina, wie ihr Name in der römischen Sagenwelt lautet), die von Hades, ihrem Onkel, geraubt und zur Gattin genommen wird. Selbst in Details lehnt sich die Darstellung im Roman an die mythologische Überlieferung an: Aresti schenkt Perséphone zum Abschied einen in Gold gearbeiteten Granatapfel als Amulett mit der Bitte, sie möge – selbst wenn es nur besuchsweise wäre – zu ihm zurückkommen; vgl. AL 441; AGP 443.

betreffend, hervorhebt. Es spiegelt auf diese Weise jene Sicht wider, die sich in den oben zitierten Versen Artigas' niederschlägt.

Ähnlich wie in einigen Überlieferungen der griechischen Mythologie, in denen es heißt, Zeus habe seiner Tochter Persephone beigewohnt, erhält die Beziehung des Protagonisten zur Perséphone des Romans retrospektiv eine inzestuöse Komponente. Denn Artigas unterhielt zu ihr, wie auch zu ihrer Schwester Proserpine, eine erotische, wenngleich nicht im engeren Sinne sexuelle Beziehung. Die hier lediglich angedeutete Verbindung von Todes- und Inzestmotiv findet ihren deutlichsten Ausdruck hingegen in den Phantasien, die Artigas in bezug auf seine Mutter entwickelt. Bereits während seiner Kindheit, die er auf Befragen seiner Geliebten Anna-Lise ausführlich evoziert – ihr Name steht nicht zufällig in phonetischer Nähe zu »(psych)analyse«[570] – ließ er eine intensive Mutterbindung erkennen, die sich ihm als schön und schmerzhaft zugleich eingeprägt hat. In die Verehrung für die Mutter mischte sich schon früh eine von Eifersucht durchzogene Enttäuschung darüber, daß sie nur selten ganz für ihn da war. Voller Neid auf den Vater, der sie allabendlich ausführte, versuchte er, diesen Mangel zumindest partiell zu kompensieren. Des öfteren schlich er sich heimlich in das elterliche Schlafzimmer, um sich am Kontakt mit der mütterlichen Intimwäsche zu berauschen. Das hierbei empfundene Schuldgefühl steigerte noch den Reiz dieser Augenblicke ödipaler Lust, beinhalteten sie doch zugleich einen Affront gegen den Vater, seinen natürlichen Rivalen, und darüber hinaus gegen den Gottvater als Inbegriff einer restriktiven Sexualmoral. Letzterer Aspekt äußert sich in einer Teufelsvision, die Artigas selbst rückblickend als Manifestation eines Gefühls der Sündhaftigkeit und als unbewußte Selbstbestrafung interpretiert.[571]

Nach dem frühen Tod der Mutter – Artigas war noch keine acht Jahre alt – verschloß der Vater jenes Gemach, ihr Sterbezimmer, und ließ es bis zu seiner Wiederheirat unberührt. Für den jungen Rafael wurde es auf diese Weise zur Inkarnation eines doppelten Tabus: des Todes und der Sexualität. Diese Verbindung erweist sich für sein gesamtes späteres Leben als prägend; in Alpträumen sieht er sich immer wieder im langen Flur der elterlichen Wohnung auf jene verschlossene Tür stoßen. Das Mysterium enthüllt sich ihm erst im Moment des eigenen Todes, während er, von Kugeln getroffen, zu Boden stürzt und die Traumsituation neu erlebt:

570 Vgl. die hierauf sich beziehende Anspielung in: AL 411; AGP 413, zu den Kindheitserinnerungen vgl. AL 36-39, 122-126, 134-140, 416-419, 430; AGP 34-37, 121-125, 133-140, 419ff., 433f.

571 Vgl. AL 126; AGP 124.

> Il rampait, haletant, convaincu qu'il arriverait un moment où cette porte s'ouvrirait. Qu'il fallait tenir jusqu'au moment ou cette porte s'ouvrirait. Que la vie qui le fuyait à grands bouillons de sang en teintant de rouge le tapis de ce long couloir, que la vie n'aurait pas de sens avant que cette porte ne s'ouvrît. ... et voilà qu'elle s'ouvre, précisément. Ouverte la porte close sur le mystère troublant de la mort. Ouverte la porte de la chambre funéraire où je vais enfin pouvoir m'allonger sur le grand lit conjugal. ... Je serai enfin revenu dans le sein maternel. Dans le giron maternel de ce lit conjugal et mortuaire où s'allongea jadis le corps sans vie de ma mère. Dans le sein maternel de la mort qui me poursuit *desde que he nacido*.[572]

In seinen Todesvisionen, die er in einem an seine Geliebte gerichteten inneren Monolog äußert, sieht er hinter der sich öffnenden Tür die Schauspielerin Pola Negri erscheinen, die er als Jugendlicher mit seiner Mutter identifiziert und heftig begehrt hatte. Unmerklich nimmt die Negri dann jedoch in der Vorstellung des sterbenden Artigas die Gestalt der Mutter an:

> C'est ma mère qui apparaît en robe du soir dans l'encadrement de cette porte enfin ouverte. C'est elle qui se déshabille à présent, dans la lumière orangée au fond de ce couloir d'orages et de songes. ... Je n'ai plus le temps que d'ouvrir les yeux à jamais sur la silhouette à demi nue de ma mère qui est en train de délacer son corset sur son corps qui émerge enfin après des années des siècles d'oubli d'occultation de malheur son corps cambré devant l'armoire de lune reflet lunaire de tous les corps de femmes enfin réapparu enfin dans la lumière orangée de cette porte ouverte ce corps nu ce diamant dans le velours noir de la nuit
> *ese diamante en el oscuro terciopelo de la noche*[573]

Die Atemlosigkeit der Schilderung, wie sie durch das Fehlen jeglicher Zeichensetzung im letzten Satz hervorgehoben wird, sowie die Wiederholung des

---

572 AL 433; AGP 436f.: »Er kroch, keuchend, überzeugt, daß diese Tür sich einmal öffnen würde. Daß man so lange durchhalten müßte, bis diese Tür sich öffnen würde. Daß das Leben, das in großen Blutstößen entwich und den Teppich des langen Flurs rot färbte, daß das Leben keinen Sinn hätte, bevor sich diese Tür nicht öffnete. ... und tatsächlich öffnet sie sich gerade jetzt. Offen steht die verschlossene Tür vor dem verwirrenden Rätsel des Todes. Offen die Tür des Sterbezimmers, wo ich mich endlich auf das große Ehebett hinlegen kann. ... Ich werde endlich in den mütterlichen Schoß zurückgekehrt sein. In den mütterlichen Schoß dieses Ehe- und Totenbettes, wo einst der leblose Körper meiner Mutter lag. In den mütterlichen Schoß des Todes, der mich verfolgt *desde que he nacido*.«

573 AL 434f.; AGP 437f.: »Es ist meine Mutter, die im Abendkleid im Rahmen dieser endlich offenen Tür erscheint. Sie ist es, die sich jetzt auszieht, in dem orangenen Licht am Ende dieses Ganges voller Gewitter und Träume. ... Ich habe nur noch Zeit die Augen für immer auf die halbnackte Silhouette meiner Mutter zu öffnen die gerade ihr Korsett an ihrem Körper losbindet der endlich nach Jahren und Jahrhunderten von Vergessenheit Verborgenheit Unglück hervortritt ihr emporgereckter Körper vor dem Mondschrank Mondreflex aller Frauenkörper endlich wiedererschienen endlich im orangenen Licht dieser offenen Tür dieser nackte Körper dieser Diamant im schwarzen Samt der Nacht
ese diamante en el oscuro terciopelo de la noche.«

Wortes »endlich« machen die Identität der Wünsche deutlich, deren Erfüllung Artigas nunmehr zumindest im Imaginären erlebt. Die Wiedergabe der offen inzestuösen Phantasien bricht mit dem Ende des Zitats jedoch ab, der Protagonist stirbt, bevor sich in seiner Vorstellung die Vereinigung mit der Mutter vollziehen soll. Der Autor deutet so an, daß Artigas den langersehnten Akt erst im Tod selbst realisieren kann, daß für Erzähler und Leser als Lebende der Tod notwendigerweise sein Mysterium behält.

In diesem Kontext ist auch der Umstand zu sehen, daß Perséphone zwar in Evokationen anderer Personen, mit einer einzigen Ausnahme[574] aber nie unmittelbar in der Handlung erscheint: Als Symbolfigur des Todes muß sie im Roman unklare Konturen behalten, darf sich nicht gänzlich zeigen.[575] Darüber hinaus ist es bezeichnend, daß Artigas sie sexuell nie »besessen« hat: ebensowenig wie der Tod läßt sie sich fassen, beherrschen.

Die hier aufgezeigten Motvie finden sich *in nuce* bereits in einer Passage der ersten Romanhälfte. Artigas hört ein Mädchen die ersten Verse einer Maurenromanze singen:

> Yo me era mora Moraima,
> morilla de un bel catar;
> cristiano vino a mi puerta,
> cuitada, por me engañar;
> hablóme en algarabía
> como quien la sabe hablar ...[576]

Sowohl der Text dieser Romanze als auch die Umstände, unter denen sie Artigas zu Ohren kommt, spiegeln die im Werk angedeutete Verbindung von Tod, Erotik und Mysterium wider. Ähnlich wie die Gestalt der Perséphone im Roman bleibt hier das in einem Innenhof singende Mädchen für Artigas unsichtbar, und auch sie wird – wie der Protagonist selbst unterschwellig wahrnimmt – zu einer Vorankündigung des Todes:

> Rafael Artigas en entend les paroles au moment d'atteindre le palier du second étage. Quelque chose lui brûle subitement le coeur, une fraction de seconde. ... sensation du temps perdu, à jamais évanoui, absolument irrécupérable, qui l'avait fait brusquement prendre conscience de son âge, de

574 Vgl. AL 385f.; AGP 388.

575 Vgl. AL 442; AGP 444 sowie Vernant, J.-P., *Mythe et pensée chez les Grecs*, Paris 1974, Bd. 2, insbesondere das Kapitel »La catégorie psychologique du double«, S. 65-78.

576 AL 158. Vgl. AGP 152 weiter unten: »'Ich war die Maurin Maraïma – ein kleines Maurenmädchen – ein Christ kam an meine Tür – ach, ich Arme, um mich zu foppen – spricht zu mir in Algarabía – wie es nur einer sprechen kann ...', das wäre die provisorische Übersetzung für die bloßen Zwecke einer Erzählung, die munter und spontan sein will, der Romanze nämlich, die im Hof dieses herrschaftlichen Hauses ein unbekanntes und dennoch sonntägliches kleines Mädchen trällerte.«

la vieillesse approchante, comme si les premières phrases mélodiques de la cantilène, construites par assonance autour d'une succession de »m«, on l'aura remarqué: »yo me era mora Moraima – morilla ...«, n'étaient là que pour suggérer analogique- et phonétiquement le son mouillé du »mourir«, la glaciale humidité de la mort.[577]

Der Name Moraima erinnert Artigas zudem an eine gleichnamige Cousine, die für ihn früher die Verkörperung einer zugleich unschuldigen und perversen Weiblichkeit darstellte.[578] Diese Assoziation steht wiederum in Parallelität zum Motiv der Verführung, wie es in der Romanze enthalten ist. Dort heißt es im Anschluß an das im Roman zitierte Fragment, daß der Fremde sich als Onkel der schönen Maurin ausgab und um Einlaß in ihr Haus bat unter dem Vorwand, sich wegen der Tötung eines Christen aufs schnellste verstecken zu müssen. Die Romanze endet mit den Zeilen:

Cuando esto oí, cuitada,
comencéme a levantar,
vistiérame una almejía,
no hallando mi brial,
fuérame para la puerta
y abríla de par en par.[579]

Auch wenn Sempruns Interpretation vom tödlichen Ausgang der Verführung sich nicht zwingend aus der Romanze herleitet, so ist sie andererseits auch nicht zu widerlegen. Wie Menéndez Pidal erläutert, basiert diese Romanze auf dem Prinzip des Fragmentarismus und läßt demnach bewußt mehrere Deutungen zu.[580] Das Unexplizite, Rätselhafte, das diese alte Volksdichtung charakterisiert, steht in Analogie zum Semprúnschen Roman, dessen Gesamtaussage ähnlich verschlüsselt und andeutungshaft bleibt. Eine weitere Parallele findet sich im Motiv der Tür, das in beiden Fällen der bildhafte Ausdruck des Sexualaktes und zugleich – folgt man der Auslegung Semprúns –

577 AL 158f.; AGP 157f.: »Rafael Artigas hört die Worte, als er gerade den zweiten Stock erreicht. Irgend etwas brennt in seinem Herzen für den Bruchteil einer Sekunde. ... eine Empfindung von der absolut unwiderbringlichen, für immer verschwundenen, verlorenen Zeit, die ihm plötzlich seine Jahre bewußt gemacht hatte, das näherrückende Alter, als wenn die ersten Melodiephrasen der Kantilene, die, wie man bemerkt haben wird, durch Assonanz um eine Folge von *m* gebildet wurden *yo me era mora Moraima – morilla* ..., nur dazu da waren, analogisch und phonetisch den weichen Ton des *morir*, die eisige Feuchtigkeit des Todes heraufbeschwören.«

578 Vgl. ebenda.

579 Zitiert aus: Maldonado, F.C.R. (Hrg.), *Romancero español* (Antología), Madrid 1974, S. 140. Der Titel der Romanze: *Romance que dice: Yo me era mora Moraima*. Die hier zitierten Zeilen lassen sich wie folgt frei übersetzen: »Als ich Arme das hörte – erhob ich mich – und legte meinen Umhang an, – da ich mein Kleid nicht fand, – ging zur Tür – und macht sie weit auf«.

580 Menéndez Pidal, R., *Estudios sobre el romancero*, in: ders., *Obras completas*, Bd. 11, Madrid 1973, S. 372f.

des Todes ist. Darüber hinaus nimmt die Sprache jeweils eine Schlüsselfunktion ein: Artigas findet den Tod, weil er seine Mörder durch einen spanischen Fluch auf sich aufmerksam macht, während Moraima zum Opfer wird, weil sie dem Fremden aufgrund seiner arabischen Sprache vertraute. Aus der Vielzahl der Analogien wird ersichtlich, daß dieses Romanzenfragment innerhalb des Romans eine Gidesche *mise en abyme* bildet.[581]

Stellt der Tod für den Protagonisten zwar einerseits symbolisch die Rückkehr in den Schoß der Mutter dar, so verhindert er andererseits die Verwirklichung seines Plans einer realen Rückkehr nach Spanien, zu der er sich erst am Morgen jenes 31. Oktober entschieden hatte. Ebenso wie seine Visionen im Moment des Sterbens kann dieser Entschluß jedoch bereits als unbewußter Ausdruck von regressiven Wünschen gedeutet werden. Das Scheitern der Kommune und der antifrankistischen Opposition besiegeln zugleich das seines politischen Engagements und versperren ihm jegliche positive Zukunftsperspektive. Vor diesem Hintergrund wendet er, von Anna-Lise hierzu angeleitet, den Blick zurück auf seine frühe Vergangenheit. Signifikanterweise bezeichnet er Spanien nach den langen Jahren des Exils nicht mehr als sein Zuhause, sondern als das Land seiner Kindheit; dorthin will er zurückkehren.[582] Der räumliche Kontext ist hier als Materialisation des Zeitlichen zu verstehen. Das Land der Kindheit steht somit für die Kindheit selbst.

Wie ambivalent Artigas' Verhältnis zur Heimat ist, verdeutlicht ein Gedicht, zu dem ihn Goyas Porträt der Marquesa de la Solana – für ihn ein Inbild der »madre patria« – inspirierte:

> *La madre patria se abrirá de piernas:*
> *Llegaremos a nado*
> *por el estuario oceánico del sexo*
> *hacia lo ignoto y lo recóndito,*
> *o entraremos a saco*
> *por el ojo del ano ...*
>
> disait le début de ce poème qui se développait ensuite en fonction d'une filière d'allitérations signifiantes (*père, patrice, putride, patrimoine, prostate* et *patriarche*, par exemple), d'inversions provocatrices (comme dans le cas du premier vers du poème, repris plus bas sous la forme *La madre piernas se abrirá de patria, /.../* et de jeux de mots d'une assez notable brutalité.[583]

581 Vgl. S. 242f. Die Bedeutung dieser Textpassage für das Gesamtwerk wird noch erhöht durch die Tatsache, daß der Buchtitel zumindest partiell hier seinen Ursprung findet; vgl. hierzu auch AL 147, 405f., 410; AGP 146 f., 407f., 412.

582 Vgl. AL 20; AGP 18.

583 AL 33; AGP 32. Im Anschluß an das Gedichtzitat heißt es in der deutschen Fassung: »*La madre patria*

Ähnlich wie Karl Kohut dies für Juan Goytisolos Roman *Señas de identidad*[584] aufzeigt, identifiziert der Protagonist von *Algarabía* Spanien mit der Mutter.[585] In beiden Werken erscheint die »madre patria« als Objekt einer Art Haßliebe, wobei sich das Grundprinzip, das Kohut in *Señas de identidad* beobachtet, auch in Sempruns Roman erkennen läßt:

> Podría decirse que el drama psicológico es un reflejo del drama político y que lo continúa con otros medios. En este nivel, la realidad política es sustituída por símbolos psicológicos. El hecho esencial lo constituye la identificación de España con la madre.[586]

Anders als bei Goytisolo, wo sich Kohuts Interpretation zufolge der Haß in erster Linie gegen die Söhne (im übertragenen Sinn also die Spanier) richtet, die dem Erzähler den Alleinanspruch auf die mütterliche Liebe streitig machen, handelt es sich bei Semprún um die klassische Dreieckssituation des Ödipuskomplexes. In den Kindheitserinnerungen Artigas' ist dies Motiv, wie bereits dargelegt, unverkennbar. Die oben zitierte Bemerkung zur Reihe »signifikanter Alliterationen« läßt die gleiche Interpretation auch für das Gedicht zu. Die Identifizierung Francos mit dem »père« und »patriarche« liegt nahe, zumal der spanische Diktator an anderer Stelle explizit als Vaterfigur bezeichnet wird.[587] Dieser gestrenge Vater hatte bislang eine Vereinigung mit der Mutter (sprich: die Wiederinbesitznahme der Heimat) unmöglich gemacht. Der Kampf zur Vernichtung des Patriarchen schlug fehl; nun da dieser im Sterben liegt, öffnet sich Artigas der Weg für eine Rückkehr nach Spanien. Einer solchen Heimkehr würde jedoch notwendigerweise der bittere Geschmack einer politischen Niederlage anhaften, sie könnte nicht als ungetrübt freudvoll erlebt werden. Die Gegensätzlichkeit der Motive in seinem Gedicht ist symptomatisch für dieses Dilemma. Einerseits richten sich die im langen

---

se abrirá de piernas: / Llegaremos a nado / por el estuario oceánico del sexo / hacia lo ignoto y lo recóndito, / o entraremos a saco / por el ojo del ano ...
lautete der Anfang dieses Gedichts, das sich danach über eine Kette bedeutsamer Alliterationen (*padre, patricio, pútrido, patrimonio, próstata* und *patriarca* zum Beispiel), provozierender Umkehrungen und ziemlich aufreizender Wortspiele entfaltete.«
Die Verszeilen werden weiter unten wie folgt übersetzt: »Die Mutter Vaterland macht die Beine breit: / Wir gelangen schwimmend / durch die ozeanische Mündung des Sexus / bis zu dem Unbekannten und Verborgenen, / oder wir dringend plündernd und schändend / durch das Auge des Anus ein ...«

584 Mexiko 1966, rev. Aufl. Barcelona 1976.

585 Vgl. Kohut, K., *Juan Goytisolo frente a la madre España: del exilio voluntario a la traición radical*, in: *Teorías semiológicas aplicadas a textos españoles. Actas del Symposium Internacional del Departamento de Español de la Universidad de Groningen*, 21, 22 y 23 de Mayo de 1979, S. 47-66.

586 Ebenda, S. 60: »Man könnte sagen, daß das psychologische Drama eine Spiegelung des politischen ist und es mit anderen Mitteln fortsetzt. Auf dieser Ebene wird die politische Wirklichkeit ersetzt durch psychologische Symbole. Der wesentliche Aspekt liegt in der Identifizierung Spaniens mit der Mutter.« (Übers. d. Verf.).

587 Vgl. AL 278f.; AGP 280.

erfolglosen Kampf aufgestauten Aggressionen gegen die »madre patria« selbst und finden auf symbolischer Ebene ein Ventil in der Grausamkeit eines imaginären Analverkehrs. Andererseits kontrasitert die Brutalität dieses Akts mit jener Sanftheit, wie sie in den Bildern der ersten Gedichtzeilen zum Ausdruckt kommt: »llegar a nado« sowie »el estuario oceánico« symbolisieren jeweils die Behutsamkeit der Penetration und die Bereitschaft der Aufnahme, wohingegen »entrar a saco«, wie Semprún explizit im Text erläutert, die Assoziation an die lustvoll-grausame Besetzung und Ausplünderung einer Stadt erweckt.

Die hier manifeste Zwiespältigkeit macht deutlich, daß die regressiven Wünsche des Protagonisten in dem Projekt einer – bezeichnenderweise lange hinausgezögerten – Rückkehr in das Land der Kindheit keine adäquate Erfüllung finden können. Dies ist erst in der imaginören Symbiose mit der Mutter beziehungsweise im Tod gewährleistet. Die ödipalen Phantasien des sterbenden Artigas wären demzufolge als Ausdruck einer libidinösen Verschiebung von der »madre patria« zur leiblichen Mutter und als symbolische Rückkehr in die Heimat zu interpretieren.

Verläßt man allerdings den innerliterarischen Rahmen und setzt die hier angesprochene Problematik in Beziehung zum lebensgeschichtlichen Hintergrund des Autors, so zeigt sich eine weitere Dimension, die im folgenden beleuchtet werden soll.

Versuch einer psychoanalytisch orientierten Deutung

Wie aus Semprúns früheren autobiographischen Werken ersichtlich, finden sich seine eigenen politischen und psychischen Konflikte in denen der Protagonisten gespiegelt. Der frühe Verlust der Mutter – seine Verehrung für sie kam bereits in *La deuxième mort de Ramón Mercader* und *Autobiografía de Federico Sánchez* deutlich zum Ausdruck[588] – sowie wenige Jahre später derjenige der Heimat, stellten bekanntlich auch im Leben des Autors wichtige Einschnitte dar, gefolgt von denen der KZ-Haft und des Bruchs mit der Kommunistischen Partei. Bislang war die literarische Auseinandersetzung mit seiner Vergangenheit allerdings vom Bemühen geprägt, psychische Krisen durch eine ausschließlich rationale Bewältigung zu meistern, was notwendigerweise eine Verdrängung von Gefühlen bedingt.[589] Allein die zunehmende thematische Präsenz des Todes in seinen Werken offenbarte bereits Bruchstellen im System dieser psychischen Selbstschutzmechanismen. Nicht zuletzt

588 Vgl. S. 115, bzw. 166-171.

589 Vgl. insbesondere die Besprechung von *Quel beau dimanche!*, S. 201-210.

angesichts der existentiellen Bedrohung durch den Tod, die im fortschreitenden Alter immer konkretere Formen annimmt, erweist sich eine rein gedankliche Problemlösung als nicht mehr ausreichend. *L'Algarabie* ist ein Reflex dieses Prozesses. Auf dem Umweg über ein fiktionales *alter ego* vermag Semprún verdrängten Gefühlen wie vor allem regressiven Tendenzen in bezug auf die Mutter, Ausdruck zu verleihen. Dieter Wellershoff hat einen ähnlichen Vorgang am Beispiel von Becketts *Das letzte Band* analysiert und als »verschobenen Narzißmus« bezeichnet.[590] Was er in diesem Zusammenhang ausführt, läßt sich *mutatis mutandis* auch auf Semprún übertragen:

> Die Fiktionalisierung ersetzt und umgeht die Verdrängung und schafft einen Projektionsraum, in dem die primären Phantasien sich entfalten können.
> ... der Künstler verwirklicht alle seine ursprünglich autoerotischen, libidinösen Wünsche im Umweg über das Werk. Und je stärker seine Selbstvergessenheit und seine Begeisterung wird, um so mehr verschwindet das angstmachende Schuldgefühl, das die Verdrängung bewirkt. Die libidinösen Energien können frei den Phantasieobjekten zuströmen und bringen an ihnen jenes Leuchten hervor, das der Widerschein vergessener Wünsche ist ...[591]

Ausgehend von einem psychoanalytischen Interpretationsansatz ist es möglich, eine Erklärung für das in *Algarabía* manifeste Auftauchen regressiver Tendenzen zu finden. Hierzu sei zunächst auf eine Passage aus Jungs *Symbole der Wandlung* verwiesen, wo es heißt:

> Wenn die Libido die lichte Oberwelt verläßt, sei es aus Entschluß oder aus abnehmender Lebenskraft oder aus Schicksal des Menschen, so sinkt sie in die eigene Tiefe zurück, in die Quelle, aus der sie einst geflossen ist, und kehrt zurück zu jener Bruchstelle, dem Nabel, durch den sie einst in diesen Körper eingetreten ist. Diese Bruchstelle heißt Mutter, denn aus ihr kam uns der Strom des Lebens. Wenn irgendein großes Werk zu tun ist, vor dem der Mann an seiner Kraft verzweifelnd, zurückweicht, dann strömt seine Libido zu jenem Quellpunkt zurück – und das ist jener gefährliche Augenblick, in dem die Entscheidung fällt zwischen Vernichtung und neuem Leben. Bleibt die Libido im Wunderreich der inneren Welt hängen, so ist der Mensch für die Oberwelt zum Schatten geworden, er ist so gut wie tot oder wie schwerkrank. Gelingt es aber der Libido, sich wieder loszureißen und zur Oberwelt emporzudringen, dann zeigt

590 Vgl. Wellershoff, D., *Der Sang der Sirenen*, in: ders., *Literatur und Lustprinzip*, Köln 1973, S. 142-155, hier insbesondere S. 149f.

591 Ebenda, S. 150.

sich ein Wunder: die Unterweltsfahrt war ein Jungbrunnen für sie gewesen, und aus dem scheinbaren Tod erwacht neue Fruchtbarkeit.[592]

In einer Fußnote zu obigem Zitat verweist Jung auf den Mythos von Theseus und Peirithoos, die in die Unterwelt hinabstiegen, um Persephone zu erobern. Nach einer Ruhepause im Totenreich blieben sie, wie Jung schreibt, »gebannt an den Felsen hängen, das heißt sie blieben in der Mutter stecken und waren daher für die Oberwelt verloren«.[593] Das Schicksal Artigas' ist dem weitgehend analog: Er gibt sich seinen regressiven Impulsen gänzlich hin und bleibt, besiegelt durch den Tod, definitiv im »Wunderreich der inneren Welt« gefangen. Er reproduziert damit im Sterben eben jene Einstellung, die er bereits in seinen Kindheitsphantasien zum Ausdruck brachte. Seine Schilderungen vom Teufel, der sich ihm im Spiegel des mütterlichen Kleiderschranks in Gestalt eines Löwen mit staubiger Mähne offenbart habe[594], erinnert nämlich nicht zufällig an das Motiv des nemeischen Löwen aus dem Herakles-Mythos. Im Gegensatz zum griechischen Sagenhelden jedoch, der, Jungs schlüssiger Interpretation nach[595], in dem Raubtier eigentlich seine Mutter Hera bekämpft, zeigt Artigas keine Ansätze, die Mutter beziehungsweise die Bindung an sie überwinden zu wollen. Wie er Anna-Lise gegenüber später erläutert, war das diabolische Phantom, das er zu erblicken glaubte, letztlich ein Bild seiner selbst, das heißt seines Unbewußten.[596] Daß Semprún wiederum seinen Helden zum Opfer einer posthumen Kastration werden läßt, deutet an, daß die Schilderung der Inzestphantasien auch seitens des Autors von Schuldgefühlen begleitet ist, die ihren Niederschlag in dieser symbolischen (Selbst-)Bestrafung finden.[597] Nun kann selbstverständlich nicht von einer vollständigen Identität von Protagonist und Autor ausgegangen werden. Wohl aber läßt sich in dem Tod von Semprúns *alter ego* der seines alten Ego versinnbildlicht sehen. Semprún selbst sagt hierzu:

> Artigas soy yo, pero sólo quién me conozca lo reconocerá. Esta novela es un poco la muerte de todos mis personajes anteriores biográficos.[598]

---

592 Jung, C.G., *Symbole der Wandlung*, Gesammelte Werke, Bd. 5, Olten und Freiburg im Breisgau 1973, S. 376.

593 Vgl. ebenda. Jung nennt statt Persephone hier allerdings Proserpina.

594 Vgl. AL 38; AGP 37.

595 Vgl. Jung, C.G., a.a.O., S. 380, Anm. 59.

596 Vgl. AL 122ff,; AGP 121ff.

597 Vgl. AL 435; AGP 438.

598 Semprún, J., in: Fidalgo, F., *Jorge Semprún recurre a la utopía en su última novela*, in: *El País*, 27.12.1981, S. 23: »Artigas bin ich, aber nur wer mich kennt, wird es bemerken. Dieser Roman ist ein wenig der Tod all meiner früheren literarischen Verkörperungen.« (Übers. d. Verf.).

Ihn, den Protagonisten, sterben zu lassen, kommt so einem symbolischen Mord an seinem alten Ich gleich. Von der Notwendigkeit einer radikalen Veränderung in seinem Leben spricht auch Artigas in einem inneren Monolog: Er habe gewaltsam mit seiner politischen Vergangenheit brechen müssen, um neue Energien zur Bewältigung der Gegenwart freisetzen zu können:

> Triste (gemeint ist die Erinnerung an die Jahres seines aktiven Engagements), donc, non seulement parce que ce passé politique n'était pas seulement révolu, ce qui est somme toute banal pour un passé, mais parce qu'il avait fallu, plutôt que l'oublier – comment serait-ce possible, Seigneur? il en tremble encore, à l'occasion, d'émotion nostalgique! – le détruire, le réduire en poussière, en déraciner les herbes vénéneuses, l'annihiler littéralement pour continuer d'exister, pour recommencer à exister. Et pourtant, ce souvenir était gai, tout à la fois, parce que cette gaieté de Madrid avait bien existé ...[599]

Die Verben, mit denen hier die Auseinandersetzung mit der Vergangenheit charakterisiert wird, lassen eher die gewaltige Anstrengung einer Verdrängung als eine gelungene Integration erkennen. Wie wenig Artigas sich von der psychischen Bindung an seine Zeit in Madrid hat lösen können, verdeutlichen die Ambivalenz der Erinnerung und sein explizites Bekenntnis, noch immer von heftigen Gefühlen der Nostalgie ergriffen zu werden. Der Tod besiegelt letztlich das Scheitern des Versuchs, sein Leben von Grund auf neu zu gestalten. Innerhalb der Handlung deutet sich zwar in der spirituellen Transmigration eine Lösung an, die eindeutige Parallelen zu den Jungschen Motiven vom scheinbaren Tod der Unterweltsfahrt und der neuen Fruchtbarkeit, die bei gelungener Befreiung von der Mutterbindung aus ihr hervorgehe, aufweist. Denn trotz seines physischen Todes leben Artigas' Geist und Seele ja in Carlos Bustamante fort. Das Resultat dieses Prozesses ist jedoch nicht ganz einheitlich: Einerseits findet in de Tat eine Wiedergeburt statt, da Carlos nach dem Tod seines Freundes nicht mehr von der genannten Absencen heimgesucht wird, die er zuvor als Momente des Todes inmitten seines Lebens wahrgenommen hatte. Des weiteren sind die inzestuösen Beziehungen, die auch er unterhalten hatte, nunmehr beendet, was auf eine gelungene Trennung von der Mutter-Imago schließen läßt. Andererseits wird seine Haltung am Ende des

599 AL 255; AGP 255: »Traurig (gemeint ist die Erinnerung an die Jahres seines aktiven Engagements), also nicht nur, weil diese politische Vergangenheit nicht nur verflossen war, was immerhin für eine Vergangenheit banal ist, sondern weil es nötig gewesen war, anstatt sie zu vergessen – wie wäre das möglich, o Herr? er zittert noch gelegentlich vor nostalgischer Erregung! –, sie zu zerstören, sie zu Staub zu machen, die giftigen Gräser aus ihr auszureißen, sie buchstäblich zu annihilieren, um weiter existieren, wieder neu existieren zu können. Und doch war diese Erinnerung zugleich lustig, weil diese Madrider Lustigkeit ja existiert, weil sie seine Seele mit Würde und Zärtlichkeit erfüllt hatte, ...«

Romans nicht von neuer Kreativität und Unternehmungslust, sondern eher von nostalgischer Rückschau bestimmt.[600]

Diese Ambivalenzen verweisen implizit auf die des Autors, zumal wenn man Carlos als Verkörperung seines neuen Ichs ansieht. Dem steht jedoch entgegen, daß Semprún in der formal-inhaltlichen Gestaltung seines Werks über die Positionen seiner Figuren hinausgeht: Zwar nimmt die Auseinandersetzung mit der eigenen Vergangenheit auch hier einen großen Raum ein - schließlich ist Artigas und nicht Carlos der Protagonist des Romans –, die Art der Darstellung ist jedoch überwiegend von spielerischen, oft ironisch-satirischen Elementen geprägt, die eine weniger melancholische Einstellung zum Ausdruck bringen, als Carlos sie am Schluß des Buches offenbart.

Von besonderer Wichtigkeit ist in diesem Zusammenhang, daß Semprún sich im Werk bewußter als seine fiktionalen Personen mit der eigenen Mutterbindung auseinandersetzt. In einem Interview von 1981 kann er demzufolge im Hinblick auf die eigene Person eine tiefergreifende Veränderung beschreiben, als er sie an Artigas darstellt. Im Gegensatz zu diesem sagt er sich nicht nur von der Politik als Metier, sondern auch von seinen Plänen einer Rückkehr nach Spanien los. Beide Aspekte sind dabei für ihn eng miteinander verbunden:

> ... profondément, je ne voulais pas vivre complètement en Espagne et surtout à Madrid, ville de mon enfance! J'y serais repris par le fantasme ou le fantôme ou l'identité politique qui ne m'intéresse plus aujourd'hui ... J'y serais complètement dévoré ... Ou malheureux ou dévoré![601]

Dieser Entschluß beinhaltet zugleich den Versuch, sich zumindest partiell von der Dominanz von Ratio und Logos über Psyche und Eros zu befreien, welche seine politische Arbeit zuvor eher noch verstärkt hatte. So betont er an gleicher Stelle den Wunsch, sich vom Genre des politischen Kinos zu entfernen und statt dessen phantastische oder erotische Filme zu machen.

In *L'Algabrabie* schlägt sich diese Einstellungsänderung bereits nieder. Hatte Semprún sich in seinen autobiographischen Werken bislang nahezu ausschließlich über die Politik definiert, so zeigt er sich hier, wenn auch unter dem Deckmantel fiktionaler Figuren, mehr von der psychischen Seite seiner Persönlichkeit. In diesem Zusammenhang sei vor allem an die Darstellung der

600 Vgl. AL 437-447; AGP 439-449.

601 Semprún, J., in: Cortanze, G., a.a.O., S. 17 (Auslassungszeichen im Original): »... es war mir eine tiefe Gewißheit, ich wollte nicht gänzlich in Spanien leben und vor allem nicht in Madrid, der Stadt meiner Kindheit! Ich wäre dort wieder vom politischen Phantasma oder Phantom eingeholt worden oder von der politischen Identität, die mich heute nicht mehr interessiert ... Ich wäre dort völlig vereinnahmt ... Entweder unglücklich oder vereinnahmt!« (Übers. d. Verf.).
Vgl. auch Anmerkung 399. Wie wenig endgültig dieser Einstellungswandel ist, zeigt sich an Semprúns Übernahme des Ministeramts 1988.

ödipalen Neigungen des Protagonisten erinnert. Nicht zuletzt zeigt sich der »neue« Semprún ferner in der Empathie, mit der er einen Großteil seiner Romangestalten als erotische Libertins zeichnet. Vielfach wird dabei eine offen oder latent »machistische« Perspektive offenbar. Es scheint stellenweise so, als habe der Autor einer Art voyeuristischer Lust nachgegeben, um bewußt die zuvor selbst auferlegten Normen der Seriosität zu brechen.[602] Semprún versteht es allerdings, die betreffenden Textpassagen vor dem Abgleiten in den Grenzbereich zur Pornographie zu bewahren, indem er sie stets mit einer Fülle von gelehrten Anspielungen und Verweisen garniert: Selbst in Momenten höchster sexueller Lust zitieren seine Figuren zum Beispiel Petronius, Ovid oder Tertullian.[603] »Le vrai libertinage ne va pas sans culture«[604] – dieser Ausspruch Carlos Bustamantes könnte zugleich ein Motto des gesamten Romans sein.

Stellvertretend auf R. Artigas und C. Bustamante übertragen, tritt in der verschlüsselten Selbstdarstellung Semprúns auf diese Weise ein gleichermaßen erotischer und intellektueller Narzißmus zu Tage – ωοβει eine ironisierende Schreibweise immer wieder Distanz zum Geschriebenen schafft.[605] Analoges manifestiert sich auf der Ebene der sprachlichen Formulierungen, wo die Erudition der sprachkritischen auktorialen Kommentare einen Kontrast zur offenkundigen Freude an Wortspielen mit sexuellem Hintergrund bilden.

Gemein ist all diesen Verfahren ihr spielerischer Charakter, der im Vergleich zur bis dahin dominanten Ernsthaftigkeit des schriftstellerischen Anliegens neue Akzente setzt. In *L'Algarabie* läßt Semprún seine politische Enttäuschung einmünden in eine ironisierende Grundhaltung, die in der Satire ihr geeignetstes Ausdrucksmittel findet. Den augenfälligen Hang zum formalen Spiel erläutert der Autor selbst als Zeichen eines Bedürfnisses, Distanz zu sich und seinem Verlust an Illusionen zu gewinnen[606] Wie sich diese Haltung auf Erzählaufbau und -verfahren des Romans auswirkt, soll im folgenden näher beleuchtet werden.

602 Vgl. z.B. AL 74f., 93f.; AGP 73f., 92f.

603 Vgl. ebenda und AL 335f.;AGP 336f.

604 Vgl. Semprú, J., in: Kohut, K., *Escribir* ..., a.a.O., S. 1983.

605 Vgl. AL 218; AGP 218, wo es heißt, der Erzähler gefalle sich darin, sein Wissen auszubreiten. Die Vielzahl von Literaturangaben und versteckten Anspielungen zum Beispiel auf Voltaire, Queneau, Lacan ist dementsprechend als Ausdruck eines gleichgelagerten Interesses des Autors zu sehen; vgl. AL 59, 166f.; AGP 58, 105f.

606 Vgl. Semprún, J., in Kohut, K., *Escribir* ..., a.a.O., S. 1983.

Der Roman als literarisches Spiegelkabinett

Einleitend hatte ich bereits darauf hingewiesen, daß das Werk mehr als nur einen Erzähler aufweist. Es präsentiert sich, so kurios dies zunächst anmuten mag, im wesentlichen als ein posthum-autobiographischer Roman Artigas', den Anna-Lise und Carlos nach dessen Tod stellvertretend für ihn verfassen. Als Grundlage dienen ihnen hierbei einige in spanischer Sprache formulierte Erzählfragmente des Verstorbenen sowie die Tonbandaufzeichnungen seiner Gespräche mit der deutschen Freundin.

Die Texte dieser drei Erzählinstanzen überlagern sich im Werk und führen zu Interferenzen, die selbst durch die Identifikation der Erzähler am Ende des Buchs retrospektiv nicht aufzulösen sind. Denn aus den einzelnen Textteilen, mit Ausnahme des letzten Kapitels, geht nicht eindeutig hervor, wer das jeweilige Subjekt der Narration ist.[607] Darüber hinaus trägt das Buch, das Artigas zu schreiben begonnen hatte, nicht nur denselben Titel wie das Semprúnsche, es hat auch den gleichen Inhalt: Sogar der Tod des Protagonisten und damit der Charakter einer posthumen Autobiographie ist in ihm vorgesehen. Neben die Interferenz unterschiedlicher Erzähler tritt so noch diejenige von Autor, Erzählern und Protagonist. Dies führt zu einer internen Doppelung, bei welcher der Leser nicht zu entscheiden vermag, ob er sich nun in *L'Algarbie* Artigas' oder der Semprúns befindet.

Dies Verfahren findet sein literarisches Vorbild in André Gides *Paludes* – eine Verbindung, auf die der Text unmittelbar anspielt:

> – Moi, venait de dire Artigas, j'écris.
> – *Paludes*! Tu écris *Paludes*, j'imagine! s'était exclamé Boris en se levant de table.
> Ils avaient ri, bien sûr. C'étaient des gens cultivés. ...
> Artigas avait hoché la tête.
> – Mais non. J'écris *L'Algarabie*. ...
> C'est l'histoire d'un vieil homme dont personne ne sait plus le vrai nom, qui a écrit des livres autrefois. Ça se passe au cours d'une seule journée, en octobre 1975. Le général Franco est en train de mourir. L'homme traverse la Z.U.P. Il veut rentrer chez lui ...
> – Chez lui? dit Carlos. Donc, il n'est pas Français. Il ne porterait pas le pseudonyme d'Artigas, peut-être?
> Artigas le regarde.

607 Anhaltspunkte für die Zuweisung zu je einem der drei Erzähler sind folgenden Passagen zu entnehmen: AL 13f.; AGP 11 für Artigas, AL 67 für Anna-Lise, AL 226f. und AL 412; AGP 414 für Carlos. (Die enstprechenden Textpassagen in AL 67 und 226 sind in der deutschen Fassung unberücksichtigt geblieben, da sie kaum übersetzbare Wortspiele enthalten.).

– Peut-être, dit-il brièvement. Et puis, des obstacles de toute sorte l'empêchent d'atteindre la Préfecture. Il y a plein de péripéties ...[608]

In diesem Zitat sind bereits vier für das Werk insgesamt grundlegende Stilzüge zu erkennen, auf die ich im folgenden näher eingehen werde:
1. Die Anlehnung an bekannte literarische Vorbilder und Techniken
2. die ironisierende Selbstbespiegelung des Romans
3. die Interferenz unterschiedlicher Wirklichkeitsebenen und
4. die Doppelungen und Spiegelungen von fiktionalen beziehungsweise realen Personen.

In den ersten Bereich fällt zunächst die spielerische Bezugnahme auf *Paludes* und die Angleichung an dessen Erzählstruktur.[609] Des weiteren sind hier die Kindheitserinnerungen Artigas' zu nennen, die in ihrer literarischen Gestaltung unverkennbar auf die ersten Seiten von *Du côté de chez Swann* aus Prousts *Recherche* verweisen.[610] An einem Jugendgedicht des Protagonisten wird schließlich der spielerische Charakter einer mehrfach gebrochenen Spiegelung deutlich hervorgehoben: Die im Roman zitierten Verse erscheinen Carlos Bustamante als Nachahmung eine Mallarmé, der Proust gelesen und die Prosodie Aragons übernommen hätte.[611] Innerhalb des Werks findet sich diese Thematik ihrerseits gespiegelt in dem Verweis auf ein gelungenes Pastiche des katalanischen Schriftstellers Llorenç Villalonga von gleichfalls kari-

608 AL 401, 405ff.; AGP 402, 407ff.:»'Ich', hatte Artigas gerade gesagt, 'ich schreibe.'
¡Paludes! Du schreibst *Paludes*, nehme ich an!' hatte Boris gerufen, als er vom Tisch aufstand.
Sie hatten natürlich gelacht. Es waren gebildete Leute. ...
Artigas hatte den Kopf geschüttelt.
'Aber nein, ich schreibe *L'Algarabie*.' ...
'Es ist die Geschichte eines alten Mannes, von dem niemand mehr den richtigen Namen weiß, der früher Bücher geschrieben hat. es spielt an einem einzigen Tag im Oktober 1975. General Franco liegt im Sterben. Der Mann geht durch die Z.U.P. Er will aufs Polizeipräsidium gehen, um eine Paß zu erhalten. Er will nach Hause ...'
'Nach Hause?' sagt Carlos. 'Also ist er kein Franzose. Trägt er nicht vielleicht das Pseudonym Artigas?'
Artigas sieht ihn an.
'Vielleicht', sagt er kurz. 'Und dann wird er von allen möglichen Hindernissen davon abgebracht, das Polizeipräsidium zu erreichen. Es gibt lauter Zwischenfälle ...' (Die letzten beiden Auslassungszeichen im Original). Vgl. auch AL 409; AGP 411.

609 Vgl. Gide, A., *Paludes*, in: ders., *Romans, récits et soties. Oeuvres lyriques*, Paris (Bibliothèque de la Pléiade) 1958, S. 87-147, besonders S. 91ff., 116ff, 146.

610 Vgl. AL 36: »Je me suis longtemps couché de bonne heure, mais je ne m'endormais jamais tout de suite« beziehungsweise Proust, M., *Du côté de chez Swann*, in: ders., *A la recherche du temps perdu*, Bd. 1, Paris (Bibliothèque de la Pléiade) 1956, S. 1-427, hier S. 3: »Longtemps, je me suis couché de bonne heure. Parfois, à peine ma bougie éteinte, mes yeux se fermaient si vite que je n'avais pas le temps de me dire: 'Je m'endors.' Et une demi-heure après, la pensée qu'il était temps de chercher le sommeil m'éveillait ...« (Die deutschen Übersetzungen gleichen einander weniger.) Vgl. auch die explizite Referenz auf Proust in AL 222f.; AGP 222ff.

611 Vgl. AL 194ff.; AGP 194ff.

katuralem Charakter mit dem Titel *Marcel Proust intenta vendre un »de Dion Bouton«*.[612]

Die Anlehnung an Gide in *L'Algarabie* geht indes über den Rahmen eines formalen Spiels hinaus. Wie oben am Beispiel der Maurenromanze aufgezeigt, verwendet Semprún die von Gide in die moderne Erzählliteratur eingeführte *mise en abyme*-Technik, und zwar in einer doppelten Funktion: Zum einen dient sie der Verdeutlichung der formalen und inhaltlichen Strukturen des Werks, zum anderen erhöht sie dessen Komplexitätsgrad beziehungsweise, in der Terminologie W. Isers, dessen »Unbestimmtheitsbetrag«.[613] Am eindrucksvollsten tritt letzteres am Beispiel der genannten Verschachtelung unterschiedlicher Erzählebenen hervor, die, wie Lucien Dällenbach an *Paludes* überzeugend darlegt, selbst als vielschichtige Variante einer *mise en abyme* anzusehen ist.[614]

Der zweite der genannten Stilzüge ist mit dem ersten eng verbunden. Denn zum einen beruht die Selbstreflexion des Textes ebenso wie die *mise en abyme* auf dem Prinzip der Spiegelung, und zum anderen ist die Anlehnung an bestimmte literarische Muster ihrerseits teils implizit, teils explizit Gegenstand einer solchen Spiegelung.

Nur indirekt in Analogie zum Werk gesetzt ist zum Beispiel die Beschreibung einer Zarzuela mit dem Titel *La Corte de Faraón*[615] oder die innerhalb der Kommune in Angriff genommene Verfilmung der *Mystères de Paris*. Mit ihr verbindet der Regisseur folgende Intention:

> »Jouer le jeu du mélodrame ... et par l'introduction d'éléments légèrement décalés, parodiques, jouer celui de la critique du mélodrame, de son idéologie populiste et humanitariste!«[616]

---

612 Erschienen in: ders., *El lledoner de la clastra*, Palma de Mallorca 1958, S. 75-101; vgl. hierzu auch AL 222f.; AGP 222f.

613 Vgl. Iser, W., *Die Appellstruktur der Texte*, Konstanz 1970, S. 11f.

614 Vgl. Dällenbach, L., *Le récit spéculaire. Essai sur la mise en abyme*, Paris 1977, hier insbesondere S. 44: »Est-on dans *Paludes* de Gide? Est-on dans *Paludes* du narrateur? ... c'est délibérément que le livre (se) joue des problèmes de topologie. Hésitation prolongée entre l'intérieur et l'extérieur, il nous introduit dans un espace courbe où cercles excentrique et concentrique se recoupent et où l'on retrouve le miroir des peintres avec ce qu'il a pouvoir de symboliser: l'intégration de l'autre dans le même, l'oscillation du dedans et du dehors.« (Ist man in Gides *Paludes*? Ist man im *Paludes* des Erzählers? ... ganz bewußt spielt das Buch mit den Problemen der Topologie. Die Ungewißheit zwischen Innen und Außen aufrechterhaltend, führt das Buch uns in einen gekrümmten Raum, in dem ein exzentrischer und ein konzentrischer Kreis einander schneiden und wo man den Spiegel der Maler wiederfindet mit allem, was er zu symbolisieren vermag: die Integration des anderen im selben, die Oszillation des Drinnen und Draußen. – Übers. d. Verf.).

615 In AL 360; AGP 362 kennzeichnet Semprún die Zarzuela als »doppelt freizügig«, da sie sich »nicht nur Freiheiten mit der Moral ..., sondern auch mit der historischen oder vielmehr legendären Wirklichkeit« herausnehme. Ähnliches ließe sich auch über *L'Algarabie* sagen.

616 AL 354; AGP 356: »'Das Spiel des Melodramas spielen ... und durch Einführung leicht abweichender, parodistischer Elemente das der Kritik des Melodramas spielen, seiner populistischen und humanitären

Sempruns Vorgehensweise in *L'Algarabie* ist dem vergleichbar: Er rekurriert auf Darstellungsweisen anderer Romangattungen, setzt zu ihnen jedoch zugleich einen ironisch-kritischen Kontrapunkt. So erinnern die komplexe Handlungsführung, die Vielzahl der Digressionen, der autobiographische Charakter und der explizite Adressatenbezug des Werks teils an den spanischen Schelmenroman, teils an den französischen *roman populaire* des letzten Jahrhunderts, während die Erzählhaltung stellenweise Bezüge zum »totalen Roman« eines Balzac, Dickens, Flaubert oder Tolstoi erkennen läßt.[617] Die auktorialen Kommentare verweisen zwar explizit auf die Querverbindungen zu diesen Richtungen und Traditionen, doch ist die in ihnen enthaltene Ironie zu offensichtlich, als daß sie ganz wörtlich genommen werden könnten.[618] Insbesondere die Bemerkungen zur Perspektive eines gottgleichen, allwissenden Erzählers tragen vielmehr auch eindeutig ideologiekritische Züge.[619]

Hinsichtlich des dritten der oben aufgeführten Stilmittel, der Kreuzung unterschiedlicher Wirklichkeitsebenen im Werk, empfiehlt sich eine Differenzierung zwischen den außerliterarischen und den werkimmanenten Referenzen. Dem ersten Bereich sind die nur zum Teil explizit aufgezeigten Bezüge zur griechischen Mythologie, zur französischen Geschichte und hier insbesondere zur Kommune von 1871 sowie zum spanischen Exil zuzurechnen.[620] Die Kenntnis der Sagenwelt beziehungsweise Historie ermöglicht es, Analogien und Unterschiede zur dargestellten Wirklichkeit zu erkennen. Innerhalb der im Werk selbst auftretenden Brüche und Überlagerungen verschiedener Realitätsebenen, die denen der Verschachtelung der Erzählinstanzen prinzipiell analog sind, entbehrt der Leser jedoch einer festen Grundlage, sieht sich in ein auswegloses Labyrinth gestellt. Da ist zunächst einmal Artigas' *L'Algarabie*. Der Inhalt dieses von seinem Autor als Roman bezeichneten Werks ist offensichtlich im wesentlichen mit dem des hier besprochenen Romans deckungsgleich.[621] Die erzählte Welt wird wiederum von den Erzählern der Semprúnschen *L'Algarabie* stellenweise als historische Wirklich-

---

Ideologie!'«

617 Vgl. hierzu AL 404; AGP 406.

618 Vgl. AL 92f., 237, 350, 384f.; AGP 92, 236, 351, 386f.

619 Vgl. AL 77, 191, 366; AGP 76, 191, 367f.; Poirot-Delpech spricht in diesem Zusammenhang von einer Persiflage des Trivialromans, vgl. Poirot-Delpech, B., *Roman d'une utopie et utopie du roman. »L'Algarabie« de J. Semprun*, in: *Le Monde*, 4.12.1981, S. 15 und 17. Andere Rezensenten wie Gérard de Cortanze und Michèle Gazier hingegen schenken der Ironie dieser Selbstbespiegelungen weniger Beachtung und sehen im pikaresken Roman gültige Vorbilder des Semprúnschen Romans; vgl. Cortanze, G. de, *Un remplaçant de Dieu*, in: *Magazine littéraire*, 182 (März 1982), S. 47f. und Gazier, M., *La lucidité tendre et ironique d'un désespoir confortable*, in: *La Quinzaine littéraire*, 363 (16.1.1982), S. 17f. Vgl. hierzu auch S. 274.

620 Vgl. zum Beispiel AL 441, 269ff., 149f.; AGP 443, 270ff., 148.

621 Vgl. AL 405-410; AGP 407-413.

keit, dann jedoch wiederum als Fiktion ausgegeben, ohne daß Anhaltspunkte zur Auflösung dieses Widerspruchs zu finden wären.[622] Die Interferenz beider Ebenen wird beispielsweise an folgender von romantischer Ironie getragenen Passage deutlich, in der sich der Erzähler als Augenzeuge einer von ihm erfundenen Wirklichkeit präsentiert:

> Le Narrateur, en effet, s'est glissé subrepticement dans l'autocar en partance, avec l'intention – foncièrement narcissique, il faut l'avouer, mais quel narrateur, écrivain ou même écrivant, ne l'est-il pas un peu? – d'assister au déroulement de ce nouveau chapitre des aventures qu'il a imaginées.[623]

Diese Ambivalenz hält allerdings nur bis zur Darstellung vom Tod des Protagonisten an; das darauffolgende zehnte und letzte Kapitel des Romans vollzieht einen Wechsel von der Fiktion, so wie sie Artigas' literarisches Projekt charakterisiert hatte, zur angeblich realen Wirklichkeit seines Entstehungsprozesses. Auch wenn dies Kapitel retrospektiv die Struktur des Werks transparenter macht, indem es die Modalitäten seiner Genese aufdeckt, und obwohl es eindeutig nur aus einer Perspektive, der Carlos Bustamantes, erzählt wird, ist es doch keineswegs durchgängig von einem Streben nach Klarheit gekennzeichnet. Es endet mit den Worten:

> Il (das heißt Carlos) rit tout seul, dans le soleil d'octobre, devant le restaurant *La Gola. Que nos quiten lo bailado*, pense-t-il. Il le dit même à haute voix, pour être sûr de le penser vraiment. Mais il ne va pas traduire, foutre non! Le roman est fini, nous sommes revenus dans la triste réalité: comprenne qui pourra.
>
> Fouesnant, »Le Rojou«, 1974 - Garentville, 1981.[624]

»Verstehe, wer kann« – dieser Satz hat nicht allein für den unübersetzten spanischen Ausruf, sondern übergreifend für das gesamte Werk Gültigkeit. Dessen Vielschichtigkeit wird durch den Hinweis auf Ort und Zeit des literarischen Entstehungsprozesses noch einmal unterstrichen. Die erste Angabe fand sich schon unter dem Romanfragment Artigas', während die zweite in

622 Vgl. zum Beispiel AL 23, 31, 44-47, 56, 65-68; AGP 21f., 29f., 42-46, 55f., 64-67.

623 AL 65; AGP 64: »Der ERZÄHLER hat sich nämlich verstohlen in den abfahrenden Bus eingeschlichen, mit der zugegebenermaßen zutiefst narzißtischen Absicht – aber welcher ERZÄHLER ist das nicht ein wenig? –, dem Ablauf dieses neuen Kapitels der von ihm ausgedachten Abenteuer beizuwohnen.«

624 AL 447; AGP 449: »Er (d.h. Carlos) lacht vor sich hin in der Oktobersonne am Restaurant von *La Gola. Que nos quiten lo bailado*, denkt er. Er sagt es sogar laut, um sicher zu sein, daß er es wirklich denkt. Aber er wird es nicht übersetzen, verflucht nochmal! Der Roman ist zu Ende, wir sind in die traurige Wirklichkeit zurückgekehrt: verstehe wer kann.
Fouesnant, »Le Rojou«, 1974 – *Garentreville*, 1981« Der spanische Satz ließe sich in etwa wie folgt übersetzen: Gelebtes Leben (oder: einen getanzten Tanz) kann einem niemand nehmen.

Übereinstimmung mit der Darstellung Bustamantes steht; beide verweisen somit auf die im Roman vermittelte Schilderung der Werkgenese. Andererseits sind sie aber auch auf den Autor zu beziehen, der eigenen Angaben zufolge sieben Jahre an *L'Algarabie* arbeitete, was genau der oben genannten Zeitspanne entspricht.[625]

Mit Doppelungen und Unschärfen arbeitet Semprún auch in der Zusammenstellung seiner fiktionalen Figuren, was zum vierten der oben aufgezählten Stilzüge überleitet. An erster Stelle sind hier die literarischen Verkörperungen des Autors selbst zu nennen. Gerade so, als wolle er auf die *alter ego*-Funktion des Protagonisten besonders hinweisen, läßt Semprún dessen Identität bewußt im ungewissen. »Artigas« sei lediglich ein Pseudonym, heißt es gleich zu Beginn des Romans, sein »wirklicher« Name wird explizit jedoch nie genannt, nur der Vorname ist einer kurzen Passage indirekt zu entnehmen – er ist mit dem des Autors identisch. Neben Artigas und Carlos Bustamante tragen auch weitere Personen autobiographische Züge. Pedro Vargas zum Beispiel, der Führer der spanischen Milizen in der Z.U.P., weist eine Lebensgeschichte auf, die der Semprúns vergleichbar ist; Maxime Lecoq tritt bisweilen als eine Art Sprachrohr der politischen Ideen Semprúns auf; das gleiche gilt für Eleuterio Ruiz, der zudem in seinem physischen Erscheinungsbild dem Autor ähnelt.[626] Dieser geht gar so weit zu behaupten: »Les personnages espagnols de mon livre sont tous moi. Comme Flaubert est Mme Bovary.«[627]

Auf die karikaturale Spiegelung realer Personen im Werk wurde bereits hingewiesen. Als besonders augenfälliges Beispiel sei hier noch die Gestalt des François-Xavier DuDimanche erwähnt, die ganz offensichtlich dem katalanischen Exil-Schriftsteller und Publizisten Xavier Domingo nachempfunden ist, welcher lange Zeit den Anarchisten nahestand.[628] Darüber hinaus sind, allerdings nicht in satirischer Absicht, weitere Figuren der Handlung in Anlehnung an reale Personen gezeichnet: Paula Negri gleicht in ihrer Bedeutung für den Protagonisten der Schauspielerin Pola Negri – sie ist nicht nur seine enge Vertraute, sondern auch das idealisierte und zugleich unerreichbare Objekt seiner sexuellen Wünsche; Eleuterio Ruiz erinnert an den ebenfalls »El Lute« genannten legendären Gefängnisausbrecher Eleuterio Sánchez, der aufgrund seiner sozialkritischen Analysen gerade von der spanischen Linken der

625 Vgl. Semprún, J., in: Pudlowski, G., *Semprun, l'exilé*, in: *Les Nouvelles littéraires*, 2814 (26.11.1981), S. 42.

626 Vgl. AL 132; AGP 131 (Artigas), AL 55f.; AGP 54f. (Vargas), AL 231-239; AGP 230-239 sowie AL 402f.; AGP 403ff. (Lecoq) und AL 160ff.; AGP 159ff. (Ruiz).

627 Semprún, J., in: Pudlowski, G., a.a.O.,: »Die spanischen Figuren sind alle ich. Wie Flaubert Mme. Bovary ist.«

628 Vgl. AL 155; AGP 154; vgl. auch S. 26.

späten siebziger Jahre viel beachtet wurde[629]; Seisdedos, der Nachname seiner Frau Demetria, verweist auf den gleichnamigen anarchistischen Bauernführer aus dem Andalusien der dreißiger Jahre.[630] Maxime Lecoq hat, wie nicht nur der Name, sondern auch die vergleichbare Bio-Bibliographie erkennen läßt, Max Gallo, den Historiker, Essayisten, Romancier und vormaligen Pariser Regierungssprecher zum Vorbild, und Boris Villeneuve schließlich, der Filmregisseur der Kommune, ist als literarische Verkörperung von Chris Marker alias Christian François Bouche-Villeneuve, dem bekannten französischen Filmemacher, konzipiert, der ebenso wie Gallo zu den Freunden des Autors zählt. Weitere Doppelgänger sind im innerliterarischen beziehungsweise werkimmanenten Kontext zu entdecken. Pluvinage, ein Spitzel der Versailler Zentralregierung, ist Paul Nizans *La Conspiration* und Heidi, eine Fremdenführerin der Kommune, Sempruns *Mercader* entlehnt. Auch an anderer Stelle bezieht sich Semprún direkt oder indirekt auf seine früheren Werke und vermittelt seiner Stammleserschaft so den Eindruck, zu einem Kreis von Vertrauten zu gehören.

Als weiterer Stilzug sei letztlich der spielerische Umgang mit dem Leser erwähnt. So wird dieser in auktorialen Kommentaren zum Beispiel als »listig« und literarisch gebildet apostrophiert und gar in Anspielung auf Baudelaire als ebenbürtiger Bruder des Autors beziehungsweise Erzählers hofiert, dann jedoch wieder in seine Rolle als Rezipient und nicht etwa als Mit-Schöpfer der fiktionalen Welt zurückverwiesen.[631] Poirot Delpech bemerkt hierzu treffend:

> Traité en enfant, par jeu, quand il s'agit de piquer sa curiosité, le lecteur est pris, d'un paragraphe à l'autre, pour un adulte capable de comprendre et de goûter les problèmes les plus subtils du métier littéraire, en tête desquels le passage d'une langue à l'autre.[632]

In der Tat stellt das Buch relativ hohe Anforderungen an den Leser, wobei die Entzifferung des sehr verschlüsselten Bedeutungsgefüges, als das sich das Werk darstellt, allerdings gerade einen Großteil des ästhetischen Vergnügens der Rezeption ausmacht. Er wird jedoch bewußt in der Ungewißheit belassen, ob er alle Anspielungen verstanden hat, zumal das Buch eine Reihe von versteckten Bezügen zu Personen und Ereignissen aufweist, die dem Lebensbe-

629 Vgl. hierzu den Aufsatz von Juan Goytisolo *El Lute a la calle*, in: *Triunfo*, 751 (18.6.1977), S. 32f.

630 Vgl. Porcel, B., *La revuelta permanente*, Barcelona 1978, S. 173.

631 Vgl. AL 147, 211, 421, 427; AGP 146, 212, 424, 431 im Gegensatz zu AL 359, 384f.; AGP 361, 387. Die Baudelairesche Textstelle findet sich in dessen Gedicht *Au lecteur*, das *Les Fleurs du mal* vorangestellt ist; vgl. Baudelaire, Ch., *Oeuvres Complètes*, Bd. 1, Paris (Bibliothèque de la Pléiade) 1975, S. 5f.

632 Poirot-Delpech, B., a.a.O., S. 17: »Spielerisch als Kind behandelt, wenn es darum geht, seine Neugier zu wecken, wird der Leser von einem Absatz zum anderen als Erwachsener angesprochen, der fähig ist, die subtilsten Probleme des literarischen Handwerks, an erster Stelle den Wechsel von einer Sprache zur anderen, zu verstehen und zu goutieren.« (Übers. d. Verf.).

reich des Autors zuzurechnen sind und als »private jokes« beziehungsweise »gags intimes« nur von Eingeweihten zu verstehen sind.[633] Der Titel des Buchs verweist auf diesen hermetischen Charakter; es ist selbst einer »Algarabía«, einem Sprachenwirrwarr, vergleichbar, das letztlich nicht ganz verstanden werden kann. Darüber hinaus zeugt der Hispanismus, den das Wort »algarabie« im Französischen bildet, von der exilbedingten Zweisprachigkeit des Autors sowie von dem Entstehungsprozeß des Werks, das lange Zeit, wie Semprún formuliert, »seine Sprache suchte«, das heißt abwechselnd in Französisch und Spanisch geschrieben wurde.[634] Letzteres zeigt sich auch an einer Vielzahl von bilingualen Interferenzen, die Semprún in zumeist selbstironischer Weise kommentiert.[635] Anzumerken bleibt noch, daß die Wahl der Personen und des Orts der fiktionalen Handlung die Zwitterstellung Semprúns zwischen der französischen und der spanischen Kultur reflektiert. So zeigt sich in seinen Beschreibungen des Pariser Quartier Latin eine Art liebevoller Vertrautheit, aus der die Bindungen an seine langjährige Wohnstätte im Herzen dieses Viertels deutlich abzulesen sind.[636] Bezeichnenderweise sind es jedoch nicht Franzosen, sondern spanische Emigranten, die Semprún hier ansiedelt, ihnen gilt seine besondere Sympathie und Anteilnahme.

Insgesamt spiegelt der Roman sowohl in inhaltlicher als auch in formaler Hinsicht das Ich des Autors wider – ein Umstand, der bereits in der Beziehung Artigas – Anna-Lise vorgezeichnet ist: Diese hält bekanntlich quasi in der Funktion einer Psychoanalytikerin dem Protagonisten den Spiegel seiner selbst vor. Nicht zufällig sagt Semprún auch:

> »J'ai mis sept ans pour écrire l'*Algarabie*. Une manière de mettre de l'ordre dans l'*Algarabie* de ma vie.«[637]

Das »Ordnung ins Leben bringen« mittels der Literatur ist dem analog, was ich an anderen Werken des Autors als »autotherapeutische Funktion« des Schreibens bezeichnet habe. Hier läßt sich wiederum eine Verbindung zu dem ziehen, was oben im psychoanalytisch orientierten Deutungsversuch ausgeführt wurde. Die dort beobachtete doppelte Tendenz – Abkehr von der Domi-

---

633 So dürfte mit dem in AL 24; AGP 22 erwähnten »bekannten Dichter« wohl Semprúns Bruder Carlos gemeint sein, welcher mehrere Jahre in der in diesem Zusammenhang genannten Straße wohnte.

634 Vgl. Semprún, J., in: Cortanze, G. de, *Jorge Semprun* ..., a.a.O., S. 16.

635 Vgl. z.B. AL 93, 97, 106.
Die von Traugott König und Christine Delory-Momberger überzeugend bewerkstelligte Übersetzung des an schwer übertragbaren Wortspielen reichen Romans enthält einige Kürzungen. Daher findet sich von den hier aufgeführten Textstellen nur eine (AGP 95) in der deutschen Fassung wieder.

636 Vgl. hierzu Pudlowski, G., a.a.O. beziehungsweise Poirot-Delpech, B., a.a.O., S. 17.

637 Semprún, J., in: Pudlowski, G., a.a.O.: »Ich habe sieben Jahre gebraucht, um *Algarabía* zu schreiben. Es war eine Art, Ordnung in die *Algarabía* meines Lebens zu bringen.«

nanz der Ratio und Neubesinnung auf das Spielerische – schlägt sich in der formalen Gestaltung des Romans nieder: Zusammenfassend läßt sich vereinfacht sagen, daß die von Doppelungen und Interferenzen geprägte hermetische Werkstruktur im künstlerischen Rahmen die Auffassung des Autors von der Unfähigkeit der Ratio illustriert, die Totalität der Wirklichkeit zu erfassen und zu ergründen. Die mehrfache Spiegelung des eigenen *alter ego* im fiktionalen Geschehen reflektiert ferner den Verzicht auf eine festumrissene, statische Identität, wie sie Artigas in der Rückkehr zur »madre patria« beziehungsweise in der Regression auf die Mutter nur im Tod finden konnte. Die Absage an die Vorstellung von einem monadischen Ich, welche schon aus der *Autobiografía de Federico Sánchez* abzulesen war[638], findet sich demnach hier bestätigt und in noch facettenreicherer Weise literarisch gestaltet.

638 Vgl. S. 174.

9.
Montand. La vie continue (Yves Montand. Das Leben geht weiter)

Sempruns bislang letztes Werk gilt, wie der Titel bereits ankündigt, seinem Freund Yves Montand, der 1981/82 sein Comeback als Sänger auf den bekanntesten Bühnen der alten und der neuen Welt feierte. Das Buch schildert einige der Höhepunkte seiner Tournee, auf der der Autor ihn begleitete, unternimmt darüber hinaus aber auch den Versuch, aus der subjektiven Perspektive des Vertrauten ein Bild von Montands Persönlichkeit zu zeichnen. Es handelt sich jedoch nicht um eine Biographie im traditionellen Sinne, Semprún selbst nennt es unter anderem einen langen, an Montand gerichteten Brief, ein Porträt-Essay, den Roman einer Freundschaft, die Chronologie einer gemeinsamen Arbeit, einer analogen politischen Entwicklung.[639] Ausgangspunkt und oft gleichfalls Gegenstand der Darstellung ist somit wiederum das eigene Erleben beziehungsweise Miterleben. Die Erzählstruktur folgt erneut dem bekannten Assoziationsprinzip der Erinnerung, wie überhaupt die literarische Gestaltung keine grundlegenden Innovationen aufweist: Explizite Leseransprache sowie auktoriale Kommentare zu Textaufbau und Diktion bilden neben der vielfach deutlich an filmische Erzählweisen angelehnten Montagetechnik auch hier die auffälligsten formalen Merkmale.[640] Da das Buch weder neue politische Positionen erkennen läßt, noch wesentlich zu einem vertieften Verständnis von Sempruns schriftstellerischem Schaffen beiträgt, sei es hier nur kurz und in groben Zügen charakterisiert.

Wichtig scheint mir hervorzuheben, daß *Montand. La vie continue* die in *L'Algarbie* beobachtete Tendenz einer Aufwertung des Emotionalen und Privaten gegenüber der vorherigen Dominanz des Politischen fortsetzt. Beide Aspekte finden sich hier in gleicher Gewichtung zu einer Einheit integriert,

639 Vgl. MO 267; MLW 286.

640 Die kinematographischen Einflüsse sind vor allem im zweiten Kapitel offensichtlich, das bezeichnenderweise den Namen des bekannten Fellini-Films *Amarcord* zur Überschrift hat; vgl. insbesondere die Erläuterungen in MO 42, 52 bzw. MLW 40, 52.

was sich sowohl in der thematischen Ausrichtung als auch in der Sichtweise und Terminologie der Darstellung niederschlägt.

Montands Privatleben und sein künstlerischer Werdegang, die ärmliche Kindheit als Sohn italienischer Emigranten in Marseille, die ersten Auftritte als Sänger, die einzelnen Stationen seiner Schauspielerkarriere, die Ehe mit Simone Signoret etc. kommen hier ebenso zur Sprache wie sein öffentliches Engagement zum Beispiel für die vietnamesischen »boat people«, für das Existenzrecht des Staates Israel und insbesondere für die unabhängige polnische Gewerkschaft »Solidarität«. Sempr\u00fans Selbstdarstellung erweckt dabei den Eindruck, als fügten sich sein eigenes Leben und Denken und das Montands nahtlos zu einer Einheit. Besonders deutlich wird dies in der Evokation der gemeinsamen Arbeit an den Filmen *La guerre est finie*, *Z*, und *L'Aveu* (Das Geständnis), die, so der Autor, für beide einen kathartischen Effekt hatte: Während sie ihm selbst geholfen habe, den Bruch mit dem PCE emotional und intellektuell zu verarbeiten, sei Montand, seinerseits lange Zeit ein Weggefährte der KP Frankreichs, durch sie erst zur vollen Entfaltung seiner künstlerischen und politischen Autonomie gelangt.[641] Die bereits häufig behandelte Thematik der Trennung von der Partei kommt hier nicht so sehr in einer politischen als vielmehr in einer psychologischen Terminologie zum Ausdruck.[642] Wenn Semprún dementsprechend seine und Montands aktuelle Haltung zur Politik skizziert, so fällt auf, daß dort erstmalig mehr über Gefühle als über Gedanken ausgesagt wird:

> Un désespoir actif ..., rempli de projets, de colères, de coups de tête, de coups de coeur. D'envies de changer les choses. Un espoir dépourvu de certitudes, pas trop chargé d'illusions, juste ce qu'il faut pour bouger. Quelque chose de tonique, enfin: ni lénifiant, ni léniniste, évitant donc les deux extrêmes d'une comparable bêtise.[643]

Der Untertitel des Buchs, *La vie continue*, den Semprún in bewußter Umkehrung des Filmtitels *La guerre est finie* formulierte, ist somit als Ausdruck einer affirmativen Lebenseinstellung zu werten.

Von der französischen Literaturkritik wurde das Werk wenig beachtet[644], von der deutschen durchweg verrissen: Man warf Semprún insbesondere

641 Vgl. MO 111-127, 162-176, 187-199; MLW 115-134, 171-187, 199-213.

642 Vgl. insbesondere MO 125ff.; MLW 131ff., wo von »Trauerarbeit« und »Katharsis« die Rede ist.

643 MO 267; MLW 286: »Eine gemeinsame Strecke zu einer geteilten enttäuschten Hoffnung. Zu einer aktiven Hoffnungslosigkeit jedoch, voller Projekte, voller Zorn, Spontaneität, Emotionalität. Voller Lust, die Dinge zu verändern. Zu einer Hoffnung ohne Gewißheiten, nicht zu sehr mit Illusionen belastet, gerade genug, um in Gang zu bleiben. Etwas Anregendem jedenfalls: weder lindernd noch leninistisch, also unter Vermeidung der beiden Extreme einer vergleichbaren Dummheit.«

644 Hier sei lediglich verwiesen auf Verdès-Leroux, J., *Un »Montand« qui relève de la littérature*, in: *La Quinzaine littéraire*, 396 (16.6.1983), S. 10.

»Geschwätzigkeit« beziehungsweise »Sprunghaftigkeit« in der Darstellung vor.[645] Eine Prévert geltende Kritik Sempruns gegen ihn selbst wendend, kommt auch B. Kroeber zu dem Schluß, Semprún habe »dies eine Mal nicht meisterlich ... zu viele Themen und auf nicht nur unübersichtliche, sondern manchmal willkürliche Art vermischt, wobei er dem Symbolischen Vorrang vor dem Signifikanten« gegeben habe.[646] Und Michael Ben moniert, daß »die immer wieder kokett reflektiert antichronologisch-labyrinthische Akrobatik, die über auseinanderliegende Daten, Orte, Figuren einen Gedanken einkreisende Schreibweise aus *Was für ein schöner Sonntag!* ... im Montand-Buch von 1984 durch dauernde Selbstplagiate schon zu umständlichem Narzißmus verkommen« sei.[647]

In der Tat läßt Semprún im Montand neue Impulse vermissen, und es hat gar den Anschein, als sei er an einen Punkt gelangt, an dem eine sehr enge thematische Anlehnung an das eigene Erleben sich als literarisch nicht mehr fruchtbar erweist.

So lautete mein 1985 formuliertes Fazit. In den beiden Folgejahren hat Semprún zwei Werke vorgelegt, die sich in der Tat durch eine stärkere Fiktionalisierung auszeichnen. Ohne den Anspruch, eine umfassende Analyse zu leisten, sollen die nun folgenden Untersuchungen die neuere literarische Entwicklung des Autors in ihren wesentlichen Zügen beleuchten.

645 Vgl. Uthmann, J. von, *Ein Italiener in Paris*, in: *Frankfurter Allgemeine Zeitung*, 177 (11.8.1984), S. 22 beziehungsweise Baer, V., *Yves Montand in Ausschnitten*, in: *Der Tagesspiegel* (Berlin), 13.1.1985.

646 Vgl. Kroeber, B., *»Für diesmal nicht meisterlich« – Jorge Sempruns »Porträt-Essay« über Yves Montand*, in: *Frankfurter Rundschau*, 8.9.1984, S. ZB 4. Kroeber zitiert einen Passus, der im Original wie folgt lautet: »... le scénario de Jacques Prévert (gemeint ist das Drehbuch zu M. Carnés Film *Les Portes de la nuit*), pour une fois non maîtrisé, mêlait trop de thèmes et de façon non seulement touffue mais parfois arbitraire, donnant une préférence au symbolique sur le signifiant.« (MO 71).

647 Vgl. Ben, M., *Was verrät der Verrat? Notizen beim Lesen von Jorge Semprún*, in: *Düsseldorfer Debatte*, 2 (1984), S. 23-36, hier S. 24.

10.
La Montagne blanche
(Der weiße Berg)

Das Motiv der Männerfreundschaft, das *Montand. La vie continue* wesentlich bestimmte, bildet thematisch ein Bindeglied zu dem ansonsten gänzlich anders gearteten Nachfolgewerk, dem drei Jahre später erschienenen Roman *La Montagne blanche*: In der Abgeschiedenheit eines normannischen Landhauses treffen sich der Bühnenautor Juan Larrea und seine junge Geliebte Nadine Feierabend, der Maler Antoine de Stermaria und seine italienische Frau Franca Castellani sowie der exiltschechische Theaterregisseur Karel Kepela, welcher mit Juan an einem nicht näher erläuterten literarischen Projekt mit dem Titel *La Montagne blanche* arbeitet. Die Handlung umfaßt zwei Tage, den 24. und 25. April 1982. Insbesondere das letztgenannte Datum ist in mehrfacher Hinsicht von Bedeutung: An ihm jährt sich zum vierzigsten Mal der Tag, an dem Juan und Antoine einander kennenlernten und der so den Beginn einer von gemeinsamen künstlerischen, politischen und erotischen Passionen geprägten intensiven Freundschaft markiert. Zugleich ist es der vierzigste Geburtstag Francas, die vor und zeitweise auch nach ihrer Heirat Juans Geliebte gewesen war und durch das Datum ihrer Geburt mit beiden Freunden quasi schicksalhaft verbunden erscheint.[648] Von existentieller Bedeutung aber ist der 25. April vor allem für den ehemaligen KZ-Häftling Juan; den offiziellen »Gedenktag an die Opfer der Deportation« wird er nicht überleben, erdrückt von der Last einer unüberwindbaren Vergangenheit geht er in den Freitod.

An diesen wenigen einführenden Zeilen wird schon ersichtlich, wie sehr Semprún auch in *La Montagne blanche* eigenen Erlebnishintergrund literarisch gestaltet. Der Name Juan Larrea, aus dem *Sánchez* bereits bekannt[649], war einer seiner vielen Decknamen als illegaler KP-Funktionär in Madrid.

648 Vgl. *La Montagne blanche* (im folgenden MB und Seitenzahl), S. 71 bzw. *Der weiße Berg* (im folgenden WB und Seitenzahl), S. 69, wo Franca spöttisch anmerkt, sie sei vielleicht durch den »metaphysischen *coup de foudre*« der beiden Freunde gezeugt worden.

649 Vgl. S. 168, Anm. 375.

Dementsprechend trägt diese Romanfigur am deutlichsten autobiographische Züge. Mit dem Autor gemein hat sie unter anderem die Kindheit in Spanien, das Exil, die Résistance-Erfahrung, das literarische Metier sowie politische Überzeugungen, künstlerische Vorlieben und erotische Obsessionen. Aber auch andere Personen der Fiktion verkörpern bestimmte Persönlichkeitsmerkmale Sempruns. So gibt Antoine, ein Balte hugenottischer Abstammung, dessen Liebe zur Malerei Gestalt, seine vom Inzestmotiv beherrschte Sexualität erinnert ferner an die der *alter ego*-Figur Rafael Artigas aus *L'Algarabie*[650]; Karel Kepela schließlich kommt mit seiner Vergangenheit als abtrünniger Kommunist und von stalinistischen Säuberungen Verfolgter der politischen Identität des Autors am nächsten. Damit ist ein thematischer Rahmen gesteckt, der erneut die ständig wiederkehrenden Anliegen Sempruns umfaßt: die Virulenz von Erinnerungen an die Lagerhaft, der Verlust politischer Hoffnungen, die Faszination von Eros, Inzest und Tod. Aus früheren Werken vertraut sind zudem die Freude an geschichtlichen Koinzidenzen, welche es ermöglichen, thematisch verschiedene Gebiete im Roman miteinander zu verknüpfen[651] sowie der Hang zu literarisch gebildeten Anspielungen und Verweisen – hier vor allem auf Kafka, Musil, Char, Kundera, Gide, Dostojewski, Proust und Baudelaire[652] –, vertraut auch die formale Struktur, jene durch den Wechsel von auktorialer und personaler Darstellung gekennzeichnete Verschachtelung des Erzählaufbaus.

Hervorgehoben sei in diesem Zusammenhang, daß die Anteile der Hauptfiguren an der personalen Darstellung sehr unterschiedlich verteilt sind: Die Innensicht der drei Männer hat deutlich Vorrang vor der der Frauen. Das so entstehende Ungleichgewicht verweist wiederum auf die Stellvertreterfunktion, die Semprún seinen Helden Juan, Antoine und Karel verleiht. Unausgewogen ist auch das Verhältnis der Geschlechter auf der Ebene der Romanhandlung. Die Freundschaften zwischen Juan und Antoine einerseits sowie Karel und seinem Landsmann Josef Klims andererseits erweisen sich im Vergleich zu den Paarbeziehungen als intensiver und solider. Letztere sind nahezu durchgängig von Untreue und Verrat geprägt: Karel wurde zum Beispiel zweimal von Partnerinnen an die kommunistischen Machthaber seines Landes verraten, und Juan opfert die Bindung an Franca seinem Freunde Antoine.[653] An verschiedenen Stellen ist zudem die Rede davon, Frauen – ihr stillschweigen-

650 Vgl. S. 228ff.

651 Vgl. z.B. die Verbindung von Lavater, Büchner und Lenin in MB 116, 127, 130 bzw. WB 116, 127, 131 oder die zwischen Kafka, Lenin und Marx in MB 195 bzw. WB 197.

652 Vgl. u.a. MB 44f., 60-65; 11; 61, 118f.; 59f.; 164f.; 228 bzw. WB 41f., 58-63; 7; 59, 117ff.; 18ff.; 57f.; 165f.; 232.

653 Vgl. MB 123f., 154ff., 252f.; WB 123f., 155ff., 256f.

des, unterwürfiges Einverständnis vorausgesetzt – zum Freundschaftsbeweis der Männer untereinander als Leihgabe »weiterzureichen«.[654] Das hier erkennbare Verständnis geschlechtsspezifischer Rollen verweist einmal mehr auf jene von iberischem Machismo gekennzeichnete Sicht, die insbesondere in *L'Algarabie* zu beobachten war.[655] Durch ein dem Roman mottoartig vorangestelltes Char-Zitat bringt Semprún zum Ausdruck, daß er männliche Bindungslosigkeit als existenteille Gegebenheit schlechthin ansieht beziehungsweise akzeptiert:

> »Les femmes sont amoureuses et les hommes solitaires.
> Ils se volent mutuellement la solitude et l'amour.«[656]

Alle drei Männergestalten in *La Montagne blanche* sind bezeichnenderweise einsame, durch stark ausgeprägten Narzißmus zur Liebensunfähigkeit verurteilte Menschen. Sie sind es aber auch deswegen, weil jeder einzelne von ihnen von einer psychisch belastenden Vergangenheit bedrückt wird, die er kaum mitteilen kann und die daher zum Teil massive Verdrängungsmechanismen auslöst.

Karel Kepela trägt das vergleichsweise leichteste Schicksal: Als zunächst überzeugter Kommunist wurde er 1953 und 1969 von staatskommunistischen Säuberungswellen erfaßt, verlor seine Parteizugehörigkeit, seine berufliche Stellung und natürlich seine politischen Überzeugungen – die Parallelen zu Kunderas *Der Scherz* und *Der Abschiedswalzer* sind offensichtlich von Semprún bewußt intendiert.[657] Als mit dieser Vergangenheit eng verbunden sieht er den Tod seines Vaters, welcher über dem Stalinschen Terror an seinen revolutionären Idealen verzweifelt war und sich, den Blick auf das verhaßte Prager Stalin-Denkmal gerichtet, mit einem Kopfschuß das Leben genommen hatte. Bei der Evokation dieses Ereignisses vor den Freunden in der Normandie verliert er das Bewußtsein.[658] Die Ohnmacht kann als symbolischer Tod verstanden werden, als Ausdruck einer Identifikation mit dem Vater, zumindest ist sie der Beweis für die Fortdauer einer die psychische Stabilität bedrohenden Vergangenheit.

Schwerer noch hingegen trägt Antoine de Stermaria an einer keinem Menschen je mitgeteilten Erinnerung, die ihn seit seiner Jugend mit Gefühlen tiefer Scham und Schuld erfüllt: Während seiner Pubertät hatte er eine leiden-

654 Vgl. MB 39, 100, 186; WB 35, 98f., 188.

655 Vgl. S. 239.

656 MB 11; WB 7: »'Die Frauen sind Liebende und die Männer sind einsam.
Sie stehlen sich gegenseitig die Einsamkeit und die Liebe.'«

657 Vgl. die expliziten Anspielungen auf beide Romane in MB 61, 118f.; WB 59, 118ff.

658 Vgl. MB 239; WB 243.

schaftliche Liebesbeziehung zu seiner um zwanzig Jahre älteren Tante Ulrike unterhalten, die diese bei Aufdeckung des Skandals in einen spektakulär inszenierten Selbstmord getrieben hatte.[659] Von Anfang an war Antoines Sexualität so vom Trauma des Inzests und des Todes begleitet gewesen, was für ihn um so prägender war, als dieser Nexus über mehrere Generationen hinweg wie ein unentrinnbarer Fluch die Familiengeschichte der Sternarias durchzogen hatte.[660] Am Ende der Romanhandlung ist Antoine schließlich in der Lage, Franca sein Geheimnis zu enthüllen und sich so, wie es wörtlich heißt, von dieser Erinnerung »zu befreien«.[661] Als offen zerstörerisch erweist sich demgegenüber die persönliche Vergangenheit im Falle Juan Larreas. Ähnlich wie Semprún dies von sich selbst schildert beziehungsweise an literarischen Verkörperungen früherer Romane illustriert hat, leidet Juan seit seiner Internierung in Buchenwald zunehmend an Eindrücken der Irrealität seiner Existenz.[662] Diese Vorstellung verdichtet sich in der Erinnerung an den Rauch des Lagerkrematoriums, der den Tod so vieler seiner Mithäftlinge anzeigte und dessen Anblick ihm plastisch vor Augen führte, welches Los ihn vermutlich selbst erwartete. Nach der Rückkehr ins »normale Leben« verweisen ihn scheinbar harmlose Bilder wie das vom Rauch, der aus einem Elektrizitätswerk oder von einem Feuer auf einem Felde emporsteigt, auf sein Gefühl, damals in Buchenwald gestorben, in Rauch aufgegangen zu sein und seither den Traum eines Toten zu leben.[663] Einerseits bezeichnet Juan diese Wahrnehmung als Grundstein seiner Identität, als persönliches, ihn von anderen Menschen unterscheidendes Gut, andererseits wird deutlich, daß damit eine Desintegration seines Selbstbildes einhergeht, die er nach vielen Jahren endlich überwinden will.[664] Möglich scheint ihm dies nur in der Rückbesinnung auf das Trauma der Haft und damit in der Aufhebung der Verdrängung:

> Ils s'efforce de briser dans son esprit cette paroi transparente mais apparemment hermétique, qui le sépare en deux hémisphères; de faire coïncider les deux parties de lui-même, de faire qu'elles se fondent et soient fondées, si possible, dans le présent ... Mais sans doute serait-il prêt – il le sait, même s'il évite la clarté de cette certidue, probablement blessante – prêt à accepter de retrouver son unité dans un passé néfaste qu'il s'est longtemps efforcé d'oublier: être lui-même, être soi-même, fût-ce au prix

659 Vgl. MB 226-230; WB 229-233.

660 Vgl. MB 179; WB 178.

661 Vgl. MB 261; WB 266.

662 Vgl. MB 94f., 104, 169; WB 93, 104f., 170f.

663 Vgl. MB 35f., 95; WB 32f., 93.

664 Vgl. MB 104ff.; WB 103ff.

d'un retour dans un après-midi de dimanche à Buchenwald, avec les haut-parleurs diffusant des chansons de Zarah Leander.[665]

Schon aus *Le grand voyage* sowie *Quel beau dimanche!* kennen wir Überlegungen Semprúns zur Problematik des Vergessens, Erinnerns und Erzählens der KZ-Erlebnisse.[666] In *La Montagne blanche* nimmt diese Thematik erneut großen Raum ein, wobei erstmals in diesem Kontext explizit von Trauerarbeit die Rede ist. Anders als zu vermuten wäre, befähigt diese jedoch (noch?) nicht zu einer weniger angstbesetzten Erinnerung, sondern vermehrt im Gegenteil noch deren bedrohliches Potential. Von Juan Larrea heißt es:

> Depuis quelques années, c'est vrai, l'oubli était redevenu problématique. Comme si, à la fin de ce travail de deuil – grâce à lui, peut-être – l'ancienne vivance, l'expérience d'antan, redevenait vivace. Vitale, même. Il lui avait fallu réinventer des ruses, se projeter dans la diversion. Au printemps, surtout. Le cap du mois d'avril était pénible.[667]

Eine Ambivalenz von Wünschen, sich aus den Fesseln des Gedächtnisses zu befreien und zugleich der Konfrontation mit den verdrängten Gefühlen auszuweichen, wird insbesondere an Juans Verhalten Nadine gegenüber deutlich. Als Tochter einer jüdischen Familie, aus deren Reihen viele in Auschwitz ermordet wurden und als Historikerin, die über die Ausrottung der europäischen Juden arbeitet, erinnert diese ihn unablässig an die eigene KZ-Vergangenheit. Sie als Gefährtin für das seit Jahren als bedrohlich erlebte Aprilwochenende zu wählen, erscheint Juan im nachhinein erst als großer Fehler, dann jedoch als Ausdruck einer unbewußten Entscheidung, die Auseinandersetzung mit der alten, immer noch virulenten Todesangst zu suchen:

> Il aurait dû prévoir, c'était pourtant banal, que de toutes les femmes qui étaient cet automne-là à portée de sa main, celle-ci était la seule qu'il fallait éviter: fuir ou faire fuir. On ne franchit pas le souvenir terrifiant du

665 MB 79; WB 77f.: »Er bemüht sich, im Geist die durchsichtige, aber offenkundige hermetische Wand zu zerbrechen, die ihn in zwei Hemisphären teilt; die beiden Teile seiner selbst zur Deckung zu bringen, dafür zu sorgen, daß sie verschmelzen und, wenn möglich, eingeschmolzen werden in die Gegenwart ... Aber zweifellos wäre er bereit – er weiß es, auch wenn er der Klarheit dieser, wahrscheinlich verletzenden, Gewißheit ausweicht –, bereit, seine Einheit in einer unheilvollen Vergangenheit wiederzufinden, die zu vergessen er sich lange Zeit bemühte: er selber zu sein, und sei es um den Preis der Rückkehr zu einem Sonntagnachmittag in Buchenwald, mit den Lautsprechern, aus denen Lieder von Zarah Leander tönen.«
Dieses Motiv war bekanntlich für den Textaufbau von *Quel beau dimanche!* von zentraler Bedeutung; vgl. S. 185.

666 Vgl. S. 55ff., 210ff.

667 MB 95; WB 93: »Seit einigen Jahren allerdings war das Vergessen wieder problematisch geworden. Als ob am Ende dieser Trauerarbeit – vielleicht dank ihrer – das alte Erleben, die Erfahrung von einst, wieder lebendig würde. Lebenswichtig sogar. Er hatte von neuem Listen erfinden, sich in die Zerstreuung werfen müssen. Besonders im Frühling. Das Kap des Monats April war beschwerlich.«

mois d'avril aux côtés d'une jeune Juive d'après les massacres mais pétrie dans l'argile friable – inaltérable – de la mémoire collective ... C'est précisément pour sortir de l'oubli, de cette longue et douloureuse maladie de l'âme, qu'il avait choisi la jeune femme. Obscurément, sans l'avoir prémédité, c'est pour revivre son ancienne mort qu'il avait choisi pour compagne de voyage cette jeune Juive. Il s'était piégé lui-même, voilà. Et le piège avait fonctionné.[668]

An dem Begriff der »Falle« ist ersichtlich, daß Juan nicht an eine Rettung glaubt. Über all die Jahre hinweg hatte er über die Erfahrungen der Haft geschwiegen. Nur Laurence, die er kurz nach dem Krieg kennengelernt hatte und die, seit einem Unfall an den Rollstuhl gefesselt, als seine Ehefrau mit ihm gelebt hatte, sowie Antoine und Franca hatte er jemals an seiner Erinnerung teilhaben lassen.[669] An jenem 25. April 1982, der im Zentrum des fiktionalen Geschehens steht, nimmt er eine Fernsehsendung zum Gedenken an die Opfer der nationalsozialistischen Lager zum Anlaß, sein Schweigen zu brechen. Auffälligerweise läßt er dabei jedoch keine emotionale Beteiligung erkennen. Mit seiner Verzweiflung, seiner Angst bleibt er allein, sucht er die Einsamkeit und den Tod. Er versinkt in dem Wasser eines Flusses, der in seiner Vorstellung mit dem Styx des Patinirschen Gemäldes verschmilzt. Dabei sieht er sein Leben vor seinem geistigen Auge vorbeiziehen. Mit Freude denkt er zwar daran, daß die Schönheiten der Welt ihn überleben werden, doch bleibt dies ein schwacher Trost angesichts des eigenen Unglücks:

Il suffoqua, se débattit, se souvint dans un éclair aveuglant de la baignoire de la Gestapo, s'efforça de rester calme, inerte, comme alors, pensa dans le feu de sa mémoire qu'alors c'était pour survivre, garder des forces, que c'était pour mourir, aujourd'hui, émergea de nouveau, crachant l'eau, la vase, retomba, épuisé, se souvint de Laurence, il avait parcouru avec elle tous les cycles de la vie, jusqu'au désamour, la trahison, désespérance ... pensa avec effroi qu'il ne laissait pas de traces de sa vie, vraies traces, vivantes, pas d'enfant, il aurait voulu, Nadine, sa nudité, cette nuit, trop tard, il coula pour toujours ...

668 MB 98, 104; WB 97, 103: »Er hätte voraussehen müssen, es war ganz banal, daß von allen Frauen, die sich in jenem Herbst in seiner Reichweite befanden, diese hier die einzige war, die er meiden mußte: fliehen oder in die Flucht schlagen. Man überwindet nicht die schauderhafte Erinnerung an den Monat April an der Seite einer jungen Jüdin aus der Zeit nach den Massakern, aber geknetet in den mürben – unverwüstlichen – Lehm des kollektiven Gedächtnisses. ... Gerade um aus dem Vergessen herauszufinden, aus dieser langen schweren Krankheit der Seele, hatte er die junge Frau gewählt. Dunkel, ohne Vorsatz, um seinen ehemaligen Tod wiederzuerleben, hatte er als Reisebegleiterin diese junge Jüdin gewählt. Er hatte sich selbst eine Falle gestellt, das war es. Und die Falle hatte funktioniert.«

669 Vgl. insbesondere MB 100-103; WB 99-102.
Laurence hieß auch die Geliebte einer anderen *alter ego*-Figur Semprúns, vgl. EV 53-77, 128-142.

L'eau du fleuve Styx l'emporta dans ses flots.[670]

Ähnlich wie der Krematoriumsrauch bildet Patinirs Indigoblau ein den gesamten Roman durchziehendes visuelles Hauptmotiv, hervorgehoben jeweils durch die Evokation an strukturell wichtiger Stelle zu Beginn und Ende des Werks. Beide Bilder fungieren als Symbole beziehungsweise Vorzeichen des Todes, was Reinhold Görling in seiner Rezension zu der klarsichtigen Mutmaßung veranlaßt:

> Vielleicht ist überhaupt das Gedächtnis des Todes visueller Natur und ist es eines der stärksten Motive für das Erzählen, das Leben aus der Umklammerung dieses visuellen Gedächtnisses zu befreien. Gelingt das nicht, bleibt bloß der Trost des Vergessens: der vereinsamende Blick ins grundlose Blau des Stroms Lethe.[671]

Görling verweist in diesem Zusammenhang zu Recht auf die Mehrdeutigkeit des Orgiginaltitels von Patinirs Gemälde *El Paso de la Laguna Estigia*: Im Spanischen bezeichnet »laguna« nicht nur einen kleinen See, sondern steht auch für »Lücke, Leerstelle, Auslassung«. Die Zweitbedeutung ruft Assoziationen an »Erinnerungslücken«, an das Vergessen hervor. Indem Juan Larrea in den Fluten der »Laguna Estigia« versinkt, taucht er ein in ein definitives Vergessen, findet er Ruhe vor den Angriffen einer unbewältigten, vom Tod gezeichneten – den Tod vorzeichnenden – Vergangenheit.

Hält man sich vor Augen, daß alle drei männlichen Hauptpersonen von *La Montagne blanche* letztlich auf den Autor verweisen[672], so läßt ihre individuell verschieden geartete Bewältigung der Vergangenheit auf eine nach den genannten Aspekten Revolution/Stalinismus, Erotik/Inzest sowie KZ/Tod unterschiedliche Problemverarbeitung von seiten Semprúns schließen. Das Ergebnis dieser Interpretation stimmt mit dem der Untersuchungen von *Quel beau dimanche!* und *L'Algarabie* überein und ließe sich wie folgt formulieren: Während Semprún den Verlust der in den Kommunismus gesetzten

670 MB 263; WB 267f.: »Er erstickte, schlug um sich, erinnerte sich in einem blendenden Blitz an die Badewanne der Gestapo, bemühte sich, ruhig zu bleiben, reglos, wie damals, dachte im Feuer seines Gedächtnisses, daß es damals darum ging, zu überleben, Kräfte zu bewahren, daß es heute darum ging, zu sterben, tauchte von neuem auf, Wasser und Schlick speiend, fiel wieder zurück, erschöpft, erinnerte sich an Laurence, er hatte alle Zyklen des Lebens mit ihr durchlaufen, bis zur erkalteten Liebe, zum Verrat, zur Verzweiflung ... dachte mit Schrecken, daß er keine Spuren seines Lebens hinterließe, wirkliche Spuren, lebendige, kein Kind, er hatte gewollt, Nadine, ihre Nacktheit, in dieser Nacht, zu spät, er versank für immer ...

Das Wasser des Flusses Styx trug ihn fort in seinen Fluten.«

671 Görling, R., *Fahrt über die Lagune des Vergessens*, in: *Frankfurter Rundschau*, 3.10.1987, S. ZB 4.

672 Vgl. hierzu Semprúns Aussagen in: Boncenne, P., *Jorge Semprun*, in: *Lire*, 126 (März 1986), S. 104-114, insbesondere S. 109, wo er explizit von einer Multiplikation seiner selbst in Gestalt der Romanfiguren spricht.

Hoffnungen psychisch weitgehend überwunden hat, zeigt er sich von den sexuell-erotischen Obsessionen vergleichsweise stärker beunruhigt, am massivsten und in vielleicht unüberwindbarer Weise jedoch bleibt er von den Erinnerungen an die Lagerhaft belastet.[673]

Die literarische Auseinandersetzung mit der persönlichen Lebensgeschichte offenbart somit einmal mehr jene vor allem an *Le grand voyage* und *Quel beau dimanche!* aufgezeigten Merkmale. Sie entspringt einem inneren Zwang, sich und andere zu erinnern, sich in der Evokation der Schrecken als Subjekt zu behaupten und in der Beschwörung des Todes diesen zu bannen. Daß Semprún zum wiederholten Male sein fiktionales *alter ego* sterben läßt, erhärtet die Deutung, daß es sich hierbei um einen symbolischen Mord handelt, der aus einem Überlebensschuldkomplex resultierende Selbstbestrafungstendenzen enthält, darüber hinaus aber auch eine exorzisierende Funktion erfüllt. Die literarische Verkörperung des Juan Larrea wird zum Stellvertreter, der an des Autors Statt den Tod erleidet – einen Tod, den dieser im Schreiben flieht.[674]

Was Semprún von seinem Helden Juan unterscheidet verbindet ihn mit Antoine und Karel. Wie letztere beiden findet er einen Lebensinhalt, vermutlich sogar ein Lebensziel in der künstlerischen Kreation. Bezeichnenderweise zu einem Zeitpunkt, da Juan bereits dem Tod entgegengeht, berichtet zum Beispiel Karel Kepela begeistert von einer neuen »genialen Idee« für das gemeinsame Projekt. Indem Semprún auf diese Weise eine ungebrochene Schaffenskraft vorführt, setzt er einen lebensbejahenden Kontrapunkt zu dem ansonsten beherrschenden Motiv der Todesfaszination.

Der Umstand, daß das genannte Projekt denselben Titel trägt wie der Semprúnsche Roman, wirft dabei die Frage auf, ob damit angedeutet werden soll, daß dieser aus eben jener Idee entsprang. Ähnlich wie in *L'Algarabie* spielt Semprún in *La Montagne blanche* mit der durch Gides *Paludes* in die moderne Literatur eingeführte Spiegelung von Innen und Außen.[675] Anders als dort erscheint dies Verfahren hier jedoch eher zufällig gewählt. Zwar läßt die Unklarheit der Konturen, die Juans und Karels Projekt behält, die Möglichkeit zu, daß Kepela der Erzähler des Romans ist, andererseits aber legt kein weiteres Element der Textkonstruktion diese Vermutung nahe. Eigenem Bekunden nach hatte Semprún zudem ursprünglich einen anderen Titel geplant: *Le passage du Styx* (*Überfahrt über den Styx*) sollte sein Werk heißen. Erst das Erscheinen eines gleichnamigen anderen Buches habe die Notwendigkeit ei-

673 Vgl. S. 208f., 235-240.

674 Vgl. S. 116, 208, 237.

675 Vgl. S. 242f.

ner Änderung ergeben.[676] Gleichwohl ist der Titel reich an Bedeutung. Der »Weiße Berg« (»Bilà Hora«), ein Prager Hügel, war der Ort einer Schlacht, bei der Habsburg 1620 das protestantische Böhmen bezwang und so eine lange Geschichte nationaler Unterdrückung einleitete. Die bis zur Gegenwart nie dauerhaft gelöste Problematik der tschechischen Unabhängigkeit gibt einer verblüffend weitblickenden Prognose recht, die Friedrich Engels anläßlich des Prager Aufstands von 1848 formulierte.[677] Ein im Werk zitierter Passus aus diesem Text sollte thematisch den Ausgangspunkt für das erwähnte Projekt bilden, im Roman ist das Zitat in einen größeren Reflexionszusammenhang eingebettet. Diesem zufolge ist die von Husserl 1935 in seinem Vortrag über *Die Krisis des europäischen Menschentums und die Philosophie* beschworene kulturelle Einheit Europas durch die Unterjochung Prags 1938 und 1948 definitiv zerstört worden.[678]

Zwischen den scheinbar weit auseinanderliegenden Bereichen der historisch-politischen Überlegungen einerseits und der persönlichen Geschichte der Romanhelden andererseits wird so in der Verurteilung des deutschen Faschismus und des sowjetrussischen Kommunismus eine enge Verbindung erkennbar. In Prag kreuzen sich überdies die Biographien der drei männlichen Protagonisten. Folglich spielt die Stadt in ihren gemeinsamen Erinnerungen eine zentrale Rolle.

In diesem Kontext sei auf eine Parallele zu der unterschiedlichen Gewichtung der Romanpersonen hingewiesen: Obwohl im fiktionalen Geschehen nur eine Nebenfigur, wird Franca Castellani dadurch, daß sie im Mittelpunkt des erotischen Begehrens Antoines, Juans und Karels gleichermaßen steht, zu einer strukturell wichtigen Gestalt. Ferner wird sie als starke Persönlichkeit geschildert, die aktiv in das Schicksal der Männer eingreift. Auffällig ist, daß sie mit einer offensichtlich außerliterarisch existierenden Person aus dem Bekanntenkreis des Autors den Namen teilt: Ihr und (seiner Frau) Colette Leloup hat Semprún den Roman gewidmet. Ob vor diesem Hintergrund seine Behauptung, die im Werk dargestellten erotischen Beziehungen und Praktiken entsprächen lediglich seinen Phantasmen, nicht aber eigenem Erlebnishintergrund, glaubhaft ist, sei dahingestellt.[679] Wichtig scheint mir indes die Tatsache zu sein, daß der Eros in *La Montagne blanche* nicht mehr mit jener spielerischen Distanz verknüpft ist, die vielfach in *L'Algarabie* zu beobachten war. Dies zeigt sich auch auf der formalen Ebene im Verzicht auf die früher gelegentlich zu Kalauern geratenen Wortspiele. Statt dessen beherrscht der enge

676 Vgl. Sempruns Darstellung in: Boncenne, P., a.a.O., S. 114.

677 Vgl. MB 237f. bzw. WB 241 beziehungsweise Marx-Engels-Werke, Bd. 5, Berlin 1969, S. 80-82.

678 Vgl. insbesondere MB 182f., 222; WB 184f., 224f.

679 Vgl. Semprún in: Boncenne, P., a.a.O. S. 110.

Nexus von Eros und Thanatos mit eher stillen, eindringlichen Tönen das in *La Montagne blanche* gezeichnete Stimmungsbild.

11.
Netchaïev est de retour

Nach der Auseinandersetzung mit dem KZ-Trauma in *La Montagne blanche* wendet sich Semprún in seinem bislang letzten Werk *Netchaïev est de retour* (zu deutsch: »Netschajew ist zurückgekehrt«) erneut seinem zweiten Hauptanliegen, der revolutionären Politik, zu. Nicht vom Kommunismus sowjetischer Prägung ist hier allerdings vorrangig die Rede, sondern von der in den Staaten der westlichen Hemisphäre aktuellen Thematik des Terrorismus und Anarchismus.[680] Durch die Verknüpfung von Elementen des Politthrillers mit philosophischen beziehungsweise historisch-politischen Reflexionen erinnert der Roman vielfach an *Le deuxième mort de Ramón Mercader*.

Die Handlung spielt in Paris; auf der primärenm Erzählebene erstreckt sie sich über vierundzwanzig Stunden des 17. und 18. Dezembers 1986. Durch die für Semprúns Erzählweise charakteristischen Rückblenden finden darüber hinaus Ereignisse aus der Zeit des Krieges sowie insbesondere aus den Jahren seit 1967 Eingang in die erzählte Welt. In deren Zentrum steht eine Gruppe von fünf Personen, die 1971 eine marxistisch-leninistische Partei mit dem Namen »Avant-Garde prolétarienne« gegründet, diese im Jahre 1974 jedoch selbst aufgelöst hatten und seither getrennte Wege gegangen waren:

MARC LILIENTAL, alias LALOY, ein brillanter Intellektueller jüdischer Abstammung, war zum Chef eines Medienkonsortiums aufgestiegen; als Direktor der Zeitschrift *Action* hatte JULIEN SERGUET ebenfalls gesellschaftlich reüssiert; ELIE SILBERBERG hingegen, der schüchternste aber auch belesenste von ihnen, hatte sich als Schriftsteller nur in kleinen Kreisen von Liebhabern einen Namen gemacht; ADRIANA SPONTI, die einige Jahre lang mit Marc verheiratet gewesen war und mit ihm eine vierzehnjährige Tochter namen BEATRICE hat, hatte sich in der Filmbranche etabliert; DANIEL LAURENÇON schließlich, der sich zu Zeiten der »Avant-Garde« Netchaïev nannte (als Ausdruck seiner Verehrung für den gleichnamigen russischen Re-

680 Beide Wörter (Terrorismus und Anarchismus) sind in der politischen Diskussion der BRD zu unklaren, da diffamatorisch mißbrauchten Begriffen geworden. Hier sollen sie im engen, historisch-deskriptiven Sinne verwandt werden.

volutionär des vorigen Jahrhundert), hatte sich einer nicht näher gekennzeichneten internationalen Terrororganisation angeschlossen. Bis zum Beginn der Handlung hatten ihn seine früheren Genossen totgeglaubt – und dies mit gutem Grund, waren sie es doch gewesen, die ihn 1974 als Verräter gebrandmarkt und in einem Femegericht zum Tode verurteilt hatten. Den Hintergrund hierfür hatte eine Kontroverse um die Zukunft der »Avant-Garde prolétarienne« gebildet: Als einziger von ihnen hatte Daniel der sich damals in der extremen Linken durchsetzenden Einschätzung widersprochen, daß die vom Mai 1968 beflügelten revolutionären Projekte nicht realisierbar seien; statt dessen hatte er die Notwendigkeit eines bewaffneten Kampfes vertreten und sich von der Planung spektakulärer Gewaltakte nicht abbringen lassen. Um nicht mit ihm definitiv ins Abseits der Gesellschaft zu geraten, hatten die anderen ihn liquidieren wollen. Mit der »Exekution« war LUIS ZAPATA beauftragt worden, ein Freund Marcs mit guten Beziehungen zur kriminellen Unterwelt. Dieser hatte Daniel nach Guatemala verschleppt, ihn jedoch nicht umgebracht, sondern ihm geholfen, einen Selbstmord zu fingieren und unterzutauchen.

Neben diesen Sechs nimmt Kommissar ROGER MARROUX eine zentrale Stellung im Handlungsgefüge ein. Er war eng befreundet gewesen mit Daniels Vater Michel, der noch vor dessen Geburt an den Spätfolgen einer KZ-Internierung gestorben war. Danach hatte Marroux Daniels Mutter geheiratet und die Rolle des Adoptivvaters übernommen. Vergeblich hatte er versucht, die Spuren seines Stiefsohns in Lateinamerika zu verfolgen, um sich Sicherheit über dessen Schicksal zu verschaffen.

Als Nebenfigur des an Personen reichen, in zwei Teile gegliederten Romans sind ferner FABIENNE DUBREUIL, die Geliebte Marcs und Mitarbeiterin Serguets, sowie SONSOLES, die Tochter Zapatas, zu erwähnen.

Die Ereignisse jenes Tages, der im Mittelpunkt der Erzählung steht, werden ausgelöst durch Daniels Rückkehr nach Paris und seine Entscheidung, sich von seinen Genossen abzusetzen. Da diese jedoch keine »Desertion« dulden, ist das Vorhaben mit hohen Risiken verbunden. Die Handlung setzt damit ein, daß Luis Zapata, der Daniels Wiedereingliederung ins bürgerliche Leben vermitteln sollte, im Auftrag der kaltblütig operierenden Organisation ermordet wird. Mit der Aufklärung der Tat ist Kommissar Marroux beauftragt. Tonbandaufzeichnungen Zapatas, mit dem ihn eine ungleiche Freundschaft verband, führen ihn auf die Spuren Daniels. Die Suche nach den Tätern verbindet sich so mit der Suche nach dem verlorengeglaubten Adoptivsohn. Dabei stößt er unweigerlich auf den Kreis der ehemaligen »Avant-Garde«. Seine Untersuchungen bilden den roten Faden, der unterschiedliche Handlungsstränge zusammenführt. Wie der Beginn steht auch das Ende des Romangeschehens unter dem Zeichen des gewaltsamen Todes: Um der eigenen Ermordung zuvorzukommen, stürmen Daniel und Marc, welcher auf der Attentatsliste der Terroristen stand, deren Hauptquartier, richten dort ein Blutbad an und werden selbst tödlich verletzt.

Einmal mehr beherrscht folglich das Motiv des Todes Sempruns literarisches Schaffen. Der Romantitel hat – ebenfalls zum wiederholten Male – eine doppelte Bedeutung: Netschajew kehrt zum einen innerhalb der fiktionalen Wirklichkeit zurück in Gestalt der Figur, die seinen Namen als Pseudonym angenommen hat, zum anderen aber auch in der historisch-politischen Wirklichkeit in Gestalt der, wie es heißt, in seinem Geiste agierenden Gruppierungen »Action Directe«, »Rote Armee Fraktion«, »Rote Brigaden« und ETA. In beiden Bereichen bedeutet die Rückkehr Tod, da deutlich wird, daß, ebenso wie die Romanfigur »Netchaïev« in ihrem persönlichen Schicksal, auf der politischen Ebene der Terrorismus insgesamt in einer Ausweglosigkeit gefangen ist, die nur Tod produzieren kann.

Wie in fast allen Werken Sempruns nimmt auch in *Netchaïev est de retour* die Erotik thematisch einen großen Raum ein; wiederum ist sie aufs engste mit dem Tod verknüpft. »Il n'y a pas de vraie passion sans exploration de l'enfer.«[681] – dieser Ausspruch Marcs charakterisiert treffend die im Roman zum Ausdruck kommende Haltung gegenüber dem Eros. Um Wiederholungen zu vermeiden, sei im folgenden lediglich auf zwei Bereiche näher eingegangen, die für die Entwicklung Sempruns von Belang sind: die Weiterführung seines politischen Denkens und den Prozeß psychischer Verarbeitung des eigenen Erlebens.

Das Hauptinteresse der im Werk geäußerten politisch-philosophischen Überlegungen gilt der Frage nach der Legitimität revolutionärer Gewalt. Als Sprachrohr des Autors fungiert hier in erster Linie Roger Marroux, welcher die in einem Philosophiestudium erworbenen Kenntnisse zu einem wesentlichen Instrumentarium seiner Wirklichkeitsaneignung gemacht hat und damit eine Verwandtschaft mit der Figur des Uschakow aus dem *Mercader* erkennen läßt. Neben ihm sind es aber auch andere Personen, insbesondere Elie, Daniel und Sonsoles, die Sempruns Gedankengut wiedergeben. Aus verschiedenen Perspektiven vermittelt der Roman eine kohärente Sicht, der zufolge der aktuelle Terrorismus seine Vorläufer sowohl in Netschajews destruktiv-anarchistischen Ideen als auch im Marxismus-Leninismus findet.[682] Ähnlich wie in Sempruns früherer Kommunismuskritik wird als gemeinsame Ursache

681 *Netchaïev est de retour* (1987, im folgenden NR und Seitenzahl), S. 247: »Es gibt keine wahre Leidenschaft ohne Erkundung der Hölle«. (Die deutsche Ausgabe des Werks ist für März 1989 angekündigt; die hier angefügten Übersetzungen stammen vom Verfasser.).

682 Vgl. NR 90.

des Übels die teleologische, auf eine Heilserwartung ausgerichtete Geschichtsbetrachtung genannt.[683] Einem aus Netschajews *Katechismus der Revolutionäre* zitierten Passus, in dem pragmatisch alles als moralisch gerechtfertigt bezeichnet wird, was dem Triumph der Revolution nütze, wird die tautologische Umkehrung dieses Diktums entgegengesetzt, daß alles, was dem Triumph der Moral diene, moralisch sei[684] – womit klar jede Unterordnung der Moral unter weltanschaulichen Ziele verworfen wird. Was dies in der konkreten Politik bedeutet, findet sich an anderer Stelle ausgeführt: Ausgehend von der Einschätzung, daß alle revolutionäre Gewalt in den letzten Jahrzehnten zu dikatorialen Herrschaftssystemen geführt habe (so zum Beispiel in Cuba, Nicaragua und Kambodscha), daß hingegen ein Übergang zu Rechtstaatlichkeit und Demokratie (in Spanien, Argentinien, Brasilien, den Philippinen) nur auf friedlichem Wege erreicht worden sei, wird aus der Sicht Marroux' folgendes Credo formuliert:

> Il n'y a pas de critères établis une fois pour toutes (zur Bestimmung legitimer revolutionärer Gewalt), ... ce serait trop facile! L'Histoire ne nous évitera jamais la violence, en tout cas. Il faudra toujours rechercher la justice dans la violence historique: malgré elle, à travers elle, aussi. Disons qu'il y a un principe d'orientation: n'est juste que la violence qui rétablit la justice, l'Etat de droit, la rigueur de la loi démocratique ... La violence qui donne la parole aux citoyens, et non aux armes![685]

Aus diesem Grunde wird auch der Staat Israel gegen die bewaffnete Opposition palestinensischer Gruppierungen verteidigt. Das in Israel ungebrochene Prinzip der Demokratie sei der Garant der Freiheit und könne zum Katalysator für das politische Leben der gesamten Region werden.

Bezeichnenderweise ist die Konfrontation mit dem politischen Alltag Israels innerhalb der Romanwirklichkeit der Auslöser für Daniels Entschluß, sich wieder in die bürgerliche Gesellschaft eingliedern zu wollen. In einer dialektischen Formulierung heißt es, durch den Diskurs der Realität Israels sei sein ideologischer Diskurs der vorangegangenen Jahre auseinandergebrochen.[686]

683 Vgl. NR 114, 218.

684 Vgl. NR 218f.

685 NR 263: »Es gibt keine ein für allemal etablierten Kriterien (das heißt zur Bestimmung legitimer revolutionärer Gewalt), ... das wäre zu einfach! Die Geschichte wird uns jedenfalls die Gewalt nie ersparen. Man wird immer die Gerechtigkeit in der historischen Gewalt suchen müssen: auch ihr zum Trotz, auch durch sie hindurch. Immerhin gibt es ein Orientierungsprinzip: Gerecht ist nur jene Gewalt, welche die Gerechtigkeit, die Rechtsstaatlichkeit, die Strenge des demokratischen Gesetzes wiederherstellt. Die Gewalt, die den Bürgern das Wort erteilt und nicht den Waffen!«

686 Vgl. NR 158-161.

Wie brüchig in der Tat der ideologische Diskurs der sich aktuell auf den Marxismus-Leninismus berufenden Gruppierungen ist, belegt der schablonenhafte Sprachduktus einiger im Roman zitierter, vermutlich authentischer Texte. An ihrem Beispiel wird in personaler Darstellung der Niedergang der revolutionären Bewegung insgesamt beklagt. Umgekehrt kommt in dem betreffenden Passus implizit eine hohe Wertschätzung des Marxschen Denkens zum Ausdruck, die darauf schließen läßt, wie sehr sich Semprún nach wie vor der Revolutionsgeschichte verbunden weiß.[687] Er selbst gleicht somit dem Idealbild eines gereiften Aktivisten, das er im Roman an der Person Cohn-Bendits entwirft. Dieser sei trotz der Abkehr von der revolutionären Unvernunft früherer Jahre dem rationalen Kern seines Engagements treu geblieben, heißt es anerkennend aus der Sicht Daniel Laurençons.[688]

Diese Haltung kontrastiert innerhalb der fiktionalen Welt in Gestalt David Silberbergs und Hans Joachim Kleins mit dem Reaktionstypen des realitätsfremden Dogmatikers sowie des reuigen Angepaßten: Elie Silberbergs Vater wird gezeichnet als Alt-Stalinist, der seinen Glauben an den Endsieg der Revolution nur durch eine selbstbetrügerische Reduktion der Wahrnehmung beziehungsweise durch eine interessegeleitete Umdeutung der Fakten aufrechterhalten kann. Der von Daniel Cohn-Bendit in *Nous l'avons tant aimée, la revolution* interviewte H.J. Klein hingegen verkörpert das triste Schicksal eines Gedemütigten, der sich nicht nur von seinen früheren Überzeugungen, sondern damit zugleich von einem gesamten Lebensentwurf losgesagt habe und vor der konfliktuellen Politik in ein bescheidenes Privatleben als Hausmann geflüchtet sei.[689]

Mit Daniel Laurençon wiederum stellt der Roman einen Fall vor, für den keine der drei genannten Verhaltensweisen Gültigkeit hat. Anders als seine Jugendfreunde, die ihren Platz in der Gesellschaft eingenommen haben, ist Daniel zu fest in ein Milieu der Gewalt eingebunden, um sich aus ihm noch befreien zu können. Sein Schicksal, das in der Anfangszeit mit dem der »Avant-Garde« zusammenfällt, charakterisieren vier Zitate, von denen je zwei den beiden Romanteilen vorangestellt sind. So wird ein Bogen gespannt von den »fünf jungen Leuten, die alle im schlechten Alter zwischen zwanzig und vierundzwanzig Jahren waren« (Nizans *La conspiration*), über den Mord von vier Gruppenmitgliedern am fünften unter dem Vorwand, dieser sei ein Spitzel (Dostojewskis *Die Dämonen*), und das Bild vom Revolutionär als verlorenem Menschen (Netschajews *Katechismus der Revolutionäre*) hin zu der

687 Vgl. NR 221, 270f.

688 Vgl. NR 195.

689 Vgl. NR 187-190.

Prophezeiung, daß leiden müsse, wer eine Waffe ergreife (Lévinas' *Difficile Liberté*).[690]

Diese Vorhersage bewahrheitet sich im Roman durch den gewaltsamen Tod Daniels, den dieser als seine Bestimmung annimmt; er habe, so sagt er sich, seine Seele verkauft, daher gebe es für ihn keinen Ausweg.[691] Doch nicht nur seine eigene Vergangenheit, auch die des Vaters und damit die Erinnerung an die deutschen Konzentrationslager zeichnen sein Los vor. An seinem sechzehnten Geburtstag hatte er, dessen Wunsche gemäß, eine circa hundertseitige Schrift seines Vaters erhalten, in dem dieser die Geschichte seines Überlebens in Buchenwald niedergelegt hatte. Trotz des (im Original deutschen) Titels *Heimkehr* war der mit Reflexionen angereicherte Bericht keineswegs das Dokument einer Rückkehr in die Heimat und in die Normalität. Vielmehr hatte Michel Laurençon darin den – bekanntlich für Semprún selbst charakteristischen – Eindruck artikuliert, nicht wirklich überlebt zu haben, sondern im Lager gestorben zu sein.[692] Durch den Besitz dieses geistigen Vermächtnisses fühlt sich Daniel mit seinem Vater sowie mit dem Tod schlechthin innigst verbunden.[693] Beide Bindungen besiegelt er definitiv im eigenen Tod.

Zuvor jedoch nähert er sich seinem lange Zeit geschmähten Adoptivvater Marroux wieder an, ihm übergibt er die testamentarische Schrift Michels und damit ein Kernstück der eigenen Identität. Da der Kommissar als Hüter des Gesetzes für ihn das demokratische Prinzip der Rechtstaatlichkeit generell verkörpert, ist diese Geste zugleich ein Zeichen der Rückkehr zu den Werten der bürgerlichen Ordnung. Gleichwohl ist der Schluß des Romans nicht von neuen Handlungsmöglichkeiten, sondern allein vom Motiv des Todes geprägt: »Il n'y a avait que la mort. Il n'y a avait jamais eu rien d'autre que la mort ...« – heißt es in den letzten Zeilen des Werks.[694]

An dieser Stelle zeigt sich eine für *Netchaïev est de retour* bedeutsame Diskrepanz zwischen den Ebenen der politischen Stellungnahme einerseits und der psychischen Identifikation andererseits. Zwar illustriert der Roman in größerer Radikaltität als zuvor Semprúns Abschied von den revolutionären Idealen und sein Bekenntnis zur bürgerlichen Demokratie. Daneben wird jedoch einmal mehr eine ungebrochene Todesfaszination sichtbar, die den lebensbejahenden Tendenzen des demokratischen Engangements entgegensteht. Ähnlich wie in der Untersuchung zu *La Montagne blanche* ließe sich demnach folgendes Fazit ziehen: Semprún hat ganz offensichtlich seine politische

---

690 Vgl. NR 11, 145.

691 Vgl. NR 206.

692 Vgl. NR 248-251, 264.

693 Vgl. NR 252.

694 Vgl. NR 330: »'Es gab nur den Tod. Es hatte nie etwas anderes als den Tod gegeben. ...'«

Vergangenheit emotional und rational soweit verarbeitet, daß er sich, ohne sie zu verleugnen, der Gegenwart zuwenden kann. Die psychischen Nachwirkungen der Lagerhaft freilich sind so massiv, daß sie auch für die Zukunft eine Identifikation mit dem Leben ausgeschlossen erscheinen lassen.

Anders als bei einer oberflächlichen Betrachtung zu vermuten wäre, ist die Lebensgeschichte des Autors auch im *Netchaïev* sehr präsent. Die autobiographischen Elemente innerhalb der Fiktion sind so zahlreich, daß nur auf die wichtigsten verwiesen sei. Sie beziehen sich, wie schon zuvor in *L'Algarabie* und *La Montagne blanche*, auf mehrere Personen der Handlung zugleich: Daniel Laurençon hat mit Semprún bei einigen Jahren Differenz den Geburtstag gemein; Marc Liliental/Laloy teilt mit dem Autor den Status des Heimatlosen, der zudem auf jede politische Heilslehre zu verzichten gelernt hat; Julien Serguet, ein intimer Kenner Spaniens, nahm an jener Demonstration anläßlich des katalanischen Nationalfeiertags teil, von der Semprún im *Sánchez* berichtet; Elie Silberbergs Tätigkeit als Schriftsteller für gebildete Minderheiten spricht für sich; Luis Zapata beteiligte sich am antifrankistischen Widerstand in Spanien; Marroux schließlich brach ebenso wie der Autor ein Philosophiestudium ab, um sich der bewaffneten Résistance anzuschließen.[695] Vom eigenen Erleben motiviert ist ferner die vielfache Verknüpfung von Einzelschicksalen mit einer von Lagerhaft überschatteten Vergangenheit: Neben Daniel ist hier auch Elie zu nennen, dessen Eltern Auschwitz beziehungsweise Buchenwald überlebt hatten.

Letztlich bringt Semprún sich selbst – ohne namentliche Identifizierung allerdings – in die erzählte Welt ein, wenn er Marroux von einem jungen Spanier berichten läßt, der ihm beim Besuch des soeben befreiten Konzentrationslagers Buchenwald durch seinen »von jenseits des Todes« kommenden Blick aufgefallen sei.[696]

Wenn auch an diesen Verweisen deutlich wird, wie sehr *Netchaïev est de retour* von Semprúns obsessivem Hang zur Erinnerung an die erlebten Traumata geprägt ist, so bleibt doch die Frage nach den Beweggründen, die dieser literarisch vermittelten Obsession zugrundeliegen, noch nicht abschließend beantwortet. Ihr sei im folgenden in einem werkübergreifenden Interpretationsversuch nachgegangen.

695 Vgl. NR 97, 285, 19, 56f.

696 Vgl. NR 138, 257f.

12. Rückblick: Semprúns Werk im Spannungsfeld von Kontinuität und Entwicklung

In den Einzeluntersuchungen wurde deutlich, wie sehr Semprúns Gesamtwerk in stets neuen Varianten um nur zwei thematische Konstanten kreist: die eigene Lebensgeschichte und die europäische, insbesondere die spanische Zeitgeschichte. Die schriftstellerische Auseinandersetzung mit der persönlichen und gesellschaftlichen Vergangenheit ließ vor allem zwei Wirkungsaspekte erkennen: Als Zeugnis der Zeit und als politische Reflexion trägt sie dazu bei, das kollektive Geschichtsbewußtsein zu schärfen, als Aufarbeitung des eigenen Werdegangs hilft sie dem Autor selbst, erlebte Traumatas psychisch zu bewältigen.

Der letztgenannte Gesichtspunkt vermag allerdings noch keinen befriedigenden Aufschluß darüber zu geben, warum Semprúns Leben und literarisches Schaffen in so hohem Maße miteinander verschmelzen. Grundlegend zum Verständnis dieser Frage ist ganz ohne Zweifel der Umstand, daß Semprúns Angaben zufolge die Wurzeln seines Engagements sowohl für die Literatur als auch für die Politik in seiner Kindheit zu finden sind. So behauptet er:

> No decidí en un momento concreto ser escritor. Desde niño lo tenía decidido.[697]

Hinsichtlich seiner politischen Laufbahn macht Semprún explizit auf die Vorbildfunktion seines Elternhauses, speziell seines Vaters aufmerksam. Dessen Einfluß zeigt sich vermutlich aber gleichfalls in seiner frühen Faszination für das Metier des Literaten. Denn wenn er den Vater nicht ohne Stolz als couragierten Befürworter der Republik beschreibt, legt Semprún zugleich

697 Semprún, J., in: Roig, M., *Jorge Semprún* ..., a.a.O., S. 32: »Ich habe nicht in einem konkreten Moment entschieden, Schriftsteller zu werden. Seit der Kindheit war das für mich beschlossene Sache.« (Übers. d. Verf.).

Wert auf die Tatsache, daß dieser auch Essays, Gedichte und »utopische Thesen für eine bessere Gesellschaft« verfaßt habe.[698] Schon beim Vater ist folglich jene Mischung von Politik und Literatur erkennbar, die für den Sohn so typisch ist. Nach einem Hinweis auf die liberal-demokratische Gesinnung auch in der mütterlichen Familienlinie gelangt dieser zu dem Schluß:

> Il y avait donc une certaine tradition, disons républicaine, libérale, quoique très conservatrice, dans la famille. Cette tradition, mon père l'a poussée plus loin, je le crois, pour des raisons d'honnêteté intellectuelle, en prenant parti pour le Front populaire en 1936, et pour la République lors de la guerre civile. C'est en somme ma première école.[699]

Die große Bedeutung des Vaters als Orientierungsfigur konnte in der Untersuchung zu *Le deuxième mort de Ramón Mercader* bereits als Ausdruck einer spezifischen Verarbeitung des ödipalen Konflikts, nämlich als Identifikation mit dem stärkeren Rivalen, interpretiert werden.[700] Eine emotionale Ambivalenz von Haß und Idealisierung, wie sie für die psychischen Reaktionen auf den Ödipuskomplex charakteristisch ist, zeigte sich auch in der Haltung, die Semprún in seinem gesamten Werk in bezug auf politische Vaterfiguren sowie auf die Politik generell zum Ausdruck bringt. Da in sein Engagement für die Revolution sowohl persönliche als auch gesellschaftliche Motive und Hoffnungen einflossen, geht umgekehrt die Enttäuschung über den Zusammenbruch der kollektiven Ideale mit Aggressionen gegen die verinnerlichte Vaterinstanz einher. Sie manifestieren sich allerdings nur indirekt, in Verschiebungen. Als besonders eindrucksvolle Beispiele hierfür konnten die symbolischen Morde an Carrillo im *Sánchez* und an Artigas in *L'Algarabie* sowie die Trauer im *Mercader* angesehen werden.[701] Nicht allein in der Poli-

---

698 Ders., in: Cotta, M. u.a., a.a.O., S. 73f. José María Semprún Gurrea, Jorge Sempruns Vater, veröffentlichte ebenfalls sowohl in spanischer als auch in französischer Sprache. Seine wichtigsten Publikationen sind: *Sentido funcional del Derecho de Propiedad*, Madrid 1933; *Crítica varia*, Madrid 1934; *Fadrique Furió Ceriol-Consejero de príncipes y príncipe de consejeros*, Madrid 1934; *La conscience catholique et les événements d'Espagne*, in: *Esprit*, 1.11.1936; *La Question d'Espagne inconnue*, Paris 1936 und *Una República para España*, New York 1961.

699 Semprún, J., in: Cotta, M. u.a., a.a.O., S. 74: »Es gab also eine gewisse, sagen wir, republikanische, liberale, wenngleich sehr konservative Tradition in der Familie. Diese Tradition hat mein Vater, wie ich glaube, aus Gründen intellektueller Aufrichtigkeit noch weiter entwickelt, indem er 1936 für die Volksfront und im Bürgerkrieg für die Republik Partei ergriff. Das war im Grunde meine erste Schule.« (Übers. d. Verf.).

700 Vgl. S. 116.

701 Vgl. S. 169f., 237f, 110-117.
Ferner läßt sich retrospektiv bereits in jener Passage aus *Le grand voyage* (GV 201; GR 207 bzw. S. 29f.), in der Semprún an seinem *alter ego* indirekt die Gefühle darstellt, die ihn selbst bei der Flucht aus Spanien bewegten, ein versteckter Angriff gegen den Vater erkennen. Der aus Altersgründen nicht realisierbare Wunsch, statt zu fliehen auf der Seite der Milizen für die Erhaltung der Demokratie in Spanien zu kämpfen, steht in Opposition zum beschriebenen Verhalten des Vaters. Dieser erscheint somit als vergleichsweise weniger mutig und konsequent. Vor dem Hintergrund der späteren Identifikation

tik indes, auch in der schriftstellerischen Arbeit folgt Semprún ja dem väterlichen Vorbild. Zwei einander zum Teil widersprüchliche Aspekte werden hier sichtbar: Einerseits ist die Literatur für Semprún ein Medium, in dem er sich indirekt mit der verinnerlichten Vaterinstanz auseinandersetzt und sich schrittweise von ihr lösen kann, andererseits bleibt er der Fixierung auf sie gerade in der Wahl der Literatur als Lebensinhalt verhaftet. Insgesamt zeigt Semprúns Beschäftigung mit der eigenen Vergangenheit neben dem Streben nach Überwindung der individuellen und kollektiven Traumata auch eher narzißtische Elemente. So ist vielerorts eine Tendenz zu durchaus unkritischer, selbstgefälliger Selbstdarstellung zu beobachten. Insbesondere in dem Zur-Schau-Stellen seiner intellektuellen Kapazität, seines politischen Gewichts und – stellvertretend an seinen Verkörperungen in den letzten Romanen – gleichfalls seiner erotischen Ausstrahlung offenbart Semprún ein von Größenvorstellungen geprägtes Wunschbild seiner selbst.

Eine Erklärung hierfür läßt sich den psychoanalytischen Studien vornehmlich der letzten Jahre zur Narzißmus-Problematik entnehmen, die auf die Interdependenz von Allmachtswünschen beziehungsweise Größenphantasien einerseits und Einsamkeits- und Ohnmachtserfahrungen andererseits hinweisen.[702] Letztere sind auch bei Semprún zu finden, insbesondere in den Kindheitserinnerungen an die Mutter. Außer der idealisierenden Verehrung wurden – wenngleich nur indirekt dem *Sánchez* und *L'Algarabie* zu entnehmen – auch Gefühle des Verlassenseins sichtbar, wenn von der häufigen Abwesenheit der Mutter, ihrer Ersetzung durch Gouvernanten und ihrem frühen Tod die Rede war.[703] Vorrangig dies letztgenannte Ereignis stellte offensichtlich eine traumatische Trennungserfahrung dar, welche später durch den Verlust der Heimat und der sozialen Bindungen bei der Übersiedlung nach Den Haag beziehungsweise nach Paris sowie durch den Ausschluß aus der Partei jeweils aktualisiert wurde.

Größenvorstellungen zeigt Semprún wiederum nicht allein in seinem literarisch vermittelten Selbstbild, sondern auch in seiner Einstellung zum Schrei-

---

Spaniens mit der Mutter wird hier implizit ein Bestreben Semprúns deutlich, sich im nachhinein nicht nur als der entschlossenere Verteidiger der Heimat, sondern auch als der bessere Partner der Mutter zu präsentieren und somit folglich die Stelle des Vaters einzunehmen.

702 Vgl. hierzu Miller, A., *Das Drama des begabten Kindes und die Suche nach dem wahren Selbst*, Frankfurt/M. 1979, S. 68-82; Köhler, L., *Über einige Aspekte der Behandlung narzißtischer Persönlichkeitsstörungen im Lichte der historischen Entwicklung psychoanalytischer Theoriebildung*, in: *Psyche*, 32 (1978), S. 1001-1058, insbesondere S. 1039f. und Joffe, W.G., Sandler, J., *Über einige begriffliche Probleme im Zusammenhang mit dem Studium narzißtischer Störungen*, in: *Psyche*, 21 (1967), S. 152-165, insbesondere S. 162ff.; vgl. ebenfalls Kohut, H., *Die Heilung des Selbst*, Frankfurt/M. 1979, S. 150-171 (Überlegungen zum autotherapeutischen Wert von Prousts Recherche auf den Seiten 157-160) sowie ders., *Formen und Umformungen des Narzißmus*, in: *Psyche*, 20 (1966), S. 561-587, vor allem S. 568f.

703 Vgl. FS 304f.; FSA 350f. bzw. AL 417ff.; AGP 419ff.

ben selbst, wie er sie in einer Hommage an seinen Freund Juan Goytisolo formuliert:

> ... sólo con Franz Kafka tal vez pudieras comparar a Juan: pero a Kafka no le has conocido: ya se sabe: has entrado vertiginosamente en su desesperada y violenta y tierna y orgullosa y humilde y sencilla y tortuosa concepción de la vida como literatura y de la literatura como única vida posible: como Kafka sin duda Juan diría que en el combate entre ti mismo y el mundo hay que elegir el mundo: ... hasta que la confusa algarabía de la vida sofoque este terco e incansabel trabajo de la muerte que es el trabajoso darse a luz a sí mismo en la palabra justa y desnuda: ...[704]

Wenn er den Prozeß schriftstellerischer Produktion als Geburtsakt darstellt, in dem der Autor sich selbst erschaffe, so phantasiert Semprún sich implizit als allgewaltiges, völlig autonomes Wesen, das sogar seine Entstehung niemandem verdanken muß. Eine unmittelbare Folge dieser Sicht ist die hohe Wertschätzung oder anders gesagt: die narzißtische Besetzung des eigenen Werkes. Sie kann, wie im Falle von *Quel beau dimanche!*, Formen völliger Identifikation mit dem künstlerischen Produkt annehmen. So habe er, schreibt Semprún, den Roman über lange Zeit nicht zu beenden gewagt, aus Furcht, damit zugleich den Schlußpunkt unter sein Leben zu setzen.[705]

Ein verwandtes Motiv wird in Semprúns Darstellung der eigenen Arbeitsweise sichtbar. Vielfach schildert er, daß er in intensiv, nahezu rauschhaft erlebten Momenten der Inspiration die Idee und gleichzeitig den gesamten inhaltlichen und formalen Aufbau eines Werkes aus dem Nichts heraus in perfekter Kohärenz entwickelt habe, so daß die spätere Texterstellung nichts weiter als mühsame Ausführung der vorgefaßten Konzeption gewesen sei.[706] Erneut zeigen sich hier Parallelen zur früheren Ontogenese, zu lustvoller Zeugung nämlich und beschwerlicher, langwieriger Schwangerschaft. Diesen unter Künstlern generell weitverbreiteten Vorstellungen[707] liegt allem An-

704 FS 251; FSA 297: »... nur mit Kafka könntest du Juan eventuell vergleichen – aber Kafka kanntest du nicht – offensichtlich hast du dich kopfüber in seine bessere und gewalttätige, zärtliche und hochmütige und bescheidene und einfache und verworrene Auffassung des Lebens als Literatur und der Literatur als einzig mögliches Leben gestürzt – wie Kafka würde Juan wohl sagen, im Kampf zwischen einem selbst und der Welt muß man sich für die Welt entscheiden ... bis der wirre Krakeel des Lebens die zähe, unermüdliche Todesarbeit erstickt, die das mühevolle Sichselbergebären im nackten treffenden Wort ist ...«

705 Vgl. BD 260; WSS 262.

706 Vgl. die Angaben zur Entstehung von *Les routes du Sud*, *La deuxième mort de Ramón Mercader* in FS 225f, 228 (die betreffenden Textpassagen fehlen unerklärter und unerklärlicher Weise in der deutschen Übersetzung), von *Palacio de Ayete* in FS 298; FSA 354f. sowie des *Sánchez* in: Cortanze, G. de, *Jorge Semprun* ..., a.a.O., S. 15.

707 H. Müller-Braunschweig schreibt hierzu in seinem Aufsatz *Aspekte einer psychoanalytischen Kreativitätstheorie* (in: *Psyche*, 31 (1977), S. 821-843, hier S. 841): »Man hat zuweilen den Eindruck, es würde kurz vor dem kreativen Einfall und während der ersten Phase der sogenannten ‚Inspiration' ein

schein nach der unbewußte Wunsch zugrunde, das schmerzhafte Erleben des Alleinseins heroisch zu überhöhen in der Phantasie des Alles-in-einem-Seins, der sich selbst erschaffenden schöpferischen Potenz.[708] Retrospektiv erscheinen vor diesem Hintergrund die auktorialen Kommentare zum gottgleichen Erzähler in *L'Algarabie* in neuem Licht.[709] Denn nicht zuletzt offenbart Semprún Omnipotenzphantasien, wenn er sich – obschon in ironisierender Distanzierung – als Schöpfer sowohl seiner selbst als auch der von ihm imaginierten Wirklichkeit mit Gott auf eine Stufe stellt. Auch dies Motiv läßt sich, wie Auchter erläutert, bei vielen Kulturschaffenden wiederfinden:

> Der »Schöpfungsmythos« des Kreativen geht aber in manchen Fällen noch über einen autogamen Zeugungsprozeß hinaus, indem nicht nur ein neues Objekt, sondern eine ganze »Neue Welt« geschaffen wird. So kann der kreative Mensch in seiner Phantasie zum »Schöpfer der Welt«, gottähnlich werden; sein Narzißmus scheint unverletzt, er unverletzlich, unsterblich.[710]

Semprún allerdings ist sich der eigenen Sterblichkeit sehr wohl bewußt; im obigen *Sánchez*-Zitat bezeichnet er ja das Schreiben als Geburtsakt und »Todesarbeit« zugleich.[711] Da er Leben und Literatur gleichsetzt, muß ihm der Tod als Nichtung von beidem erscheinen. Dies Wissen ist von einer emotionalen Ambivalenz gekennzeichnet, die in der Gegensätzlichkeit der Adjektive »gewalttätig – zärtlich«, »hochmütig – bescheiden« und »einfach – verworren« zum Ausdruck kommt.[712] Die Größenvorstellungen von Selbstschöpfung, die Semprún in der künstlerischen Kreation auszuleben vermag, stehen im wesentlichen unvermittel neben Gefühlen der Ohnmacht, die von der Gewißheit des Todes ausgehen. Diesen wiederum begegnet er mit der kontinu-

Zustand punktueller Verdichtung geschaffen, der das vorhandene Material auf engsten Raum zusammengedrängt ... Auch in der biologischen Entwicklung ist ja am Beginn des Lebens auf engstem Raum das gesamte ‚Programm' enthalten. (Man kann in diesem Zusammenhang auch an die Hypothese der Physiker vom ‚Urknall' denken, aus dem das Weltall entstand – womit manchen Größenphantasien kreativer Persönlichkeiten wohl Genüge getan wäre.)«

708 Vgl. Müller-Braunschweig, H., a.a.O., S. 837-841; Auchter, Th., *Die Suche nach dem Vorgestern. Trauer und Kreativität*, in: *Psyche*, 32 (1978), S. 52-77, hier besonders S. 65f.; Matt, P. von, *Die Opus-Phantasie. Das phantasierte Werk als Metaphantasie im kreativen Prozeß*, in: *Psyche*, 33 (1979), S. 193-212, hier S. 207ff.; Niederland, W.G., *Psychoanalytische Überlegungen zur künstlerischen Kreativität*, in: *Psyche*, 32 (1978), S. 329-354, hier S. 352 sowie Balint, M., *Therapeutische Aspekte der Regression*, Stuttgart 1968, S. 35-38.

709 Vgl. S. 244.

710 Auchter, Th., a.a.O., S. 66.

711 Zur Beziehung von Literatur und Tod vgl. auch Foucault, M., *Le langage à l'infini*, in: *Tel Quel*, 15 (1963), S. 44-63. Wellershoff, D., *Die Verneinung als Kategorie des Werdens*, in: ders., *Literatur und Lustprinzip*, a.a.O., S. 55-76, vor allem S. 65ff.

712 Vgl. die oben zitierte Passage aus FS 251; FSA 297.

ierlichen Anstrengung, im Schreiben »den Tod zu vergessen«.[713] Auf diese Weise wird die schriftstellerische Arbeit generell und insbesondere die literarische Rekonstruktion des eigenen Erlebens zu einem nicht nur lebenslangen, sondern auch lebensnotwendigen Prozeß der Selbstaffirmation.

Über diese auf Bewahrung des Selbst ausgerichteten Tendenzen hinaus ist Sempruns Werk, wie gesehen, jedoch zugleich von einer Entwicklung gekennzeichnet. Zwar manifestiert sich in ihm ein Wiederholungszwang, doch setzt die Auseinandersetzung mit der Lebensgeschichte jeweils auf einer neuen Stufe an. Es hat, bildlich gesprochen, weniger den Charakter eines geschlossenen Kreises als vielmehr den einer Spirale. Die literarisch gestaltete Erinnerung erwies sich ja als eingebunden in einen Prozeß der Trauerarbeit und ließ demzufolge eine Veränderung des Selbst- und Weltbildes erkennen. In beiderlei Hinsicht zeigte sich eine zunehmende Abkehr vom ursprünglichen Ideal der Homogenität und Kohärenz. Stand am Anfang noch das Bemühen, sich und sein Gedankengebäude als von allen persönlichen und gesellschaftlichen Traumata unversehrt darzustellen, kamen in Sempruns literarischem Schaffen, insbesondere seit der Veröffentlichung des *Mercader*, die erlittenen Wunden stärker zum Vorschein. Das bewußte Akzeptieren einer inneren Widersprüchlichkeit im *Sánchez* und in *L'Algarabie* war so bereits als Zeichen einer fortgeschrittenen Erlebnisverarbeitung zu werten.

Vor allem den beiden jüngsten Werken war zu entnehmen, daß der Verlust der nationalen und politischen Heimat als weitgehend verarbeitet angesehen werden kann, daß andererseits aber die Aufweichung früherer Verdrängungsmechanismen das Trauma der KZ-Haft immer stärker zutage treten läßt. Die Häufigkeit, mit der Semprún seit *Quel beau dimanche!* die Spätfolgen der Deportation thematisiert, und die Virulenz der damit verbundenen Todesphantasien gaben Anlaß zu der Vermutung, daß in diesem Bereich keine Heilung möglich ist. Der stellvertretende Tod der *alter ego*-Figuren in *L'Algarabie*, *La Montagne blanche* und *Netchaïev est de retour* wirkt nicht letztlich befreiend; das Schreiben vermag den Tod lediglich zu exorzisieren – was als provisorische Therapie offensichtlich der Selbsterhaltung dient –, ihn zu besiegen gelingt hingegen nicht.

Sempruns Werk situiert sich so in einem Spannungsfeld von Selbstbestätigung und Selbstveränderung: Zum einen steht es im Dienst psychischer Abwehr – es soll das Selbstbild vor den Angriffen des Unbewußten schützen –,

713 Vgl. Semprún, J., in: Kohut, K., *Escribir* ..., a.a.O., S. 192.

zum anderen soll es helfen, Traumata zu bewältigen[714] beziehungsweise von verinnerlichten individuellen und kollektiven Vaterinstanzen freizukommen.

Da die von Semprún erlebten und literarisch verarbeiteten Traumata zu einem großen Teil historisch-politischer Natur sind, lassen sich vergleichbare Reaktionen auch bei anderen zeitgenössischen Schriftstellern finden. Was hier individualpsychologisch erfaßt wurde, bedarf demnach einer Ausweitung auf sozial- und literaturgeschichtliche beziehungsweise sozial- und literaturpsychologische Aspekte. Von den literarischen Zeugnissen ehemaliger KZ-Häftlinge war in den Untersuchungen zu *Die große Reise* und *Quel beau dimanche!* schon punktuell die Rede.[715] Desgleichen ließe sich ein Panorama jener literarischen Werke erstellen, in denen Dissidenten des Kommunismus ihren politischen Werdegang reflektieren.[716] Während diesen beiden Aspekten im Rahmen der vorliegenden Studie nicht nachgegangen werden kann, sollte anhand der im Grundlagenteil aufgezeigten gemeinsamen Charakteristika der spanischen Exilliteratur insgesamt die Zuordnung Semprúns zu dieser Kategorie deutlich werden. Die kürzlich erfolgte, eventuell zeitlich begrenzte Rückkehr des Autors nach Madrid illustriert, wie stark die Bindungen an Spanien, aber auch an die Politik nach wie vor sind.[717] Auf die literarische Auswertung dieser neuen Erfahrung darf man mit Recht gespannt sein.

714 Die psychischen Implikationen der künstlerischen Arbeit generell faßt H. Müller-Braunschweig anschaulich zusammen; seine Ausführungen lassen sich im wesentlichen auf Semprún übertragen: »1. Sie (die kreative Tätigkeit) erleichtert die Überwindung früher Traumen. Internalisierte Objekte und die dazugehörenden, belastenden Objektbeziehungen können durch Verschiebung auf ein Ersatzgebiet beherrschbar werden und verlieren zumindest partiell ihren drohenden Charakter ...

2. Mit dem Werk ist gleichzeitig ein intensiver Austausch möglich. ... Es handelt sich ... um einen engen, averbalen Kontakt mit einem selbstgeschaffenen Objekt, das – eben dadurch, daß es selbst geschaffen und eng mit der eigenen Persönlichkeit verbunden ist —als beherrschbar und nicht als beängstigend erlebt werden kann.

3. Diese Eigenart macht es dem entstehenden Werk auch möglich, narzißtische Lücken der Persönlichkeit auszufüllen. Der Schaffende erlebt sich im Werk als »heil«, als »ganz«, er kann sozusagen an seiner eigenen Perfektion arbeiten. Das fertige Werk wirkt dann wieder auf ihn zurück, er kann sich mit ihm identifizieren.

4. Das fertige Werk kann schließlich auch Anerkennung von seiten der Umgebung bringen und wiederum zu narzißtischer Zufuhr sowie auf indirektem Wege zu neuen Kommunikationsmöglichkeiten führen.« (ders., a.a.O., S. 835).

715 Vgl. S. 57 bzw. 210f.

716 Hier wären die autobiographischen Schriften von Victor Serge, Claude Roy, Pierre Daix, Jean Guéhenno, Pavel Kohout, Lev Kopelev, Manès Sperber, Ignazio Silone und vielen anderen zu nennen.

717 Vgl. hierzu den Artikel von Mauersberger, V., *Jorge Semprún. Zurück aus dem Exil.* Der Literat und Widerstandskämper in seiner neuen Rolle als Minister, in: *Die Zeit*, 30 (22.7.1988), S. 47.

Siglen für Sempruns Werke:

GV/GR – Le grand voyage (1963)/Die große Reise
GF – La guerre est finie (1966)
EV – L'évanouissement
RM/TRM – La deuxième mort de Ramón Mercader (1969)/Der zweite Tod des Ramón Mercader
ST – Le »Stavisky" d'Alain Resnais (1974)
FS/FSA – Autobiografía de Federico Sánchez/Federico Sánchez. Eine Autobiographie
BD/WSS – Quel beau dimanche! (1980)/Was für ein schöner Sonntag!
AL/AGP – L'Algarbíe (1985)/Algarabía oder Die neuen Geheimnisse von Paris
MO/MLW – Montand. La vie continue (1983)/Yves Montand. Das Leben geht weiter
MB/WB – La Montagne blanche (1986)/Der weiße Berg
NR – Netchaïev est de retour (1987)

Literaturverzeichnis

1. Das Werk Jorge Semprúns

Belletristik

Le grand voyage, Paris 1963

Die große Reise, Hamburg 1964

La guerre est finie, Paris 1966

Z (Drehbuch für C. Costa-Gavras), in: *Avant-Scène du Cinéma*, 96 (Okt. 1966)

L'évanouissement, Paris 1967

La deuxième mort de Ramón Mercader, Paris 1969

Der zweite Tod des Ramón Mercader, Frankfurt 1974

Evasions de printemps, in: *Les Nouvelles littéraires*, 2201 (27.11.1969), S. 6

Le »Stavisky« d'Alain Resnais, Paris 1974

Autobiografía de Federico Sánchez, Barcelona 1977

Federico Sánchez. Eine Autobiographie, MÜnchen 1978

Quel beau dimanche!, Paris 1980

Was für ein schöner Sonntag!, Frankfurt/M. 1981

L'Algarabie, Paris 1981

Algarabía oder Die neuen Geheimnisse von Paris, Frankfurt/M. 1985

Montand. La vie continue, Paris 1983

Yves Montand. Das Leben geht weiter, Frankfurt/M. 1984

La Montagne blanche, Paris 1986

Der weiße Berg, Frankfurt/M. 1987

Netchaïev est de retour, Paris 1987

Essayistik

Burgos, in: *Le Monde*, 15.10.1964

Ces silences qui nous sont interdits, in: *Le Nouvel Observateur*, 17.12.1964, S. 26ff.

in: Buin, Y. (Hrg.), a.a.O., S. 29-47 (Redebeitrag)

Préface, in: N.N., *Les Peintures d'Eduardo Arroyo*, Paris 1965

Notas sobre izquierdismo y reformismo, in: *Cuadernos de Ruedo ibérico*, 2 (Aug./Sept. 1965(, S. 3-16

La oposición política en España: 1959-1966, in: *Horizonte español 1966*, Bd. 2, Paris 1966, S. 30-55

Prólogo, in: Vallès, J., *El niño*, Madrid 1970, S. 7-16

Prefacio, in: Claudín, F., *La crisis del movimiento comunista*, Bd. 1, Paris 1970, S. IX-XV

Préface, in: Zamiatine, E.I., *Nous autres*, Paris 1971, S. 7-14

Préface, in: Nolte, E., Le Fascisme, Paris 1973, S. 8-13

Repérages (Text zu Photographien von A. Resnais), Paris 1974

Prólogo, in: Blanc, F. u.a., *El descencanto* (Film von J. Chávarri), Madrid 1976, S. 9-17

Prólogo, in: Vázquez Montalbán, M. (Hrg.), *1919-1930. La rebelión de las masas*, Barcelona 1977, S. 9-15

El porvenir de la izquierda, in: *Triunfo*, 25.6.1977

Contrarréplica a Manuel Azcárate sobre la »Autobiografía de Federico Sánchez«, in: *El País*, 8.1.1978, S. 9f.

¿Primeros pasos o canto del cisne?, in: *Cambio 16*, 334 (30.4.1978), S. 62f.

Del frentismo al »eurocomunismo«, in: *El viejo topo*, 22 (Juli 1978), S. 37ff.

Le combattant de la guerre d'Espagne, in: Domenach, J.-M. u.a., *Malraux*, Paris 1979

Prólogo, in: Lowry, M., *El volcán, el mezcal, los comisarios*, Barcelona 19802, S. 9-20

Rester de gauche, in: *Le débat*, 13 (Juni 1981), S. 6-14

Carrillo au milieu du gré, in: *Le Nouvel Observateur*, 1.8.1981, S. 32

Stalinismus und Faschismus. Eine Rede an die deutsche linke Intelligenz, in: *die tageszeitung*, 14.6.1986, S. 11 und 13

Intelectuales de pasillos y de paseo, in: *El País*, 27.6.1987, S. 30

A-t-on besoin de Heidegger, in: *Le Nouvel Observateur*, 26.5.1988, S. 64f.

La naissance de saint Venceslas, in: *Les Nouvelles littéraires*, Juni 1986, S. 97ff.

Bulnes, R./Semprún, J. Dos posiciones erróneas, in: *Cuadernos de Ruedo ibérico*, 11 (1967), S. 59-65

2. Sekundärliteratur zu Semprún

Interviews mit dem Autor

Ashoff, B., Warum denunzieren Sie Ihre früheren Genossen nicht, Monsieur Semprun?, in: *Frankfurter Allgemeine Zeitung – Magazin*, 21.8.1987, S. 50f.

Beylie, C., Entretien avec Jorge Semprun, in: *Ecran 74*, 27, (Juli 1974), S. 42-45

Boncenne, P., Jorge Semprun, in: *Lire*, 126 (März 1986), S. 104-114

Braucourt, G., Le temps et la mémoire. Entretien avec Jorge Semprun, in: *Les Nouvelles littéraires*, 2422 (25.2.1974), S. 4

ders., La clandestinité est finie. Un entretien avec Jorge Semprun, in: *Les Nouvelles littéraires*, 2617 (5.1.1978), S. 4

Cortanze, G. de, Jorge Semprun: itinéraire d'un intellectuel apatride, in: *Magazine littéraire*, 170 (März 1981), S. 14-19

Cotta, M., Ferrier, J.-L., Giroud, F., L'Express va plus loin avec Jorge Semprun, in: *L'Express*, 8.12.1969, S. 72-79

Ferrer, E., »El lenguaje del desterrado es bilingüe y perverso«. Entrevista con el autor de »La algarabía«, in: *El País*, 9.5.1982, S. Libros 7

Kohut, K., *Escribir en París*, Frankfurt/M. 1983

Lapouge, G., Jorge Semprun. Le témoin d'un certain communisme, in: *Le Monde*, 25.11.1969, S. 28

Lara, F., Jorge Semprún: Un himno al militante, in: *Triunfo*, 746 (14.5.1977), S. 75

Montero, R., Jorge Semprún. »No sé realmente quién soy«, in: *El País Semanal*, 29 (30.10.1977), S. 4-9

N.N., Jorge Semprun: »La guerre est finie« de Resnais est un film qui gêne tout le monde, in: *Combat*, 26.7.1966

N.N., Interviev mit Jorge Semprun über »Stavisky«, in: *Dokumente*, 30 (1974), S. 229ff.

N.N., »El Eurocomunismo está muerto«. Entrevista con Jorge Semprún, in: *Cambio 16*, 443 (1.6.1980), S. 49-52

N.N., Ein Leben im doppelten Exil. Interview mit Jorge Semprún, in: *die tageszeitung*, 14.4.1984, S. 10

Pays, J.L., Entretien avec Jorge Semprun, in: *Positif*, 79 (Okt. 1966), S. 38-50

Rodríguez Pujol, T., »Yo era peligroso«. Jorge Semprún cuenta su vida, in: *Cuadernos para el Diálogo*, 9.4.1977, S. 28f.

Roig, M., Jorge Semprún en un vaivén, in: *Triunfo*, 570 (1.9.1973), S. 32-35

Strausfeld, M., »Ich bin das Traumgespinst eines Toten von einst« - Ein ZEIT-Gespräch mit Jorge Semprún, in: *Die Zeit*, 46 (12.11.1982), Literatur S. 4

Tournès, A., Un entretien avec Jorge Semprun, in: *Jeune Cinéma*, 16 (Juni/Juli 1966), S. 13-19

Studien und Rezensionen – Werkübergreifend

Ben, M., Was verrät der Verrat? Notizen beim Lesen von Jorge Semprún, in: *Düsseldorfer Debatte*, 2 (1984), S. 23-36

Stembert, R., Fernando, Agustín, Jorge y algunos más, in: Segoviano, C. (Hrg.), *Lengua, literatura, civilización en la clase de español: actas de las Jornadas Hispánicas de la Asociación Alemana de Profesores de Español (DSV) Schwäbisch Hall 1986*, Bonn 1987, S. 211-240

– über *Le grand voyage*

Ancsel, E., Die Wälder: von Tolstoj bis Semprun, in: *Annales Universitatis Scientarum Budapestinensis. Sectio philosophica et sociologica*, Bd. 13, Budapest 1979, S. 117-125

Egri, P., *Survie et réinterprétation de la forme proustienne, Proust, Déry, Semprun*, Debrecen 1969 [illegible] [illegible]I., Jorge Semprun's long journey, in: *Australian Journal of French Studies*, 1973, S. 223-235

Möckel, K., Bücher wider das Vergessen. André Schwarz-Bart und Jorge Semprun, in: *Sinn und Form*, 18 (1966), S. 1050-1059

N.N., El comunismo y los intelectuales, in: *ABC*, 13.5.1963, S. 48

Villelaur, A., Un romancier espagnol de langue française, in: *Les Lettres françaises*, 6.6.1963, S. 2

– über *La Guerre est finie*

Baby, Y., »Rêve et révolution commencent par le même mot«. Un entretien avec Alain Resnais sur »La guerre est finie«, in: *Le Monde*, 11.5.1966, S. 16

Benayoun, R., Resnais, le permanent, in: *Positif*, 79 (Okt. 1966), S. 51-56

ders., Ciment, M., Pays, J.-L., Entretien avec Alain Resnais, in: ebenda, S. 19-37

Braucourt, G., Contre certains mythes, ou: La guerre est-elle bien finie?, in: *Les Nouvelles littéraires*, 2422 (25.2.1974), S. 5

Capelle, A., Resnais le refusé, in: *Arts*, 4.5.1966, S. 52f.

Cervoni, A., La guerre est finie, in: *France Nouvelle*, 1076 (1.6.1966), S. 20

Chaumeton, E., Le cinquième souffle d'Yves Montand, in: *La Dépêche du Midi*, 28.11.1965, S. 7

Duvigneau, M., La guerre est finie, in: *Téléciné*, 131 (Dez. 1966), S. 31-50

Fernández Cuenca, C., *La Guerra de España y el cine*, Madrid 1972

Gilles, P., Jorge Semprun: »Sans écrire un mot, Alain est aussi le scénariste du film«, in: *Arts*, 6.10.1965, S. 41

ders., Resnais passe à l'action, in: ebenda, S. 40f.

Lara, F., Jorge Semprún: Un himno al militante, in: *Triunfo*, 746 (14.5.1977), S. 75

N.N., Jorge Semprun: »La guerre est finie« de Resnais est un film qui gêne tout le monde, in: *Combat*, 26.7.1966

Pays, J.L., Alain Resnais et Yves Montand: »La guerre est finie, c'est l'histoire d'un chevalicr des temps modernes«, in: *Les Lettres françaises*, 28.4.1966, S. 19

ders., Entretien avec Jorge Semprun, in: *Positif*, 79 (Okt. 1966), S. 38-50

Pétat, J., L'effet de bonheur et la réalité perdue, in: *Cinéma*, 259/260 (Juli/Aug. 1980), S. 53ff.

Prédal, R., Le temps d'Alain Resnais, in: *Cinéma*, 259/260 (Juli/Aug. 1980), S. 56-59

Sadoul, G., »La guerre est finie«: La lutte continue, in: *Les Lettres françaises*, 1132 (19.5.1966), S. 14

Samson, P., Le lyrisme critique d'Alain Resnais, in: *L'Arc*, 51 (1967), S. 103-111

Thirard, P.-L., Discussion, in: *Positif*, 79 (Okt. 1966), S. 67ff.

– über *L'évanouissement*

Audejean, Ch., Jorge Semprún: L'évanouissement, in: *Esprit*, 35 (Okt. 1967), S. 703f.

Duranteau, J., Neige et lilas, in: *La Quinzaine littéraire*, 36 (1.10.1967), S. 8

Villelaur, A., Entre deux voyages, in: *Les Lettres françaises*, 1185 (1.6.1967), S. 18

– über *La deuxième mort de Ramón Mercader*

Audejean, Ch., Jorge Semprun: La deuxième mort de Ramón Mercader, in: *Esprit*, 37 (Juli/Aug. 1969), S. 187f.

Blot, J., Jorge Semprun: La deuxième mort de Ramón Mercader, in: *La Nouvelle Revue Française*, 34 (1969), S. 462ff.

Caravaca, F., Jorge Semprún: »La deuxième mort de Ramón Mercader«, in: *Arbor*, 75 (1970), S. 417-421

Carité, M., La deuxième mort de Ramón Mercader, in: *Les Annales* (Conferencia), 231 (Jan. 1970), S. 48f.

Jokostra, P., Im Netz der Geheimdienste, in: *Dokumente*, 30 (1974), S. 337

Kohut, K., Die Problematik von Literatur, Revolution und Exil in Jorge Sempr\u00fans *La deuxième mort de Ramón Mercader*, in: *Romanistisches Jahrbuch*, 1973, S. 141-162

Lapouge, G., Jorge Semprun. Le témoin d'un certain communisme, in: *Le Monde*, 25.11.1969, S. 19

ders., La deuxième naissance de Jorge Semprun, in: *Le Figaro littéraire*, 1.12.1969, S. 19

López Martínez, J., Jorge Semprún: La segunda muerte de Ramón Mercader, in: *Estafeta Literaria*, 645/646 (1. Okt. 1978), S. 3.316f.

Martín-Artajo, J., »La segunda muerte de Ramón Mercader« de Jorge Semprún, in: *Papeles de Son Armadáns*, 62 (1971), S. 67-80

ders., Reseña del »Ramón Mercader« de Semprún con divagaciones sobre la revolución permanente, in: *Cuadernos del Ruedo ibérico*, 36 (April/Mai 1972), S. 24-29

Nourissier, F., La deuxième mort de Ramón Mercader, in: *Les Nouvelles littéraires*, 27.11.1969, S. 6

Ortega, J., Intriga, estructura y compromiso en »La segunda muerte de Ramón Mercader« de Jorge Semprún, in: *Cuadernos hispanoamericanos*, 310 (April 1976), S. 162-175

Scheffel, H., Aufgedeckte Karten mit erschreckenden Bildern. Jorge Semprun: »Der zweite Tod des Ramón Mercader« – Ein spannender politischer Roman mit literarischem Raffinement, in: *Frankfurter Allgemeine Zeitung*, 2.4.1974, S. 12

Villelaur, A., Un »espionnage« d'un genre majeur, in: *Les Lettres françaises*, 1293 (23.7.1969), S. 6 und 8

– über *Le »Stavisky« d'Alain Resnais*

Amiel, M., Pétat, J., Entretien avec Alain Resnais, in: *Cinéma*, 259/260 (Juli/Aug. 1980), S. 37-46

Armes, R., Stavisky: Resnais and the nature of spectacle, in: *London Magazine*, 14 (Okt./Nov. 1974), S. 106-111

Ishagpour, Y., Samson, P., Resnais contre le courant, in: *Les Temps Modernes*, 339 (Okt. 1974), S. 183-190

Lara, F., Un festival proustiano, in: *Triunfo*, 610 (8.6.1974), S. 45f.

N.N., Rencontre avec Alain Resnais, in: *Preuves*, 18 (1974), S. 116-121

N.N., Interview mit Jorge Semprun über »Stavisky«, in: *Dokumente*, 30 (1974), S. 229ff.

Pétat, J., L'effet de bonheur et la réalité perdue, in: *Cinéma*, 259/260 (Juli/Aug. 1980), S. 53ff.

Seguin, L., Stavisky, in: *La Quinzaine littéraire*, 189 (16.6.1974), S. 28f.

– über *Autobiografía de Federico Sánchez*

Azcárate, M., Comentarios personales sobre la «Autobiografía de Federico Sánchez«, in: *El País*, 4.1.1978, S. 7

Carrillo, S., Ante la ofensiva antidemocrática contra el PCE: No nos moverán, in: *Mundo Obrero*, 19.1.1978, S. 1ff.

Chamorro, E., El largo viaje de Jorge Semprún, in: *Cambio 16*, 308 (6.11.1977), S. 93

Domingo, X., Zuloaga, P. u.a., Los bajos fondos del Eurocomunismo, in: *Cambio 16*, 317 (8.1.1978), S. 10-22

dies., Todas en el mismo Carrillo, in: *Cambio 16*, 318 (16.1.1978), S. 10-13

Gérard, A., Quand Semprun cherche Federico, in: *La Revue Nouvelle*, Jan 1979, S. 101ff.

Goytisolo, J., Los trapos sucios, in: *Cambio 16*, 317 (8.1.1978), S. 19

Harguindey, A.S., »No se trata de un libro de revancha«. Jorge Semprum (sic) y su »Autobiografía de Federico Sánchez«, in: *El País*, 22.8.1976, S. 16

Haubrich, W., Santiago Carrillo als Fälscher der Wahrheit. Der Renegat Semprun fordert die Kommunisten heraus, in: *Frankfurter Allgemeine Zeitung*, 13.1.1978, S. 3

Melchor, F., El libelo, en libelo se queda, in: *Mundo Obrero*, 12.1.1978, S. 5

Moliner, P.R., Federico Sánchez, cazado, in: *Cambio 16*, 317 (8.1.1978), S. 15

Montero, R., Por fin habla Azcárate, in: *El País Semanal*, 2.4.1978, S. 10-14

N.N., Semprún, Premio Planeta, in: *Triunfo*, 769 (22.10.1977), S. 14f.

N.N., Carrillo, a Semprún: »No nos moverán«, in: *El País*, 11.1.1978, S. 1

Perfecto Conde, S., Carrillo: »La campaña contra el PCE ahora proviene de gente que se denomina de izquierdas«, in: *El País*, 6.1.1978, S. 12

Pradera, J., Las verdades parciales de Semprún, in: *Cambio 16*, 317 (8.1.1978), S. 16

Preston, P., Quarreling with Carrillo, in: *The Times Literary Supplement*, 9.6.1978, S. 8

Rey, H.F., Jorge Semprun. L'homme d'une obsession, in: *Magazine littéraire*, 139 (Juli/Aug. 1978), S. 54f.

Roy, C., Des révolutions pourries par la tête, in: *Le Nouvel Observateur*, 15.5.1978, S. 100ff.

Samaniego, F., Sánchez Harguindey, A., Claudín, F., Jorge Semprún: »,Testimonio' es una reflexión sobre diez años de activismo en el Partido Comunista«, in: *El País*, 18.10.1977, S. 25

Schmigalle, G., Jorge Sempruns Kritik des Kommunismus. Die »Autobiografía de Federico Sánchez« (1977), in *Iberoamericana*, 12 (1981), S. 3-21

Soto, F., Federico Sánchez, un español »sin abuela«, in: *Mundo Obrero*, 8.12.1977, S. 6

Vázquez Montalbán, M., »Autobiografía de Federico Sánchez«, in: *Mundo Obrero*, 24.11.1977, S. 4

ders., El anticomunismo, ¿nace o se hace?, in: *Mundo Obrero*, 5.1.1978, S. 4

Vidal Beneyto, J., El anticomunismo como destino, in: *El País*, 12.1.1978, S. 12

Yannakakis, I., »Intellectuels à tête de linotte« (La Pasionaria), in: *La Quinzaine littéraire*, 279 (16.5.1978), S. 4f.

– über *Quel beau dimanche!*

Baier, L., »Was für ein schöner Sonntag!«, in: *Die Zeit*, 46 (12.11.1982), Literatur S. 5

Billard, P., Jorge Semprun: voyage au bout de sa nuit, in: *Le Point*, 388 (25.2.1980)

Boyers, R., Remembrance of things to come, in: *The Times Literary Supplement*, 4206 (11.11.1983), S. 1253f.

Gallo, M., Semprun: un très beau dimanche, in: *L'Express*, 23.2.1980, S. 74ff.

Géniès, B., L'expérience de Jorge Semprun à Buchenwald, in: *La Quinzaine littéraire*, 16.3.1980, S. 24

Haubrich, W., Die drei Leben des Semprún. Der Schriftsteller als Mann der Tat, in: *Frankfurter Allgemeine Zeitung*, 240 (15.10.1983), Literaturbeilage s.p.

Le Roy Ladurie, E., Jorge Semprun dévisage son histoire, in: *Le Monde*, 22.2.1980, S. 15 und 17

Preston, P., Out of Franco's frying-pan ..., in: *The Times Literary Supplement*, 28.11.1980, S. 1348

– über *L'Algarabie*

Conte, R., Jorge Semprún en la encrucijada, in: *El País*, 9.5.1982, S. Libros 1 und 6

Cortanze, G. de, Un remplaçant de Dieu, in: *Magazine littéraire*, 182 (März 1982), S. 47f.

Fidalgo, F., Jorge Semprún recurre a la utopía en su última novela, in: *El País*, 27.12.1981, S. 23

Gazier, M., La lucidité tendre et ironique d'un désespoir confortable, in: *La Quinzaine littéraire*, 363 (16.1.1982), S. 17f.

Görling, R., Politisches Schelmenstück. Jorge Sempruns Roman »Algarbía«, in: *Frankfurter Rundschau*, 1.2.1986, S. ZB 4

Poirot-Delpech, B., Roman d'une utopie et utopie du roman. »L'Algarbie« de J. Semprun, in: *Le Monde*, 4.12.1981, S. 15 und 17

Pudlowski, G., Semprun, l'exilé, in: *Les Nouvelles littéraires*, 2814 (26.11.1981), S. 42

Queffélec, Y., Semprun dans la tour de Babel, in: *Le Nouvel Observateur*, 9.1.1982, S. 72

Schöller, W.F., Ab- und Ausschweifungsroman, Abschiedsveranstaltung. »Algarabía oder Die neuen Geheimnisse von Paris« – die Großtat des anarchistischen Einzelgängers Jorge Semprun, in: *Süddeutsche Zeitung*,

9.10.1985, S. Literatur 10

– über *Montand. La vie continue*

Baer, V., Yves Montand in Ausschnitten, in: *Der Tagesspiegel* (Berlin), 13.1.1985

Kroeber, B., »Für diesmal nicht meisterlich« – Jorge Semprúns »Portrait-Essay« über Yves Montand, in: *Frankfurter Rundschau*, 8.9.1984, S. ZB 4

Uthmann, J. von, Ein Italiener in Paris, in: *Frankfurter Allgemeine Zeitung*, 117 (11.8.1984), S. 22

Verdès-Leroux, J., Un »Montand« qui relève de la littérature, in: *La Quinzaine littéraire*, 396 (16.6.1983), S. 10

– über *La Montagne blanche*

Buss, R., One man's Europe, in: Times Literary Maganzine, 4353 (5.9.1986), S. 979

Görling, R., Fahrt über die Lagune des Vergessens. Jorge Sempruns jüngster Roman »Der weiße Berg«, in: *Frankfurter Rundschau*, 3.10.1987, S. ZB 4

– ber den Film *Les deux mémoires*

Gervais, G., Les deux mémoires, in: *Le jeune cinéma*, 77 (März 1974), S. 36-39

3. Die Literatur des spanischen Exils

Primärwerke

Arrabal, F., Fando et Lis, in: ders., *Théâtre I*, Paris 1958

ders., *Baal Babylone*, Paris 1959

ders., *L'enterrement de la sardine*, Paris 1961

ders., *Lettre au général Franco*, Paris 1972

ders., *Lettre aux militants communistes espagnols: songe et mensonge de l'eurocommmunisme*, Paris 1978

ders., *La vierge rouge*, Paris 1986

Aub, M., Tránsito, in: ders., *Obras en un acto*, Bd. 1, Mexiko 1960, S. 196-215

Ayala, F., El regreso, in: ders., *La cabeza del cordero*, Buenos Aires 1949, S. 91-145

Blasquez, A., *Que l'amour d'un grand dieu ...*, Paris 1968

dies., *Les ténèbres du dehors*, Paris 1981

Castillo, M. del, *Tanguy*, Paris 1957

ders., *Le sortilège espagnol*, Paris 1977

Corrales Egea, J., *Semana de pasión*, Barcelona 1976

Domingo, X., *Villa Milo*, Paris 1961

Goytisolo, J., *Señas de identidad*, Mexiko 1966, revidierte Fassung Barcelona 1976

ders., *Furgón de cola*, Paris 1967

ders., *Disidencias*, Barcelona 1977

ders., *Libertad, libertad, libertad*, Barcelona 1978

Lamana, M., *Otros hombres*, Buenos Aires 1956

ders., *Los inocentes*, Buneos Aires 1959

Semprún-Maura, C. *Un chapeau qu'on met le dimanche pour voir les siens*, Paris 1968

ders., La »oposición« y sus militantes, in: *Cuadernos de Ruedo ibérico*, 33-35 (März 1972), S. 213-216

ders., *Révolution et contre-révolution en Catalogne: 1936-1937*, Tours 1974

ders., *L'an prochain à Madrid*, Paris 1975

ders., ¿Quién es y qué pretende Santiago Carrillo?, in: *Domingo, X. u.a., De Carrero Blanco a Eva Forest*, Paris 1975, S. 71-89

ders., *Le jour où j'ai été tué*, Paris 1976

ders., *Ni Dios, ni amo, ni CNT*, Barcelona 1978

ders., *Franco est mort dans son lit*, Paris 1980

ders., *Le voleur de Madrid*, Paris 1981

ders., *Les barricades solitaires*, Paris 1984

ders., *Par des chemins rouges*, Paris 1987

Sekundärliteratur

Abellán, J.L. (Hrsg.), El exilio de 1939, 6. Bde., Madrid 1976

Alatorre, A., Literatura de la emigración republicana española en México, in: *Comparative Literature. 2. Congress of the International Comparative Literature Association 1958*, Bd. 2, Chapel Hill 1959, S. 606-614

Albornoz, A.de, Poesía de la España peregrina: Crónica incompleta, in:

Abellán, J.L. (Hrg.), a.a.O., Bd. 4, S. 11-108

Alvarez Palacios, F., *Novela y cultura española de postguerra*, Madrid 1975

Andújar, M., Narrativa del exilio español y literatura latinoamericana: recuerdos y textos, in: *Cuadernos hispanoamericanos*, 295 (1975), S. 63-86

Ayala, F., Para quién escribimos nosotros, in: *Cuadernos Americanos*, 43 (Jan./Febr. 1949), S. 36-48

Brandenberger, E., Zur spanischen Exilliteratur, in: dies. (Hrg.), *Narradores españoles fuera de España*, Ebenhausen 1971, S. 123f.

Carrasquer, F., El exilio de la literatura y la literatura del exilio, in: *Camp de l'arpa*, 42 (1977), S. 7-12

Castelet, J.M., *Literatura, ideología y política*, Barcelona 1976

Conte, R., *Narraciones de la España desterrada*, Barcelona 1970

ders., La novela española del exilio, in: *Cuadernos para el diálogo*, 14 (Mai 1969), S. 27-38

Corrales Egea, J., Tuñón de Lara, M. u.a. (Hrg.), *Los escritores y la Guerra de España*, Barcelona 1977

Curutchet, J.C., *A partir de L. Martín Santos*, Montevideo 1973

Domingo, J., *La novela española del siglo XX*, Bd. 2, Barcelona 1973

Ferreras, J.I., *Tendencias en la novela española actual 1931-1969*, Paris 1970

Ferres, A., Ortega, J., *Literatura española del último exilio*, New York 1975

Gil Casado, P., *La novela social española (1920-71)*, Barcelona 1968

Ilie, P., *Literatura y exilio interior*, Madrid 1981

Kohut, K., Juan Goytisolo frente a la madre España: del exilio voluntario a la traición radical, in: *Teorías semiológicas aplicadas a textos españoles. Actas del Symposium Internacional del Departamento de Español de la Universidad de Groningen*, Mai 1979, S. 47-66

Levine, L.G., *Juan Goytisolo: La destrucción creadora*, Mexiko 1976

Manent, A., *Literatura catalana a l'exili*, Barcelona 1976

Marra-López, J.R., *Narrativa española fuera de España (1939-1961)*, Madrid 1963

Martínez Cachero, J.M., *Historia de la novela española entre 1936 y 1975*, Madrid 1979

Martínez López, R., Literatura gallega en el exilio, in: Abellán, J.L. (Hrg.), a.a.O., Bd. 6, S. 285-323

Matute, A.M., A wounded generation, in: *The Nation*, 201 (Nov. 1965), S. 420-424

Montes, M.J., *La guerra española en la creación literaria (ensayo bibliográfico)*, Madrid 1970

Nora, E.G. de, *La novela española contemporánea (1898-1960)*, Bd. 2, Madrid 1962

Nougué, A., Flecniakoska, J.L., *Novelistas de la emigración*, Toulouse/Paris 1972

Ortega, J., *Juan Goytisolo. Aliencación y agresión en »Señas de identidad« y »Reivindicación del Conde don Julián«*, New York 1972

Pérez Minik, D., *Novelistas españoles de los siglos XIX y XX*, Madrid 1957

ders., *La novela extranjera en España*, Madrid 1973

Rico, F. (Hrg.), *Historia y crítica de la literatura española*, 4 Bde., Barcelona 1979-1981

Riera Llorca, V., Manent, A., Literatura catalana en el exilio, in: Abellán, J.L. (Hrg.), a.a.O., Bd. 6, S. 157-215

Rodríguez Monegal, E., Juan Goytisolo. Destrucción de la España sagrada, in: Mundo nuevo, 12 (Juni 1967), S. 44-60

Sanz Villanueva, S., La narrativa en el exilio, in: Abellán, J.L. (Hrg.), a.a.O., Bd. 4, S. 109-182

Sobejano, G., *Novela española de nuestro tiempo*, Madrid 1975

Ugalde, M. de, El exilio de la literatura vasca, in: Abellán, J.L. (Hrg.), a.a.O., Bd. 6, S. 217-283

4. Zu Politik und Kultur Spaniens sowie des Exils

Abella, R., *Por el imperio hacia Dios*. Crónica de una posguerra (1939-1955), Barcelona 1978

Abellán, J.L., *Filosofía española en América (1936-1966)*, Madrid 1966

ders., Filosofía y pensamiento: su función en el exilio de 1939, in: *Cuadernos hispanoamericanos*, 310 (1976), S. 52-86

ders., El éxodo republicano. Una nueva »conciencia española«, in: *Historia 16*, 19 (1977), S. 17-32

ders., *El exilio español de 1939*, in: *Triunfo*, 844 (31.3.1979)

ders. (Hrg.), *El exilio español de 1939*, 6 Bde., Madrid 1976

Alba, V., *La oposición de los supervivientes (1939-1955)*, Barcelona 1978

Amo, J., Shelby, Ch., *La obra impresa de los intelectuales españoles en América, 1939-1945*, Stanford (Calif.) 1950

Andújar, M., Las revistas culturales y literarias del exilio en Hispanoamérica, in: Abellán, J.L. (Hrg.), a.a.O., Bd. 3, S. 21-92

Angel, M., *Los guerrilleros españoles en Francia*, Havanna 1971

Aranguren, J.L., La evolución espiritual de los intelectuales españoles en la emigración, in: ders., *Crítica y meditación*, Madrid 1957, S. 165-216

Artis-Gener, A., *La diáspora republicana*, Barcelona 1975

Bautista Climent, J., España en el exilio, in: *Cuadernos Americanos*, Bd. 126 (Jan./Feb. 1963), S. 91-108

Bergamín, J., *De una España peregrina*, Madrid 1972

Borras, J., *Políticas de los exiliados españoles: 1944-1950*, Paris 1976

Bravo-Tellado, A.A., *El peso de la derrota 1939-1944. La tragedia de medio millón de españoles en el exilio*, Madrid 1974

Campos, J., Balance del exilio republicano, in: *Insula*, 363 (1977), S. 11

Camprubi, M., Cobos, J., *30 années d'éditions: catalogues des livres, brochures, périodiques édités par les organisations libertaires espagnoles reconstituées en France, 1945-1975*, Toulouse 1978

Carmona Nenclares, F., Hispanismo e hispanidad, in: *Cuadernos Americanos*, Mai/Juni 1942, S. 43-55

Carr, R., Fusi, J.P., *España, de la dictadura a la democracia*, Barcelona 1979

Castillo, M. del, *Le sortilège espagnol*, Paris 1977

Castro, A., Emigrados, in: *Cuadernos del Congreso por la Libertad de la Cultura*, 17 (März/April 1956), S. 5-14

Chao, R., *Después de Franco, España*, Madrid 1976

Cimorra, C. u.a., Respuesta de intelectuales españoles en la emigración a José Luis L. Aranguren, in: *Cuadernos Americanos*, Juli/Aug. 1954, S. 79-85

Comín Colomer, E., *La República en el exilio*, Barcelona 1957

Custodio, A., El regreso a España del refugiado político. Ensayo histórico y crítico de una añoranza, in: *Cuadernos Americanos*, Bd. 39/2, 1979, S. 76-84

Debray, R., Gallo, M., Carrillo, S., *Demain l'Espagne*, Paris 1974

Díaz, E., *Pensamiento español 1939-1973*, Madrid 1974

Domenech, R., Los trasterrados, in: *Cuadernos para el diálogo* (Sondernummer zum »Teatro español«), Juni 1966, S. 34ff.

Domingo, X., *El dinero del Opus es nuestro, esperpento ibérico ejemplar ...*, Paris 1971

ders., *Erótica Hispánica*, Paris 1972

ders., *El cetro y la bomba*, Toulouse 1975

ders., De Carrero Blanco a Eva Forest, in: ders., López Camillo, A., Domingo, E., Semprún Maura, C., *De Carrero a Eva Forest*, Paris 1975, S. 9-28

Durán, M., La generación del 36 vista desde el exilio, in: *Cuadernos Americanos*, 148 (Sept./Okt. 1966), S. 222-233 ders., Notas sobre la emigración de los intelectuales, in: *Ciencias e investigación* (4), Bd. 27, Buenos Aires 1971, S. 133-137

Fagen, P.W., *Transterrados y ciudadanos*. Los Republicanos españoles en México, Mexiko 1975

Fernández, A., *La España de los maquis*, Paris 1967

ders., *Emigración republicana española (1939-1945)*, Madrid 1972

ders., *Españoles en la Resistencia*, Madrid 1973

ders., Las formaciones políticas en el exilio, in: Abellán, J.L. (Hrg.), a.a.O., Bd. 2, S. 121-177

Fernández de Castro, I., *De las Cortes de Cádiz al Plan de Desarrollo 1808-1966*, Paris 1968

ders., Martínez, J. (Hrg.), *España hoy*, Paris 1963

Ferrater Mora, J., Algunas cuestiones españoles, in: *Cuadernos Americanos*, 4 (Nov./Dez. 1944), S. 62-77

Ferrer Benimeli, J.A., Historia de la República Española en el exilio (1939-1977), in: *Tiempo de historia*, 32 (1977), S. 4-15

Flores, X., El exilio y España, in: *Horizonte español 1966*, Bd. 2, Paris 1966, S. 29-38

Fresco, M., *La emigración republicana española: Una victoria de México*, Mexiko 1950

Fuentes, E., La oposición antifranquista de 1939 a 1955, in: *Horizonte español 1966*, Bd. 2, Paris 1966, S. 1-28

Gallo, M., *Histoire de l'Espagne franquiste*, Paris 1969

Gaos, J., La adaptación de un español a la sociedad hispanoamericana, in: *Revista de Occidente*, 38 (Mai 1966), S. 168-178

García Escudero, J.M., *Historia política de las dos Españas*, Bd. 4, Madrid 1976

Garosci, A., *Gli intellettuali e la guerra di Spagna*, Turin 1959

Giral, F., Gobierno y partidos republicanos (1939-1976), in: Abellán, J.L. (Hrg.), a.a.O., Bd. 2, S. 179-225

ders., Santidrán, P. (Hrg.), *La República en el exilio*, Madrid 1977

Gómez Molina, R., *Españoles en el exilio*, Madrid 1974

González Calero, A., La contrahistoria del franquismo, in: *Triunfo*, 792 (1.4.1978), S. 26ff.

Goytisolo, J., El gato negro que atravesó nuestras oficinas de la rue de Bièvre, in: *Quimera*, 29 (März 1983), S. 12-25

Guzmán, E. de, El exilio español, in: *Triunfo*, 732 (6.2.1977)

Haubrich, W., Moser, C.R., *Francos Erben*. Spanien auf dem Weg in die Gegenwart, Köln 1976

Hermet, G., *Les Espagnols en France*. Immigration et Culture, Paris 1967

Instituto Nacional de Antropología e Historia, *Palabras del exilio*. Contribución a la historia de los refugiados españoles en México, Mexiko 1980

León Portilla, M., Ascensión, H. de, *España desde México*. Vida y testimonios de transterrados, Mexiko 1978

Llorens Castillo, V., El retorno del desterrado, in: *Cuadernos Americanos*, 40 (Juli/Aug. 1948), S. 216-233

ders., El desterrado y su lengua, in: ders., *Literatura, historia, política*, Madrid 1967, S. 31-43

ders., Entre España y América (La emigración republicana de 1939), in: ebenda, S. 223-236; auch erschienen in: *Mundo Nuevo*, 12 (Juni 1967), S. 61-65

ders., Emigraciones en la España moderna, in: Abellán, J.L. (Hrg.), a.a.O., Bd. 1, S. 25-93

ders., La emigración republicana de 1939, in: Abellán, J.L. (Hrg.), a.a.O., Bd. 1, S. 95-200

Luzuriaga, J., Sobre el exilio: 1939-1964, in: *Revista de Occidente*, 12 (März 1964), S. 345-348

Malagón Barceló, J., Los historiadores y la historia en el exilio, in: Abellán, J.L. (Hrg.), a.a.O., Bd. 5, S. 339-353

ders., La »España Peregrina« en los Estados Unidos de América, in: *Diálogos*, 95/96 (Bd. 16, Sept./Okt. 1980), S. 32-38

ders., El exiliado político español en México (1939-1977), in: *Arbor*, 409 (Bd. 105, 1980), S. 25-36

Marañón, G., *Españoles fuera de España*, Buenos Aires 1947

Marichal, J., De algunas consecuencias intelectuales de la guerra civil española, in: ders., *El nuevo pensamiento político español*, Mexiko 1966

ders., Las fases políticas del exilio, in: Abellán, J.L. (Hrg.), a.a.O., Bd. 2, S. 227-236

Martín, C., *Exodo de los republicanos españoles*, Mexiko 1972

Martínez, C., *Crónica de una emigración: la de los republicanos españoles en 1939*, Mexiko 1959

Mauersberger, V., Jorge Semprun. Zurück aus dem Exil, in: *Die Zeit*, 30 (22.7.1988), S. 47

Montsény, F., *El éxodo* (Pasión y muerte de españoles en el exilio), Barcelona 1977

N.N., Ruedo ibérico, in: *Partisans*, 34/35 (Dez. 1966/Jan. 1967), S. 161

N.N., Tödliche Wunde, in: *Der Spiegel*, 14.3.1977, S. 158ff.

Palencia, I. de, *Smouldering Freedom. The Story of the Spanish Republicans in Exile*, London 1946

Pàmies, T., *Los que se fueron*, Barcelona 1976

Pike, D.W., *Les Français et la guerre d'Espagne 1936-1939*, Paris 1975

Pons Prades, E., *Los derrotados en el exilio*, Barcelona 1977

ders., *Guerrillas españolas 1936-1940*, Barcelona 1977

Preston, P., The Anti-Francoist Opposition: The Long March to Unity, in: ders. (Hrg.), *Spain in Crisis. The Evolution and Decline of the Franco Régime*, New York 1976, S. 125-156

Ramírez, L., *Nuestros primeros veinticinco años*, Paris 1964

Risco, A., Crónica de la emigración en las revistas, in: Abellán, J.L. (Hrg.), a.a.O., Bd. 3, S. 11-20

ders., Las revistas culturales y literarias de los exiliados españoles en Francia, in: Abellán, J.L. (Hrg.), Bd. 6, S. 93-150

Rojas, C., *La Guerra civil vista por los exiliados*, Barcelona 1975

Rubio, J., *La emigración española a Francia*, Esplugues de Llobregat 1974

ders., *La emigración de la Guerra civil de 1935 a 1939*, 3 Bde., Madrid 1977

ders., El desarraigo en las emigraciones políticas: el caso del exilio de la guerra civil española, in: *Revista internacional de sociología*, 22 (Bd. 35, 1977), S. 113-138

ders., Los reconocimientos diplomáticos del gobierno de la República Española en el exilio, in: *Revista de política internacional*, 149 (1977), S. 77-87

Ruiz Ayúcar, A., *Crónica agitada de ocho años tranquilos, 1963-1970*, Madrid 1974

Salvat Editores, Fondo de Cultura Económica (Hrg.), *El exilio español en México, 1939-1982*, Mexiko 1982

Sampelayo, C., *Los que no volvieron*, Madrid 1975

Schütze, B., *Rekonstruktion der Freiheit. Die politischen Oppositionsbewegungen in Spanien*, Frankfurt/M. 1969

Semprún Maura, C., *Révolution et contre-révolution en Catalogne: 1936-1937*, Tours 1974

ders., *Ni Dios, ni amo, ni CNT*, Barcelona 1978

ders., *Franco est mort dans son lit*, Paris 1980

Stein, L., *Beyond Death and Exile. The Spanish Republicans in France 1939-1955*, Cambridge (Mass.)/London 1979

Tapia, D., La generación del 29 y los heterodoxos en el exilio, in: *Las Españas*, Juli 1956, S. 42

Torrente Ballester, G., Presencia en América de la España fugitiva, in: *Tajo*,

3.8.1940, S. 5

Tusell Gómez, X., *La España del siglo XX*, Barcelona 1975

ders., La oposición democrática al franquismo 1939-1962, Barcelona 1977

Valle, J.M. del, *Las instituciones de la República española en el exilio*, Paris 1976

Vázquez, A., Algunos aspectos sicológicos de la situación de exilio, in: *Casa de las Américas*, 19 (März/April 1980), S. 137-143

Vidal Sales, J.-A., *Después del 39: La guerrilla antifranquista*, Madrid 1976

Vilanova, A., *Los olvidados. Los exilados españoles en la segunda guerra mundial*, Paris 1969

Vilar, S., *Crisis y nueva política de la izquierda española*, Barcelona 1979

Zambrano, M., Carta sobre el exilio, in: *Cuadernos del Congreso por la Libertad de la Cultura*, 49 (Juni 1961), S. 65-70

5. Zur KP Spaniens

Alba, V., *El Paritdo Comunista en España. Ensayo de interpretación histórica*, Barcelona 1979

Bilbatua, M., Romero Marín: el hombre oculto, in: *Cuadernos para el diálogo*, 14.8.1976, S. 21f.

Carrillo, S., *Después de Franco, ¿qué?*, Paris 1965

ders., *»Eurocomunismo« y Estado*, Barcelons 1977

ders., Ante la ofensiva antidemocrática contra el PCE: No nos moverán, in: *Mundo Obrero*, 19.1.1978, S. 1ff.

Chicharro, M., Palacios, F., Santamaría, J., Cómo el P.C.E. sacrificó a algunos de los suyos, in: *Cuadernos para el diálogo*, 258 (8.4.1978), S. 20ff.

Claudín, F., *Las divergencias en el Partido*, Dez. 1965 (klandestiner Druck, S. 1)

ders., Dos concepciones de la vía española al socialismo, in: *Horizonte español 1966*, Bd. 2, Paris 1966

ders., La crisis del PCE, in: Cuadernos de Ruedo ibérico, 26/27 (Aug.-Nov. 1970), S. 54

ders., *Documentos de una divergencia comunista*. Los textos del debate que provocó la exclusión de Claudín y Jorge Semprún del PCE, Barcelona 1978

ders., Las tesis del PCE, in: *Triunfo*, 795 (22.4.1978), S. 32f.

ders., Las razones de una divergencia, in: *El viejo topo*, 17 (Feb. 1980), S. 28-32

Colombo, C., *Storia del Partito Comunista Spagnolo*, Mailand 1972

Comín Colomer, E., *Historia del Partido Comunista de España*, Madrid 1965

ders., Zuloaga, P. u.a., Los bajos fondos del Eurocomunismo, in: *Cambio 16*, 317 (16.1.1978), S. 10-22

dies., Todas en el mismo Carrillo, in: *Cambio 16*, 318 (16.1.1978), S. 10-13

Estruch Tobella, J., *El PCE en la clandestinidad 1939-1956*, Madrid 1982

Haubrich, W., Die Kommunistische Partei Spaniens, in: Timmermann, H. (Hrg.), *Eurokommunismus*, Frankfurt/M. 1978, S. 123-153

ders., Die Kommunistische Partei Spaniens und der Eurokommunismus, in: *Berichte zur Entwicklung in Spanien, Portugal und Lateinamerika*, 15 (1978), S. 31-48

Hermet, G., *Les Communistes en Espagne*, Paris 1971

Jong, R. de, Orero, F. u.a., *Santiago Carrillo: Vom Stalinisten zum Eurokommunisten*, Berlin 1977

López Agudín, F., Entre la renovación y el continuismo, in: *Triunfo*, 795 (22.4.1978), S. 29ff.

Martínez, J.L., Con la mosca tras la oreja. Fernando Claudín, frente al P.C.E., in: *Cuadernos para el Diálogo*, 253 (4.3.1978), S. 24f.

N.N., Si te dicen que cayó ..., in: *Cambio 16*, 333 (23.4.1978), S. 22-27

N.N., PCE, PCE, quién te ha visto y quién te ve ..., in: *Cambio 16*, 334 (30.4.1978), S. 54-62

Pàmies, T., Misión cumplida, in: *Triunfo*, 822 (28.10.1978), S. 20ff.

Partido Comunista Español (P.C.E.), *Julián Grimau, el hombre, el crímen, la protesta*, Paris 1964

Ruipérez, M., »La alternativa de la izquierda es un bloque social y político« (Gespräch mit F. Claudín), in: *Triunfo*, 788 (4.3.1978), S. 34ff.

Rodríguez Armanda, A., Novais, J.A., *¿Quién mató a Julián Grimau?*, Madrid 1976

Ruiz Ayúcar, A., *El Partido Comunista: 37 años de clandestinidad*, Madrid 1976

Salas, J.T., Oneto, J., Suárez, te quiero. Confesiones de Carrillo, in: *Cambio 16*, 330 (2.4.1978), S. 14-17

Semprún Maura, C., ¿Quién es y qué pretende Santiago Carrillo?, in: Domingo, X. u.a., *De Carrero Blanco a Eva Forest*, Paris 1975, S. 71-89

Timmermann, H. (Hrg.), *Eurokommunismus*, Frankfurt/M. 1978

Vázquez Montalbán, M., El anticomunismo, ¿nace o se hace?, in: *Mundo Obrero*, 5.1.1978, S. 4

6. Zur KZ-Thematik

Adorno, Th.W., Negative Dialektik, in: ders., *Gesammelte Schriften*, Bd. 6, Frankfurt/M. 1966

Antelme, R., *L'espèce humaine*, Paris 1947

Bettelheim, B., *Erziehung zum Überleben*, München (dtv) 1982, Originalausgabe Stuttgart 1980

Buchenwald-Komitee, Internationales (Hrg.), *Buchenwald. Mahnung und Verpflichtung*, Frankfurt/M. 1960

Burney, Ch., *The Dungeon Democracy*, London/Toronto 1945

Cayrol, J., *Lazare parmi nous*, Neuchâtel/Paris 1950

Chao, R., »Por debajo de la realidad«. Jorge Semprún enjuicia »Holocausto«, in: *Triunfo*, 857 (30.6.1979), S. 61-65

Des Prés, T., *The Survivor. An Anatomy of Life in the Death Camps*, New York 1976

Drobisch, K., *Widerstand in Buchenwald*, Frankfurt/M. 1978

Haft, C., *The Theme of Nazi Concentration Camps in French Literature*, The Hague/Paris 1973

Heller, M., *Le monde concentrationnaire et la littérature soviétique*, Lausanne 1974

Herling, G., *A world apart*, London 1951

Kogon, E., *Der SS-Staat. Das System der deutschen Konzentrationslager*, München 1946

Kuhn, G., Weber, W., *Stärker als die Wölfe*. Ein Bericht über die illegale militärische Organisation im ehemaligen Konzentrationslager Buchenwald und den bewaffneten Aufstand, Berlin 1976

Levi, P., *Die Atempause*, Hamburg 1964

Rassinier, P., *Le mensonge d'Ulysse*, Paris 1950

Roig, M., *Els catalans als camps nazis*, Barcelona 1977

Rousset, D., *L'univers concentrationnaire*, Paris 1946

ders., *Les jours de notre mort*, Paris 1947

Wormser-Migot, O., *Quand les Alliés ouvrirent les portes*, Paris 1965

dies., *Le système concentrationnaire Nazi*, Paris 1968

dies, Michel, H., *Tragédie de la déportation 1940-1945*, Paris 1954

7. Literaturtheoretische Schriften

Dällenbach, L., *Le récit spéculaire. Essai sur la mise en abyme*, Paris 1977

Iser, W., *Die Appellstruktur der Texte*, Konstanz 1970

ders., *Der implizite Leser*, München 1972

Lejeune, Ph., *L'autobiographie en France*, Paris 1971

ders., *Le pacte autobiographique*, Paris 1975

ders., *Je est un autre. L'autobiographie, de la littérature aux médias*, Paris 1980

May, G., *L'autobiographie*, Paris 1979

Müller, K.-D., *Autobiographie und Roman*, Tübingen 1976

Neumann, B., *Identität und Rollenzwang. Zur Theorie der Autobiographie*, Frankfurt/M. 1970

Picard, R., *Autobiographie im zeitgenössischen Frankreich. Existentielle Reflexion und literarische Gestaltung*, München 1978

Pietzcker, C., *Einführung in die Psychoanalyse des literarischen Kunstwerks*, Würzburg 1983

Ropars-Wuilleumier, M.C., *De la littérature au cinéma*, Paris 1970

Rousset, J., *Narcisse romancier. Essai sur la première personne dans le roman*, Paris 1973

Schmid, W., *Der Textaufbau in den Erzählungen Dostoëvskijs*, München 1973

Stanzel, F.K., *Theorie des Erzählens*, Göttingen 1979

Wellershoff, D., Die Verneinung als Kategorie des Werdens, in: ders., *Literatur und Lustprinzip*, Köln 1973, S. 55-76

ders., Der Sang der Sirenen, in: ebenda, S. 142-155

8. Aus psychoanalytischer Sicht

Auchter, Th., Die Suche nach dem Vorgestern. Trauer und Kreativität, in: *Psyche*, 32 (1978), S. 52-77

Balint, M., *Therapeutische Aspekte der Regression*, Stuttgart 1978

Bettelheim, B., *Der Weg aus dem Labyrinth*, Frankfurt/M. 1978

ders., *Erziehung zum Überleben*, München (dtv) 1982, Originalausgabe Stuttgart 1980

Freud, S., Das Ich und das Es, in: ders., *Gesammelte Werke*, Bd. 13, London 1947, S. 235-289

ders., Die Traumdeutung, in: ders., *Gesammelte Werke*, Bd. 2/3, London 1948, S. 264-274

Joffe, W.G., Sandler, J., Über einige begriffliche Probleme im Zusammenhang mit dem Studium narzißtischer Störungen, in: *Psyche*, 21

(1967), S. 152-165

Jung, C.G., Symbole der Wandlung, in: ders., *Gesammelte Werke*, Bd. 5, Olten/Freiburg im Brsg. 1973, S. 352-392

Köhler, L., Über einige Aspekte der Behandlung narzißtischer Persönlichkeitsstörungen im Lichte der historischen Entwicklung psychoanalytischer Theoriebildung, in: *Psyche*, 32 (1978), S. 1001-1058

Kohut, H., Formen und Umformungen des Narzißmus, in: *Psyche*, 20 (1966), S. 561-587

ders., *Die Heilung des Selbst*, Frankfurt/M. 1979

Matt, P. von, Die Opus-Phantasie, in: *Psyche*, 33 (1979), S. 193-212

Miller, A., *Das Drama des begabten Kindes und die Suche nach dem wahren Selbst*, Frankfurt/M. 1979

Mitscherlich, A. u. M., *Die Unfähigkeit zu trauern*, München 1967.

Müller-Braunschweig, H., Aspekte einer psychoanalytischen Kreativitätstheorie, in: *Psyche*, 31 (1977), S. 821-843

Niederland, W.G., Psychoanalytische Überlegungen zur künstlerischen Kreativität, in: *Psyche*, 32 (1978), S. 329-354

Pietzcker, C., *Einführung in die Psychoanalyse des literarischen Kunstwerks*, Würzburg 1983

9. Aus dem Bereich Kunst, Philosophie und Literatur (allgemein)

Artaud, A., Description d'un état physique, in: ders.: *Oeuvres complètes*, Bd. 1, Paris 1956, S. 60-64

Baudelaire, Ch., Les fleurs du mal, in: ders., *Oeuvres complètes*, Bd. 1, Paris (Bibliothèque de la Pléiade) 1975, S. 1-178

Bertrand de Múnoz, M., *La guerre civile espagnole et la littérature française*, Paris 1972

Bloch-Morhange, L., Alper, D., *Artiste et métèque à Paris*, Paris 1980

Buin, Y. (Hrg.), *Que peut la littérature?*, Paris 1965

Cortázar, J., Pour une idée différente de l'exil, in: *Magazine littéraire*, 151/152 (Sept. 1979), S. 59ff.

ders., Amérique latine: exile et littérature, in: Centre Culturel International de Cérisy-la-Salle: *Littérature latino-américaine d'aujourd'hui*, Paris 1980, S. 113-123

Eckermann, J.P., *Gespräche mit Goethe in den letzten Jahren seines Lebens*, Wiesbaden 1955 (Originalausgabe Leipzig 1836)

Faulkner, W., *Schall und Wahn*, Stuttgart 1956

Fitzgerald, F.S., *The Crack-Up*, New York 1945

Fortini, F., *Questioni di frontiera. Scritti di politica e di letteratura 1965-1977*, Turin 1977

Foucault, M., Le langage à l'infini, in: *Tel Quel*, 15 (1963), S. 45-53

Gide, A., Paludes, in: ders., *Romans*, Paris (Bibliothèque de la Pléiade) 1958, S. 87-147

Giraudoux, J., *Intermezzo. Comédie en trois actes*, Paris 1933

Grimme, E.G., *Jan Vermeer van Delft*, Köln 1974

Heller, M., *Le monde concentrationnaire et la littérature soviétique*, Lausanne 1974

Kundera, M., *Der Abschiedswalzer*, Frankfurt/M. 1977

ders., *Der Scherz*, Frankfurt/M. 1979

Larraz, E. (Hrg.), *El cine español*, Paris 1973

Lukács, G., Der große Oktober 1917 und die heutige Literatur, in: ders., *Russische Revolution, russische Literatur*, Reinbek 1969, S. 150-165

Maldonado, F.C.R., *Romancero español* (antología), Madrid 1974

Malraux, A. (Hrg.), *Vermeer van Delft*, Paris 1952

Mancisidor, J., La literatura española bajo el signo de Franco, in: *Cuadernos Americanos*, 63 (Mai/Juni 1952), S. 26-48

Menéndez Pidal, R., Estudios sobre el romancero, in: ders., *Obras completas*, Bd. 11, Madrid 1973

Monnin-Hornung, J., *Proust el la peinture*, Genf/Lille 1951

Nizan, P., *La conspiration*, Paris 1938

Proust, M., Du côté de chez Swann, in: ders., *A la recherche du temps perdu*, Bd. 1, Paris (Bibliothèque de la Pléiade) 1954, S. 1-427

ders., La prisonnière, in: ebenda, Bd. 3, S. 7-415

Proust, R., Brach, P. (Hrg.), *Correspondance générale de Marcel Proust*, Bd. 4, Paris 1933

Sartre, J.-P., *L'être et le néant*, Paris 1943

ders., *La République du silence, in: ders., Situations III*, Paris 1964, S. 11-14

ders., *Portrait de l'aventurier, in: ders., Situations VI*, Paris 1964, S. 7-22

ders., La nausée, in: ders., *Oeuvres Romanesques*, Paris (Bilbiothèque de la Pléiade) 1981, S. 1-210

Schalanow, W., *»Artikel 58«. Die Aufzeichnungen des Häftlings Schalanow*, Köln 1967

Solschenizyn, A., *Ein Tag im Leben des Iwan Denissowitsch*, München/Zürich 1963 (Originalausgabe Moskau 1962)

Stéphane, R., *Portrait de l'aventurier*, Paris 1950

Vernant, J.-P., *Mythe et pensée chez les Grecs*, Paris 1974

Villalonga, Ll., Marcel Proust intenta vendre un »de Dion Bouton«, in: ders., *El lledoner de la clastra*, Palma de Mallorca 1958, S. 75-101

Villanueva, D., *»El Jarama« de Sánchez Ferlosio. Su estructura y significado*, Santiago de Compostela 1973

Vries, A.B. de, *Jan Vermeer van Delft*, Basel 1945

Westhreene, T. van, *Paulus Potter. Sa vie et ses oeuvres*, Den Haag 1867

Wittgenstein, L., Tractatus logico-philosophicus. Logisch-philosophische Abhandlung, in: ders., *Schriften*, Bd. 1, Frankfurt/M. 1960, S. 7-83

10. Aus den Bereichen Geschichte und Politik (allgemein)

Badía, G. u.a., *Les barbelés de l'exil. Etudes sur l'émigration allemande et autrichienne*, Grenoble 1979

Carmichael, J., *Trotsky: An appreciation of his life*, London 1975

Chandler, G., *The divided Land. An Anglo-Greek Tragedy*, Lodon 1959

Chartier, J.-M., Montarron, M., *Stavisky. Les secrets du scandale*, Paris 1974

Chastenet, J., *Histoire de la Troisième République*, Bd. 4, Paris 1962

Cohn-Bendit, D., *Nous l'avons tant aimée, la révolution*, Paris 1986

ders., *Wir haben sie so geliebt, die Revolution*, Frankfurt/M. 1987

Comby, L., *Léon Trotsky*, Paris 1976

Crusius, R., Wilke, M. (Hrg.), *Entstalinisierung. Der XX. Parteitag der KPdSU und seine Folgen*, Frankfurt/M. 1977

Deutscher, I., *The Prophet Outcast. Trotsky: 1929-1940*, London 1963

Dubief, H., *Le déclin de la IIIe République, Nouvelle Histoire de la France contemporaine*, Bd. 13, Paris 1976

Engels, F., *Der Briefwechsel zwischen Friedrich Engels und Karl Marx 1844-1883*, Bd. 1, Stuttgart 1921

ders., Die Erhebung von Prag, in: *Marx-Engels-Werke*, Bd. 5, S. 80ff.

Fetscher, I., *Von Marx zur Sowjetideologie*, Frankfurt (M.)/Berlin/Bonn 1963

Gabel, J., *Formen der Entfremdung. Aufsätze zum falschen Bewußtsein*, Frankfurt/M. 1964

Gacon, J., Lumières sur l'Affaire Stavisky, in: *Humanité Dimanche*, 166 (29.5.1974), S. 23-28

Gallo, M., Stavisky: chronique d'un fait divers, in: *L'Express*, 22.5.1974

Goldman, P., *Souvenirs obscurs d'un Juif polonais né en France*, Paris 1975
Gorz, A., *Adieux au prolétariat*, Paris 1980
Goytisolo, J., El Lute a la calle, in: *Triunfo*, 751 (18.6.1977)
Hofmann, W., *Stalinismus und Antikommunismus*, Frankfurt/M. 1967
ders., *Universität, Ideologie, Gesellschaft*, Frankfurt/M. 1968
Iatrides, J.O., *Revolt in Athens. The Greek communist »Second Round«*, Princeton 1972
Jaubert, J., L'affaire Stavisky, in: *Le Figaro*, 16.5.1974
Kessel, J., *Stavisky, l'homme que j'ai connu*, Paris 1974
Kupferman, F., L'affaire Stavisky, in: *L'Histoire*, 7 (Dez. 1978), S. 43-51
Lacouture, J., *Léon Blum*, Paris 1974
Lefranc, G., *Le Front Populaire*, Paris 1974
Lenin, W.I., Was tun? (1902), in: *Lenin Werke*, Bd. 5, Berlin 1977, S. 253-551
ders., Die Krise der Partei (1921), in: *Lenin Werke*, Bd. 32, Berlin 1975, S. 27-38
Levine, I.D., *The Mind of an Assassin*, London 1959
Marx, K., Der 18. Brumaire des Louis Bonaparte, in: *Marx-Engels-Werke*, Bd. 8, Berlin 1960, S. 111-207
Müller, A., *Die Sonne, die nicht aufging. Schuld und Schicksal Leo Trotzkis*, Stuttgart 1959
O'Ballance, E., *The Greek Civil War*, London 1966
Porcel, B., *La revuelta permanente*, Barcelona 1978
Sánchez Salazar, L.A., *Murder in Mexico. The Assassination of Leon Trotsky*, London 1950
Sarafis, S., *Greek resistance army. The story of ELAS*, London 1951
Semprún Gurrea, J.M., *Sentido funcional del Derecho de Propiedad*, Madrid 1951
ders., *Fadrique Furió Ceriol. Consejero de príncipes y príncipe de consejeros*, Madrid 1934
ders., *Crítica varia*, Madrid 1934
ders., La conscience catholique et les événements d'Espagne, in: *Esprit*, 1.11.1936
ders., *La Question d'Espagne inconnue*, Paris 1936
ders., *Una República para España*, New York 1961
Serge, V., *The Life and Death of Leon Trotsky*, London 1975
Tabori, P., *The anatomy of exile, a semantic and historical study*, London 1972

Thévenin, R., Historique de l'affaire Stavisky, in: Kessel, J., *Stavisky, l'homme que j'ai connu*, Paris 1974

Wilde, H., *Politische Morde unserer Zeit*, Frankfurt/M. 1976

Woodhouse, C.M., *The Struggle for Greece 1941-1949*, London 1976

Wurmser, A., Stavisky. Quand les chiens aboient pour ne pas être mordus, in: *L'Humanité*, 22.5.1974